〔清〕魏源 撰

海國圖志

一

岳麓書社 · 長沙

图书在版编目(CIP)数据

海国图志/(清)魏源撰. —长沙:岳麓书社,2021.8
ISBN 978-7-5538-1265-6

Ⅰ.①海… Ⅱ.①魏… Ⅲ.①地理学—文献—中国—清代
Ⅳ.①K90-092

中国版本图书馆 CIP 数据核字(2021)第 044388 号

HAIGUO TUZHI

海国图志(全四册)

著　者:〔清〕魏　源
点校注释:陈　华　常绍温　黄庆云　张廷茂　陈文源
审订补注:李金明　廖大珂　李一平　李长林
责任编辑:陈文韬　周家琛
责任校对:舒　舍
封面设计:罗志义

岳麓书社出版发行

地址:湖南省长沙市爱民路 47 号
直销电话:0731-88804152　0731-88885616
邮编:410006

版次:2021 年 8 月第 1 版
印次:2021 年 8 月第 1 次印刷
开本:700mm×1000mm　1/16
印张:142.25
字数:2250 千字
书号:ISBN 978-7-5538-1265-6
定价:498.00 元

承印:长沙鸿发印务实业有限公司

如有印装质量问题,请与本社印务部联系
电话:0731-88884129

校点说明

　　《海国图志》是魏源受林则徐嘱托而编著的一部世界地理历史知识的综合性图书。它以林则徐主持编译的不足九万字的《四洲志》为基础，将当时搜集到的其他文献书刊资料和魏源自撰的很多篇论文进行扩编，初刻于道光二十二年（1842），为五十卷。道光二十七年（1847）增补刊刻为六十卷。随后，又辑录徐继畬在道光二十八年（1848）所成的《瀛环志略》及其他资料，补成一百卷，于咸丰二年（1852）刊行于世。全书详细叙述了世界舆地和各国历史政制、风土人情，主张学习西方的科学技术，提出"师夷之长技以制夷"。无论从政治影响之深远或学术成就之巨大看，它都是一部具有划时代意义的巨著。

　　此次整理，以咸丰二年（壬子，1852）古微堂重刊定本百卷本为底本，参校道光甲辰（1844）五十卷本、道光丁未（1847）六十卷本、道光己酉（1849）六十卷本、光绪乙未（1895）百卷本及光绪二年（丙子，1876）甘肃平庆泾固道署重刊百卷本。校点中对所引诸书，原则上选较好的一种版本他校；对所引译著，则尽可能校以外文原著。

　　因本书中的外国国名、地名今昔译文用字变化很大，且讹误不少，不加注释订正是不便阅读的，故《魏源全集》特定本书除校点外再作注释。本书注释条目以外国地名为主，另有少量的外国史地专有名词和中国边疆地名。对于外国地名，一般先还原外文；属今昔译文不同者，指出现今通译；属古今地名不同者，指出对应的今名，并括注相应的外文。对外国史地专名，原则上先还原外文，再指出今名。

　　校点本书并适当加注，是一项极为艰苦细致的工作，经过了暨南大学古籍所几代专家的努力，其中尤以已故学者陈华教授出力甚巨（详见本书《后记》）。本书于1998年初版后，又经厦门大学南洋研究院的李金明、廖大珂、李一平三位先生以及湖南师大李长林先生做了审订和补注工作，此次出版即据其修订加以重排。

目　录

卷四

卷三十一　西南洋

卷三十二　西南洋

卷三十三　小西洋

卷八十六　铸炮铁模图记

卷八十七　仿铸洋炮议

卷八十八　西洋用炮测量论上

海国图志原叙①

　　《海国图志》六十卷，何所据？一据前两广总督林尚书所译西夷之《四洲志》②，再据历代史志及明以来岛志，及近日夷图、夷语，钩稽贯串，创榛辟莽，前驱先路。大都东南洋③、西南洋④增于原书者十之八，大、小西洋⑤、北洋⑥、外大西洋⑦增于原书者十之六。又图以经之，表以纬之，博参群议以发挥之。

---

①这篇叙文原是《海国图志》五十卷本的叙，作于道光二十二年十二月（1843年1月）。1847年《海国图志》六十卷本出版时，只改了叙文中的一个字，即把原来的"五"字改为"六"字，并改称"原叙"，其余内容（包括写作时间）全部照旧。

②《四洲志》是林则徐请梁进德从《The Encyclopaedia of Geography》一书摘译的。林对译稿作了若干重要修改，并对译文作了润饰。

③东南洋，魏源以此名指东南亚（Southeast Asia）海域，朝鲜（Choson）、日本（Japan）海域及大洋洲（Oceania）海域。

④西南洋，魏源以此名指包括阿拉伯海（Arabian Sea）东部在内的南亚（South Asia）海域及西南亚东南面的阿拉伯海西部等海域。

⑤大西洋，魏源以此名指西欧（West Europe）诸国和西班牙（Spain）、葡萄牙（Portugal）的西面海域，即大西洋（Atlantic Ocean）连接这些国家部分及北海（North Sea）的南部和西部。小西洋，魏源以此名指印度洋（India Ocean）和大西洋（Atlantic Ocean）的连接非洲（Africa）部分。

⑥北洋，魏源以此名指北冰洋（Arctic Ocean）及其南面各海的连接欧（Europe）、亚（Asia）二洲部分，部分波罗的海（Baltic Sea）沿岸国家的海域，丹麦（Danmark）以西的北海东部及北美洲（North America）的格陵兰岛（Greenland）周围海域，即挪威（Norway）、俄罗斯（Russia）、瑞典（Sweden）、丹麦、普鲁士（Prussia）五国的海域及格陵兰岛周围海域。

⑦外大西洋，魏源以此名指大西洋（Atlantic Ocean）的连接南、北美洲（South America and North America）部分。

何以异于昔人海图之书？曰：彼皆以中土人谭西洋①，此则以西洋人谭西洋也。

是书何以作？曰：为以夷攻夷而作，为以夷款夷而作，为师夷长技以制夷而作。

《易》曰："爱恶相攻而吉凶生，远近相取而悔吝生，情伪相感而利害生。"故同一御敌，而知其形与不知其形，利害相百焉；同一款敌，而知其情与不知其情，利害相百焉。古之驭外夷者，诹以敌形，形同几席；诹以敌情，情同寝馈。

然则执此书即可驭外夷乎？曰：唯唯，否否！此兵机也，非兵本也；有形之兵也，非无形之兵也。明臣有言："欲平海上之倭患，先平人心之积患。"人心之积患如之何？非水，非火，非刃，非金，非沿海之奸民，非吸烟贩烟之莠民。故君子读《云汉》、《车攻》，先于《常武》、《江汉》，而知二《雅》诗人之所发愤；玩卦爻内外消息，而知大《易》作者之所忧患。愤与忧，天道所以倾否而之泰也，人心所以违寐而之觉也，人才所以革虚而之实也。

昔准噶尔跳踉于康熙、雍正之两朝，而电扫于乾隆之中叶。夷烟流毒，罪万准夷。吾皇仁勤，上符列祖。天时人事，倚伏相乘。何患攘剔之无期，何患奋武之无会？此凡有血气者所宜愤悱，凡有耳目心知者所宜讲画也。去伪、去饰、去畏难、去养痈、去营窟，则人心之寐患祛，其一；以实事程实功，以实功程实事，艾三年而蓄之，网临渊而结之，毋冯河，毋画饼，则人材之虚患祛，其二。寐患去而天日昌，虚患去而风雷行。《传》曰：耽荒于

———————

①西洋，在此指大西洋两岸的欧美各国。

门，执治于田；四海既均，越裳①是臣。叙《海国图志》。

以守为攻，以守为款，用夷制夷，畴司厥楗。述"筹海篇"第一。

纵三千年，圜九万里，经之纬之，左图右史。述"各国沿革图"第二。

夷教夷烟，毋能入界，嗟我属藩，尚堪敌忾。志"东南洋海岸各国"第三。

吕宋②、爪哇，峙埒日本，或噬或骇，前车不远。志"东南洋各岛"第四。

教阅三更，地割五竺③，鹊巢鸠居，为震旦毒。述"西南洋五

---

①越裳，这是西周初年的"越裳"，泛指我国的南荒远国，故地未有定论。三国以后，我国古籍中的"越裳"一名，多指越南中部的越裳（Viêt Thuong）县，位于今河静（Hà Tĩnh）一带，明代称为"占城"。也有指老挝（Laos）或柬埔寨（Cambodia）的。
②吕宋（Luzon），指马尼拉。魏源在本书中误以为此名称是在西班牙人据此岛后新创，谢清高亦有同误，他在《海录》中云："小吕宋本名蛮哩喇，在苏禄尖笔兰之北，亦海中大岛也，周围数千里，为吕宋所辖，故名小吕宋。"他们均以大吕宋名西班牙，以小吕宋名今吕宋岛，认为后者是因前者而创。其实，马尼拉一名，早在宋元则已有之，如赵汝适《诸蕃志》之蒲里喀，汪大渊《岛夷志略》之麻里喀，据藤田丰八考证，均为今马尼拉（Manila）之对音。至于吕宋一名，《明会典》卷九十八《礼部·主客清吏司》有记载："吕宋国，永乐三年遣使来朝贡。"《明太宗实录》卷四十七，永乐三年十月丁卯有记载遣使赍诏抚谕吕宋等国。这些都是远在西班牙殖民者东来之前，故吕宋一名并不是西班牙人占领该岛后新创。张燮《东西洋考》凡例中就明确地写道："岛外诸国，唯交趾、占城、暹罗、彭亨、吕宋、苏禄，舶人所称，尚沿故号。"由此亦足以证明，吕宋一名早在西班牙东来之前就已存在。本书的"吕宋"一名，还有指西班牙（Spain）或专指吕宋岛（Luzon Island）的。
③五竺，即五印度。

印度①"第五。

　　维皙与黔，地辽疆阔。役使前驱，畴谘海客。述"小西洋利未亚②"第六。

---

①五印度，即东、南、西、北、中印度。在古代，传统的五印度划分法大致如下：

　　东印度（Pracya）指今印度（India）阿萨姆（Assam）邦西部、西孟加拉（West Bengal）邦的中部和南部、奥里萨（Orissa）邦的北部和中部及今孟加拉国（Bangladesh）的中部和南部。

　　北印度（Udicya）指今克什米尔（Kashmir），印度的旁遮普邦（Punjab State）、哈里亚纳邦（Haryana State），巴基斯坦（Pakistan）的西北边境（North West Frontier）、旁遮普省（Punjab Province），以及阿富汗（Afghanistan）的喀布尔河（Kabul River）南北两岸的一些地方。

　　西印度（Aparanta）指今巴基斯坦中部和南部，印度古吉拉特邦（Gujarat）的北部和东部、中央邦（Madhya）西北部和西部、腊贾斯坦邦（Rajasthan）南部。关于"波剌斯"（Parsa, Persia, 即今伊朗 Iran），《大唐西域记》早已明确指出"非印度之国"。

　　中印度（Madhyadésa）指今孟加拉国北部，印度的西孟加拉邦北部、腊贾斯坦邦北部、北方邦（Uttar Pradesh）。把"尼波罗"（Nepal）列入中印度，是不对的。前人已有论述。

　　南印度（Daksināpatha）指印度半岛（India Peninsula）上的奥里萨邦南部、中央邦东南部、马哈拉施特拉邦（Maharashtra）和上述三处以南的印度各邦及西北面的卡提阿瓦半岛（Kathiawar Peninsular）。关于僧伽罗（今 Sri Lanka），《大唐西域记》也早已明确指出"非印度之国"。

　　魏源撰写《海国图志》时，不大清楚莫卧儿（Mughal）帝国早已衰落，受《职方外纪》所说东、北、中、西四印度已为莫卧儿所并一说影响较大，除把显然已为英国东印度公司直接统治的 Bengal（即今孟加拉国和印度的西孟加拉邦）称东印度和把克什米尔称北印度外，把旧称中、西二印度及东、北印度的其余地方统称为"中印度"；还把今伊朗到阿拉伯半岛（Arabian Peninsula）一带称为"西印度"。《海国图志》六十卷本出版后，徐继畬曾在《瀛环志略》中对魏源所说的"西印度"地域提出重要质疑；但在《海国图志》一百卷本出版时，魏源仍用自己的旧说。

②利未亚（Africa），非洲。

大秦①海西②，诸戎所巢。维利维威，实怀泮鸮。述"大西洋欧罗巴③各国"第七。

尾东首西，北尽冰溟。近交远攻，陆战之邻。述"北洋俄罗斯国"第八。

劲悍英寇，恪拱中原。远交近攻，水战之援。述"外大洋④弥利坚⑤"第九。

人各本天，教纲于圣。离合纷纭，有条不紊。述"西洋各国教门表"第十。

万里一朔，莫如中华。不联之联，大食⑥欧巴⑦。述"中国西洋纪年表"第十一。

中历资西，西历异中。民时所授，我握其宗。述"中国西历异同表"第十二。

兵先地利，岂间遐荒。聚米画沙，战胜庙堂。述"国地总论"第十三。

虽有地利，不如人和。奇正正奇，力少谋多。述"筹夷章条"

①大秦，又称海西、犁轩、黎轩、黎鞬等，始见于《后汉书》卷八十八《西域传》："大秦一名犁鞬，以在海西，亦云海西国。"泛指古罗马帝国（Roman Empire），或指东罗马帝国（Byzantium），包括今地中海东岸土耳其、叙利亚至埃及一带。亦有认为专指埃及亚历山大城（Alexandria），黎轩一名为 Alexandria 的缩译；另有认为专指叙利亚。

②海西，大秦的异称。

③欧罗巴（Europe），欧洲。

④外大洋，即外大西洋。

⑤弥利坚，指美国（The United States of America）。

⑥大食，乃中国史籍中对阿拉伯人（Arabs）的通称。大食一名，为波斯语之 Tazi，回纥语之 Tadjik，亚美尼亚语、突厥语、蒙古语之 Tazik，叙利亚语之 Tayi，Ta-I，Tayoge。据 Bretschneider 在《中古时代之研究》（Mediaeval Researches）中称，古时蒙古人称波斯（Persia）人为 Tadjik，至今此名仍见于土耳其斯坦与 Transoxiana，用以称伊斯兰之原始民族。

⑦欧巴，即欧罗巴。

第十四。

知己知彼，可款可战。匪证奚方，孰医瞑眩。述"夷情备采"第十五。

水国恃舟，犹陆恃堞。长技不师，风涛谁慑。述"战舰条议"第十六。

五行相克，金火斯烈。雷奋地中，攻守一辙。述"火器火攻条议"第十七。

轨文匪同，货币斯同。神奇利用，盍殚明聪。述"器艺货币"第十八。

道光二十有二载，岁在壬寅嘉平月，内阁中书邵阳魏源叙于扬州①。

---

①"扬州"之后，道光二十二年古微堂五十卷本有"时夷艘出江甫逾三月也"十字；道光二十七年古微堂六十卷本有"原刻仅五十卷，今增补为六十卷，道光二十七载刻于扬州"二十三字。

海国图志后叙

　　谭西洋舆地者，始于明万历中泰西①人利马窦之《坤舆图说》，艾儒略之《职方外纪》。初入中国，人多谓邹衍之谈天。及国朝而粤东互市大开，华梵通译，多以汉字刊成图说。其在京师钦天监供职者，则有南怀仁、蒋友仁之《地球全图》；在粤东译出者，则有钞本之《四洲志》、《外国史略》，刊本之《万国〔地理全〕图（书）集》、《平安通书》、《每月统纪传》，灿若星罗，了如指掌。始知不披海图海志，不知宇宙之大，南北极上下之浑圆也。惟是诸志多出洋商，或详于岛岸土产之繁，埠市货船之数，天时寒暑之节。而各国沿革之始末、建置之永促，能以各国史书志富媪山川纵横九万里、上下数千年者，惜乎未之闻焉！

　　近惟得布路国②人玛吉士之《地理备考》与美里哥国③人高理文④之《合省国志》⑤，皆以彼国文人留心丘索，纲举目张。而《地理备考》之《欧罗巴洲总记》上下二篇⑥尤为雄伟，直可扩万

---

①泰西，泛指西方国家，一般指欧、美各国。

②布路国（Portugal），即葡萄牙。

③美里哥国，即美国（The United States of America）。

④高理文（Elijah Coleman Bridgman），通译裨治文。

⑤有人误解此语，以为《合省国志》（《美里哥国志略》）一书迟至一百卷本才辑进《海国图志》，实际上早在《海国图志》的五十卷本已辑入此书。

⑥魏源把《地理备考》的《邦国法度原由政治贸易根本总论》全文改写，标题也改为《欧罗巴洲总记》上下二篇。

古之心胸。至墨利加北洲①之以部落代君长，其章程可垂奕世而无弊；以及南洲②孛露国③之金银富甲四海，皆旷代所未闻。既汇成百卷，故提其总要于前，俾观者得其纲而后详其目，庶不致以卷帙之繁，望洋生叹焉。

又旧图止有正面背面二总图，而未能各国皆有，无以惬左图右史之愿，今则用广东香港册页之图，每图一国，山水城邑，钩勒位置，开方里差，距极度数，不爽毫发。于是从古不通中国之地，披其山川，如阅《一统志》之图；览其风土，如读中国十七省之志。岂天地气运，自西北而东南，将中外一家欤。

夫悉其形势，则知其控驭，必有于《筹海》之篇，小用小效，大用大效，以震叠中国之声灵者焉，斯则夙夜所厚幸也。

夫至玛吉士之《天文地球合论》与夫近日水战火攻船械之图，均附于后，以资博识，备利用。

咸丰二年，邵阳魏源叙于高邮州。

①墨利加北洲（North America），即北美洲。
②南洲（South America），即南美洲。
③孛露国（Peru），即秘鲁。

海国图志卷一 邵阳魏源撰

筹海篇一议守上

自夷变以来，帏幄所擘画，疆场所经营，非战即款，非款即战，未有专主守者，未有善言守者。不能守，何以战？不能守，何以款？以守为战，而后外夷服我调度，是谓以夷攻夷；以守为款，而后外夷范我驰驱，是谓以夷款夷。自守之策二：一曰守外洋不如守海口，守海口不如守内河；二曰调客兵不如练土兵，调水师不如练水勇。攻夷之策二：曰调夷之仇国以攻夷，师夷之长技以制夷。款夷之策二：曰听互市各国以款夷；持鸦片初约以通市。今请先言守。

今议防堵者，莫不曰："御诸内河不若御诸海口，御诸海口不若御诸外洋。"不知此适得其反也。制敌者，必使敌失其所长。夷艘所长者，外洋乎？内河乎？吾之所御贼者，不过二端：一曰炮击，一曰火攻。夷之兵船，大者长十丈，阔数丈，联以坚木，浇以厚铅，旁列大炮二层，我炮若仅中其舷旁，则船在大洋，乘水力活，不过退却摇荡，不破不沉。必中其柁与头鼻，方不能行驶，即有火轮舟牵往别港，连夜修治。惟中其火药舱，始轰发翻沉，绝无泅底凿沉之说。其难一。若以火舟出洋焚之，则底质坚厚，焚不能然。必以火箭、喷筒焚其帆索、油薪，火药轰其柁尾头鼻。而夷船桅斗上，常有夷兵远镜瞭望，我火舟未至，早已弃碇驶避。其难二。夷船起碇，必须一时之久，故遇急，则斩缆弃碇而遁。夷船三五为帮，分泊深洋，四面棋布，并非连樯排列。我火船攻其一船，则各船之炮皆可环击，并分遣杉船小舟救援。纵使晦夜乘潮，能突伤其一二艘，终不能使之大创。而我海岸绵长，处处防其闯突，贼逸我劳，贼合我分。其难三。海战在乘上风，如使风潮皆顺，则即雇闽、广之大梭船、大米艇，外裹糖包，亦可得胜。郑成功之破荷兰，明汪铉之破佛郎机①，皆偶乘风潮，出其不意。若久与交战，则海洋极寥阔，夷船善驾驶，往往转下风为上风，我舟即不能敌。即水勇、水雷，亦止能泅攻内河淡水，不能泅伏咸洋。其

---

①佛郎机，指葡萄牙（Portugal）。明代史籍中，亦有将西班牙称为佛郎机者，如张燮《东西洋考》卷五云："有佛郎机者，自称干系蜡国，从大西来，亦与吕宋互市……今华人之贩吕宋者，乃贩佛郎机者也。"干系蜡为 Castilla 之对音，即指西班牙，故此处明显是称西班牙为佛郎机。后来因佛郎机音似法兰西，遂有人亦将法兰西称为佛郎机。如印光任、张汝霖《澳门纪略》卷下云："弗郎西，明曰佛郎机。""佛郎机后又称干系蜡国，今称弗郎西，或曰法郎西。"魏源在本书的《佛兰西国总记下》亦注云："即佛郎机，一作佛郎西，一作拂兰祭，一作法兰西，一作和兰西，一作勃兰西。"出现这种情况的原因，当然是重于音译，而忽视史实。按佛郎机为 Franks 之音译，今译为"法兰克"，为北欧日耳曼民族之一种，中古时期曾建立一大帝国，今之法兰西就是由此演变而成。然而，在十六世纪东来的殖民者中，法兰西不在之列，故将当时史籍中的佛郎机称为法兰西，显然是错误的。至于明代史籍中为何将葡萄牙与西班牙同称为佛郎机，这应追溯到中古时代，当时阿拉伯人将欧洲人概称为"佛郎机"。据艾儒略《职方外纪》卷二云："中古有一圣王名类斯者，恶回回占据如德亚地，兴兵伐之，始制大铳，因其国在欧罗巴内，回回遂概称西土人为佛郎机，铳亦沿袭此名。"因此，张维华先生在《明史欧洲四国传注释》一书中解释道："如是，则'佛郎机'一名之传入东土，与夫回回人之呼欧人为佛郎机，由来已久，特明季之人，未之知耳。当葡人东来时，所用舌人多系阿拉伯之回商，或与彼等有关之商人，彼即沿其旧日用呼欧人之通称，而称葡萄牙人。时吾国昧于外情，不加深察，遂亦以'佛郎机'称之矣。至明人之呼西班牙人为佛郎机，亦当出于同一情势也。"（上海古籍出版社 1982 年版，第 2 页）由此说明，明清史籍中的"佛郎机"，究竟是称葡萄牙、西班牙，还是称法兰西，应视其记载的历史事实而定。

难四。观于安南①两次创夷，片帆不返，皆诱其深入内河而后大创之，则知欲奏奇功，断无舍内河而御大洋之理。贼入内河，则止能鱼贯，不能棋错四布。我止御上游一面，先择浅狭要隘，沉舟绹筏以遏其前，沙垣大炮以守其侧，再备下游桩筏以断其后，而后乘风潮，选水勇，或驾火舟，首尾而攻之。沉舟塞港之处，必留洪路，以出火舟。或仿粤中所造西洋水雷，黑夜泅送船底，出其不意，一举而轰裂之。夷船尚能如大洋之随意驶避，互相救应乎？倘夷分兵登陆，绕我后路，则预掘暗沟以截其前，层伏地雷以夺其魄。夷船尚能纵横进退自如乎？两岸兵炮，水陆夹攻，夷炮不能透垣，我炮可以及船，风涛四起，草木皆兵。夷船自救不暇，尚能回炮攻我乎？即使向下游沉筏之地，豕突冲窜，而稽留片时之间，我火箭、喷筒已烬其帆，火罐、火斗已伤其人，水勇已登其舱，岸上步兵又扛炮以攻其后，乘上风，纵毒烟，播沙灰，以眯其目，有不聚而歼旃者乎？是口门以内，守急而战缓，守正而战奇，口门以外，则战守俱难为力。一要既操，四难俱释矣。

或曰：门户失守，则民心惊惶；纵贼入庭，则必干罪戾。倘贼方入口，即分夷兵登岸，夹攻我后，或进攻我城，则如之何？曰：所谓诱贼入内河者，谓兵、炮、地雷，水陆埋伏，如设阱以待虎，设罟以待鱼，必能制其死命而后纵其入险，非开门延盗之

①安南，今越南。唐调露元年（679），以交州都督府改为安南都护府，其地在今越南横山（Hoanh Son）以北地区，府治在今越南河内。五代后，越南北部地区独立，自称大瞿越或大越，南宋于淳熙元年（1174）正式称其为安南国。安南改国号为越南大约始于清嘉庆八年（1803），据《清史稿》卷五二七记载："阮福映灭安南，不忘世守，乞以'南越'名国。帝谕以'南越'所包甚广，今两广地皆在其内。阮福映全有安南，亦不过交趾故地，不得以'南越'名国。八年（1803），改安南为越南。六月，命广西按察使齐布森往封阮福映为越南国王。"今越南中部地区曾一度被称为安南（Annam），其北部地区称东京（Tonkin），南部地区称交趾支那（Cochin China）。

谓也。奏明兵机，以纵为擒，何失守之有？贼虽入口，尚未至我所扼守之地，何惊惶之有？然海口全无一兵，尚恐贼疑，未敢长驱深入，必兼以废炮羸师，佯与相持，而后弃走，引入死地。即如粤之三元里，非内地乎？若非夷兵登岸肆扰，安能成围酋截敌之举？松江府城，非内河乎？尤提军于上海失守之后，整兵二〔十〕〔千〕，以待夷船驶入，放炮相持，二日而退。使先备火攻，塞去路，安在不可奏安南殄敌之功？《传》曰："不备不虞，不可以师。"《易》曰："王公设险，以守其国。"夫险者，非徒据口拒守，敌不能入之谓，谓其口内四路可以设伏，口门要害可截其走，寇能入而不能出也。自用兵以来，寇入粤东珠江者一，入宁波甬江者一，入黄（埔）〔浦〕松江者一，皆惟全力拒口外，而堂奥门庭荡然无备。及门庭一失，而腹地皆溃，使舍守口外之力以守内河，守口外兵六七千者，守口内兵不过三千，得以其余为犄角奇伏之用，猾贼知兵，必不肯入。如果深入送死，一处受创，处处戒心，断不敢东闯西突，而长江高枕矣。何至鲸驶石头之矶，霆震金焦之下哉？故曰守远不若守近，守多不若守约，守正不若守奇，守阔不若守狭，守深不若守浅。

请纵言浙江：浙海岛屿林立，而舟山居其一，以险则非门户，以富则非沃壤，以大则仅弹丸，明汤和经理沿海，并未收入内地。明之定海，今之镇海县也。康熙初，始移定海于舟山，而改旧卫称镇海。顺治八年，议政王大臣奏言："舟山乃本朝弃地，守亦无益，其令副都统率驻防满兵回京。"此皆开国老成，瞻言百里。故康熙以前，皆弃化外。盖城逼海滨，船抵城外，炮及城内，迥非台湾、琼州、崇明之比。崇明虽最小，而四面沙滩，两港曲折数十里，非小舟不能入。乃宁波濒海连岸之南田山，垦成沃壤者，反禁不许开，而重兵以守孤悬之岛，使外夷得以挟制，此不得地利者一。然则如之何？曰：弃定海，移其兵民于南田，严守宁波，佯退镇海招宝山，以诱入之，而后于甬江下游狭港塞其去路，乘风火攻者，上策；专守镇海，不使入者，次之；分守定海者为下。

请纵言广东：香港与尖沙嘴、裙带路三屿相连，周百余里，堪避风浪，而孤悬海面，亦粤之舟山耳。夷与我通商，则必入虎门方能贸易，不与通商，则夷虽孤处香港无益。其地距广州四百余里，距虎门二百余里，何预咽喉利害。次则沙角、大角炮台，远隔虎门之外，江面寥阔，大炮仅及中泓，不足遏夷艘，适足招夷炮，何必守？所宜守者，虎门之横档、二门与虎门内乌浦，冉进曰猎得，曰大黄滘。盖广东外城卑薄，而城外市廛鳞次，必应扼其要口，以为外障。至四方炮台，踞省城后山，俯视全城，乃国初王师破城所设，是攻城之要，非守城之要也。事平后早宜毁拆，而阻其上山之径。乃不严守省河要口，而反守四方炮台，即使不失守，其炮能遥击夷船乎？抑将俯击城中之人乎？其失地利者二。然则如之何？曰：拆去四方炮台，增修外城，沉舟筏于猎得、大黄滘，倚山近水，坚筑土城，守以兵炮，使夷兵断不能闯省城，而后潜遣人桩塞乌涌上下，火舟乘夜夹攻者，上策；弃沙角、大角，固守虎门者，次之；弛内备而徒争香港者为下。

请纵言福建：福州、泉州，诸河溜急，皆潮至通舟，潮退浅阁，则一潮不能直达，故贼大艘不敢闯入。所守者，惟厦门。厦门有鼓浪屿障其外，大舟进港可至虎头关，小舟可至税关。旧设炮台于口门，不足制贼，仅足自守。上年反于口外大档、小档、峿屿、青屿等纷增炮台，备多力分，故为夷所破。其失地利者三。然则当如之何？曰：以精兵重炮内伏虎头关，尽藏火舟于内港，佯以废炮疲兵守口弃走，诱入内港，而后水勇火具四面歼之者，上策；固守口门旧炮台不使入者，次之；纷增多台自相牵制者为下。

请纵言江苏：宝山城逼海塘，三面寥阔，潮头浪花，高溅雉堞，故国初李成栋军至此，惊为绝地。见《宝山县续志》。且以财赋文学之邦，而城中无千金之产，无一命之士，即承平尚宜内移于江湾、罗店，或与嘉定、上海同城。乃以重兵多炮守洋面，即使不失守，亦何能出奇制胜？此失地利者四。然则当如之何？曰：弃宝山专守上海，沉舟筏，阻江湾，而后诱其入江，潜以桩筏塞东沟下游，而火舟水勇攻歼之者，上策；固守东沟毋使深入者，次之；守宝山海塘者为下。

请并言天津：天津府城直沽河，距海口二百里，潮退浅阁，且外有沙洪为门户，中通大艘，可以舟筏沉塞。倘夷艘敢北犯，但内徙炮台于近城，纵其深入，截其出口，而火舟水雷夹攻之者，上策；设兵炮于沙洪，伏地雷于近岸者，次之；远设炮台于口外者为下。

然则浙之钱唐江，苏之扬子江，广阔浩瀚，既不能沉舟筏以截其前后，而火攻又易于驶避，若何？曰：钱唐江西岸，潮落沙滩十余里，夷船即入，止能东扰萧山，断不能西犯杭城。且海口龛、赭二山，近皆涨浅，猾夷早已探明，故不肯驶入。扬子江口外有君山、圌山两重门户，江阴鹅鼻嘴，即君山之麓也，斗入江中，与对江之刘文沙相距四五里，圌山与对江之东新河相去二三里，国初张名振、郑成功动辄闯入，大炮远则无力，本难恃为门户。故凡言守圌山者，皆道听耳食之谭也。若既闯入以后，非北窥扬州，即西犯江宁。扬州宝塔湾，回肠曲折，最便于伏火舟，断去路。惟运河浅狭，夷大舰不能入，其入者，不过火轮、杉板四五舟，夷兵六七百人，即烬之亦无能大创。惟江宁省会，则大兵艘环集于石头城，即下关也。其外界沙洲数十里，江面极狭，而城内秦淮可藏火舟，可出火舟。夷船惟火轮无风能行，其兵船、货船则无风不能动。攻之之法，宜乘无风之夜，潮退之时，以火舟水勇出水西门，顺流而下，以数小舟攻一舟。夷船首尾无炮，其同帮各船之炮，恐自击其邻舟，则不敢开。火烈具举，船各自救，亦不暇开。我兵或泅或伏，出没如意，亦不畏其开。其尾大不掉之兵舰；有不帆焚、索断、柂烬、鼻坏者乎？四者去，则船不能行，人船可以并获。其奏功之小大，则视火舟之多不多，水勇之练不练。火舟多，水勇练，以数百火舟攻数十兵艘，即有散碇于下游他岸者，亦有下游火艇由运河出，由瓜洲出，由中闸出，各攻各舰。但使一夕无风，夷艘必无噍类。若得粤中水雷百具，水勇黑夜泅送各艘之底，一举而烬之，尤万全策。若弥旬连日大风，竟无风息之时，则以火舟攻其上风，而以石油、江豚油之火箭喷筒，从下风夹攻之，专攻帆索，亦必可焚其半。夷若乘东风驶往上游，则不能出海，仍是槛笼中物。若乘西风驶往下游，则驱逼出海，纵不可歼敌，而可以走敌，永不敢再窥内江矣。

或曰：此皆谋之在预，备之于先，若既不能拒之口外，又未尝备诸口内，一朝夷艘闯入，仓卒风鹤，无火具可购，无小舟可雇，无水勇可募，其若之何？曰：调度不得其人，虽谋之期年，亦溃之一旦。若调度有人，则龙关六闸乃木簰所集，沿江洲地为薪荻所薮，上海之闽、广水手，仪征下河之私枭匪艇，出没风涛，亡命鸷利，视死如归，一呼数千可集。至火药、火球、火箭、奇油、毒药，军兴防堵局购办，所费巨万。夷自六月①初破宝山后，七月朔日②始抵江宁，九月始出江口，前后将及三月③。但一面羁

---

① "六月"，应作"五月"。
② "七月朔日"，应作"六月杪"。
③ "三月"，应作"四月"。

縻，一面备战，何事不可立办？顺治十七年，海寇郑成功百万之众破瓜洲，破镇江，沿江郡县，望风纳款。其时江宁防兵调征云贵，守备空虚，东南全局皆震，其岌岌岂但今日。而梁化凤且款且守，突出陆战以挫之，火其百艘以走之，彼岂备之于先，谋之于豫哉？千兵易得，一将难求。粤东初年有歼夷之备，而无其机，近日江、浙有歼夷之机，而无其备，机与才会，事功乃出。

或曰：圌山、君山之隘，说者皆谓可沉舟以断其去路，子何独谓其不能？火攻必乘顺风，子何以必待无风？若夷舟不能动，则大洋无风亦可攻之，无风何又患其驶避？岂夷船能无风驶动于大洋，而不能驶动于长江耶？曰：沉舟塞江之事，即使施诸珠江、甬江、黄浦江浅狭之处，尚必深下木桩，厚联竹缆，加以大树、大石，始可御潮汐而免漂散。况长江近海之处，至狭亦必数里，江愈狭则洪愈深、溜愈急，又桩不能下，缆不能联，如以无桩无缆，高仅丈许之舟，深沉于数丈之底，横亘于数里大溜之间，以当千里潮汐之冲，何异以朽株遏奔驷？荷兰沉二甲板船于鹿耳门，有浑潮而无内水，故淤沙愈涨愈积，足以纡束港口。若内水与外潮互相撞击，即尽沉夷舶百十，尚不足填天堑，况能截其去路？是沉舟之策，断不可施诸长江。我顺风而火之，夷亦顺风而避之，惟有无风则大艘寸步难动，而小舟桨橹如飞，此安南札船所以制胜也。夷艘虽称能转风势，然亦止能驶三面之风，而不能驶迎面猛烈之风，尤不能驶行无风。观上年夷帅士密之兵船，自澳门至虎门五日方至，其证一。穰西之兵船，在闽洋南澳为我水勇所攻[1]，以无风不能开动，良久风起始起碇，其证二。均见新闻纸。韩世忠以海舟邀金师于黄天荡，使船如使马；兀术蟇破海舟之策，

---

[1]所记"南澳战事"不确。

以小舟载土铺板，乘无风火其帆索，海舟不能避，烟焰涨天，其证三。盖赤壁、鄱湖之役，千艘绲联，万樯林立，故顺风一火，势若燎原。若夷船不过数十艘，分泊各岸，无所牵制，乘风弃碇，谁执惊鸥？若非沉舟截之，则必以无风虁之，但大洋无风无浪之时极少。盖无论顺风、逆风、微风皆难制者，大洋；无论顺风、逆风、无风皆可攻者，内河。长江形势比之内河则不足，比之大洋则有余。故有风不可攻，而无风则可攻。

英吉利[1]夷艘两碎于安南，人遂以为安南水战无敌于西洋，札船且胜于洋舶。请试诘之曰：安南船炮果尤故也？则嘉庆入寇闽、浙之艇匪，即阮光平所遣乌艚船百余艘，宜乎横行海外，何以敢劫商船而不敢劫夷艘？又何以屡被挫于闽、粤，被飓碎于浙江乎？殊不知安南胜英夷者，在纵其深入内河，而非驰逐于外洋，拒守于海口也。其所用札船，狭长多桨，进退捷速，如竞渡之龙舟，如粤东之快蟹艇、蜈蚣艇，特多一尖皮顶及左右障板以避铳炮，以小胜大，以速胜迟。若大洋则不能使桨，是斗舰火攻之具，非楼船水犀之军也。富良江[2]、广南港[3]，江面广阔，与钱唐江、扬子江等，一则诱至滩浅潮落而阁之，一则预备火舟晦夜而乘之，以驰骋大洋则不足，以犄角内河则有余，斗智不斗力也。夷船横行大洋则有余，深入堂奥则不足，为客不如为主也。安南界连闽、粤，民习水战，同于漳、泉、惠、潮。故夷船始至，则畏闽、粤而不敢攻，继则两次闯入虎门、厦门，皆弃之不守，而惟滋扰于江、浙。使得调度闽、粤水勇之人，则夷船凡入粤河、入浙河、

17

---

①英吉利，此名是我国古籍从葡文 Monarquia Ingleza 简译过来的，英文作 England 或 Britain，通译英国。
②富良江，今越南河内附近的红河（Hongha）主流。
③广南港，指今越南广南—岘港省的会安（Hôi An）。

入吴淞、入长江，同于安南可乘之机者，凡四。交臂束手，而惟归咎于船炮之不如。夫安南之创夷，其为洋舶、洋炮者安在？惠、潮、漳、泉间其为安南之人何限？其为札船之技何限？或又谓倭寇专骚内地，故舍外洋御海岸、舍海岸御城外者，御倭寇之法，非御英夷之法，不知此又适得其反也。倭寇长于陆战，短于水战，由其入寇皆穷岛亡命，无力置大艘大炮，惟恃其胆力渡洋，恃其刀枪豕突，故登陆则不可敌。使以倭船遇闽、粤之船，则如石碾米也。使其倭船遇大炮火器，则如狼驱羊也。明代剿倭名将，亦惟知角诸陆战，虽间或击其惰归，亦已伤深疮痏，惟唐顺之、俞大猷始惓惓于击贼海中，且谓击归船不若击来船，深得治倭要领，而戈船水犀之备，亦未及见施行。夫倭之所长在陆，击之外海，在攻其所短。英夷所长在海，待诸内河，待诸陆岸，则失其所长。乃明人御倭者不知御之于外，而今日御英者，又不设伏于内，故天下实效之事，必与庸众之议论相反。

或曰：专守内河，诚可制夷艘之横突，而不能制夷炮之猛烈，则我兵犹慑虚声，夺锐气，其若之何？曰：大炮者，水战之用，非陆战之用也。即水战，亦我师击沉敌舟之用，非敌舟击伤我兵之用也。且沉舟亦攻海面远舟之用，非内河近岸近舟之用也。西北平原大碛，陆战用炮，必先立战车以制敌骑，然后驾炮于车以破敌阵。东南江滨海澨，夷若以轮推炮上岸，则有滩涂沮洳之险，有塘陡岸峭之险，有港汊横纵之险，大船不能近岸，小舟不能载大炮。故自用兵以来，夷兵之伤我者，皆以鸟枪、火箭，从无携炮岸战之事。惟我兵之扛炮、扛铳，则跋涉奔驰，所至可用，且较彼鸟枪、火箭更远更烈。其可无惧者一。若夷从船上开炮，则无论数千斤之炮，数十斤之弹，遇沙即止，而我兵得于沙垣中炮击其舟。故厦门、定海、宝山屡为我炮击破夷船，而厦门、定海之土城，宝山之土塘，皆未尝为炮破。即镇海、镇江之城墙，亦未尝为炮破。松江夷船开炮两日，我兵列阵城外，伏而避之，炮过后起，毕竟未伤一人。其破城者，皆小舟渡贼登岸，攻我背后，我兵望风辄溃，及夷至，则城中已无一人，何尝与炮事哉？但使近塘近城之地，兼伏地雷，则我炮可伤夷，夷炮不能伤我。其可无惧者二。夷船在大洋，去岸数里，枪箭所不能及，故非数千斤大炮不能遥击，闯入内河，则舟岸相去不过半里数丈，而我之扛炮必可及半里，火箭喷筒可及十数丈，但沿岸先筑土垣，则我之火器可及夷，夷炮不能及我。其可无惧者三。或谓内河上游要隘，我可预沉舟筏，筑炮城，备兵勇，其下游纵敌入隘之处，预设之则敌疑不前，不备之则仓卒无及。不知惟大炮笨重难运，至桩木筏材，可伏近村，囊沙涂泥，散乱堆野，敌一望无可疑。俟敌舟已过之后，分遣兵勇一面运筏下桩，一面垒沙成垣，顷刻可就；而我扛炮之兵亦顷刻可集。不恃大炮而用扛炮，出奇设伏，其利无穷。可无惧者四。然有一宜防者，则曰飞炮，非谓悬桅上之号炮，而谓仰空堕弹之炸炮也。我之炮台虽坚，而彼以飞炮注攻，炸裂四出，进射数丈，我将士往往扰乱。虽攻粤城时所放飞炮、火箭，非堕空地，则飘池塘，以隔城而不能有准，见章奏。而厦门则以飞炮而众溃。宝山则又以飞炮而众溃。惟是内河水势深浅不能一律，即使夷船冒险驶入，必须时时测量以防浅搁，断不能数十艘一齐拥进；其飞炮能及垣内者，不过逼近塘岸之数艘，急用大炮、扛炮注攻其火药之舱，拉篷索、扶头鼻之人，是为急策。更有预备之策，先于土垣内横挖浅田，铺砖贮水，我兵可以往来，飞炮、火箭，堕水即熄；或为斜坡，前高后低，使飞炮转落深坑。此须预先历试，不可临时侥幸。由此观之，夷之长技曰飞炮，我之长技曰扛炮。扛炮又不如扛铳，若能讲求益精，于轻炮中藏用炸弹，则且兼有飞炮之长。详五十五卷。诚能出奇设伏，则多造大炮不如多造扛炮、轻炮，铸制易，演练易，运负易，挟攻追剿易，横放直透，可伤数十人，可及百余丈，视笨重不灵之大炮，得力十倍。乃张夷者竞曰夷炮之利，御夷者亦曰铸大炮之利，曾不问所施何地。试问用兵以来，定海总兵以扛炮连战数日，歼夷千计。而大炮则击破一舟之外，无他效也。大宝山以扛铳三十击死夷兵四百，而招宝山所列大炮不曾一用。至去冬以来，浙江铸炮，益工益巧，光滑灵动，不下西洋，而效安在也？甚至沙角、大角之战，陈连升以地雷、扛铳击死夷兵三四百，而虎门左右所购列西洋夷炮二百余，未闻足以拒敌，而适以资敌也。不讲求用炮之人，施炮之地，与攻炮、守炮之别，陆炮、水炮之宜，纷纷惟以畏炮为词，铸炮为事，不过只藉兵而资寇。故曰：城非不高也，池非不深也，兵甲非不坚利也，委而去之，是器利不如人和也。

兵无利器与徒手同，器不命中与徒器同。自军兴以来，各省铸大炮不下二千门。虎门、厦门、定海、镇海之陷，宝山、镇江之陷，每省失炮约四百余。此皆重八千斤至一千斤，先后遗敌者千五六百门。夷初攻厦门之役，我军开炮二百余，仅一炮中其火药舱，大艘轰裂沉海，夷船遂退，是数百炮仅得一炮之力也。再攻定海时，葛总兵开炮，数日相持，仅一次击中其火轮头桅，即敧侧退窜，是数百炮仅得一炮之力也。攻广东省城时，惟中其一火轮、一兵船头桅及杉板数舟。攻宝山时，陈提军炮中其火药舱，沉翻者二，击破其头鼻、头桅者二，夷遂绕攻小沙背，是亦仅各得数炮之力也。使发而能中，则我炮亦足以破夷船；发而不中，即夷炮亦成虚器。中则一炮亦足威敌，不中则千炮徒费火药。其至，炮力也；其中，非炮力也。夷兵艘五十，火轮艘十，大小杉板舟数十，但使我军开数百炮，内有数十炮命中，即可伤其数十舟，大者翻沉，次者损折，沉一船可歼数百人，伤一船可伤数十人，尚何敌之不摧？如发而不中，则虎门所购西洋夷炮二百位，其大有九千斤者，何以一船未破，一炮未中？是知炮不在大，不在多，并不专在仿洋炮之式，惟在能中与不能中。不能中之弊有三：炮台依山者，前低后高，依水者四面受敌，皆易受飞炮，是建置不得地，难中一；山炮陷于石洞，台炮陷于垣眼，陆炮木架不能运转左右，是以呆炮击活船，难中二；兵士施放不熟，测量不准，临时仓皇，心手不定，难中三；夷船大炮不过重三千斤，我守城守岸之八千斤大炮，本夷船所极畏，止以蹈前二弊，故夷船得以先避我炮路，施其炸弹。诚使台得地势，垣可藏身，架可拨转，别伏奇兵以防后路；炮眼分作两层，高者准夷之中舱，低者准夷之舷底，测以仪器，演以标的，临时手眼合一，心胆俱壮，夷船虽坚，桅虽大，能当一二千斤炮，不能当八千斤之大炮，乌有中而不裂者？其火轮船、杉板船，则二三千斤炮亦足以破之；其船面拉篷索、扶头鼻之人，则千斤炮亦足以歼之。乌有中而不摧者？至夷之炮架，均用车轮，裹以铁叶，其数百斤及千斤之炮，亦可推挽登岸。然泥涂坡坎，即不能行放。定海、慈溪两次陆战，均无推炮；镇江曾推数炮上岸，以地势不便而退。英夷又有马炮军、骆驼炮军，惟用于西洋本国。去冬粤东奏夷船四艘，其载马二百匹，皆高大于内地之马，曾至定海，盖将为陆战之用。然安南、缅甸皆以象负炮，而战伤其象鼻则反奔，况马与骆驼乎？

自用兵以来，中外朋议，不出二端：非苟且，即虚骄。虚骄之议，如雇商艘以战大海，沉舟筏以截大江，人皆知其难行。然遂欲以苟且为苟安，信下策为上策，则其谬尤不可不破。说者曰：我兵皆立船上，而夷兵皆藏船中；我以血肉之躯当炮，而夷以坚厚之舟当炮，况我军炮不如，火药不如，炮手更万万不如，奈何误信稗史周郎江上之火，鄂王湖中之草，施诸浩瀚大洋，欲以烬夷舰而胶火轮，岂非儿戏？应之曰：自用兵以来，我兵未尝与夷一战于海中也，安有立船上以受夷炮之事？夷攻岸，则我兵伏土塘中矣；夷攻炮台，则我兵伏沙垣中矣；夷攻城，则我兵又伏女墙中矣。又安有立露地以当夷炮之事？且大炮弹重者数十斤，小者十余斤，若果能以大炮陆战，则无论我炮夷炮，横放直透，当者皆必决成血渠，死伤百计。试问夷寇粤、闽，寇江、浙，曾有大炮陆战之事乎？且夷兵虽藏舱中，而其拉篷索、扶头鼻之兵数十人，则皆立舱面，故我炮能从垣出击夷船，而夷炮不能隔垣以伤我。是我以沙土当夷炮，而夷以血肉当我炮，其证一。夷船一面攻炮台，一面以小舟渡兵，绕攻旁岸。夫夷兵涉滩涂，爬峭岸；我兵守岸上，得以扛铳、矢石俯击，一可当百。其船上大炮，恐自伤其攻岸之夷，亦不敢遥击。是夷兵又以血肉当我火器，而我兵以土岸当彼夷炮，其证二。乃夷兵抵岸后，贼即撤去其舟，使绝反顾，故能冒死突前；而我兵立于万全之地，进退自由，反为一二飞炮惊走。既走之后，溃兵逃将，既张皇敌炮以逭诛；缙绅耳食，复神奇敌军以胁款。甚至以周瑜江上、岳王湖中之火攻水战，皆不足信。不知江上、湖中，皆内河，非大洋也。安南、广南①两烧夷舶，片帆不返，非内河火攻乎？余姚之艘陷软泥，台湾之艘阁浅礁，皆人船并获。其浅阁而我师不攻者，定海郭士利之舟。辛丑春议款，夷兵退出定海，郭士利三桅大舟陷浅，旁有二舟救护，兼雇远近乡民，拨载二日始动。粤东天字炮台下之舟，粤东款后，夷兵退出，大舟阁于炮

---

① 广南，指今越南中部，即顺化（Hué）、广南（Quang Nam）一带。《The Encyclopaedia of Geography》一书中的 Cochin China（交趾支那）指的就是越南中部，故《四洲志》译为广南。这同 1884 年越南沦为法国的保护国以后，法国把越南中部改称安南（中圻），把越南南部改称 Cochin China（交趾支那，南圻）的地理区分很不一样。

台，粤民欲火之，义律移文大吏，出示禁止。皆数日始能移动，非明证乎？迩者，夷破吴淞后欲闯苏州，遣火轮舟测水至泖湖，轮胶于水草而返，又非岳湖故辙乎？况火轮非战舰，不过哨探之用，炮伤其一轮，则全舟欹侧，不能行。方火轮窥松江，窥余姚、慈溪，窥扬州时，其河横不过三四丈，深不过丈许，有何浩瀚汪洋之处？沉筏、沉舟、沉大树皆可塞其走路，火轮不能闯过，稽延片时，而两岸伏兵、追兵，伏炮、扛炮、火舟、火器齐发，何难收岳王湖上之功？乃不但战舰不能制，并火轮杉板皆不能制，且故危其词，如鬼神雷电，例内河于大洋，诬正史为稗史，悲夫！悲夫！

方夷寇初兴，人皆谓其仅长舟战，一登岸则无用。及浙、粤屡北，则又谓夷兵陆战亦不可敌。陆兵败矣，而所以致败之由，终未明于天下。夫沙角炮台之战，副将陈连升以兵六百当夷数千，歼夷数百，以无援救而败。大宝山之战，副将朱（桂）〔贵〕以兵六百，当夷二千，歼夷数百，以无策应而败。三元里之战，以区区义兵，围夷酋，斩夷帅，歼夷兵，以款后开网纵之而逸。孰谓我兵陆战之不如夷者？至定海之守甚严，战甚力，何亦败陷？其所以败陷之由，则亦至今未明于天下。方夷寇之未逼定海也，三镇以兵五千，往防堵善后，首议修城。其地三面环山，前面濒海，城外二三里为红毛道头，市长里许。三镇议筑外城，包道头街于城内，左右抵山，其三面则以山为城。有诤者曰：天下无一面之城？此海塘，非外城也，贼一翻山入，即在城内矣。备多则力分，山峻则守劳。请前勿包埠，左右勿倚山，但环旧城再筑外郭，庶城足卫兵，兵足守城。而议者皆谓市埠不可弃，且左右高山，我兵踞高临下，仰攻不入。时主兵者未渡海，但据图指挥，遂从之。呜呼！山虽高峻，而外非峭壁，径路坡陀可上，但知白日晴明之可守，而不知晦冥风雨之难守也；但知一二日之可守，而不知旬久师疲之难守也。夷兵攻城退后，回舟安息，我无舟师水勇以扰之。而我兵则时时处处，昼夜设防，山高岭峻，寝食无所，天下有此守城之法乎？是秋夷艘至，果乘大风雨昼夜攻扰。至第五日，乘我守疲，兼值风逆，遂以小舟渡兵，撤舟死战，火气炎上，下击无力，遂登山入，陷之。呜呼！定海本不必守之地，而所修筑者又必不可守之城。城陷久矣，而所以致陷者，终未明于天下。不戒前车，仍蹈覆辙，恐将来倒柄授敌者，未有已也。然则当如之何？曰：兵无常形，地无定势。要之，凡战者必先谋敌之所以败我至于六七，竭智共攻，其无可败也，乃可以行；凡守者，必先谋敌之所以攻我至于六七，竭智共攻，其无可入也，乃可以守。

孰为正？孰为奇？节制纪律不可败，坚壁清野不可犯，正也；出奇设伏，多方误敌，使不可测，奇也。今御外夷，请先言外夷之兵法：缅甸用兵，遇强敌，则专用大木树栅，为不可拔，有时守御坚固，虽英吉利军亦为所拒。《四洲志》。故李定国攻阿瓦①都城之役，其城三面环水，缅于一面陆地，复凿为湖，而树木城于其前，出兵守之；俄于木城外，复立一木城，亦出兵守之。如此，渐逼定国营，始出兵大战。虽因象阵被伤反走，而据栅为固，终不可败。刘健《庭闻录》。乾隆征缅之役，缅守老官屯②，先据高坡坚立木栅，栅外三壕，壕外列鹿角。官兵大炮、火箭、地雷百道攻之，终不可拔。此即步步为营，以守为战之法。暹罗③军栅亦然，所谓正也。英吉利康熙中以兵船由地中海攻俄罗斯，俄罗斯敛兵，

①阿瓦（Ava），即今缅甸中部的阿瓦。
②老官屯，指今缅甸八莫附近的恭屯（Kaungton）。
③暹罗（Siam），即今泰国（Thailand）。

纵其登岸，而奇兵绝其归路，天大风雪，英军饥冻，不战自溃①，此一奇也。佛兰西②，嘉庆初合列国兵数十万，由陆地攻俄罗斯，俄罗斯倾国迁避，佛兰西兵长驱入其国都，俄罗斯兵乘大风雪夜，潜回纵火，佛兰西兵焚冻死各半，败绩而遁，此二奇也。准噶尔康熙中以兵三万由色棱格河攻俄罗斯，两岸高山，中通一峡，深入六七百里，不见一人。准噶尔疑其设伏诱陷，急班师遁去，此三奇也。俄罗斯之待强敌，与安南之待英夷，如出一辙。夫缅甸、安南之待英军，岂皆有洋艘洋炮，而一胜以陆兵之节制，一胜以水战之诱伏。今师出无律，是不知有正也；临出无谋，是不知有奇也。以无律无谋之兵，即尽得夷炮夷艘，遂可大洋角逐乎？不知自反，而惟归咎于船炮之不若，是疾误庸医，不咎方而咎药材之无力也。噫！

筹海篇二_{议守下}

夷事无所谓用兵也，但闻调兵而已，但闻调邻省之兵而已。夷攻粤，则调各省之兵以赴粤；夷攻浙，则调各省之兵以赴浙；夷攻江苏，则又调各省之兵以赴江苏。兵至而夷已就抚，则供客兵者又逆归兵；兵甫旋，而夷或败盟，则又调归兵以为战兵。夫国家各省养兵，原以备各省缓急之用，而沿海尤重兵所在，江苏五万，浙江逾四万，福建六万，广东将及七万。若谓本省不皆精锐，而选调客兵必皆精锐乎？则何以夷初至闽、粤时，未尝调他省一兵，而守御屹然？及征兵半天下，重集于粤，而粤败涂地；

---

① 据本书第五十六卷所引《每月统纪传》的一段文字考证，这段故事指的是1709年的波尔塔瓦（Pultowa）战役，战争的一方虽是俄罗斯，另一方却是瑞典（Sweden），而不是原书误记的英国；所谓"英舰从地中海进攻"，更远离史实。
② 佛兰西（France），即法国。

重集于浙于江，而江浙又败涂地。若谓英夷强寇，非一省所能抵御乎？则夷兵舰大小不过五十艘，其攻城上岸，不过二三千人。岂一省养兵数万，无数千可用之兵？沿海民风强悍，岂无数千可团之义勇？若谓闽、粤民兵虽可用而多通外夷，江、浙虽无汉奸而民多柔弱，则何以广东之斩夷酋、捐战舰者皆义民，两禽夷舶于台湾、火攻夷船于南澳者亦义民？而明人平倭寇皆处州、义乌之兵，近日战定海、保松江者皆寿春之兵，然则各省之勇民，原足充各省之精兵；练一省之精兵，原足捍一省之疆圉。所要者，止在募练之得法；所难者，止在调度之得人，不在纷纷多调客兵也。

前代钱氏有吴越，王氏有闽，刘氏有粤，各通番舶。倘有海警，岂能借助于邻援？又岂能合从以御侮？况防海宜习水战，而多调陆兵，舍长用短，以短攻长，不利一。在籍有安家，在途有传食，事竣有回递，县县传送，驿驿供张，则累在官；来如乳虎，败如鸟散，则骚在民。每土兵四五而赡一客兵，曷若省客兵之费以练土著？不利二。故曰：调兵者，选调本省之兵而已；募兵者，选练本省之人而已。远调不如近调，远募不如近募。

或曰：贼如舍沿海而专攻一省，他省有兵无贼，此省贼多兵少，则如之何？承平恬嬉，水陆弛懈，即有可用之兵而无训练，有可募之勇而无纪律，安能俟数月训练之成，以应仓卒之敌，则如之何？曰：一巡抚提督所辖，则本省之兵也；一总督所辖，则近省之兵也。贼少专用本省，贼多兼用近省。如寇攻粤，则募本省水勇为水师，而广西出陆兵以佐之；贼攻浙，则练金、处、温、台劲兵备陆战，而福建选水勇以佐之；夷攻苏，则练淮、扬、松江水勇与徐州兵备战，而安徽寿春兵佐之。合两省之兵勇，岂尚不足御一面之贼？故曰：要在募练之得法，难在调度之得人，不在纷纷多调客兵为也。

问曰：远调不如近调，则然矣。至募勇，则当纠合四方精锐，而曰远募不如近募，何耶？曰：挑选土著之利有三：一曰服水土，二曰熟道路，三曰顾身家。计调兵一，而当募勇之费十，当土著之兵五。以十丁之费募一丁，以五兵之费养一兵；练益精，则调益寡；调益寡，则费益省。以所省者练兵，兵何患不精？费何患不给？或曰：戚继光论选兵之法，除城市柔猾奸巧之人必不可用外，必选气力，选武艺，选身躯，选灵警，而尤必以胆为主。无胆则气力、武艺、伟岸、灵警皆无所用。又曰：选浙兵，处州为上，义乌次之，台州次之，绍兴又次之。此外虽韩、白复生，不可用。选兵若是之难，夔相之圉几何人乎？曰：此言专为杭、嘉、湖、苏、松之人而发，又为福建上四府而发。至漳、泉、惠、潮之民，械斗则争先赴敌，顶凶则视死如归矣，舟战则出没风涛如履平地矣。江北颍、亳、寿、泗、徐、沛之民，家家延教师，人人佩刀剑，或一人能负放大炮矣。仪征下河贩盐小舟（入捍）〔八杆〕舟，持械冒险，莫敢谁何矣。此其胆何待选？武艺何待教？故选精兵于杭、嘉、苏、松，是求鱼于山，求鹿于原也。选精兵于海南，于江北，则求柴胡、桔梗于沮泽也，不可以胜收也。一省且有可调不可调，可募不可募，况纷然征调于数千里外哉？故选兵先在选地。

募水勇之事，天津、山东不如江、浙，江、浙不如闽、广。以福建言之，当夷艘初犯厦门，大吏激厉水勇，人人思奋，故出洋立功。及款议兴，俘夷释，军赏迁延，而气一挫。是秋所募赴浙水勇八百，皆人人精悍，及至浙而定海款议成，水勇空往空返，而气再挫。次年又募精锐千人赴粤，及至粤而前数日款议成，水勇空往空返，而气三挫。颜制军召募本省水勇八千，闻粤东款议，漫然散遣，不择其精锐拨补水师，而气四挫。自是水勇人人离心，及夷船再至，无暇号召，其猾者甚且内应，而厦门不守矣。广东初年，水勇五千，前后出洋，烧夷艇、匪艇，逆夷望风畏窜，及款议兴，一朝散遣，而气一挫。新至诸帅，误疑粤民尽汉奸，无一可信，又不约束客兵骚扰居民，而气再挫。于是虎门不守，而省城累卵矣。及夷兵淫掠激民之怒，于是一战于三元里，而夷酋大困；一截烧于虎门横档，而夷艘煨烬。可见闽、粤民风之劲悍，各省所无，外夷所慑，而水战火攻，尤其绝技，断不可望于山东、天津渔盐之户。盖东南长水，西北长陆，迁地弗良，得人者昌。

　　今日沿海所患安在乎？必曰：械斗之民也，烟盐私贩也，海盗也，渔艇疍户也。今日陆地所患安在？必曰：回匪也，盐匪也，捻匪、红湖匪、曳刀匪也。官吏切齿为乱民，有事则目为汉奸。其中有一二人能号召数百二三千人者，非有乌获之力，猗顿之财，而信义意气，能豪一方。其人皆偏裨将才，其所属皆精兵。而自文法之吏视之，则且谓乱民之首也。夫兵者毒药，药不毒则不能攻毒，故《易》之《师》曰："以此毒天下而民从之。"《华事夷言》英夷所著书曰："中国之兵若善调度，即为第一精兵。现在广东岸上力作之人与水中渔贩之人，其技勇皆欧罗巴人所不及，若挑练此等人为兵卒，可谓一等勇壮之兵。"雍正中西虏未靖，诏各省选技勇送京师，得数千人，其最者能挽铁弓及二十力弓，以鸣镝射其胸，铿然而堕，举巨石千百斤，号勇健军。总督命史贻直领之，屯巴里坤，故一时北省盗贼绝踪，此先朝牢笼猛士之成效。道光回疆之役，伊犁将军奏选南北路遣犯二千为死士，屡挫贼锋，惜事平尽赦回籍，未能收入营伍，如雍正故事，尚有待于推广焉。嘉庆中海贼蔡牵犯闽，诏安有知县某者，传四乡总〔理〕四人，各予银千圆，令团乡勇，日甫夕而每总理各以二千五百人至，枪械藤牌毕具，一日而得精兵万，贼望风遁，其人即皆械斗之民也。蔡牵又与朱濆窥台湾后山，地本化外，有泉人吴沙者，集四社棚民与熟番拒之，一战其前，一攻其后，牵大败走。事闻，始诏即其地立葛玛兰厅。捍贼不烦官兵，何以文法吏不肯收以为用？然此辈亦不肯为用，盖绿营之饷不足以赡其身家也。英夷攻粤东时，募汉奸三千人，每人给安家银三十圆，每月工食银十圆。而我守虎门兵，月饷不及三两，提督关天培悯兵之穷苦，自捐赏恤，每兵银二圆，而议者且劾水师兵挟制提督要赏，尚望其出死力乎？闽、广水师，每省三万有奇，江、浙水师，每省二万有奇，虚冒半之，老弱半之，未必有数千之可用。诚能汰虚冒冗滥之缺，并两兵以养一兵，广东约万五千，福建约万五千，专选惠、潮、漳、泉四府，精训练而严节制之。以此推诸浙东、江北，岂但国家增无数之精兵，而且沿海销无数之械斗，中原收无数之枭匪。精气化痰，痰化精气，岂二物耶？乌喙、附子，以毒攻毒，毒去而药力亦销，顾用之者何如耳？精兵出其中，李长庚、罗思举之骁将，亦出其中。不此之图，而惟窃窃然曰无将无兵，古人讵借才于异地哉？

言调兵言筹饷者，动虞兵单费绌。而今言并兵并饷，则兵不愈少，饷不愈费乎？不知一省之兵，本足守一省之地；一省之饷，本足养一省之兵。即有军兴一切格外之费，而一省之财亦总足供一省之用。请详破其惑：夫兵之多少，视其实不视其名。养兵数万而无数千之可用，视一千有一千之用者，则不侔矣；视一千可当数千之用者，更不侔矣。调外省之兵，而置本省之兵于不练，则本省之饷皆滥饷，外调之费皆冗费。今以额饷养额兵，而不增一饷；以全饷养半兵，亦不裁一饷。兵减而实多，饷增而实省，其可无惑者一。戚继光鸳鸯阵法，或谓其止可驭三千，不可驭十万。夫十万皆三千所积也，一镇练三千，十镇即练三万，大阵包小阵，大营包小营，岂数万人之节制，有异于三千人之节制？且连大阵、辟战场、决胜负者，惟开创草昧之时，及西北平原之地。若承平东南剿寇，沟洫纵横，坡坎交错，则用三千之处为多。英夷兵艘所（在）〔载〕为数几何？若各省有百练敢死之卒数千，再团练沿海之渔船疍户以绝其羽翼，何烦更调外兵？其可无惑者二。练兵之费取诸并饷，团勇之费将何出？东南沿海，殷富甲天下。计自军兴以来，粤、闽、江、浙，每省商捐绅捐各数百万。以本地之富民，养本地之劲民，卫本地之身家，但使用得其宜，尚可撙节赢余，为造船械、修垣垒、悬购赏之费，何尝尽烦外兵、外饷？此可无惑者三。沿海之利，莫大鱼盐。前此宁波试行票盐两月，销至七万引，及停止后，岁销仅二万引，闽盐派签殷户充商，有甘出十余万金求免签者。潮州之盐运同，历任赔累，亏空巨万，皆出官费、胥役费、捆工费层层蠹蚀，不能减价敌私。傥沿海皆行票盐，尽省浮费，匪独化私为官以助饷，并可化枭为良以助兵。他若浙江之南田山、福建之封禁山许民屯垦，沿海之银矿山许民开采，境内自然之利，用之不穷。此可无惑者四。至于兵分见寡之由，由无战舰，别详下篇。

匪特兵不宜多也，即炮台亦不宜多。今为贼去关门之计者，不过曰增炮台，移营汛。增炮台之说曰：多一重门户，增一重保障。夫人家御贼，非固守大门拒不使入，即固守腰门而开大门以延敌。今无一门可恃，而但多设重门以待贼之攻陷，岂知一重失守，重重胆破。何如并十重之费以修一重，修必固；并十重之兵炮以守一重，守必固。以近事证之：厦门旧止二炮台，而守御屹然，迨于口门内外鼓屿、青屿、大档、小档增建各台，而贼至立破。宝山有东西炮台、有海塘而失守，松江城无炮台而贼攻不入。是知炮台不在多而在固。固之法如何？曰：建之得地，修之得法，守之得人。福州城距五虎（城）〔门〕二百里，一潮不能达，而潮退即浅阁；杭州城外，潮退沙滩十余里，海口赭、龛二山淤涨数十里，故此二省城贼皆不犯。厦门、宁波旧建炮台，本得形势，方当弃去舟山，拆去青、峿各屿炮台，安有更加增建之理？惟广州及江宁，夷船可直抵城下。粤东新城以外，市廛栉比，既无可筑外郭之地，惟猎得、大黄滘二处炮台，实省城内障，与虎门外障并重。于此二处扼险，果能阻遏夷艘，则堂奥高枕，而此外各港汊，正可留为出奇设伏之地。安用处处设炮，河河填塞？若此处不可恃，则他处更可恃乎？江苏则吴淞口内，惟江湾、东沟二处，可扼要设炮以守上海。福山口内，惟君山即鹅鼻嘴、圌山二处，可设炮以守长江。方当徙宝山之城，拆去东西炮台，内徙要害，安有更加增建之理乎？地势既得，守必万全。万全之策，在乎奇正相生：一，固土城以御大炮；必三合土坚筑女墙，先以炮演试，不破为度。二，开浅池以备飞炮；见上篇。三，沉桩石舟筏以遏冲突；此法不可施于长江，而可施于内河。或临河有大树则伐倒沉之，又或以大木为笼，长数丈，内贮极大石，横亘水中，视碎石舟筏，尤堪御潮刷，而阻冲突。四，伏地雷、掘暗沟以防陆路；五，别伏奇兵以备陆战，甚或守台之兵弃炮佯走以诱敌，使敌但知全力攻台，而不知台非我所顾惜；又使敌即知分路绕台，而不知台外劲旅尚多。初观之以炮台为正，伏兵为奇；至于奇正相倚，变化不测，致敌而不为敌致，诱敌而不为敌诱，则又反以伏兵为正，而以炮台为奇，方尽兵行诡道之秘。以视泥守炮台，有正无奇，一处受创，望风四溃者，其巧拙不可同年语矣。但所用之伏兵，必须平日精选，优养勤练而严节制之。必使人人心灵胆壮，技精械利，且将士一心，臂指呼应，临时方足出奇制胜。此则全在训练得人，有非空言所能取效者。

海国图志卷二 <small>邵阳魏源重辑</small>

筹海篇三<small>议战</small>

内守既固，乃御外攻。岳飞曰："以官军攻水贼则难，以水贼攻水贼则易。"今以海夷攻海夷之法如何？筹夷事必知夷情，知夷情必知夷形，请先陈其形势：英夷所惮之仇国三：曰俄罗斯，曰佛兰西，曰弥利坚。惮我之属国四：曰廓尔喀①，曰缅甸，曰暹罗，曰安南。攻之之法：一曰陆攻，一曰海攻。陆攻在印度②。逼壤印度者曰俄罗斯与廓尔喀。俄与英之国都中隔数国，陆路不接，而水路则由地中海与洲中海，朝发夕至③。康熙三十年间，英吉利曾由地中海攻俄罗斯，败绩遁归，自后不相往来，而兵争专在印度。印度者，葱岭西南，与我后藏、廓尔喀、缅甸接壤，去英夷本国数万里。英夷以兵舶据东、南、中三印度，而俄罗斯兵则由（黄）〔黑〕海、里海间取游牧诸部，亦与西、中二印度接壤，止隔一雪山，各以重兵拒守。自东印度之孟阿腊④之麻尔洼⑤，南印

---

①廓尔喀（Gurkha），即尼泊尔（Nepal）。
②印度（India），包括今印度、巴基斯坦（Pakistan）、孟加拉（Bangladesh）诸国。
③其实水路相距亦远，言之过速。
④孟阿腊（Bengal），今孟加拉国（Bangladesh）及印度的西孟加拉邦（West Bengal State）。当时鸦片的最重要产地是印度比哈尔邦的巴特那和北方邦的贝拿勒斯（Benares，今 Varanasi 瓦腊纳西）。二地所产的鸦片，西名均作 Bengal Opium。
⑤麻尔洼（Malwa），在南印度。当时在鸦片重要产地中位列第三。

度之孟迈①之曼达喇萨②，鸦片盛行，英夷岁收税银千余万，俄罗斯觊觎之。及英夷调印度兵艘入犯中国，深恐俄罗斯乘其虚以捣温都斯坦_{中印度}。又传闻俄夷使者已自比（革特）〔特革〕③起程入中国，比（革特）〔特革〕，其东都④也。惴惴惧其掎角。盖康熙中用荷兰以款俄罗斯，又联俄罗斯以逼准噶尔，故英夷之惧俄罗斯者，不在国都而在印度，此机之可乘者一。廓尔喀者，亦在后藏之西，与东印度逼处。方乾隆中，我师征廓夷时，英夷印度兵船亦乘势攻其东境。故上年英夷罢市后，廓夷亦即禀驻藏大臣，愿出兵攻击印度。当时若许廓夷扰其东，俄罗斯捣其西，则印度有瓦解之势，寇艘有内顾之虞，此机之可乘者二。故可乘而不乘，非外夷之不可用也，需调度外夷之人也。

海攻之法，莫如佛兰西与弥利坚。佛兰西国逼近英夷，止隔一海港；弥利坚与英夷则隔大海。自明季国初之际，佛兰西开垦弥利坚东北地，置城邑，设市埠，英夷突攻夺之，于是佛夷与英夷深仇。及后英夷横征暴敛，于是弥利坚十三部起义驱逐之，兼约佛兰西为援。三国兵艘数百艘，水陆数十万，不解甲者数载。弥利坚断其饷道，英军饥困，割地请和，弥利坚遂尽复故地二十七部，英夷止守东北隅四部，不敢再犯。即印度地亦荷兰、佛兰西开之，而英夷夺之。乾隆初，印度土酋约佛兰西、荷兰二国合拒英夷，连兵数载，始分东印度属英夷，而南印度属西洋诸夷，立市埠，此各国之形也。其互市广东，则英夷最桀骜，而佛、弥

①孟迈（Bombay），即孟买。当时是鸦片的最重要出口地。Bengal Opium 就是由英国东印度公司贩卖，由孟买出口，运销中国及南洋的。
②曼达喇萨（Madras），即马德拉斯。
③比特革（Petersburg），即圣彼得堡（Sankt Peterburg）。
④东都，意为在东海省（The East Sea Province）的都城。

二国最恭顺。自罢市以后，英夷并以兵艘防遏诸国，不许互市，各国皆怨之，言英夷若久不退兵，亦必各回国调兵艘与之讲理。去年靖逆出师以后，弥利坚夷目即出调停，于是义律来文，有"不讨别情，只求照例通商"之请，并烟价、香港亦不敢索，此机之可乘者三。乃款议未定，而我兵突攻夷馆，反误伤弥利坚数夷，于是弥利坚夷目不复出力。而荷兰西①于英夷再次败盟之后，是冬有兵头兵船至广东，求面见将军，密禀军务，自携能汉语之二僧，请屏去通使，自言愿代赴江、浙与英夷议款，必能折服，不致无厌之求。傥英夷不从，亦可藉词与之交兵。乃自正月与大帅晤商，始则不许代奏，及奏又支离其词，反以叵测疑佛兰西。延至六月，闻浙江奏请款抚，始许其行。时英夷兵船已深入长江，犯江宁。于是佛兰西船驶至上海，请我舟导其入江，而上海官吏又往返申请稽时。迨佛兰西易舟入江，则款事已定数日，尽饱溪壑，佛兰西怅然而返，此机之可乘者四。故可乘而不乘，非外夷之不可用也，需调度外夷之人也。

今日之事，苟有议征用西洋兵舶者，则必曰借助外夷恐示弱，及一旦示弱数倍于此，则甘心而不辞；使有议置造船械师夷长技者，则曰糜费，及一旦糜费十倍于此，则又谓权宜救急而不足惜；苟有议翻夷书、刺夷事者，则必曰多事。嘉庆间，广东有将汉字夷字对音刊成一书者，甚便于华人之译字，而粤吏禁之。则一旦有事，则或询英夷国都与俄罗斯国都相去远近，或询英夷何路可通回部，甚至廓夷效顺，请攻印度而拒之，佛兰西、弥利坚愿助战舰，愿代请款而疑之。以通市二百年之国，竟莫知其方向，莫悉其离合，尚可谓留心边事者乎？汉用西域攻匈奴，唐用吐番攻印度，用回纥攻吐番；

---

①荷兰西，疑为"佛兰西"之误。

圣祖用荷兰夹板船攻台湾，又联络俄罗斯以逼准噶尔。古之驭外夷者，惟防其协寇以谋我，不防其协我而攻寇也；止防中华情事之泄于外，不闻禁外国情形之泄于华也。然则欲制外夷者，必先悉夷情始；欲悉夷情者，必先立译馆翻夷书始；欲造就边才者，必先用留心边事之督抚始。

问曰：既款之后，如之何？曰：武备之当振，不系乎夷之款与不款。既款以后，夷瞰我虚实，藐我废弛，其所以严武备、绝狡启者，尤当倍急于未款之时；所以惩具文、饰善后者，尤当倍甚于承平之日。未款之前，则宜以夷攻夷；既款之后，则宜师夷长技以制夷。夷之长技三：一、战舰，二、火器，三、养兵、练兵之法。请陈国朝前事：康熙初，曾调荷兰夹板船以剿台湾矣，曾命西洋南怀仁制火炮以剿三藩矣，曾行取西洋人入钦天监以司历官矣。今夷人既以据香港、拥厚赀骄色于诸夷，又以开各埠、裁各费德色于诸夷。与其使英夷德之以广其党羽，曷若自我德之以收其指臂？考东、中二印度据于英夷，其南印度则大西洋各国市埠环之，有荷兰埠，有吕宋埠，有葡萄亚①埠，有佛兰西埠，有弥利坚埠②，有英吉利埠。每一埠地各广数百里，此疆彼界，各不相谋。各埠中皆有造船之厂，有造火器之局，并鬻船鬻炮于他国，亦时以兵船货船出租于他国。其船厂材料山积，工匠云辏，二三旬可成一大战舰，张帆起柂，嗟咄立办。其工匠各以材艺相竞，造则争速，驶又争速，终年营造，光烛天，声殷地。是英夷船炮在中国视为绝技，在西洋各国视为寻常。广东互市二百年，始则奇技淫巧受之；继则邪教毒烟受之，独于行军利器则不一师其长

---

① 葡萄亚（Portugal），即葡萄牙。
② 西班牙和美国在印度没有殖民地。

技，是但肯受害不肯受益也。请于广东虎门外之沙角、大角二处置造船厂一，火器局一，行取佛兰西、弥利坚二国各来夷目一二人，分携西洋工匠至粤，司造船械，并延西洋柁师司教行船演炮之法，如钦天监夷官之例，而选闽、粤巧匠精兵以习之。工匠习其铸造，精兵习其驾驶、攻击。计每艘中号者，不过二万金以内，英夷有军器之冦船，每艘值银二万余员。大兵船三桅者，每艘值银四万员。见澳门新闻纸。凡侈言每艘需十万金者，皆妄也。现在广东义士请弥利坚人造二桅兵船，果仅费银万九千两。计百艘不过二百万金，再以十万金造火轮舟十艘，以四十万金造配炮械，所费不过二百五十万，而尽得西洋之长技为中国之长技。每艘配兵三百人，计百艘可配三万人，靖逆将军奕山奏：夷三桅大兵船三百人，二桅中号兵船二百余人，火轮船八九十人，杉板船大者六七十人，小者二三十人。广东一万，福建一万，浙江六千，江苏四千。其所配之兵必凭选练，取诸沿海渔户枭徒者十之八，取诸水师旧营者十之二。尽裁并水师之虚粮、冗粮，以为募养精兵之费。必使中国水师可以驶楼船于海外，可以战洋夷于海中。不增一饷一兵，而但裁并冗滥之兵饷。

此其章程可推广者尚有六焉：我有铸造之局，则人习其技巧，一二载后，不必仰赖于外夷，如内地钟表亦可以定时刻，逮二十五年大修之期，即可自行改造，一也。夷艘例二十五年一修。有铸造之局，则知工料之值、工食之值，每艘每炮有定价，然后可以购买。凡外夷有愿以船炮售官抵税者听；闽商粤商出贩南洋①，有购船炮归，缴官受值者听。不致以昂价赝物受欺，二也。沙角、大角既有船厂、火器局，许其建洋楼、置炮台，如澳门之例。英夷不得

①南洋，泛指今东南亚（Southeast Asia）一带及其海域。魏源在本书中改《地理备考》的"阿塞亚尼亚州"（Oceania）为"南洋"，则除把该书所说的印度尼西亚、菲律宾等国海域改称"南洋"外，现在普遍称为大洋洲的海域也被改称为"南洋"了。

以香港骄他夷，生觖望；而我得收虎门之外障，与澳门鼎峙，英夷不敢倔强，广东从此高枕。嘉庆中，澳夷曾备兵船二，英夷备兵船四，愿助剿海盗，今更得佛、弥二夷效顺，彼贪市舶之利，我收爪牙之助，守在四夷，折冲万里，三也。鸦片趸船敢于蔓延者，欺我水师之不敢攻剿。今水师整饬，鸦烟自不敢来，纹银自不透漏，以用财为节财，四也。官设水师米艇，每艘官价四千，已仅洋艘五分之一；层层扣蚀，到工又不及一半。<small>靖逆将军奕山奏言：水师例修之船，新造二只，覆以藤棉，加以牛皮，外施鱼网七层，演试千斤之炮，打穿两面，不能适用。</small>今制海舰，不拘例价。若不善立章程，则将来修造之期，必然有名无实。考洋艘所以坚固，皆由驶犯风涛，遄行万里。（令）〔今〕官艘终岁停泊，会哨徒有具文。自后即无事之期，而战艘必岁护海运之米，验收天津。闽、广则护运暹米、吕宋米、台湾米；江、浙则各护苏、松、杭、嘉、湖之米。凡承造之人，即皆驾驶之人；凡内地出洋之商，愿禀请各艘护货者听。凡水师提镇大员入京陛见，必乘海艘，不许由驿陆进；其副将参游以下入京引见，或附海运之舟北上，总禁由陆。其文吏愿乘海艘入京者听，惟不许承办船工，五也。国家试取武生、武举人、武进士，专以弓马技勇，是陆营有科而水师无科。西洋则专以造舶、驾舶，造火器、奇器取士抡官。上之所好，下必甚焉；上之所轻，下莫问焉。今宜于闽、粤二省武试，增水师一科。有能造西洋战舰、火轮舟，造飞炮、火箭、水雷、奇器者，为科甲出身；能驾驶飓涛，能熟风云沙线，能枪炮有准的者，为行伍出身。皆由水师提督考取，会同总督拔取送京验试，分发沿海水师教习技艺。凡水师将官必由船厂、火器局出身，否则由舵工、水手、炮手出身，使天下知朝廷所注意在是，不以工匠、柁师视在骑射之下，则争奋于功名，必有奇材绝技出其中。昔李长庚剿海贼，皆身自持柁，虽老于操舟者不及，故知水师不能舍船械而空谈韬略，武备不能舍船炮而专重弓马，六也。

天下有不可强者三：有其人，无其财，一难也；有其财，无其人，二难也；有其人，有其财，无其材，谓材料。三难也。自用兵以来，所糜费数千万计，出其十之一二以整武备有余，则财非不足明矣。海关浮费，数倍正税，皆积年洋商与官吏所肥蠹，起家不赀。其费皆出自鸦片，岂不当派数百万之军饷，则财又非不足明矣。中国智慧，无所不有，历算则日月薄蚀，闰余消息，不爽秒毫；仪器则钟表晷刻，不亚西土；至罗针、壶漏，则创自中国，而后西行；罗针始自中国，见《华事夷言》。穿札扛鼎，则无论水陆，皆擅勇力，是人才非不足明矣。船桅船舱所需铁力之木，油木、櫆木、柹木，皆产自两广；蓬帆浸以晋石，火不能焚，出自山西；火药配以石油，得水愈炽，出自甘肃；关外玉门县赤金卫迤南之石油河，本年二月陕甘总督解至石油三千六百斤。火箭参以江豚油，逆风更猛，出自四川。军符所下，且夕可至。硝提数次而烟白，铁经百炼而钢纯，皆与西洋无异，则材料又非不足明矣。飞炮、火器皆创自佛兰西，而英夷效之，以及船械相等之葡萄亚、荷兰、吕宋、弥利坚等国，皆仰我茶、黄，贪我互市。欲集众长以成一长，则人争效力，欲合各国以制一国，则如臂使指。诚欲整我戎行，但得一边才之两广总督，何事不可为哉？

或曰：五十艘之船械，且造且购，一年而可集；百艘之船械，且造且购，二年而毕集。即其制造施用之法，以我兵匠学之，亦一年而可习，二年而可精。是一二年后，已无铸造之事，尚远重修之期，更何局厂之设乎？曰：是何言也！夫西洋惟英吉利国兵船五百余艘，佛兰西国兵船三百余艘，盖为分守各国埠头而设。其余各国战舰，亦各不过数十艘，而皆有船厂、火器局，终年不息者，何哉？盖船厂非徒造战舰也。战舰已就，则闽、广商艘之泛南洋者，必争先效尤；宁波、上海之贩辽东、贩粤洋者，亦必群就购造，而内地商舟皆可不畏风飓之险矣。西洋火轮舟之受数千石者，止为远越重洋，其在本国内河、内港之火轮舟，皆不过受五百石至九百石而止。以通文报，则长江、大河，昼夜千里，可省邮递之烦；以驱王事，则北觐南旋，往还旬日，可免跋涉之苦；以助战舰，则能牵浅滞损坏之舟，能速火攻出奇之效，能探沙礁夷险之形。诚能大小增修，讵非军国交便？战舰有尽，而出鬻之船无尽，此船厂之可推广者一。火器亦不徒配战舰也。战舰用攻炮，城垒用守炮，况各省绿营之鸟铳、火箭、火药，皆可于此造。此外量天尺、千里镜、龙尾车、风锯、水锯、火轮机、火轮舟、自来火、自转碓、千斤秤之属，凡有益民用者，皆可于此造之。是造炮有数，而出鬻器械无数，此火器局之可推广者二。

古之圣人，刳舟剡楫，以济不通，弦弧剡矢以威天下，亦岂非形器之末？而《睽》、《涣》取诸《易·象》，射御登诸六艺，岂火轮、火器不等于射御乎？指南制自周公，挈壶创自《周礼》，有用之物，即奇技而非淫巧。今西洋器械，借风力、水力、火力，夺造化，通神明，无非竭耳目心思之力，以前民用。因其所长而用之，即因其所长而制之。风气日开，智慧日出，方见东海之民，犹西海之民，云集而鹜赴，又何暂用旋辍之有？昔汉武欲伐南越，爰习楼船水战于昆明湖。乾隆中以金川恃碉险，爰命金川俘卒建碉于香山，又命西洋人南怀仁制西洋水法于养心殿。而西史言俄罗斯之比达王[①]聪明奇杰，因国中技艺不如西洋，微行游于他国船厂、火器局学习工艺，反国传授，所造器械，反甲西洋，由是其

①比达王，即彼得一世。

兴勃然，遂为欧罗巴洲最雄大国。故知国以人兴，功无幸成，惟厉精淬志者，能足国而足兵。

人但知船炮为西夷之长技，而不知西夷之所长不徒船炮也。每出兵以银二十员安家，上卒月饷银十员，下卒月饷银六员，赡之厚故选之精，练之勤故御之整。即如澳门夷兵仅二百余，而刀械则昼夜不离，训练则风雨无阻。英夷攻海口之兵，以小舟渡至平地，辄去其舟，以绝反顾，登岸后则鱼贯肩随，行列严整，岂专恃船坚炮利哉？无其节制，即仅有其船械，犹无有也；无其养赡，而欲效其选练，亦不能也。故欲选兵练兵，先筹养兵，兵饷无可议加，惟有裁并之而已。粤省水师将及四万，去虚伍计之，不及三万。汰其冗滥，补其精锐，以万五千人为率。即以三万有余之粮，养万五千之卒，则粮不加而足。以五千卒分防各口炮台，与陆营相参；以万人分配战舰，可得三十余艘。无事日，令出哨外洋，捕海盗，缉烟贩；有事寇在邻省，则连舻赴援，寇在本省，则分艘犄角，可以方行南海矣。或曰：粤洋绵长三千余里，水师数万，尚虞不周，今裁汰大半，不弥形单寡乎？曰：水师多而不敷，以无战舰也，无战舰出洋，则口岸处处出防，以水师当陆师之用，故兵以分而见寡。今以精兵驾坚舰，昼夜千里，朝发夕至，东西巡哨，何患不周？是兵以聚而见多。英夷各处市埠，自大西洋至中国，首尾数万里，何以水师不过九万即能分守各国？又何以入寇之兵不过五十艘，而沿海被其骚动？况水师外，尚有本省绿营数万，何患其无兵分守？前年杨参赞有请水师改为陆兵之奏，吾谓不如并岸上之水师为船上之水师，用力少而收效广。

问：西洋与西洋战，亦互有胜负，我即船炮士卒一切整齐，亦何能保其必胜？曰：此为两客相攻言之，非为以客待主言之也。夫力不均、技不等而相攻，则力强技巧者胜；力均技等而以客攻主，以主待客则主胜，攻劳守逸。请言其状：夫海战全争上风，无战舰则有上风而不能乘。即有战舰，而使两客交哄于海中，则互争上风，尚有不能操券之势。若战舰战器相当，而又以主待客，则风潮不顺时，我舰可藏于内港，贼不能攻，一俟风潮皆顺，我即出攻，贼不能避，我可乘贼，贼不能乘我，是主之胜客者一。无战舰，则不能断贼接济，今有战舰，则贼之接济路穷，而我以饱待饥，是主之胜客者二。无战舰，则贼敢登岸，无人攻其后，若有战舰则贼登岸之后，舶上人少，我兵得袭其虚，与陆兵来市，是主之胜客者三。无战舰，则贼得以数舟分封数省之港，得以旬日遍扰各省之地。有战舰则贼舟敢聚不敢散，我兵所至，可与邻省之舰夹攻，是主之胜客者四。故历考西洋各国交兵，凡英吉利往攻弥利坚本国，则弥利坚胜；以英吉利往攻俄罗斯本国，则俄罗斯胜；若英吉利与各国互战于海中，无分主客，则舵师能得上风者胜。

问曰：船厂、火器局设于粤东矣，其福建、上海、宁波、天津，亦将仿设乎？不仿设乎？战舰百艘，果足敷沿海七省之用乎？曰：沿海商民有自愿仿设厂局以造船械，或自用、或出售者听之。若官修战舰、火器局则止需立于粤东，造成之后，驶往各岸，无事纷设。盖专设一处则技易精，纷设则不能尽精；专设则责成一手，纷设则不必皆得人。战舰既成以后，内地商艘仿造日广，则战艘不必增造。何者？西洋货船与兵船坚固同、大小同，但以军器之有无为区别。货船亦有炮眼，去其铁板，即可安炮。内地平时剿贼，尚（敕）〔动〕雇闽、广商艘，况日后商艘尽同洋舶，有事立雇，何难佐战舰之用？惟水师则必以闽、广为主，而江、浙为辅，何则？福建之役，夷船泊于南澳港，邓制军所募水勇，佯作商舟，乘无风攻之，夷艘甫觉，我水勇已逼其后艄，焚其帆索，伤其柁师水手。夷艘无风不能起碇，逼近不能开炮，且小舟外障湿幔，铳弹不能入，良久风起，夷船始遁。此江、浙水勇所不能也。粤东之役，官军方失利于城外，而我武举梁体群，夜以火舟三队，从穿鼻洋截攻其后，乘潮至虎门横档，夷船甫开一炮，而我火舟已逼其后梢，火药枪轰发，两桅飞起空中，全艘俱毁。佛山义勇又围截夷兵于龟冈炮台，绕出上风，纵毒烟以眯夷目，尽歼夷兵，并击破其应援之杉板舟。此江、浙水勇所不能也。靖逆将军奏言：粤中水勇以小舟八人荡桨，旋折如飞，将及夷炮所近之处，即覆舟入水，戴之而行，及至夷船，仍翻舟而上，以火球、喷筒焚其帆索，得势即跃上夷船，不得势即仍下水覆舟而行，铳炮皆不能及，已募得二百余人。此江、浙所无也。夷船犯乍浦时，余艘留踞镇海招宝山，有委员雇闽勇三百余，以火舟易使贼觉，献策用大油篓各装火药二百斤，载以小竹筏以铁索拴筏四角，套于项颈，手扶篓筏，贴水潜行，远望不见，及至夷船后，潜挂柁上，火发轰烈，全船立毁。既而有尼之者，飞檄中止。此亦江、浙所无也。此皆在无战舰之时，可用若是，况配入战舰，用其所长，外夷尚且畏之，岂他省所及？故江、浙舟师宜专护海运，而闽、粤舟师宜专剿海寇。汉口、瓜洲、钱塘江亦有没水之人，能伏行江底，然每处仅二三十人，不能多也。

　　问：子于《议守篇》，专守内河，守近岸，使夷船夷炮失其所长，已可收安南创敌之功，则又何艘械之足学，而厂局之足设耶？曰：夷兵之横行大洋者，其正也；其登岸及入内河者，其偶也。夷性诡而多疑，使我岸兵有备而彼不登岸，则若之何？内河有备而彼不入内河，则若之何？观其初至也，以结怨之广东而不攻，继以结怨之厦门而不力攻，及突陷舟山，徘徊半载而不敢深入，是犹未测内地之虚实，尚有所畏也。自广东主款撤防，破虎门，围省会，而夷始肆然无忌矣；再破厦门、定海，驶入宁波，而益无忌矣；再破乍浦、宝山、上海，驶入长江，而益无忌矣。使夷知内河有备，练水勇、备火舟如广东初年之事，其肯深入死地哉？故广东初年有歼夷之备，而无其机；江、浙近年有歼夷之机，而无其备。且夷兵船五十艘，货船二十余艘，火轮舟十艘，其闯入珠江、入甬江、入黄埔江者，皆不过兵舰七八艘，火轮二三艘，杉板小舟十余而已，其余仍寄碇大洋。即使歼其内河诸艇，而奇功不可屡邀，狡夷亦不肯再误。且夷贪恋中国市埠之利，亦断不肯即如安南、日本之绝交不往。此后则非海战不可矣。鸦片趸船仍泊外洋，无兵舰何以攻之？又非海战不可矣。夷船全帮数十艘，驶入者惟长江，江面虽狭于外洋，而倍阔于他港，夷艘散泊各岸，不聚一处，即用兀术之火攻，而天时风色难必，亦不过歼其三分之一，究恐有窜出大半之舰，则亦非追剿不可矣。苟夷畏我内河，专肆惊扰，声东击西，朝南暮北，夷人水行一日可至者，我兵陆行必数日方至。夷攻浙则调各省之兵以守浙；夷攻江，则又调各省之兵以守江。即一省中，而有今日攻乍浦，明日攻吴淞，后日又回扰镇海，我兵又将杂然四出，应接不暇，安能处处得人，时时设备？况战舰火器，乃武备必需之物，二三百万，乃军需十分之一，何惮不为而见轻于四夷？况有洋舰洋炮之后，亦非漫然浪战也。客兵利速战，主兵利持重。不与相战，而惟与相持，行与同行，止与同止，无淡水可汲，无牛羊可掠，无硝药可配，无铁物可购，无蓬缆可补，烟土货物无处可售，桅枪无处可修，又有水勇潜攻暗袭，不能安泊，放一弹即少一弹，杀一夷即少一夷，破一船即少一船。而我之沿海腹地既有战舰为外卫，则内河近岸高枕无虞，所至接济策应，逸待劳，饱待饥，众待寡，是数十艘可当数百艘之用。况夷兵以大艘为身，以杉板小舟为四足，但多募渔舟快艇，专毁其杉板小舟，小舟尽，则大舟亦可为我有。在得人而已！在得人而已！

筹海篇四议款

　　我患夷之强，夷贪我之利，两相牵制，幸可无事，非今日主款者之秘略乎？鸦片岁耗中国财数千万计，竭我之富，济彼之强，何以处之？则曰：但禁内地吸食。试问持议之人，果严禁内地吸食乎？则又曰：宜缓不宜急，急之恐触外侮而生内变。嗟乎！强邻恶少，日设赌博于门，诱我子弟，匿我基业，败我教化，一朝绝不与通，攻门索斗。婹婀调停者曰：姑听其仍开博场，一日赌博，一日无事，百年赌博，百年无事。我产之耗不耗，勿计也；我业之完不完，勿计也；我子弟之败类不败类，勿计也。欲制夷患，必筹夷情。请先陈夷情而后效其说：

　　中国以茶叶、湖丝驭外夷，而外夷以鸦片耗中国，此皆自古所未有，而本朝有之。茶叶行于西洋自康熙始，而鸦片之入中国亦自康熙始。初准以药材上税，乾隆三十年以前，岁不过二百箱。及嘉庆元年，因嗜者日众，始禁其入口。嘉庆末，每年私鬻至三千余箱①。始则囤积澳门，继则移于黄埔。道光初，奉旨查禁，复移于零丁洋之趸船。零丁洋者，在老万山内，水路四达，凡中外商船之出入外洋者，皆必由焉。夷艘至，皆先以鸦片寄趸船，而后以货入口。始趸船不过四五艘，其烟至多不过四五千箱②，可用火攻，而大吏密奏：请暂事羁縻，徐图禁绝。于是因循日甚，其突增至二十五艘，烟二万箱③者，则在道光六年设巡船之后。巡船

---

①实际数字是四千余箱。
②四五千箱是嘉庆末年数字，道光五年已达九千余箱。
③二万箱为道光十年数字。

水师受月规，放私入口，于是藩篱溃决。及道光十二年始裁巡船，而积习已不可挽。道光十七年复设巡船，议定每千箱以若干箱送水师报功，而鸦片遂岁至四五万箱矣①。今以道光十七年广东与英夷贸易出入之数计之：湖丝价银六百五十九万员，茶叶价银千有四百万员，白矾、串珠、樟脑、桂皮、磁器、大黄、麝香、赤布、白糖、冰糖、（两）〔雨〕伞百二十二万六千员，共计英吉利船所购出广东之货二千一百八十一万六千员。其入口者：棉花八百二十二万员，六十七万七千石。洋米二十三万八千员，二十一万石。大呢百五十五万员，羽纱四十万员，哔叽八十万员，羽缎五万员，洋布七十万员，棉纱七十三万员，千有八百石。水银二十三万员，二千石。锡二十九万五千员，万五千石。铅八万九千员，万四千石。铁四万八千员，万六千石。硝七万五千员，共万石。檀香、乌木、象牙、珍珠、胡椒、沙藤、槟榔、鱼翅、鱼肚、花巾、洋巾，计七十一万员，共英夷进口货千四百四十七万八千员，少于出口货价银七百余万员。使无鸦片而以货易货，则英夷应岁补中国银七百余万员。乃是岁鸦片价银，反出口二千二百万员，计销鸦片四万箱。此数之确然可考者。弥利坚国是岁出口之货：绸缎价七百五十万员，茶叶五百十九万八千员，十二万余石。丝棉、葛布、磁器、席、糖五十七万九千员，共计千有三百二十七万七千员。入口洋货三百六十七万员。内有洋米八十六万员，洋布四十五万员，白银四十二万员，价最巨。计少银九百六十万员。何以不闻补银？盖亦鸦片价内开除之数。英夷所运者印度鸦片，弥夷所运者都鲁机②鸦片。他西洋诸国出口入口者，约计二百万员。共计外夷岁入中国之货，仅值银二千十四万八千员，而岁运

---

①道光十八年的鸦片输入额为二万八千余箱，至道光十九年已达四万余箱。
②都鲁机（Turkey），即土耳其。

出口之货，共值银三千五百有九万三千员，以货易货，岁应补中国价银千四百九十四万五千员。使无鸦片之毒，则外洋之银有入无出，中国银且日贱，利可胜述哉！综计英夷所购出之货，莫大于茶，而湖丝次之；所售入中国之货，莫大于鸦片，而棉花次之。至大黄则蒙古所需，非西洋所急，故每岁出洋大黄，不过值五万余员。即俄罗斯市大黄归，亦仅用以染色，非用以治病。见松筠《绥服纪略》。茶叶虽西洋所盛行，而佛兰西国不甚需之，以其本国皆饮白酒，不甚饮茶，故佛兰西到粤之船较少。然前代市舶，从不闻茶叶出洋，茶叶出洋，自明季荷兰通中国始。及康熙二年，英吉利商又自荷兰购归百斤，饮而甘之，国人饮者岁增一岁。康熙四十九年，至十四万斤；雍正二年，至二十八万斤；乾隆二十四年，二百二十九万斤；三十七年，五百四十七万斤；五十年，遂至千三百万斤；嘉庆十八年，二千一百二十八万斤；道光二年，二千三百七十六万斤；十年后，三千余万斤。及英夷公（私）〔司〕散后，各商自运，销茶愈广。十七年，广东出口茶叶三十余万石，共价银千有四百余万员。又弥利坚国，道光十七年购茶价银三百六十九万两。共茶十二万余石。荷兰岁需茶二百八十万斤不等，佛兰西二十三万斤不等。佛兰西茶沿途售与各国，其到本国者无几。此外西洋各国，大约二百万斤。惟俄罗斯由蒙古运往茶叶岁六百四十余万斤。是西洋之饮茶，亦犹中国人之吸鸦片，虽损益悬殊，皆始自近日，非古昔所有。故知洋钱流入内地，皆鸦片未行以前夷船所补之价；至鸦片盛行以后，则绝无货价可补，而但补烟价，洋钱与纹银皆日贵一日矣。漕务、盐务、边务，皆日困一日矣。使非养痈于数十年之前，溃痈于设巡船之后，何以至是？今但归咎割痈之人，而养痈、溃痈者不问，故至今益以养痈为得计，此边患宜溯其源者一。

西洋互市广东者十余国，皆散商无公司，惟英吉利有之。公司者，数十商辏资营运，出则通力合作，归则计本均分，其局大而联。散商者，各出己赀，自运自售，利害皆一人独当之，其势专而散。方其通商他国之始，造船炮，修河渠，占埠头，筑廛舍，费辄巨万，非一二商所能独任，故必众力易擎，甚至借国王赀本以图之，故非公司不为功。及通市日久，垄断他商之路，挥霍公家之帑，费愈重，利愈微，国计与民生两不利，则又惩公司流弊，而听散商自为之。以中国比例，公司如广东十三家洋行，而散商则如各省赴粤之客货也。公司如淮南盐法之滚总、之整轮，而散商则如票盐、如散轮也。道光十三年以前，粤东贸易一出公司，其局初立于印度，继立于广东。初议公司止设三十年，及限满而公司欲专其利，不肯散局，复以助本国兵饷为词，请再展三十年①。而糜费开支，浮冒干没，且运回之货，居奇踊贵，百物滞销，国人皆不服，屡控国王，请散公局，各自贸迁，皆为大班数人把持，与通国散商为怨敌。其公司赀本银三千万员②，主事二十四商，首领二人，专司机密，每商捐银二千五百员以赡之。道光十年，本国会计入公帑银万有五百万员，公使费银九千万员，公欠项银（七）〔一〕千五百万员，公司贸易无利。道光十二年载赀出本国、出印度国者，置价共三千万员，而所售回之价，仅千有六百万员，公司不如散商者六倍。故道光十三年遂散公司之局，国王尽收帑本，任商自运，而第征其税，此粤中公司合散之情形也。方广东公司未散时，各大班恃其势大多金，凡抗衡中国官吏，皆公司大班所为。公司散则势涣易制，而卢制军莅任未久，误听

①东印度公司在印度的专卖权1813年取消，但在中国的专卖权延长二十年，实际上延至道光十四年三月，但鸦片仍由公司专卖。所谓限三十年、展三十年，当指此事。
②如不算以后的惊人净利，实际上东印度公司初时仅合资七万英镑，折合三十五万元。

洋商言，以英夷公司虽散，而粤中不可无理夷务之人，反饬令彼国派领事①来粤。十四年，始来者曰劳律卑②，突入省河，罢市调兵而后退。十六年，再至者即义律也。只便洋商一日之私图，岂期边疆今日之戎首！试问粤中互市，西洋十余国，何尝有夷官驻粤？若谓英夷货多事赜，则弥利坚国每年货艘至粤之多，亦亚于英吉利，何以二百载从无桀骜？观禁烟新令初颁，各国遵令，即英国新至货船，亦遵例具结，而义律驶兵船阻其入口。苟当时无公司领事，则英夷各商亦不过随同各国具结，惟恐卸货之不早，骛利之不先，何暇抗文法，争体制？何至开兵炮，停贸易？又何至诉国王请兵舰，连兵万里，构衅数年？故驭边在先悉夷情。公司散局，此海疆一大机会，而中国边臣失之者二。

禁鸦片之议有二：一内禁，一外禁。自夷船犯顺，人皆谓外禁必不可行。果必不可行乎？又以夷变归咎于缴烟。果由于缴烟乎？何以五月缴烟之后，旁徨半年而未动？何以尚肯出船货充公之结？何以尚悬购告犯之赏？何以逐出老万山外，复尚有愿遵《大清律》乞回澳门之禀？是其激变绝不由缴烟，而由于停贸易明矣。英夷国禁浓酒小带，有佛兰西使者至其国，英夷闻其携违禁货物，因监禁其使，令（禁）〔尽〕缴出禁物始释之，与广东之勒缴烟土何异？又英夷国律例，凡他国商携违禁货物入境者，罚其货价三倍。是即科以彼国之法，亦无可辞。其非因缴烟而由停贸易又明矣。然则不停贸易，固可免用兵，亦可禁鸦片使不来乎？曰：奚不可之有！请先陈夷情而后效其说。英夷之说曰：若要印

①卢坤的通知是说"另派大班"，不是"领事"。英国外交部派商务监督来粤，是预定的侵华计划，与卢坤的通知没什么关系。
②劳律卑（Lord Napier），当时粤语音译为"律劳卑"。

度人不栽波毕①，除非中国人不食鸦片；若要中国人不买鸦片，除非印度不栽波毕。中国人若以鸦片贸易同英国讲论，英吉利国王定肯禁止贩运。即印度栽种波毕之事，亦可停止，而栽种别物仍可得税饷贸易之利。《澳门月报》。又曰：有人言情愿断止鸦片一物，别开南边港口贸易可乎？我恐未必能行。《华事夷言》。是外禁之事，英夷亦未尝不筹画及之。但外夷惟利是图，惟威是畏，必使有可畏怀，而后俯首从命。故上者严修武备，彼有趸船则我能攻之，彼有夹私应停贸易则立停之，使我无畏于彼，彼无可挟于我，自不敢尝试；次者代筹生计。使彼即停鸦片，而上无缺税，下无缺财，则亦何乐走私之名，而不趋自然之利？请得而详之：夷烟产自印度而销于广东，其东印度种鸦片之地皆官地，如中国盐场，置官收税，不得私煎，除鸦片地税银四百余万员外，加以栽种时、开花时、取汁时、出口时四次收税，又凡五百余万员，共计孟阿腊岁税九百六十八万四千余员，又南印度之孟迈鸦片税亦百余万员，除印度兵饷支用外，岁解英吉利国都者三百余万员，此其国最大之利薮。考康熙、乾隆中，准商船运吕宋、暹罗米入口者，每米万石免其船货税十分之五，米五千石以上免税十分之三，即不及五千石亦免税十分之二，并许商人运暹米二千石以上，议叙顶戴。此二国产米不产鸦片，有利无弊。自后港脚夷船②，援例岁运印度、新嘉坡③、葛留巴④米入口者，不下四十万石，多以鸦片寄趸船，而以米入口。由是粤海关裁抑之，但免入口米税，不免

①波毕（Poppy），即罂粟。
②港脚夷船（Country Ship），指十七世纪末叶至十九世纪中叶在印度、东印度群岛和中国之间经营三角贸易的港脚商人使用的船只。
③新嘉坡（Singapore），即新加坡。
④葛留巴（Kělapa），即今印度尼西亚首都雅加达（Jakarta）。此名亦间指爪哇（Java）岛。

出口货税。今与夷约，果能铲除鸦片之地改种五谷者，许其多运洋米入口，并援例酌免其货税，则夷喜于地利之不荒，其必乐从者一。粤东出口之货，则洋行会馆每百两抽内商三分，而三分必增诸货价。其入口之货，则每一大洋艘至黄埔，官费及引水通事使费约需银五千员，皆在正税之外，虽不明取于鸦片，而夷则失诸彼者偿诸此，我则收其实而避其名。今与夷约，果鸦片不至，则尽裁一切浮费，举以前此贡使所屡求，大班所屡控者，一旦如其意而豁除之，俾岁省数百万，夷必乐从者又一。彼国入口之货，莫大于湖丝、茶叶；出口之（费）〔货〕，莫大于棉花、洋米、呢、羽。今中国既裁浮费，免米税，商本轻省，则彼国不妨于进口之茶、丝，出口之棉、米、呢、羽，酌增其税，以补鸦片旧额。此外，铅、铁、硝、布等有益中国之物，亦可多运多销，夷必乐从者又一。威足慑之，利足怀之，公则服之，有不食桑葚而革鸮音者乎？水师之通贿不惩，商胥之浮索不革，战舰之武备不竞，而惟外夷操切是求，纵获所求，且不可久。矧乃河溃而鱼烂，鸟惊而兽骇，尚何暇议烟禁哉！张奂之服西羌，班超之告任尚，此机会可乘反以过急失之者三。

此皆未变以前事也。既变以后，则不独以夷攻夷，并当以夷款夷。国初俄罗斯争黑龙江地，构兵连年，圣祖命荷兰寄书俄罗斯而献城归地。喀尔喀两部争衅构兵，诏命达赖剌麻遣使往谕，而喀部来庭。缅甸不贡，闻暹罗受封而立贡。廓尔喀未降，闻英吉利助兵而即降。故款夷之事，能致其死命使俯首求哀者上；否则联其所忌之国，居间折服者次之。上年靖逆将军未至粤时，弥利坚夷目即出调停讲款，于是义律来文有"不讨别情，只求照例通商，倘带违禁货物，船货充公"之语，并许"退出虎门"之说。夫命将出师，不过因夷之索烟价、索埠地、踞虎门，今三事皆不敢逆命，是不战屈夷，亦足以征朝廷折冲千里之威。非弥利坚居间岂能有是？而利害未能陈明，章奏未能剀切，于是而英夷要盟，又于是而英夷败盟。是冬佛兰西兵帅复以兵艘至粤，求面见将军密陈军事，请代款，请助兵。以夷攻夷，以夷款夷，在此一举。而又迟疑之，支诎之，延及半载始令赴江宁，则英夷款议已成数日，视弥利坚原议相去天渊。故不款于可款之时，而皆款于必不可款之时，此机会可乘不乘者四。

此四机者，谨其始机，则鸦片不至流毒；乘其二机，则公司不致桀骜；乘其三机，则不以罢市兴兵；乘其四机，则不致款议失体。一误、再误、三误于事前，四误于事后，经此四误，而鸦片之外禁不可行矣。

今日之事，非内禁不可矣。内禁之不效有三：一曰不许告发也；二曰不速限期也；三曰不先黥后僇也。不许告发之故，在防诬陷。夫吸烟有瘾，贩烟有土，告不实有反坐，何患其诬？且有告发之令，则雇工邻右，人怀戒心，大厦深堂，皆无固志。虽有贪欲贪利之徒，不敢再为尝试，其必效一。限期不速者，恐死刑太多也。不知期愈宽，犯愈众。昔宋臣宗泽守汴京，承兵燹之后，百物昂价倍蓰，泽念小民所急惟食，乃枭一饼师之首，下令平价，不三日而市价尽平。夫速则枭一人而万人肃，迟则刑千百而四海玩，果不果之异也。且烟瘾有限期，贩烟有何限期？但使沿海各郡县，每城立枭贩烟之首一二人，以令下之日为始，不俟限期，风行雷厉，其必效者二。吸烟未至限期，罪不至死，奈何？曰有《大清律》刺面之法在。今再下令，三月不戒者黥，黥后再三月不戒者死。以下令为始，十七省各出巡烟御史一人，专司有犯必黥之事。其缙绅富户哀求免黥者，许以金赎，不黥面而仍黥手，黥手逾期不戒，毋得再赎。如此，则法易行，法必行。且在前次限期之外，岂得更议其期迫乎？此必效者三。总之，法信、令必，虽枏杖足以惩奸；法不信，令不必，虽重典不足儆众。饮食不已，酿为《讼》、《师》；小刑之刀锯不肃，酿为大刑之甲兵。圣人垂忧患以诏来世，岂不深哉！岂不深哉！

海国图志卷三 邵阳魏源撰

海国沿革各图

海国沿革图叙

古有表沿革，无图沿革者，图经表纬，图横表纵，左之右之，互相体用。然以表书史所习、足目所及之中国可也；以表侏离不经、汗漫莫穷之外国，则表自表、图自图，自非专门之士，鲜不一龃而一龉，千觭而千赜矣。且利马窦、艾儒略、南怀仁及近日英夷汉字之图，虽方位度数有准有则，然详海口，疏腹内；沿土语、荒古名，如适异国闻群咻，有声无词，莫适谁主。陈伦炯、庄廷旉之图据彼蓝本，各各不相贯串。至明太监郑和下西洋之图①，仅至西南洋五印度，尚未至小西洋。甚乃图柯枝②、古里③、

---

① 郑和下西洋之图，亦称《郑和航海图》，见于明茅元仪编辑的《武备志》卷二四〇，原名为"自宝船厂开船从龙江关出水直抵外国诸番图"。该图是仿照《长江万里图》的一字展开式绘制而成，全图以南京为起点，最远到非洲东岸怯尼亚（Kenya）的慢八撒（Mombasa，今图作蒙巴萨），即南纬4°左右为止，包括亚、非两洲。十五世纪以前，中国史籍记载亚、非两洲地理者，应以《郑和航海图》的内容为最丰富。
② 柯枝（Koči），今印度西南岸柯钦（Cochin）。
③ 古里，即印度喀拉拉邦北岸卡利卡特（Calicut），又名科泽科德（Kozhikode）。

小葛兰①为一岛，而列于榜葛剌②、锡兰山③之西；又图忽鲁谟斯④为一岛，图旧港⑤、小瓜哇⑥与苏门答剌⑦为同洲；奚翅迷途之子指东谓西，适郢之夫南辕北辙。盖阇尹不识图史，柂工、舟师，纡折行驶，以其舟行所至之先后为图地之方位。又凡柯枝西岸之恒河⑧与忽鲁谟斯两岸之东西海港，即西图所谓西红海、东红海⑨也。皆混同大海，遂致岸国图成岛国。彼身历之人尚如是，又何责王圻以下之扣槃扪烛乎？乌乎！必观《元史》、《明图》之荒唐，历代诸史之明昧，与利氏、艾氏、南氏诸图之纷错，而后知斯书斯图之必不可已。

---

①小葛兰，即今印度南部西岸的奎隆（Quilon）。

②榜葛剌（Bengal），今孟加拉国（Bangladesh）及印度的西孟加拉（West Bengal）邦。

③锡兰山（Ceylon），即今斯里兰卡（Sri Lanka）。

④忽鲁谟斯，《航海图》的"忽鲁谟斯"，指今伊朗霍尔木兹（Hormoz）岛（在霍尔木兹海峡格什姆岛的东面）上建于十四世纪的新港，原图无误。

⑤旧港，即今印度尼西亚苏门答腊岛东南部的巨港（Palembang）。

⑥小瓜哇，指爪哇岛（Pulau Java）。

⑦苏门答剌（Sumatra），即今苏门答腊岛。

⑧柯枝西岸是阿拉伯海（Arabian Sea），不是恒河。魏源把柯枝等处的方位弄错了。

⑨西红海，所谓"忽鲁谟斯两岸之东西海港"至多只能说是阿曼湾（Gulf of Oman）和波斯湾（Persian Gulf），与红海无关。

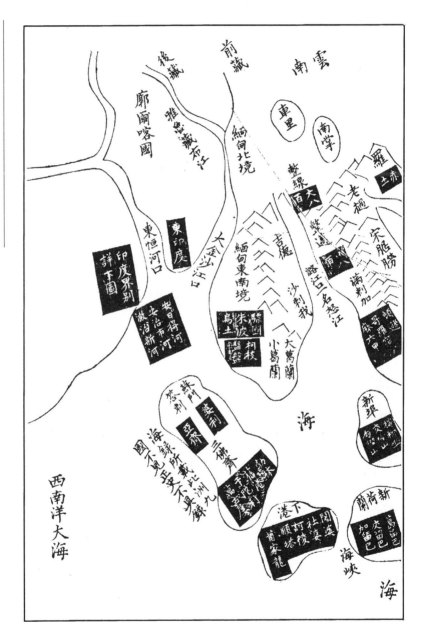

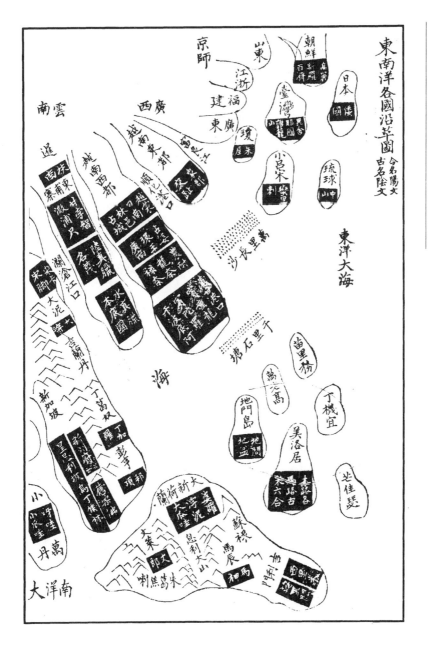

【注】东南洋各国沿革图

琉球（Ryūkyū），即今琉球列岛。

高丽（Korea），朝鲜古称。

新罗（Sinra），今朝鲜半岛东南部。

百济（Paekje），今朝鲜半岛西南部一带。

东洋大海（Pacific Ocean），即太平洋。

小吕宋（Luzon Island），吕宋岛，亦作蛮里剌（Manila），即马尼拉。

（苗）〔猫〕里务（Mindoro Island），即今菲律宾民都洛岛。

万老高（Kepulauan Maluku），即今印度尼西亚马鲁古群岛。

丁机宜，指今印度尼西亚马鲁古群岛中蒂多雷（Tidore）岛上的Tongaoi。

芒佳瑟，印度尼西亚苏拉威西（Sulawesi）岛上部落名Mangkassara的转音，该岛西南岸重要港口望加锡（Makassar）即因此得名。今名乌戎潘当（Ujung Pandang）。

美洛居（Kepulauan Maluku），曾称木路各、马路各、米六合，即今马鲁古群岛。

地门岛（Pulau Timor），曾称地问，今帝汶岛。

地盆（Pulua Tioman），今马来半岛东岸外的潮满岛，魏源误为帝汶岛。

大新荷兰（Borneo，Kalimantan），曾称婆罗、大瓜哇，即今加里曼丹（婆罗洲）。

浡泥，指加里曼丹岛北部的文莱（Brunei）或西岸的坤甸（Pontianak）一带。

文莱（Brunei），今文莱。

文郎，魏源以"文郎"为文莱旧名或异译，误。《东西洋考》中的"文郎"，是"文郎马神"（Banjarmasin）一名的略称。

朱葛焦喇（Sukadana），今印度尼西亚加里曼丹岛西岸的苏加丹那。

息利大山(Seribu Saratu)，马来语意为一千一百山。泛指加里曼丹岛上的伊兰(Iran)、卡普阿斯(Kapuas)、木勒(Muller)、斯赫瓦内(Schwaner)等山脉。

马辰（Banjarmasin），又称马神，即今马辰。

苏禄（Sulu），古苏禄西王治地在加里曼丹岛东北部，东王治地在苏禄群岛（Sulu Archipelago），峒王治地在巴拉望（Palawan）岛南部。

吉利门，曾称蒋里闷，指今印度尼西亚爪哇岛北面的卡里摩瓜哇群岛（Kepulauan Karimunjawa）。

西里米〔伯〕（Sulawesi 或 Celebes），苏拉威西岛。魏源误以为在加里曼丹岛东南部。

南洋大海（Indian Ocean），印度洋。

小新荷兰（Pulau Java），曾称呀哇、小瓜哇，即爪哇岛。

万丹（Bantan），在爪哇岛西北岸。

越南东都（Tongking），指越南北部，作为城市名则指今河内（Hanoi）。

象郡，魏源认为象郡在越南北部，但今人较多认为象郡在中国境内；也有主张其北境在中国，南境抵越南中部的；还有认为在越南北部和中部、在越南中部的。

交趾，约当今越南的清化（Thanh Hóa）省以北地区。

越南西都，按越南史书中的"西都"一名指清化。我国古籍中的越南"西京"，指今越南中部顺化、广南一带。魏源所说的"西都"，包括今越南南部。

日南（Nhât Nam），今越南中部。

林邑（Lâm-ǎp），今越南中部。

占婆（Champa），在今越南的中南部。

占城（Chiêm Thành，Champa），在今越南中南部。

环王，在今越南中南部。

农耐，指越南南部的堤岸（Cholon）及西贡（Saigon）一带，今胡志明市（Phanh Bho Ho Chi Minh）。

龙奈，又称禄赖，今胡志明市。

〔容〕蒲〔罗〕甘〔兀亮〕（港口）（Yanpunagara），指今越南芽庄（Nha Trang）一带。

宾童龙（Pandaran），又译作宾陀罗。作为占城国的南部地区名，其地约当今越南顺海省北部和富庆省南部一带。有时此名也用来专指今藩朗（Phanrang）或其南面的巴达兰（Padaran）角。

干波底阿（Cambodia），即柬埔寨。按：并入越南版图的是下柬埔寨。

扶南（Phnom），我国古籍所载公元一至七世纪印度支那半岛的古国，其领土约包括今柬埔寨及老挝南部、越南南部、泰国东南部一带，最盛时达泰国西部直至马来半岛南端。

柬甫寨（Cambodia），又称甘孛智、澉浦只，即今柬埔寨。

陆真腊，其地约当今老挝（Laos）以及泰国（Thailand）的一部分。

名蔑，亦作阁蔑、吉蔑，柬埔寨主体民族 Khmer 的音译，今通译高棉。此处是以民族名作为国名。

水真腊，约当今柬埔寨和越南南部地区以及泰国的一部分。

本底国，Cambodia 一名的略译，即柬埔寨。

澜沧江口，即湄公河（Mekong River）口。我国澜沧江流入中南半岛后称湄公河，经缅甸、老挝、泰国、柬埔寨、越南，注入南海。

赤土，从前多认为"赤土"在今泰国的湄南河流域一带。后此说渐被否定，较多学者主张在马来半岛，但说法也各不相同。一说在泰国的宋卡（Songkhla）、北大年（Patani）一带，其地土多赤色，宋卡即赤山（Khao Daeng），即赤土之都师子城（Singora）的音转。一说在马来西亚的吉打（Kedah）州一带，该地四世纪梵文碑铭有 Raktamritika 一名，意为赤色，赤土与吉打音义双关。

宋腒朥（Songkhla），又称宋卡、宋脚，即今宋卡。

大泥（Patani），又作大年，即北大年。

吉兰丹（Kelantan），今马来西亚吉兰丹州。

丁葛奴（Terengganu），又作丁加罗，今马来西亚丁加奴州。

彭亨（Pahang），又作邦项，今马来西亚彭亨州。

新加坡（Singapore），新加坡与马来半岛之间中隔柔佛海峡（Johor Strait，亦名 Selat Tebrau），魏图未绘此海峡。

新州府（Singapore），即新加坡。

旧柔佛，指新加坡及马来西亚的哥打丁宜（Kota Tinggi）、新山（Johore

Bahru）一带。

星忌利坡（Singapore），即新加坡。

乌丁焦林（Ujong Tanah 或 Utan Dalam），今哥打丁宜（Kota Tinggi）。

老挝（Laos），即今老挝。

南掌，即今老挝（Laos）。老挝在泰国东北，魏图误绘于其西。

整线，今泰国北部昌盛（Chiang Sen）及其附近一带。

大八百，即八百大甸，今泰国清迈（Chiang）一带。

整迈，今泰国清迈。

小八百，今泰国昌盛 带。

满剌加（Melaka），又作麻六甲，今马来西亚马六甲州。

顿逊，一般认为在马来半岛，指缅甸东南岸的丹那沙林（Tenasserin）一带。也有学者认为指泰国的童颂（Tung Song）；也有学者同意魏源的看法，以为即马六甲。

哥罗富沙，今马来半岛北部的克拉（Kra）地峡一带。

新埠（Pinang），今马来西亚槟榔屿。

交栏山，又作勾栏山，今印度尼西亚加里曼丹岛西南岸外的格兰（Gelam）岛，魏源误作槟榔屿。

交留巴（Kelapa），又作加留巴、葛留巴，即今印度尼西亚首都雅加达（Jakarta）市，亦泛指爪哇（Java）等岛。

潞江口，我国怒江亦名潞江，流入缅甸后称萨尔温江（Salween），在毛淡棉附近注入安达曼海的莫塔马湾。

吉德（Kedah），即今马来西亚吉打州。

沙剌我（Selagor），即今马来西亚雪兰莪州。魏图把马来西亚的吉打、雪兰莪误绘到缅甸萨尔温江以西。

大葛兰，即今印度半岛西南岸的奎隆（Quilon）。此图把应在印度半岛西南岸的大葛兰、小葛兰、柯枝三地都误绘到缅甸的东南部。

盘盘，今人一般认为"盘盘"在马来半岛北部，或谓在泰国万伦湾一带，此名即湾内泊所 Phunphin（喷平）的音译，或谓在克拉（Kra）地峡一带，或谓即泰国攀武里（Pranburi）的音译。也有人认为在柬埔寨或印度尼西亚。此图则绘"盘盘"于缅甸东南境。

骠国，骠（Pyu）人所建的国家，八世纪时其疆域包括缅甸整个伊洛瓦底江流域，都于卑谬（Prome）。后为缅人所建的蒲甘王国取代，骠人也逐渐同化于缅人。

朱波，骠国别称。或谓"波"字为"江"字之讹。"朱江"即伊洛瓦底江，其水混浊，略带红色。

乌土，即今缅甸（Burma）。

大金沙江（Irrawaddy River），即伊洛瓦底江。

东恒河（Ganges River），又作安日得河、安治市河、澈治新河，即恒河。

西南洋大海，指印度洋（Indian Ocean）。

婆利，魏图指婆律，即今苏门答腊岛西岸的巴鲁斯（Barus）。今人对此名的考释，除同意魏说的外，有下列数说：1. 认为指今印度尼西亚的巴厘（Bali）岛；2. 指 Borneo，即今加里曼丹岛；3. 指苏门答腊岛东南部的占碑（Jambi）一带。

亚齐（Aceh），今印度尼西亚苏门答腊岛的亚齐特区一带，或专指其首府班达亚齐（Banda-Aceh）。

三佛齐（Samboja），今苏门答腊岛巨港—占碑一带。

勃林（Palembang），又作浮林、干陀利，即苏门答腊岛的巨港。

万古屡，今苏门答腊岛西岸的明古鲁（Bengklu）。

下港，印度尼西亚爪哇岛西北岸的万丹（Bantan），或泛指爪哇岛西北岸一带。魏图误以为下港是苏门答腊岛与爪哇岛之间的另一大岛。

阇婆（Yava，Yava-dvipa），又作社婆，一般认为宋代及宋以后，此名专指爪哇岛。

诃陵（Kalinga），本指今印度奥里萨（Orissa）邦一带，后移用于东南亚地区，指今爪哇岛中部或指涑义里（Kediri）一带。

顺塔（Sunda），即下港、万丹。

莆家龙，今印度尼西亚爪哇岛的北加浪岸（Pekalongan）。

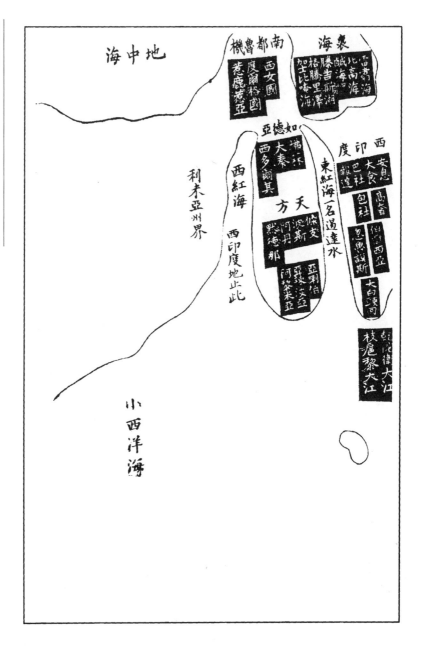

海中地

南都魯機
西女國
度爾裕國
若鹿煮亞

裹海
北高海
鹹海
格騰吉
加里澤
主比海
膰里澤

亞德如
佛林
大秦
西多網其

天方
波斯
阿丹
阿納米亞
條支
亞剌伯
瑪文亞

西印度
度印西
安息
大食
報達
高奢
巴社
包社
忽魯謨斯
大白頭司
但何西亞

枝扈黎大江
乾竺律大江

利未亞州界

西紅海
西印度地止此

東紅海一名過達水

小西洋海

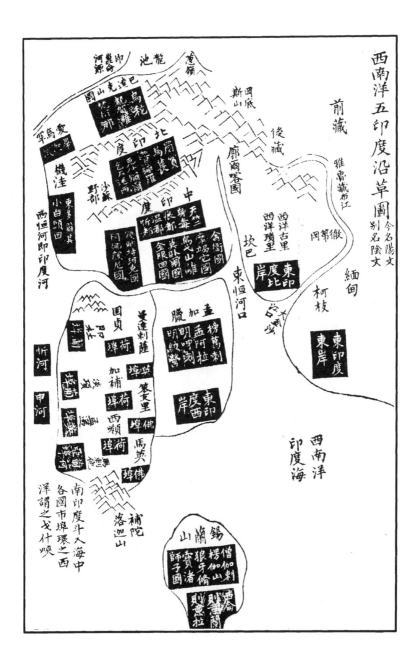

西南洋五印度沿革圖 今名陽文 別名陰文

前藏 今名陽文

後藏

雅魯藏布江

西洋古里
西洋瑣里

岡第徹

緬甸

柯枝

東印度
東岸

西南洋
印度海

西南洋印度海

【注】西南洋五印度沿革图

东印度东岸，绘此名于缅甸伊洛瓦底江口的东南面，可能是表示经过1824—1826 年的第一次英缅战争，英国从缅甸割去了丹那沙林（Tenasserim）地区；不然就是误绘。

彻第冈（Chittagong），今孟加拉国吉大港。

西洋古里，指印度半岛西南岸的卡利卡特（Calicut），今之科泽科德（Kozhikode），此图误绘于今孟加拉国。

西洋琐里（Cola），在今印度东南岸。此图误绘于今孟加拉国。

坎巴（Coimbatorc），即科因巴托尔，在今印度泰米尔纳德邦西部。此图误绘于西孟加拉邦一带。

西南洋印度海，指印度洋（Indian Ocean）。

乌（秅）〔秅〕（Uddiyana），其地在斯瓦特河（Swat River）沿岸。

睹（贺）〔货〕罗，故址在今阿富汗（Afghanistan）北部。

梵衍那，在今阿富汗喀布尔以西的巴米扬（Bamiyan）城。

（毕迦）〔迦毕〕试（Kāpiṣa），今喀布尔北约 62 公里的巴格拉姆（Be-gram）。

爱乌汗（Afghanistan），即阿富汗。

机洼（Khiva），今乌兹别克斯坦（Uzbekstan）的基瓦。

东多尔其，《海国闻见录》原以此名指土耳其（Turkey）东部。魏图改以此名指土耳其斯坦（Turkestan）。

小白头，指今巴基斯坦（Pakistan）一带。

西恒河，即印度河（Indus River）。

乞石迷西（Kishmir），又作克什弥尔、迦湿弥罗，即今克什米尔。

乌苌（Udyāna，Uḍḍiyāna），在斯瓦特河（Swat River）沿岸。

罽宾（Kasmira），今克什米尔（Kashmir）；又作 Kapiṣa，在今阿富汗喀布尔东北。

天竺（Sindhu，India），又作身毒、痕毒、温都、忻都，包括今印度、巴基斯坦、孟加拉等国。

舍卫（Śravasti），遗址在今印度北方邦奥德境内贡达（Gonda）与巴赫雷奇（Bahraich）二县的边界上。

摩竭（它）〔陀〕（Mangadha），约相当于今印度比哈尔邦的巴特那（Patna）和加雅（Gayā）地方。

乌弋山离，应即今阿富汗西北部的赫拉特（Herāt）省。

莫卧尔（Mughal），通译莫卧儿。

金眼回国，《海录》所载，在今印度卡提阿瓦（Kathiawar）半岛上。

孟阿拉，又作明呀喇、明绞营，指今孟加拉国（Bangladesh）及印度的西孟加拉（West Bengal）邦。

忻河，又作申河，指印度河（Indus River）。

即肚，今印度卡提阿瓦半岛南部的第乌（Diu），当时为葡占。《海录》所记方向不确。

淡项，今印度西部的达曼（Daman，Damão），当时为葡占。《海录》所记方向误倒。

马刺他（Maratha），指今印度半岛西部马尔万（Malvan）至果阿（Goa）一带。当时果阿为葡占。

葡（荷）〔萄〕亚（Portugal），葡萄牙。

戈什峡，葡文 costa 的音译，英文作 coast，意为海岸。指印度半岛东西两岸的科罗曼德尔海岸（Coromandel Coast）和马拉巴尔海岸（Malabar Coast）。

补陀落迦山，即《大唐西域记》的布呾落迦山，梵文 Potalaka 音译。在今印度半岛南部西高止山南段，位于提讷弗利（Tinnevelly）县境，今名帕帕纳萨姆（Pāpanasam）山。

因贞（Cochin），即今印度半岛西南岸柯钦。

加补（Cape Comorin），即今印度半岛南端科摩林角。

曼达剌萨（Madras），即今印度马德拉斯，十七世纪即为英占。

笨支里（Pondicherry），即今印度的本地治里，当时为法占。

马英（Mahé），即印度西南部城镇马埃，当时为法占。

西岭（Ceylon），锡兰，即今斯里兰卡（Sri Lanka）。1508 年葡占，1612

年荷占。谢清高航海时,尚"为荷兰所辖",但 1796 年英国就取代荷兰统治锡兰。《海国图志》成书于 1843 年,已不是"荷埠"。"西岭"是印度半岛东南面的一大海岛,亦不应绘在印度半岛上面。其他如锡兰山、僧伽刺(Simghala)、楞伽山(Lankā)、宝渚(Ratnadvipa)、师子国(Sihala 意译)、西仑(Ceylon)、则意兰(Ceylon),均指今斯里兰卡。

狼牙修,多数学者认为《梁书》的狼牙修,在今马来半岛北部。宋以前其领土较广,奄有从泰国的洛坤(Nakhon Srithamarat)、北大年(Patani)、宋卡(Songkhla)至马来西亚的吉打(Kedah),即马来半岛东西两岸之地。宋以后才专指东岸的北大年一带。

里海、加士比唵海(Caspian Sea),里海。

咸海(Aralskoye More),咸海,不是里海。

雷翥海,指里海,一说指咸海。

北高海,即里海。

滕吉斯湖(Köl Tenggis),即里海。

安息,原称帕提亚(Parthia),在今伊朗东北部,后发展为西亚大国,包括今伊朗及两河流域一带。

巴社、包社(Persia),即波斯,今伊朗(Iran)。

高奢,疑为"高车"(Tölös)之讹。但"高车"西境只到中亚,未到西亚。

报达,即今伊拉克的巴格达(Baghdad)。

伯尔西亚(Persia),即今伊朗(Iran)。

大白头回,指信仰伊斯兰教的伊朗人、阿拉伯人。

乾陀卫大江(Gandhavat),指今喀布尔河(Kābul)下游,流经巴基斯坦的白沙瓦(Peshawar)一带。

(枝扈)〔扈枝〕利大江,今由印度加尔各答(Calcutta)出海的胡格利河(Hooghly),亦为恒河(Ganga)古称。

南都鲁机,指今土耳其(Turkey)。

度尔格国(Turkey),指土耳其。

西女国，初为印度传说，说是在印度西海洋。随着这一传说的流传，其位置也西移到东罗马的西南海岛上。古代中外著作均记有此传说。有人"考证"此国位于波斯湾港口尸罗夫（Siraf），实际上是穿凿附会。

惹鹿惹亚（Georgia），即格鲁吉亚。

如德亚（Judaea），犹地亚。

拂菻，阿拉伯及古波斯语称罗马帝国为 From（Rum 之讹），指东罗马帝国（Byzantium），或指其首府君士坦丁堡（Constantinople，今 Istanbul 伊斯坦布尔）。

西多尔其，《海国闻见录》原以此名指欧土耳其（Turkey）西部，本图改以此名指今巴勒斯坦（Palestine）一带。

天方，本指今沙特阿拉伯的麦加（Makkah），后泛指阿拉伯。

条支，指今伊拉克（Iraq）。

波斯（Parsa），即今伊朗（Iran）。

阿丹（Aden），即今南也门首府亚丁。

默德那（Madinah），即今沙特阿拉伯麦地那。

亚剌伯（Arabes），即阿拉伯。

亚辣〔波〕〔彼〕亚（Arabia），指今阿拉伯半岛。

阿黎米〔亚〕〔也〕（Arabes），即阿拉伯。

〔遏达〕〔达遏〕水（Dakrat，Tigris River），即西亚大河、底格里斯河，不是波斯湾。

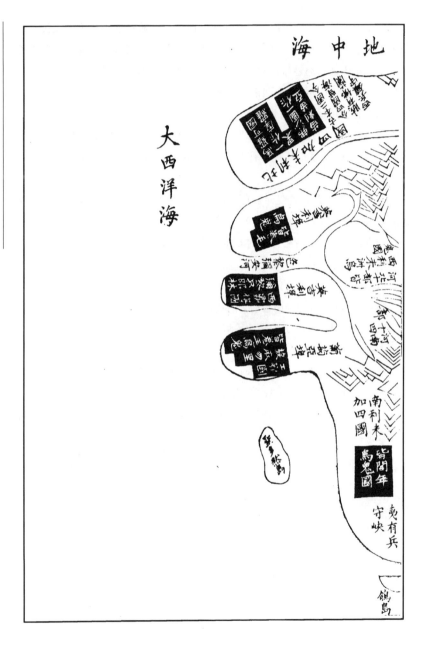

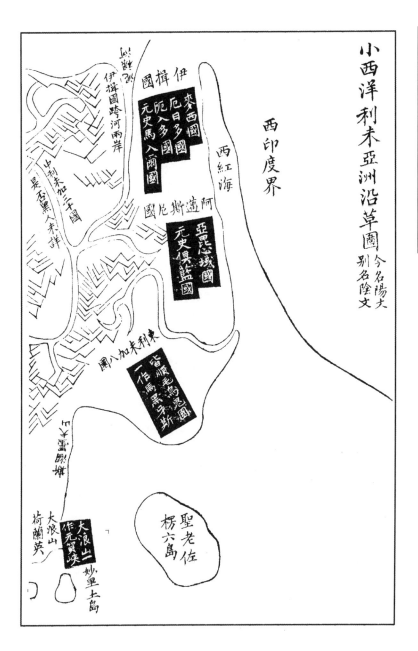

小西洋利未亞洲沿革圖 今名陽大 別名陰文

西印度界

西紅海

麥西國
伊尼日多國
阿陀多國
元史馬入兩國

伊
揟
國

伊揟國跨河兩岸

厄蘇群峰

阿邁斯宜國
亞毘心域國
元史俱藍國

中利未加千國
是否黑人未詳

東利未加八國

怕順老勿思國
一作馬累牙斯

鐵頂峰

聖老佐
楞六島

大浪山
作元買煥
作元買煥

妙里士島

荷蘭英

【注】小西洋利未亚洲沿革图

伊揖（Egypt），即今埃及。

麦西（Misr），埃及本名。厄日多、厄入多，均译自埃及的希腊文名称 Aigyptos 或 Aegyptos。

泥禄河（Nile），即尼罗河。

马八尔，《元史》的马八儿国，为 Ma'bar 的对音，即今印度半岛西南马拉巴尔（Marabar）海岸一带。

阿迈斯尼（Abyssinia），又作亚毗心域、阿比西尼亚，即今埃塞俄比亚（Ethiopia）。

俱蓝，《元史》俱蓝国，即今印度西南岸奎隆（Quilon），不是在非洲。

顺毛乌鬼国，《海国闻见录》原指埃及和努比亚（Nubia），即今埃及和苏丹共和国的北部地区。

马黑牙斯（Madagascar），又作吗里呀是简，即今马达加斯加，在马达加斯加岛上。但该岛古称 Komr 或 Qoma。我国古籍记有"昆仑层期国"，"昆仑"即 Komr，"层期"为波斯文 Zangi 的音译，指非洲东岸。"昆仑层期"或即马达加斯加岛及非洲东岸一带。魏图把"吗里呀是简"绘于非洲东岸，可能是受"昆仑层期"一名影响。

圣老佐楞六岛，又作圣老楞佐大岛，即马达加斯加岛。1500 年 8 月 10 日葡萄牙航海家迪耶戈·迪亚斯来到此岛时，正值圣劳伦斯节，于是起名圣劳伦斯（Saint Lawrence）岛。

大浪山，又作元贺峡，译自葡文 Ei Cabo Tormentoso，后改名 Cabo da Bôa Esperance，意即好望角。今英文作 Cape of Good Hope，荷文作 Kaap die Goeie Hoop 好望角。

妙里士岛，即今毛里求斯（Mauritius）。

斯溜墨大山，即斯托姆堡（Stormberg）山脉。

马罗可（Morocco），又作摩罗果，即今摩洛哥。

弗沙（Fès），即非斯（在摩洛哥北部）。

苗剌苗亚，又作猫喇猫里也，巴巴里（Barbary）地区，包括摩洛哥、阿尔及利亚、突尼斯和利比亚的的黎波里（Tripoli）地区。

色黎弥安河，指今塞内加尔（Senegal）和冈比亚（Gambia）二国。十七世纪中叶法、英二国差不多同时侵入塞内加尔和冈比亚河口，法国殖民者便把塞内加尔和冈比亚合称为塞内冈比亚（Senegambia）。又作"色黎安弥阿"，这是 Senegambia 的闽南语音译。

弥黎只耶林，又作色黎吕黎惹林弥，即今塞内加尔（Senegal）、冈比亚（Gambia）一带。

西霸得国（Sert 或 Syrtis），又作锡尔特，在今利比亚（Libya）北部，不是在西非。叫能魏源因《职方外纪》说此国在"利未亚之西"，便把它同《四洲志》的"西腊底国"混同起来，名之为"西霸得"。但"西腊底"一名，译自 Siratic，是一位重要人物，不是国名。

苏麻勿里，Biliyad-es-Suden 的闽南音倒译，意为黑人之国。指撒哈拉沙漠以南，横贯非洲、当时约有二十多个小国的辽阔地区苏丹（Sudan）。前人考为索马里（Somali），误。参见拙作《〈海国闻见录〉所载非洲地名考》，《暨南大学学报》（哲学社会科学）1993 年第 4 期。

工鄂国（Congo），今刚果、扎伊尔（Zalre）及其邻近地方。

间年乌鬼国，约指今几内亚比绍（Guinea-Bissau）、几内亚共和国至几内亚湾（Gulf of Guinea）沿岸一带的许多国家。这一地理区域总名 Guinea，应在刚果地区的西北方向，本图误绘这一地区于刚果地区的东南面。

圣多默岛（São Tomé），即今圣多美和普林西比的圣多美岛。

鸽岛（Cape Town），即今南非的开普敦。

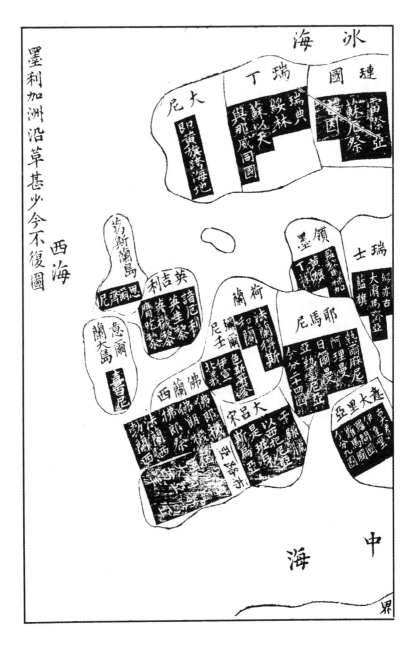

墨利加洲沿革甚少今不復圖

西海

冰海

瑞丁

大尼

即黃蘇路海地

瑞典綏林以天與那威同國

璉國

蘇尼祭

雷祭亞

因

領墨

士瑞

丁黃燉

盈麥古大爾馬常亦加客

亞

監旗

耶馬尼

法蘭得斯

荷蘭

英吉利

約斯蘭島

尼彈爾思

諸厄利英圭黎埃救黎應吃茶

熱爾麻尼阿理曼日耳曼亞勃尼近今分二十四國

意爾蘭大島

喜尼

西蘭佛蘭佛郎西佛郎機佛朗祭阿丹西

尼壬色新菜北義伊宣

宋呂大斯焉亞

亞里大慈

古大慈里伊達馬問國今分九國

中海

界

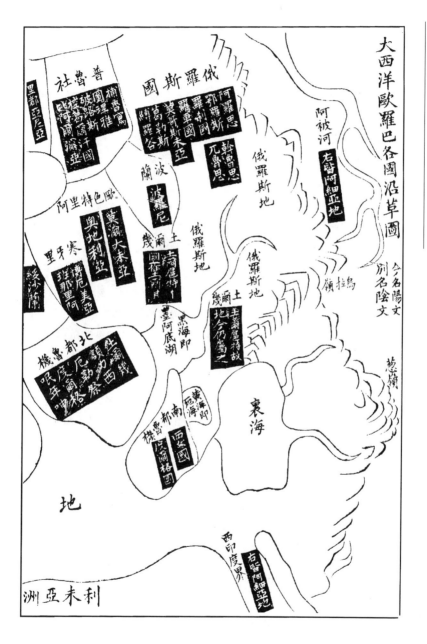

大西洋歐羅巴各國沿革圖

【注】大西洋欧罗巴各国沿革图

阿被河（Ob），即鄂毕河。

乌拉岭（Ural Mts.，Uralskie Gory），即乌拉尔山脉。

阿罗思（Russes，Russia），又作鄂罗斯、罗刹、罗车、斡鲁思、兀鲁思等，即俄罗斯。

莫斯哥未亚（Moscow，Moskva），指莫斯科大公国。

缚罗答（Poland，Pologne），又作波罗尼，指波兰。

葛勒斯（Greece），指希腊，不是俄罗斯。

普鲁社（Prussia），又作破路斯、埔鲁弯，指普鲁士。

比阿尔弥亚，《职方外纪》图绘此名于科拉半岛（Kola Pen.）北面濒巴伦支海（Barents Sea）的 Veronez 一带；不在普鲁士境。

里都亚尼亚（Lithuanian），指立陶宛。

控葛尔汗国（Konungariket Sverige，Sweden），指瑞典。魏源误作普鲁士。

欧色特里阿（Austria，Österreich），又作奥地利亚，指奥地利。

莫尔大未亚（Moldavia，Moldova），指摩尔达维亚（摩尔多瓦）。魏源误为奥地利别名。

寒牙里（Hungary），指匈牙利。

博厄美亚（Bohemia），指波希米亚，捷克西部旧地区名，不是在匈牙利。

班那里阿，疑为"翁加里亚"之讹。指 Banat（Bannat）的可能性不大。

北都鲁机（Turkey in Europe），欧洲土耳其。

土尔几（Turkey），又作土尔其，即土耳其。曾徙居伏尔加河畔的土尔扈特属我国蒙古族，不是突厥人。

额力西（Greece），又作厄勒祭，指希腊。

岷年呷（Venice，Venezia），即威尼斯。

黑海（Black Sea），又作黑阿底湖，即今黑海。

黄海，《瀛环志略》谓波罗的海（Baltic Sea）别称，魏源曾表示同意。

琏国（Denmark，Danmark，Dinamarca），又作丁因，即丹麦。

（雷）〔雪〕际亚（Suecia）、苏厄祭（Sverige）都是瑞典，魏源误作丹麦。

瑞丁（Sweden），又译绥林、苏以天，今通译瑞典。

那威（Norway），指挪威。

黄旗跨海地，指挪威（Norway）。"黄旗"是广东人对丹麦的称呼。《海国图志》的成书时间虽较晚，但所知有关挪威的历史是 1814 年以前的。1814年以前，挪威继续与丹麦维持卡尔马（Kalmar）联合，即居于丹麦的从属地位，故被称为"黄旗跨海地"。

大尼（Danes），意为丹人或丹麦人。丹麦（Danmark 或 Denmark）意为丹人居住的土地或国家。

领墨、丁抹（Denmark），指丹麦。

（盈黎）〔黎盈〕马禄加（葡文 Dinamarca），即丹麦。

绥沙兰（Switzerland），即瑞士。

绥亦古，葡文 Sueco（瑞典人）的音译，指瑞典，魏源误作瑞士的别名。

蓝旗指瑞典，魏源误作瑞士的别名。见《海录》及《柔远记》。

大尔马齐亚，《职方外纪》的"大尔马齐亚"一名，绘于黑塞哥维那西面，即亚得里亚海东北岸，英文作 Dalmatia，通译达尔马提亚，不是瑞士古称"海尔维第"（Helvetia），魏源误绘。

耶马尼（Germany，Deutschland），又作热尔麻尼、阿理曼、日尔曼、亚勒墨尼亚，即德国。

意大里亚（Italia，Italy），又作伊达里、古大秦、罗问国、罗马国，即意大利。

荷兰（Holland，Nederland，Netherlands），又作和兰，即今荷兰。

法兰得斯（Flanders），今比利时西北部的佛兰德地区，即东、西佛兰德省，北邻荷兰。当时魏源知道比利时已经独立，但误以为 Flanders 在荷兰。

弥尔弥壬（Belgium，België，Belgique），又作北义，即比利时。

伊宣，疑为"角（lù）宣"之讹，指 Luxembourg（卢森堡），冯承钧先生疑指美国，魏源则认为是比利时。

色斯哥麦（Saxe-Coburg），今德国拜恩（Bayern）省北部的 Coburg（科

堡）。由于比利时的第一位国王利奥波德一世（萨克森 – 科堡），即 Leopold I（Leopold de Saxe-Coboug），原是德国萨克森 – 科堡亲王，魏源误以为萨克森 – 科堡在比利时。

佛兰西（France），又作佛郎机、佛朗机、拂郎祭、法兰西、勃兰西，即法国。

大吕宋（Spain），又作是班牙、以西把尼亚、斯扁亚，即西班牙。

干丝腊（Castilla，Castille），卡斯蒂利亚，西班牙的一个历史地区名，即卡斯蒂利亚国所在地。1479 年，卡斯蒂利亚与亚拉冈二王国合并，基本上实现了西班牙的统一。在一定时间，我国古籍较多以"干丝腊"一名称西班牙。

78

布路亚（Portugal），又作葡萄亚、博尔都噶亚，即葡萄牙。

澳门大西洋，侵占澳门的"大西洋国"，即葡萄牙（Portugal）。

英吉利（English），又作英圭黎、英机黎、膺吃黎，即英国。

谙厄黎，译自 Angles（盎格鲁人），指英国（England，Britain）。

（葛斯）〔斯葛〕兰岛（Scotland），苏格兰。

思（尔）〔可〕齐（尼）〔亚〕（Scotia），苏格兰（Scotland）。

意尔兰大岛（Ireland），爱尔兰。

喜百尼〔亚〕（Hibernia），古罗马人对爱尔兰的称呼。

西海（Atlantic Ocean），大西洋。

汉魏唐西域沿革图总叙

塞外山川国地里至，吾何征？请姑征西域：其国则皆城郭居国，非同漠南、漠北①行国之游牧迁徙；其名则历汉、晋、六朝、唐、宋，而城郭三十六国不甚改，非若匈奴、柔然、突厥、回纥、契丹之分合无定；其书则创自班氏父子，世护西域，身履目击，非若西南吐番、西北瀚海之轺轩不至。惜哉惟详葱岭以东耳！其葱岭以西，则《汉书》不如《北魏书》；其葱岭西南之五印度，则《汉书》又莫如《唐书》。盖前汉使皆至乌弋②还，无至条支者。故有条支西行近日所入及弱水、西王母之荒诞。至《北魏书》则分葱岭以东、流沙以西为一域，葱岭以西、海曲以东为一域；者舌③以南、月氏以北为一域；两海之间、水泽以南为一域。州居部画，纲纪秩然。其言条支西渡海曲一万里为大秦国，而指其海旁出与中国渤海东西相直，则明知为地中海，非西洋大海；且言大秦国在两海之间，地六千里，则并能知大秦以北之洲中海④；又言条支国，海水曲环其东南北三面，惟西北一面近陆，则并西红海、东红海，皆灿若眉列。前利马窦千余年而预合符节，盛矣哉！故葱岭西北，至《魏书》而大明，《唐书·西域传》惟以菻林为大秦，是为巨缪。其余则据玄奘之记与王玄策攻取印度之章疏。故于南天竺濒海，北天竺圉负雪山，东天竺接扶南、林邑，西天竺接罽宾、波斯，而中天竺据四天竺之会，共周三万余里，无不聚

①漠北，今蒙古国。
②乌弋，今阿富汗的赫拉特（Herat）。
③者舌（Chaj，Tashkent），今乌兹别克斯坦首都塔什干。
④洲中海（Baltic Sea），指波罗的海。魏源以为波罗的海是《魏书》的"两海"之一，无确证。

米画沙，纪纲条贯，盛矣哉！故葱岭西南又至《唐书》而大明，肆前人荜路攘剔，启我后人，亦惟我后人疏通昭旷，肆前业其终之。今据三史胪成三图，而六朝、隋、宋沿革略附其下，其宋、元、明则见于《海国沿革总图》，不复别出。

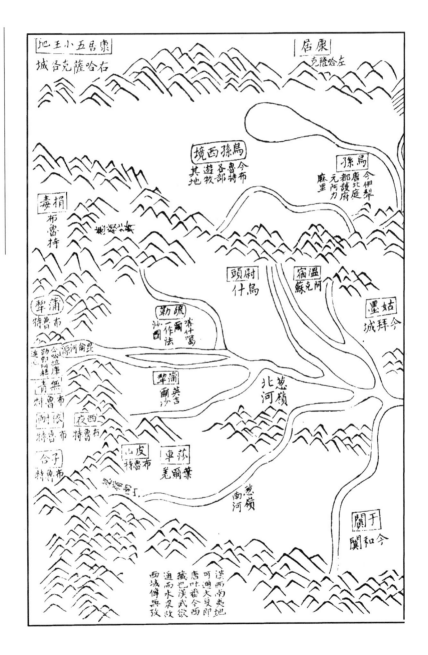

大秦國

漢書惟與安息通市而未通於中國今歐羅巴大西洋各國皆其地也

大西海漢書所謂近日所入也

漢書所謂西海即地中海收言大秦以珍異與天竺安息諸國交易於海中又以漢使抵條支臨大海欲渡而安息西界船人皆言不得往皆指此言

條支今方名及隱今天竺如同國

自此以西漢書無文明以來始謂之利未亞洲地

今天方名回國

【注】汉西域沿革图

康居，约在今巴尔喀什湖至咸海之间。

乌孙，约在公元前 161 年西迁今伊犁河和伊塞克湖一带，近代哈萨克族中尚有乌孙部落。

粟弋（Sogd），中亚古国，在今阿姆河（Amudarya）与锡尔河（Syrdarya）之间的地区。首都为今乌兹别克斯坦的撒马尔罕。

塔什干，今乌兹别克斯坦首都 Tashkent。

大宛，在今中亚费尔干纳（Fergana）地方，明清时称浩罕（Kokand），王治贵山城（今 Tashkent 东面的 Kassansay），通译卡散赛。

赛马尔罕（Samarkand），今译撒马尔罕。

奄蔡，西域古族，约分布于今咸海至里海。

布哈尔（'Bukhara），布哈拉（在今乌兹别克斯坦）。

纳林河，今纳伦（Naryn）河，在吉尔吉斯斯坦。

大夏（Bactria），中亚古国，在今阿富汗北部。

大月氏（Indoscythe），古族名。原居我国西北一带，后迁于今阿姆河（Amudary）流域。

妫水（Oxus），阿姆河古称。

纬乌河（Oxus），今阿姆河。

乌（秅）〔秏〕，在斯瓦特（Swat）地区。

巴达克山，今阿富汗巴达赫尚（Badakhshan）地区。

车离（Cola），在今印度科罗曼德尔海岸（Coromandel Coast）。

斯宾（Ctesiphon），故地在今伊拉克首都巴格达东南底格里斯河左岸。

阿蛮，或为 Ecbatana，即今伊朗哈马丹（Hamadān）。

南海，魏图此名指阿拉伯海。

于罗，古为安息国最西界，故地在今伊拉克东南部幼发拉底河下游，或即 Hirah（今 Najaf 东南）音译，亦有认为在今巴士拉（Al Basrah）附近的。

多摩（犁靬）〔梨帝〕（Tamralipti），故地在今印度西孟加拉邦米德纳普尔（Midnapore）的塔姆卢（Tamluk）附近。

多摩（犁靬）〔梨帝〕海口，胡格利（Hooghly）河口，在孟加拉湾，不是在波斯湾、阿曼湾一带。

犁靬（Roman Empire），指罗马帝国，即大秦，不是阿曼（Oman）一带。

大西海，魏图以此名指大西洋（Atlantic Ocean）。

果特國

古奄蔡在康居
西北去代萬六
千里今俄羅斯
地

書言大
秦屆兩
海之間
景明言
大秦之
北尚有
一渤海
之曰洲
也今名
之曰
中海
間

大秦國

魏書云地
方六千里
居兩海之
間矣

魏書從條支西渡
海曲一萬里其海旁
出猶渤海也與
渤海相望自古言
中海者莫先於此地
漢書西王母弱水近
日所入之說高彼遠
矣

雷翥海見水經注慈
嶺西之水皆滙爲今
曰裏海

安息國

今巴
回國西
印度

乾陀國
即犍陀
衛國

衛國

大塔

波斯國
方阿丹諸國

漢條支今天

此洲魏時未通

南海

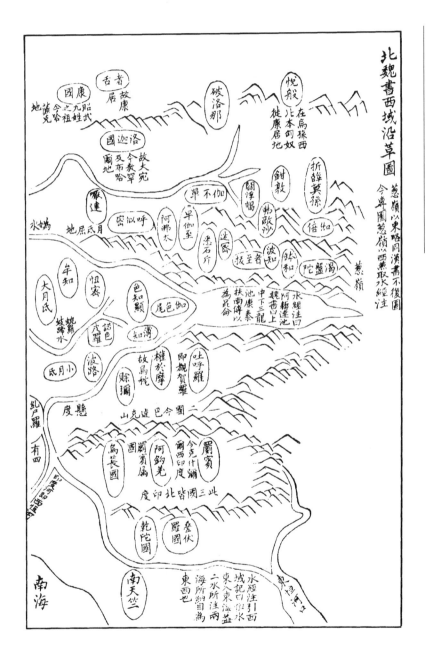

【注】北魏书西域沿革图

破洛那（Fergana），今中亚费尔干纳地方，明、清时称浩罕（Kokand）。

康国，故地在今乌兹别克斯坦的撒马尔罕（Samarkand）一带。

昭武九姓，中亚阿姆河和锡尔河之间九姓政权的总称。

伽倍，今阿富汗东北境的瓦汉（Wakhan）。

赊弥、折薛莫孙（Syamaka），在今巴基斯坦北境马斯图季（Mastuj）与乞特拉尔（Chitral）之间。

钳敦（Khandut，Kandud），在今阿富汗的瓦汉地区。

弗敌沙，今阿富汗东北境巴达赫尚（Badakhshan）。

伽不单（Kebud），在撒马尔罕西北。

钵和，在今阿富汗的瓦汉地区。

波知，在钵和西南，即阿富汗的 Zebak。

悉（石）〔万〕斤，即今撒马尔罕。

呼似密（Khwarism，Chorasmii），今咸海南的基华（Khiva）一带。

嚈哒（Ephthalites，Hephthalites），一般认为是和大月氏混血的匈奴人。五世纪分布于今阿姆河之南，建都拔底延城（今阿富汗北部 Feyzābad）。

伽色（尾）〔尼〕（Ghazni），今阿富汗加兹尼。

色知显（Ishtikan），在今撒马尔罕西北约百里的地方。

薄（知）〔提〕，即今阿富汗北境的巴尔赫（Balkh）。

忸密（Bukhara），即今乌兹别克斯坦的布哈拉。

小月氏、乾陀、乾陀卫（Gandhara，Gandarae，Gandhavat），其地在今喀布尔河下游流域，包括沙瓦（Peshawar）和拉瓦尔品第（Rawalpindi）地区。

波路（Bolor），今克什米尔巴勒提斯坦（Baltistan）一带。

吐呼罗（Tukhara），地在兴都库什山与阿姆河上游之间，即今阿富汗北部。

乌苌（Uddiyana），即今斯瓦特（Swat）地区。

（枝扈）〔扈枝〕黎大江口，即今胡格利（Hooghly）河口，在今印度西孟加拉邦，不是巴基斯坦的印度河（Indus）口。

唐書既以拂菻為
大秦故於隔海之
大秦亦未言及

漢唐所謂西海者皆以
此地中海為西海也

西女島

拂菻
一曰海西
亦曰大秦
泰隔海之大

謝颶

唐書曰自拂菻西南度磧二千
里有國曰磨鄰曰老勃薩其人
黑而性悍地瘴癘無艸水云
此史吉利未亞洲黑人之始但未
詳耳

波斯
非波剌斯也唐書
東與魏賀羅
康接亦誤

過達水即東紅海

黎軒

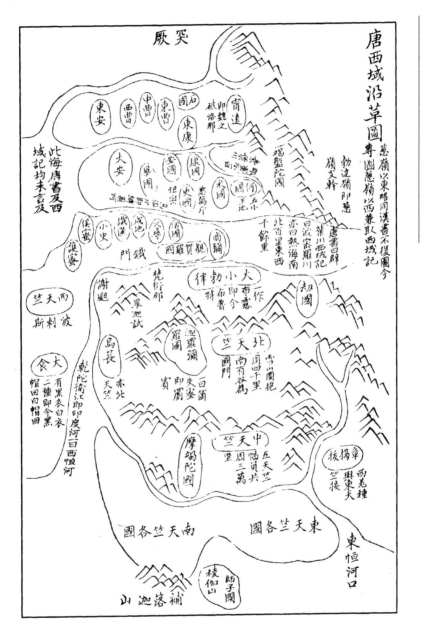

唐西域沿革图

葱嶺以东鸭同汉者不复图今专图葱嶺沿兹兼取西域记

突厥

勃達嶺即慈
嶺支幹

此海唐书及西
域記均未言及

東安
西曹
中曹
東曹
国白
東康
破浴那即魏文
宵逵

大安
康国
安国
忸密
何国
火罽
小国
末国
米国
唐書曰屏
葉川西城記
曰波容羅川
亦曰熱海南
北百里東西
千餘里
瑟瓊閣河
三城嶺即四

俱蜜
小史
戉地
父國
識匿
護密
維霎
鐵門

閻彌
国羅賀觀
盤陀國

竺天
斯刺
兩波

謝颶
梵術那
單迦試
小即今布喀爾
律勃特
大布露
你
劫國

食大
有黑衣白衣
二種即今黑
帽回白帽回

烏萇
迦濕彌
羅國
亦北
天竺

竺天
國門
北
周四千里
南有谷稱
雪山團抱
白箇
失密即
罽賓

乾陀衛江即印度河日西恒河

摩竭陀國

竺天中
里
五天竺
中幅員共
周三萬

竺天南各國

竺天東各國

揭章
援援
竺天東與
西羌種

東恒河口

山迦落補
補落迦
師子國
楞伽山

【注】唐西域沿革图

宁远，今乌兹别克斯坦费尔干纳（Fergana）地方。

石国，今乌兹别克斯坦塔什干（Tashkent）。

东曹（Sutrishna），今乌拉提尤别（Ura-tyube）。

西曹（Kebad），位于今撒马尔罕西北。

东安，位于今撒马尔罕西北的 Kattakurgan。

素叶川，亦作素叶水（Chu River），在今哈萨克斯坦。

那密水（Zarafshan），今中亚柴拉史善河。

何国（Koshania），位于撒马尔罕西北。

米国（Maimargh），在撒马尔罕西南。

史国（Kesh），在今撒马尔罕西南的沙赫里夏勃兹（Shahri-Sebz）地方。

安国，在今乌兹别克斯坦布哈拉（Bukhara）一带。

毕国（Betik），在今布哈拉西南。

乌浒水（Oxus），即今阿姆河（Amudarya）。

辟叶川，即楚河。

波密罗川（Murgab），即今帕米尔的木尔加布河（阿姆河支流）。

热海（Issyk Kul），即伊塞克湖。

商弥（Syamaka），在今巴基斯坦马斯图季（Mastuj）与乞特拉尔（Chi-tral）之间。

活国（warwaliz），其地在今阿富汗北部昆都士（Qondūz）附近。

火寻（Khwarism），在咸海南的基华一带。

戍地（Betik），在今布哈拉西南。

识匿（Shighnan），即今帕米尔的锡克南。

小史（Makhsab），即今布哈拉东南的卡尔希（Karshi）。

俱密（Kumidh），其地在今 Karategin 的苏尔哈布（Surkhab）河流域。

护蜜，今阿富汗的瓦汉地区。

铁门，即铁门关，故址在今乌兹别克斯坦南部杰尔宾特（Derbent）西约13公里，为古代中亚南北交通路线所经，形势险要。

劫国（Kāpisa），在今阿富汗喀布尔北面。

大勃律，亦作布露，今克什米尔西北部的巴勒提斯坦（Baltistan）。

小勃律，在今巴基斯坦东部亚兴（Yasin）河流域。

梵衍那，亦作巴米安（Bāmiān），在阿富汗喀布尔西北。

谢飓（Jaguda），今阿富汗的加兹尼（Ghazni）。

迦罗弥罗，亦作个失蜜，克什米尔（Kashmir）。

摩揭陀（Magadha），约当今印比哈尔邦的巴特那（Patna）和加雅（Gaya）地方。

稜伽山（Lankā），斯里兰卡岛的主峰，或泛指今斯里兰卡（Srilanka）。

波剌斯（Pārsa），即今伊朗（Iran）。

黑衣大食，指阿拉伯帝国的阿拔斯王朝（Abbasids），西方文献称之为东萨拉森帝国，中国史籍称之为黑衣大食，因其衣尚黑，故称。最盛时领土横跨亚、非、欧三洲，首都巴格达。1055年塞尔柱突厥人占领巴格达，1258年因蒙古人入侵而亡。

白衣大食（Ommeyades），指乌梅雅朝的人，因其衣尚白，故称。

拂菻，指东罗马帝国（拜占庭帝国）或其首都君士坦丁堡（今 Istanbul 伊斯坦布尔）。

波斯，在西亚的波斯，应即波剌斯（Parsa），今伊朗。

老勃萨，即今伊拉克的巴士拉（Basra）。

磨邻，故地或谓即今肯尼亚的马林迪（Malindi）；或谓即今北非摩洛哥（Morocco）一带，原名 Maghrib，即马格里布之略。

元代疆域图叙

　　自生民以来，禹迹所及，中国九州之地，则偏东海。其西南北三海，则虽列代好勤远略之君，发译使，赍金币，尚莫睹其涯际；骋八骏，步章亥，尚未彻其里域。其能北至于北海①、西至于西海、南至于南海者，亘古一渥奇温氏而已。其始有西北海之钦察国②、阿罗思③国、阿速④国，东北海之铁勒⑤、黠戛斯⑥国、骨利干⑦国、高丽⑧国者太祖；其并有葱岭以西，南至海之印度、天方者宪宗；其并有南海之占城、爪哇，远通利未亚洲之马八尔、俱蓝⑨者世祖。此皆汉唐声教所不讫，而元皆桓挞有之，藩封树之。驾远御长，甫田骄桀。易世而后，鞭长尾大，于是印度诸国，恃阻雪山，不受戎索，惟建阿母河行省⑩治葱岭以西，岭北行省⑪治和林⑫、杭海山⑬以北，阿力麻里元帅府治天山以北，别失八里元帅府治天山以南，辽阳行省治辽河以东，火州、曲先元帅府治土鲁番至阳关以东。然世祖末年，阿母河行省亦废，则葱岭以西，擅于赛马尔罕，葱岭以北阿罗

---

①北海，今俄罗斯西伯利亚（Siberia）北部海域。

②钦察国，辖境东起额尔齐斯河，西到俄罗斯，南起巴尔喀什湖、里海、黑海，北到北极圈附近，都城为今伏尔加河下游的拔都萨莱城（今 Astrakhan 附近），1502 年灭亡。

③阿罗思（Russia），即俄罗斯。

④阿速（Aas 或 As），昔在高加索以北、顿河下游一带活动的突厥系民族。

⑤铁勒（Tölös），部落众多，居于大漠南北，东起贝加尔湖一带，西抵中亚。

⑥黠戛斯（Kirghiz），吉利吉思，突厥民族的一支，在叶尼塞河（Yenisey）一带。

⑦骨利干（Quriqan），住地在今安加拉（Angara）河流域。

⑧高丽（Korea），即朝鲜（Chosŏn）的古称。

⑨马八尔（在印度半岛东南岸）、俱蓝（在印度半岛西南岸）均在南亚，魏源屡误为在非洲。

⑩阿母河行省，设治于呼罗珊的徒思城，即今伊朗的马什哈德（Mashhad）附近。

⑪岭北行省，统辖北方诸地，治和林。

⑫和林，今蒙古哈尔和林（Qara-Qorum）。

⑬杭海山，今蒙古杭爱山脉（Hangayn Nuruu）。

思、钦察，擅于月祖伯大王。其势已同羁縻。且海都、笃娃叛于岭北，幹端叛于和阗，则二地亦不属朝廷。惟治天山南、北、东三帅府及和林、辽阳二路与内地各行省之地而已。然则元中叶后，疆域始仅埒汉唐，而开国疆域则视汉唐极盛时，且再倍过之。高宗纯皇帝御制文集曰：葱岭为昆仑，居天下之中。昆仑以东莫大于中国，以北莫大于俄罗斯，以西南莫大五天竺国。元初则兼此三大国疆域而有之，谓不振古霸烈哉！世祖至元二十五年，从礼部请，令会同馆，蕃夷使至，籍其道里、山川、风俗、物产，为《职贡图》。明初，又尽得燕京图籍，使修《元史》，诸臣稍加搜讨，何难部画州居，成盖地之图，补《禹贡》之缺，扩万古之胸，侈《王会》之盛？乃举一代数万里之版章摈诸荒外，等诸乌有。其《地理志》末仅附录西北地名二页，毕竟孰西孰北，尚未能辨也。《列传》则动言西北诸王兵起，毕竟西方之王欤？北方之王欤？皆不能明也。自十一行省而外，一则曰西北之地，难以里计；再则曰边外羁縻之州，莫知其际，更何诘其部落之本末、山川之界画？近世嘉定钱詹事大昕、毛贡士岳生、大兴编修徐先生松，皆从事《元史》，詹事仅刊《艺文》、《氏族》二志，毛君仅成《后妃》、《公主》二传。然读詹事《廿二史考异》，曾不及塞外舆地。毛君自言和林尚未审其何在，则其书之不成，殆亦知难而退。徐先生之于舆地，专门绝学，所为《元史西北地里附注》及《诸王世表》，亦未卒业。源治《海国图志》，牵涉《元史》，辄苦迷津，爰取《元秘史》、《蒙古源流》及邱处机、刘郁之书，参以列代西域传记、图理琛《异域录》，亹亹钩稽，旁证侧出，遂成一图四考，以弥缺憾。昧爽行荒莽，鸠舌问邮程，虽仅辨方，犹贤乎己。又有《元经世大典地图》，从《永乐大典》中录出，并附其后。其《元代西域考》二篇见《北印度沿革》后，《元代北方疆域考》二篇见《俄罗斯沿革》后。

元代西北疆域沿革图

北　海

東　海

黑龍江口

遼東

燕京

東　海

【注】元代西北疆域沿革图

甘查甲（Kamchatka），即堪察加。乃颜、哈丹辖地虽已北逾外兴安岭（Stanovoy Khrebet），但未到堪察加半岛。魏源未作考证，即说堪察加是他们辖地的北境，误。

雅克萨（Yakutsk），即雅库茨克地区。"汪罕"（王汗之讹，即克烈部脱里汗）故地原在蒙古土拉（Tuhula）河、鄂尔浑河（Orhon Gol）上游一带，后亦仅扩展至海拉尔河一带。魏源谓其故地在雅库茨克地区，并谓海都军队在此地出没，皆误。

科利弗（Kolyvane），海都、笃娃的封地都不是在科利弗。蒙哥即位后，海都被迁至海押立（在今哈萨克斯坦的 Taldy Kurgan 之东），后即以此为根据地，建立窝阔台汗国。笃娃是察合台汗国的第九代汗，汗国都城在阿力麻里（今新疆霍城西 13 公里处）。但 1273 年后，科利弗地区就成为元朝与海都等叛王争占之地，直至 1301 年海都、笃娃败。

都莫司（Tobolsk），即托博尔斯克。蒙哥第四子昔里吉封河平王，其封地不是在托博尔斯克地区。1276 年昔里吉在阿力麻里发动叛乱，以后一度控制过漠北西部和科利弗地区，并攻掠和林及其以东地区，后为伯颜平定。托博尔斯克地区在元朝后来设置的岭北行省的最北境。昔里吉一度控制过的地方可能到达托博尔斯克地区的一些地方，但不是他的"封地"。

东海，魏源时，鲸海（日本海）北部亦称"东海"。南面中书省的东面则是我国渤海。唐徐坚等的《初学记》说："东海之别有渤澥，故东海共称渤海，又曰沧海。"用前（汉、唐）后（清）地名表示元代地名，易致混乱。

怯绿怜河，又作怯吕连河，即今蒙古克鲁伦（Kerulen）河。

土兀剌河，即土拉河。

斡鲁欢河，又作鄂勒昆河，即鄂尔浑河（Orhon Gol）。

斡难河，即蒙古鄂嫩（Onan）河。

根特山（Hentiyn Nuruu），即蒙古肯特山脉。

谦河，又作欠河，即今俄罗斯叶尼塞（Yenisey）河上游流域。

益兰州（Ilan），治所故址在今俄罗斯土瓦自治共和国（Tuva A. S. S. R）

的登帖列克（Dën Terek）。

菊海，又作白湖（Ozero Baikal），即贝加尔湖。

谦州（Kamkamji'ut），又作欠州，在今俄罗斯土瓦自治共和国。

偰辇杰河（Selenge Moron），即色楞格河。

西金山，又作杭海山（Hangayn Nuruu），今蒙古杭爱山。

塔米河（Tamir），即塔米尔河，在哈尔和林西。

金山，又作阿勒坦山、按台山（Altai），即阿尔泰山脉。

唐麓山（Tanglu），即唐努山。

乌梁海，清代的乌梁海，居于唐努山与阿尔泰山之间，后分二部。

阿浦河，又作鄂布河、阿被河、阿比河（Obi），今俄罗斯鄂毕河。

伊聂谢河（Yenisey），即叶尼塞河。

昂可剌河（Angara），即安哥拉河。

吉利吉思（Kirgiz），居于叶尼塞河上游流域。

玉须河（Iyus），又作伊里穆河，叶尼塞河上流河名。

撼合纳（Qamqanas），居于大叶尼塞河流域。

铁坚古山（Tegelgu），在阿尔泰山与扎卜哈河之间，曾是海都与甘麻剌大战之地。

撒剌斯河（Šaras），即鄂毕河上游支流撒雷思河。

额尔齐斯河（Irtysh），元代称也儿的石河（Ertiš）。

宰桑泊（Ozero Zaysan），即斋桑泊。

霍阐河（Syrdarya），即锡尔河。

纳林河（Naryn），锡尔河上流。

阿母河、暗布河（Amudarya），即阿姆河。

巴达哈伤，又作巴达克山（Badakhshan），今阿富汗巴达赫尚。

寻思干，今乌兹别克斯坦撒马尔罕（Samarkand）。

卜哈尔（Bukhara），今乌兹别克斯坦布哈拉。

塔里寒（Talikan），在今阿富汗穆尔加布河（Murghab）流域。

宽（甸）〔田吉〕斯海，又作宽定吉思海（Caspian Sea），即里海。魏源

"考"宽田吉斯海绝非里海，并说该海在里海以北的钦察境内，就已经错了，还进一步说钦察国"即今西费雅国"，更大错特错。按西费雅为 Sverige 的音译，即瑞典。里海是不应"考"在瑞典的。

太和岭（Caucasus Mts.），即高加索山脉。

乌拉岭（Uralskie Gory），即乌拉尔山脉。魏源误考高加索山脉为乌拉尔山脉。

乌拉河（R. Ural），即乌拉尔河。

托波尔河（R. Tobol），即托博尔河。

佛尔格河（Volga），即伏尔加河。

厄济尔河，即伏尔加河。突厥人称伏尔加河为 Etil。

（辉）〔也只〕里河（Idil），即伏尔加河。

没里奚，又作木乃奚（Mulahida），伊斯兰教的一支，被正统的伊斯兰教派别视为异端。其城堡在里海南岸，后为旭烈兀所灭。

阿里吉河（Kalka），在乌克兰东南部。

钦察国（Qibčaq），指钦察旧地，即里海、咸海北的钦察草原一带。

西费雅（Sverige），即瑞典（Sweden）。

富浪（波斯语 Farang），指欧洲（Europe）或地中海东部区域。

密昔国（Misr），即今埃及（Egypt）。

麦西国，又作伊揖国（Misr，Egypt），即埃及。魏源又一次误马八尔国（在印度半岛东南岸）为埃及。

地球正背面全图

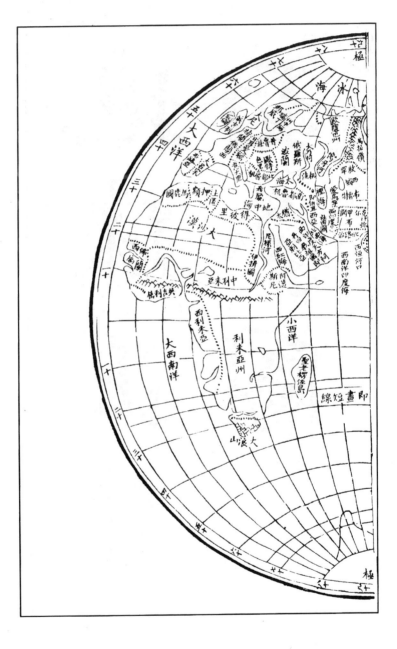

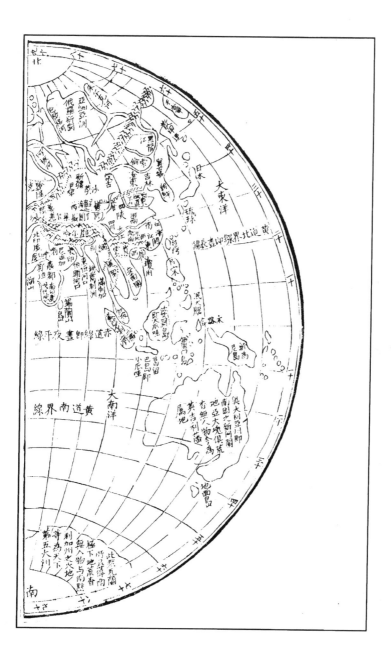

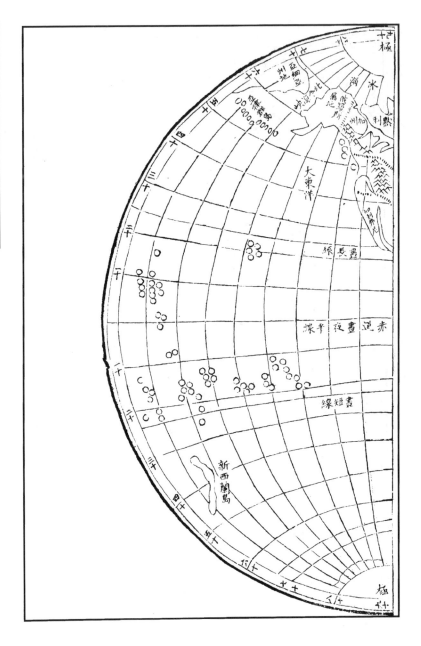

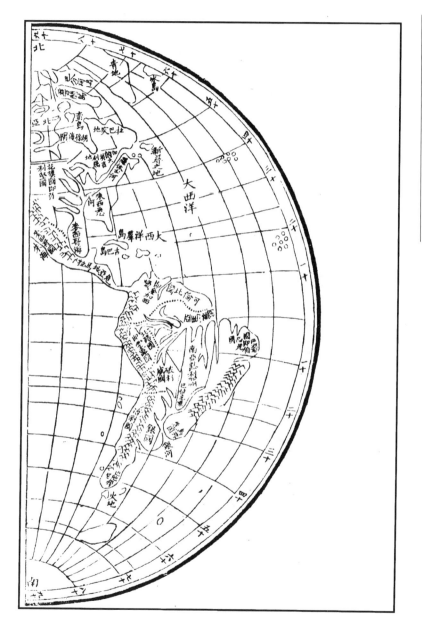

【注】地球正背面全图

干党甲（Kamchatka），即堪察加。

散甲连（Sakhalin），萨哈林岛，即库页岛。

大东洋（Pacific Ocean），即太平洋。

泯大脑（Mindanao），即棉兰老岛。

新为尼岛（New Guinea），即伊里安（Irian）岛。

西里白岛（Sulawesi），即苏拉威西岛。

新阿兰（New Holland），新荷兰，即澳大利亚（Australia）。

地面岛（Van Diemen's Land），范迪门，即今澳大利亚的塔斯马尼亚（Tasmania）州。

南极（Antarctica），即南极洲。

大南洋，指印度洋（Indian Ocean）。

朱尔克河，即今勒拿（Lena）河。

廓尔哈（Gurkha），即尼泊尔（Nepal）。

孟加喇，又作榜葛剌（Bengal），今孟加拉国和印度的西孟加拉邦。

溜山，指今印度洋中的马尔代夫（Maldives）和拉克代夫群岛（Laccadive Is.，Lakshadweep Is.）。

加坡（Singapore），即新加坡。

敖罕（Kokand），即浩罕。

窝牙河（Volga），即伏尔加河。

大乃河，即第聂伯河（Dnepr）。

甲布（Kabul），即今阿富汗首都喀布尔。

北路治（Baluchistan），即俾路支。

北西海（Persian Gulf），即波斯湾。

亚剌比亚（Arabia），即阿拉伯。

犹太（Judah，Judaea，Judea），朱迪亚（犹地亚）。

南都鲁机（Turkey），土耳其亚洲部分。

北都鲁机（Turkey in Europe），土耳其欧洲部分。

太海（Black Sea），即黑海。

希腊（Greece Hellas），即今希腊。

欧色特里（Austria），即奥地利。

意大里（Italy），即意大利。

日耳曼（Germany），即德国。

爱伦（Ireland），即爱尔兰。

瑞丁（Sweden），即瑞典。

马鹿（Morrocco），法文作 Maroc，即摩洛哥。

押额（Algeria，Algérie），即阿尔及利亚。

土匿（Tunis，Tunisia），即突尼斯。

得（彼）〔波〕里（Tripoli），即的黎波里。

尼禄河（Nile），即尼罗河。

阿迈斯尼（Abyssi Nia），阿比西尼亚，今埃塞俄比亚（Ethiopia）。

大西南洋，指大西洋的东南部。

冰岛（Iceland），即冰岛。

青地（Greenland），即格陵兰。

巴分海隅（Baffin Bay），即巴芬湾。

君百兰岛（Baffin Island），即巴芬半岛。

蛮岛（Mansel），即曼塞尔岛。

胡孙海隅（Hudson Bay），即哈得孙湾。

拉巴突地（Labrador Peninsula），即拉布拉多半岛。

加（的）〔那〕大（Canada），即加拿大。

罗（休）〔伦〕士河（R. St. Lowrence），即圣劳伦斯河。

新寻之地（Newfound land），即指纽芬兰。

来西悉河（Mississippi），指密西西比河。

麦西哥海（Gulf of Mexico），即墨西哥湾。

麦西哥国（Mexico），即墨西哥。

朱海（Gulf of California），即加利福尼亚湾。

加利弗尼（California），即加利福尼亚。

花旗国，又称弥利坚国，即美国（The United States of America）。

北亚默利加州（North America），即北美洲。

冰海（Arctic Ocean），即北冰洋。

北令海峡（Bering Strait），即白令海峡。

亚律群岛（Aleutian Islands），即阿留申群岛。

新西兰（New Zealand），即今新西兰。

危亚地马拉（Guatemala），即危地马拉。

大西洋群岛（Weat Indies），指大西洋及其属海墨西哥湾、加勒比海之间的岛群，即西印度群岛。

古巴岛（Cuba），即今古巴。

可伦比，又作金加西腊（Colombia），即哥伦比亚。

北路，又作字露（Peru），即秘鲁。

玻利威（Bolivia），即玻利维亚。

亚马孙河（Rio Amazonas），指今巴西境内的亚马孙河。

巴悉国，又作伯西儿国（Brazil），即巴西。

南亚默利加州（South America），即南美洲。

巴拉危涯（Paraguay），即巴拉圭。

乌路危国（Uruguay），即乌拉圭。

银河（Rio de La Plata），即拉普拉塔河。

银国（La Plata），拉普拉塔，即阿根廷（Argentina）。

治利（Chile），即智利。

巴他峨尼（Patagonia），即巴塔哥尼亚地区。

火地（Tierra del Fuego），火地岛。

亞細亞州

各國圖

亞細亞洲

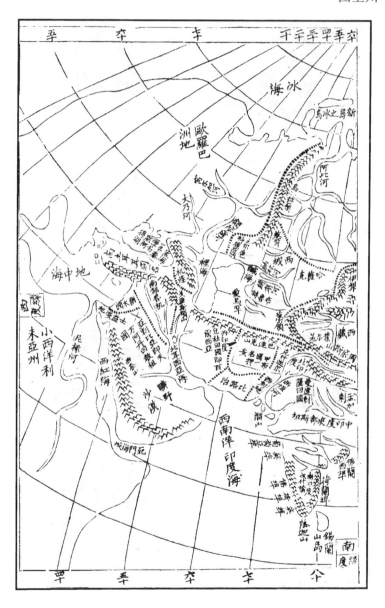

亚细亚

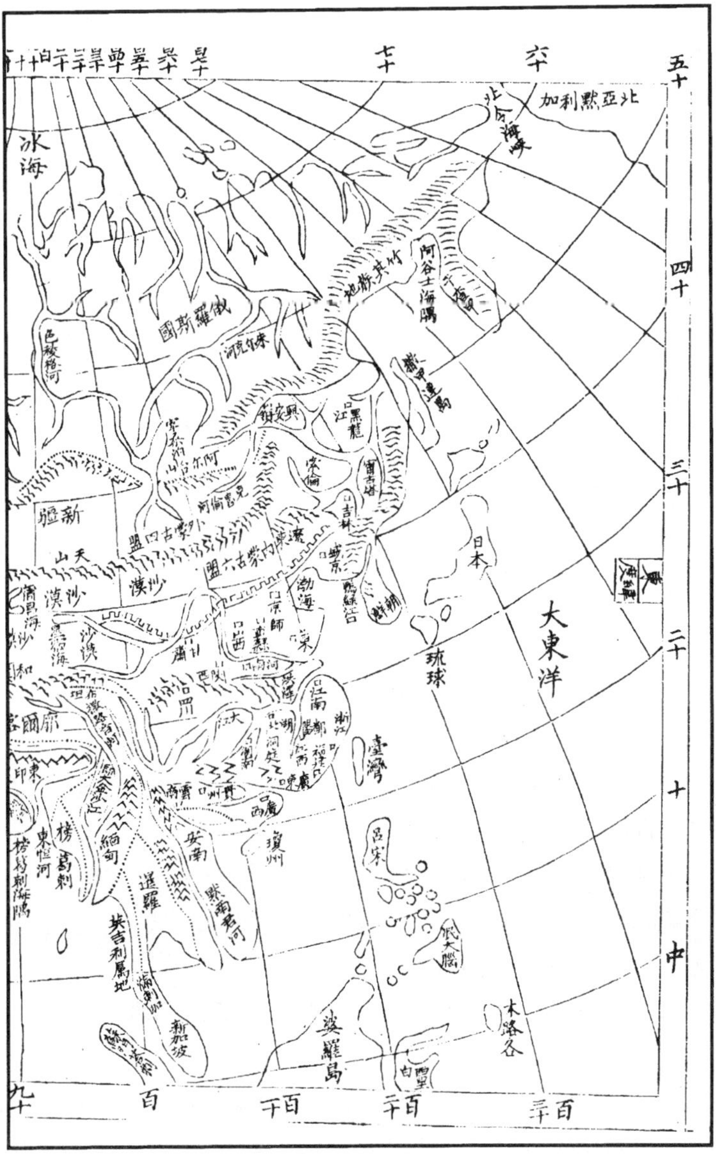
北亞默利加
冰海
俄羅斯國
阿谷士海隅
新疆
天山
沙漠
內蒙古六盟
外蒙古四盟
黑龍江
吉林
盛京
京師
渤海
朝鮮
日本
大東洋
琉球
江南
浙江
福建
廣東
廣西
臺灣
瓊州
呂宋
安南
暹羅
緬甸
英吉利屬地
新加坡
婆羅島
五十
四十
三十
二十
十
中
百

【注】亚细亚州全图

阿谷士海隅，对音应是 Sea of Okhotsk，鄂霍茨克海。图上位置应是舍列霍夫湾（Zaliv Shelikhova）。

撒甲连岛，即当时我国的库页岛，俄称萨哈林（Sakhlin）岛，1860 年后为俄国割占。

竹其族地（Tchutchi），族居地。

布坦（Bhutan），不丹，语义为西藏边陲。

廓尔喀（Gurkha），即尼泊尔（Nepal）。

撒路音河（Salween R.），萨尔温江。魏源误以为即伊洛瓦底江。

大金沙江（Irrawaddy River），即伊洛瓦底江。

榜葛剌、孟加剌（Bengal），今孟加拉国及印度的西孟加拉邦。

榜葛剌海隅（Bay of Bengal），即孟加拉湾。

默南君河（Mekong River），即湄公河。

新寻之冰岛（Novaya Zemlya），即新地岛。

哈萨克（Kazakhstan），即哈萨克斯坦。

土尔扈特旧国，在俄罗斯伏尔加河畔。

南土耳其国（Turkey），指土耳其的亚洲部分。

戈厘斯顿山（Kordestan Mts.），即库尔德斯坦山脉。

押安（Afghanistan），即阿富汗。

曼达剌萨（Madras），即印度马德拉斯。

北耳西亚海（Persian Gulf），即波斯湾。

士益微地（Isthmus of Suez），即埃及苏伊士地峡。

西奈山（Es Sînâ），即埃及西奈山。

死门海峡（Str. of Bab el Mandeb），曼德海峡。阿拉伯语 Bab el Mandeb，意为哭丧门。

宰桑泊，当时我国斋桑泊的别称，在我国新疆西北部，但此图却绘于俄国贝加尔湖（Ozero Baykal）一带，相去甚远。魏源不可能不知道斋桑泊，可见当时的一些英文地图也是把斋桑泊绘在我国境内的。疑当时为魏源所用的那幅由西洋人译制的亚洲全图偶把贝加尔湖误书为斋桑泊，魏源又未小心审改，故有此讹。

额济尔河，即额尔齐斯河，流经中、哈、俄三国。

布鲁特，指今吉尔吉斯斯坦（Kyrgyzstan）。

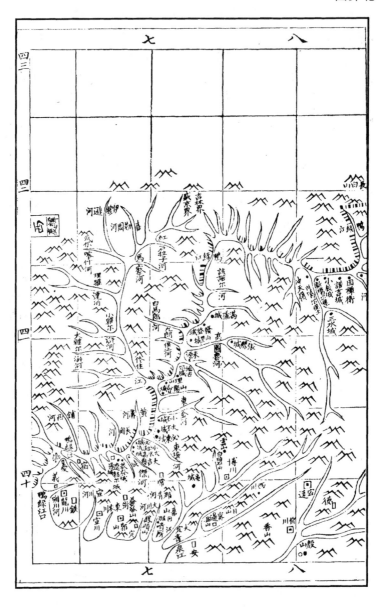

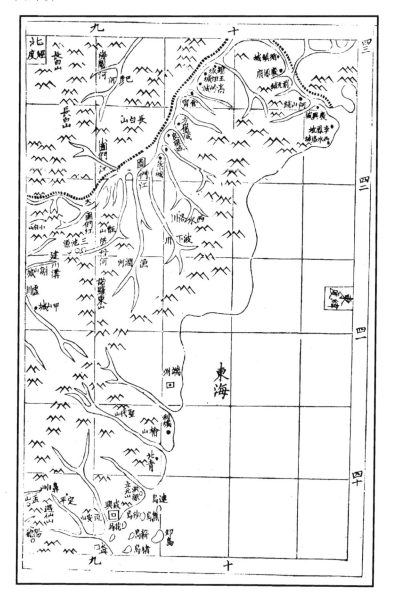

朝鲜国

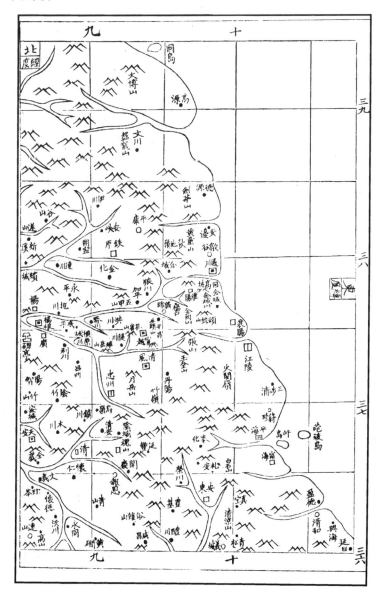

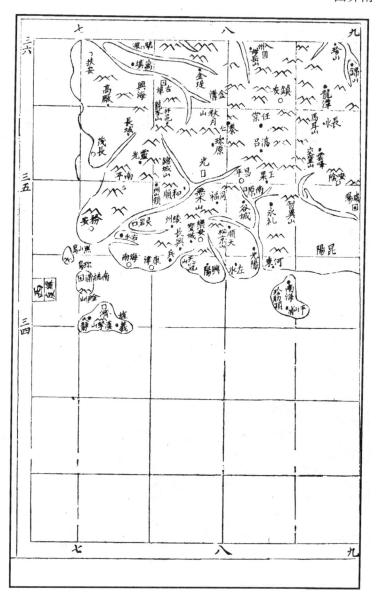

国鲜朝

九　　　　　　十　　　　　　十一　　　三六

海

城圍　海鎮

三五

三四

南
度經
九

十　　　　　　十一

【注】朝鲜国图

循镇城（Hunyungri），即今训戎里。

庆源府（Kyongwon），即今庆源。

前元铺（Kogonwon），即今古乾原。

阿山铺（Sinasanri），即今新阿山里。

庆兴城（Kyongheung），即今庆兴。

李凤坡（Honguiri），即今洪仪里。

西水洛城（Sosurari），即今西水罗里。

钟城（Chongsong），即今钟城。

王坦城，疑即 Pangwondong（防垣洞），亦称 Kanpyong（间坪）。

高岭城（Koryongjin），即今高岭镇。

会宁（Hoeryongup），即今会宁邑。

方山堡城，疑即南山（Namsan）。

良雍城（Yangyongri），即今梁永里。

茂山城（Musanup），即今茂山邑。

西水洛川（Songchon-su），即今城川水。

波下川（Yonmyon-su），即今延面水。

渔润河（Sodu-su），即今西头水。

端州（Tanchon），即今端川。

甑山（Chung-san），在咸镜道庆源府西，魏图绘此山于今青峰一带，误。

洪丹河（Sohongdan-su），即小红湍水。

诺罗东山，摩天岭山脉（Machonryong-sanjulgi）中段。

三池源（Samjiyon），即今三池渊。

建川沟（Karimchon），即今佳林川。

谢山城（Hyesan），即今惠山。

小白山（Sobak-san），位于三池渊、将军峰之间。

虚川河（Hochon-gang），即今虚川江。

甲山城（Kapsan），即今甲山。

圣代山，疑即剑德山（Komduk-san）。

桧山，疑即 Taeuk-san，大德山。

利城（Riwon），即今利原。

洪源（Hongwon），即今洪原。

北青（Pukchong），即今北青。

立元山，疑即咸关岭（Hamgwan-ryong）。

鼻白山，疑在白山（Peak-san）一带。

遇仙山（Pukdae-bong），即今北大峰。

浑岛，疑即今马养岛（Mayang-do）。

猪岛，疑指今 So-do 小岛。

东海（Sea of Japan），即日本海。

冲天岭，疑即 Pyongpung-san，屏风山。

三水城（Samsu），即三水。

德〔川〕（Tokchon），今德川。

宁远（Nyongwon），应在德川东北。

西川（Huichon），即熙川。

价川（Kaechon），应在熙川西南。

香山（Hyang-san），应在价川东北。

目山（Sam-bong），即三峰。

博川（Pakchon），应在宁边西南。

白碧山（Peakpyok-san），今名不详，1530 年版《朝鲜全国地志》谓在云山郡西。

张杰城（Kangyesi），即江界市。

该诺尔河（Chasong-gang），即慈城江。

满蒲城（Manpo），即满浦。

高山理城（Kosanri），即高山里。

图鲁河（Tokro-gang），即秃鲁江。

未源（Wiwon），即渭原。

地尔古城（Samgori），即三巨里。

理山（Chosan），即楚山。

东金河（Chungman-gang），即忠满江。

小丕城（Usi），即雩时。

大丕城（Taepyongri），即太平里。

必东城（Pyokdong），即碧潼。

龟城（Kusong），在今泰川西北。

常州（Changju），即昌州。

嘉山（Gasan），在今泰川南，今名不详。

那青厅（Chongchonri），即清亭里。

大川河（Taechon-gang），即达川江。

必城（Pyokdan），即碧团。

杰河，疑为荣州川（Yongju-chon）。

宿州（Sakju），即朔州。

盖幕山，狄逾岭山脉（Chokyuryong-sanjulgi）南段。

朔州（Taechon），即泰川。

东来川（Tongrae-gang），即东莱江。

爱州，疑即清城（Chungsong）。

铁州（Chosan），即铁山。

朔川河（Samgyo-chon），即三桥川。

延日（Yonil），近今浦项。

清和（Toksongri），即德城里。

（盱）〔于山〕岛（Uhsan-do），今独岛（Dok do）。

苑陵岛（Ullung-do），即郁陵岛。

真宝（Jinbo），即今真安（Jinan）。

高源（Kowon），即高原。

德源（Tokwondong），即德源洞。

黄童山（Hwangryong-san），即黄龙山。

秋池岭，一作楸池岭（Chujiryong），今名不详。

金城（Kumsongup），即金城邑。

金城山（Obong），即五峰。

金冈山（Kumgang-san），即金刚山。

高城（Kosongup），即高城邑。

张山（Ungbok-san），即应福山。

（玉皇）〔五台〕山（Odae-san），即今五台山。

醴川（Ryechon），即醴泉。

安东（Andong），即今安东。

盘龙山（Turyu-san），即头流山。

大博山，北大峰山脉（Pukdabong-Sanjulji）南段。

铁原（Cholwon），在今花地里（Hwajiri）北。

金化（Kimhwa），应在铁原之东。

狼川（Hwachon），即华川。

加平（Kapyong），应在春川西南。

朔宁（Saknyong），应在涟川西。

绩城（Choksong），即积城。

杨州（Ijongbu），即议政府。

杨根（Yangpyong），即杨平。

底平（Chipyong），又作砥平。1914 年合并于杨平。

牛头山（Paekdok-san），即百德山。

堤川（Chechonup），即堤川邑。

原（川）〔州〕（Wonju），即今原州。

宁越（Nyongwolup），即宁越邑。

清风（Upri），即邑里。

忠州（Chunjusi），即忠州市。

吕州（Ryejuup），即骊州邑。

广州（Kyenganri），即京安里。

碑亭，疑即今 Songnamsi 城南市。

阳智（Yanjiri），即阳智里。

竹山（Chuksanri），即竹山里。

阴竹（Hoengjukri），即行行里。

安城（Ansongup），即安城邑。

木川（Pyongchonri），即并川里。

乌岭（Oryong），在槐山之东。

清安（Chongan），在曾坪与槐山之间。

清州（Chongjusi），即清州市。

阴城（Umsongup），即阴城邑。

闲庆（Chomchon），即店村。

报恩（Poinup），即报恩邑。

延丰（Sapyongri），即沙坪里。

俗雉山，（Sokri-san），在小白山脉北段。

黄涧（Hwanggan），在永同东北。

永同（Yondonup），即永同邑。

怀德（Hoedok），在大田北。

珍岑（Chinryong），即镇岭。

沃川（Okchinup），即沃川邑。

高山（Kosan），应在益山东。

浿水（Piryu-su），即沸流水。

成川（Songchonup），即成川邑。

江东（Kangdongdong），即江东洞。

朱滩河（Ryesong-gang），即礼城江。

慈山（Chasanri），即慈山里。

锦绣山（Kumsu-san），在平壤北郊，上有名胜牡丹峰。

太祖山（Chongryong-san），青龙山。

大同江（Taedong-gang），即今大同江。

永柔（Yongyú），一名南阳（Namyang）。

曾山（Chungsan），即甑山。

咸从（Hamjong），即麻永里（Mayongri）。

三和（Samhwa），在南浦（Nampo）西北。

黑河，疑即今 Hwangiu-chon，即黄州川。

黄州（Hwangju），即黄州。

驹（荟）〔岭〕，相当于今彦真山（Injin-san）、甑峰山（Chongbong-san）等。

凤山（Pongcanri），即凤山里。

建水，即今兴水院（Hungsuwon）。

崇秀，地望在今南川（Namchon）。

白州（Peakchon），即白川。

载宁（Chaeryongup），即载宁邑。

首阳山（Suyang-san），魏图误绘于今长寿山位置。

海州，指今海州市西的 Sohaeju，西海州。

长连（Changryongri），即长连里。

松花（Songhwa），即松禾。

信川（Sinchon），在今载宁西。

康翎（Kangryong），非新康翎，乃今瓮津东南的康翎。

金川河，疑即今九渊川（Kuyonchon）。

松岳山，指今马息山脉南端的天马山（Chonma-san）、水龙山（Suryong-san）等。

麻田（Majon），在涟川西南。

波州（Paju），即坡州。

白岳山（Pukak-san），即北岳山。

朝鲜，指当时朝鲜京都，中、日等东方国家惯称汉城，国际通用译名 Soul，英文作 Seoul，皆译自朝语"京城"。

高阳（Koyang），疑即今舟桥（Chugyo）。

宏滋院（Hongjidong），即弘智洞。

丰德（Pungdokri），即丰德里。

三角山（Namhan-san），即南汉山。

果州（Kwachon），即果川。

振威（Chinui），疑即今乌山（Osan）。

衿州（Anyang），即安养。

阳川（Yangchon），在今永登浦西北。

仁川（Inchonjikkalsi），即仁川直辖市。

水〔营〕，地望合今仁川南的 Kwangyori 官校里。

井浦岛，今江华岛（Kanghwa-do）。

江华（Kanghwa），即今江华。

砚子岛，即今大兰芝岛（Taeranji-do）。

阳城（Yangsong），今松炭东的同巷里（Tonghangri）一带。

燕岐（Yonggi），即今乌致院（Chochiwon）。

牙山（Asanri），即牙山里。

德山（Toksanri），德山里，在今插桥（Sapgyp）西北。

礼山（Ryesanup），礼山邑，在今插桥东。

加邪山，即德山里西的伽倻山，今作伽耶山（Kaya-san）。

海美（Haemiri），即美里。

瑞山（Sosanup），即瑞山邑。

洪州（Hongsong），即洪城。

结城（Kyelsong），即在瑞山邑西南海岸。

定山（Sanjongri），即山亭里。

大兴（Taehung），今东西里（Tongsori）。

临川（Rimchon），即林泉。

青阳（Chongyangup），即青阳邑。

韩山（Hansanri），即韩山里。

保宁（Ponyong），郡治在大川（Taechon）。

蓝浦（Nampori），即蓝浦里，应在大川南。

舒川（Sochonup），即舒川邑。

庇仁（Piinri），即庇仁里。

龙岛，即今龙游岛（Ryongyu-do）。

安兴梁（Anhungryang），即今龙新里（Ryongsinri）。

要儿梁，疑即今安眠岛（Anmyon-do）。

德勿岛（Tokjok-do），即德积岛。

群山岛（Kogunsan-gundo），即古群山群岛。

沃沟（Okguup），即沃沟邑。

泥山，即今鲁城（Rosong）。

砺山（Iksanri），即砺山里。

恩津（Unjin），即今江景（Kanggyong）。

龙安，即今咸悦邑（Hamyolup）。

石城（Soksongri），即石城里。

咸悦，即今咸悦邑西南的咸悦里（Hamyolri）。

长（老日）〔鬐〕（Changgi），即今九龙浦（Kuryongpo）。

蔚山，即今蔚山市（Ulsansi）。

左兵，即今兵营（Byongyong）。

左水，即今水营（Suyong）。

梁山（Ryongsanup），即梁山邑。

机（长）〔张〕（Kijangup），即机张邑。

轮山，今东莱北有山名金定山（Kumchong-san），或称金亭山。

母子山（Moja-san），疑即今龟尾山（Kumi-san）。

庆州，即今庆州市（Kyongjusi）。

彦阳（Onyang），即彦阳里。

金鳌山，疑即天皇山（Chonhwang-san），今已辟为道立公园。

（兹）〔慈〕仁（Chainri），即慈仁里。

新宁（Sinnyongri），即新宁里。

义兴（Ihung），即义兴里。

元风，本"玄风"，魏源因避康熙讳改。今玄风里（Hyonpungri）。

武溪山（Mugye-san），疑即游学寺（Uhaksa）所在山名。

华岳山（Hwaak-san），疑为昌宁东面官用寺（Kwangyongsa）所在山名。

密阳（Milyangup），即密阳邑。

熊州（Ongchon），即熊川。

熊山（Koeam-san），即开岩山，亦称榛子山，在金海北。

金海（Kimhaesi），即金海市。

绝影岛（Yong-do），即影岛。

加德大城（Kadok-do），即加德岛。

（柴）〔漆〕谷（Chilgok），即七谷。

比安（Pianri），比安里，一名Tongbu。

仁同（Iniri），仁义里，一名仁同里（Indongri）。

龙宫（Kunggidong），即宫基洞。

善山（Sonsanup），即善山邑。

高灵（Koryongup），即高灵邑。

陕川（Hapchonup），即陕川邑。

草溪（Chogyedong），即草溪洞。

晋州，疑即今晋城（Chinchon）。

晋江，即今南江（Nam-gang）。

昌原（Changwondong），即昌原洞。

右兵（Chungmu），即忠武。

镇海（Chinhaesi），即镇海市。

永登〔浦〕（Yongdungpo），《地志》谓在巨济县西49里，今名不详。

巨济（Koje），亦作新县（Sinhyon）、古县（Kohyon）。

右水营，即今长承浦（Changsungpo）。

尚州（Sangju），即尚州。

金山（Kimchon），即金泉。

山阴，即今安义（Ani）。

珍山（Chinsanri），即珍山里。

马耳山（Maui-san），即今云长山（Unjang-san）。

云峰（Un-bong），在咸阳西南。

安阴，疑即今清山（Chongsan）。

入州（Ipju），即今高山里（Kosan-ri）。

母岳山（Moak-san），疑在今风东（Pungdong）一带。

任（棠）〔实〕（Imsilri），即任实里。

（粲）〔泰〕仁，即今泰仁里（Taeinri）。

淳（吕）〔昌〕，即今淳昌邑（Sunchangup）。

（王）〔玉〕果，即今玉果里（Okgwari）。

昌平，即今昌平里（Changpyong）。

南原（Namwonsi），即南原市。

谷城（Koksongup），即谷城邑。

（永）〔求〕礼（Kuryeup），即求礼邑。

光阳（Kwangyangup），即光阳邑。

顺天（Sunchonsi），即顺天市。

河东（Hodongup），即河东邑。

南海（Namhaeup），即南海邑。

金沟（Kumguri），即金沟里。

金堤（Kimjeup），即金堤邑。

古埠，疑即今井州邑（Chongjuup）。

龙岑山，即今内藏山（Naejang-san）。

珍原（Chinwon），即今潭阳（Tamyang）。

光州（Kwangjujikkalsi），即光州直辖市。

锦城山（Kumsong-san），疑即今屏风山（Pyongpung-san）。

州岭，疑为罗州（Raju）之讹。

和顺（Hwasunup），即和顺邑。

松（京）〔广〕山，疑即今草溪山（Chogye-san）。

乐安（Rakan），在顺天西南。

宝城（Posongup），即宝城邑。

兵营（Yuyang），即悠养。

兴阳，即今高兴（Koheung）。

临漱，即今临坡（Rimpa）。

万（填）〔顷〕，即今万顷里（Mangyongri）。

高厂，即今高厂邑（Kochangup）。

兴（海）〔德〕（Hungdokri），兴德里。

长城（Changsongup），长城邑。

灵光（Ryonggwanup），灵光邑。

茂长（Mujang），今名不详。

务安（Muanup），务安邑。

灵岩（Ryongamup），灵岩邑。

右水（Usuyong），即右水营，今东外（Tongwae）。

海南，今海南邑（Haenamup）。

黑山岛，今大黑山岛（Taehuksan-do）。

南桃浦（Namdopo），不在珍岛，在其西南的金甲岛（Kumgap-do）上。

金（伊）〔骨〕山，今名不详。

济州（Chejusi），济州市。

汉拿山（Hanna-san），汉拿山。

旌义，今表善里（Pyosanri）。

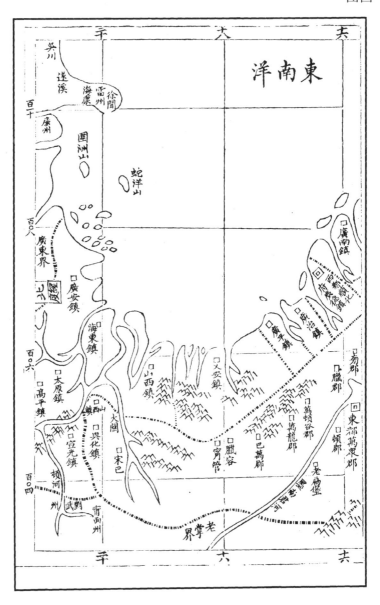

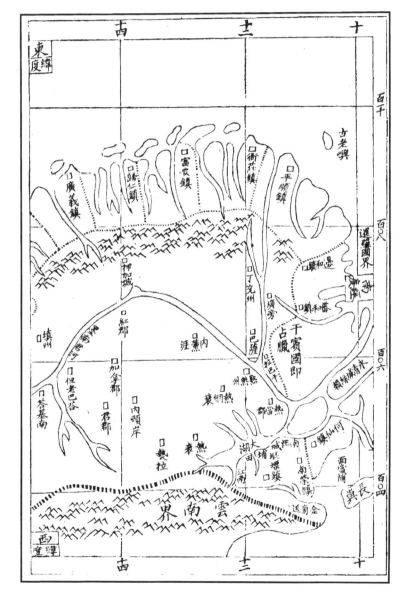

南安

【注】安南国图

绿赖，指越南的堤岸（Cholon）、西贡（Saigon）一带，今胡志明市（Phanh Bho Ho Chi Minh）。

永清城（Vinh Thanh），今越南胡志明市。

边和镇（Biên-Hòa），越南同奈省行政中心。

蕃和镇（Phiên An），即藩安，亦即嘉定（Gia Dinh），今胡志明市。

干宾国，"干宾"是柬埔寨首都金边（Phnom Penh）的异译。干宾国即柬埔寨（Cambodia）。

占腊（Chanda），柬埔寨的古称。

河仙镇，今越南河仙（HaTien）。

西当浦，今柬埔寨唝呐省的云壤（Ream）。

长屿，即今越南富国（Phu Quoc）岛。

南荣镇，即今柬埔寨首都金边（Phnom Penh）。

南汪城（Nam Vang），即今柬埔寨金边。

坲㙟镇（Love，Lovec），即柬埔寨的洛丰。

大湖（Tonlé Sap），即洞里萨湖。

埔田（Poftisat，Pursat），即今柬埔寨菩萨。

江南（Kompong Chhnang），即今柬埔寨磅清扬。

金旁送（Kompong Son），即今柬埔寨磅逊。

巴萨，指今老挝占巴塞（Champassak）省的巴沙（Paksa）或巴色（Pakse）。

拉巴干，指今柬埔寨的腊塔纳基里（Ratanakiri）省。

热当郡（Stung Treng），即今柬埔寨上丁。

热网衰，指今柬埔寨柏威夏（Preah Vihear）。

热衰（Yacodharapura），耶索古拉补罗城，义为大都城，即今柬埔寨吴哥（Angkor）。

热拉（Siemreap），即今柬埔寨暹粒。

君郡（Cheom Ksan），即今柬埔寨君克汕。

红郡，疑指今老挝的孔埠（Khong）。

内薰涯，疑指今老挝的沙拉湾（Saravane）一带。

押加城，指今老挝的阿速坡（Attopeu）。

填州，指今老挝的川圹（Xieng-Khouang），义为大象挡路。

答基南，指今老挝 Cammon（Thakhek），甘蒙（他曲）。

广义镇，即今越南义平省广义（Quang Ngai）。

归仁镇，即今越南归仁（Quy Nhón）。

富安镇（Phú Yên），富安，约当今越南富庆省北半部。

衙庄镇（Nha Trang），即今越南芽庄。

平顺镇（Binh Thuận），平顺，约当今越南顺海（Thuận Hai）省藩里（Phan Ly）以西一带。

古老屿（Cu lao Hon），即平顺海岛。

墨南君河（Mae Nam khong，Mekong），即湄公河。

广安镇（Quảng Yen），广安，在今越南广宁（Quang Ninh）省。

海东镇（Hải Dong），海东，在今越南广宁省。

太原镇（Thái Nguyên），今越南太原一带。

高平镇（Cao Bâng），今越南高平省。

山西镇（Sòn Tây），山西，约当今越南河山平省北部和永富省一带。

兴化镇（Húng Hóa），兴化，约当今越南永富省西部、河山平省西部及山萝省、黄连山省一带。

宣光镇（Tuyèn Quang），宣光，约当今越南河宣（Há Tu yên）省一带。

（大）〔天〕关（Thien Quan），即越南天关。

义安镇（Nghê An），在今越南义静（Nghe Tinh）省。

广平镇（Quảng Binh），今越南平治天（Binh Tri Thien）省北部。

广治镇（Quảng Tri），今越南平治天省中部。

西都顺化府（Hué），即今越南顺化。

广德镇（Quảng Dúc），广德，今越南平治天省南部。

广南镇（Quảng Nam），今越南的广南一带。

腊郡，疑指今泰国的那空叻差是玛（呵叻）Nakhon Ratchasima（Khorat）。

旁郡，疑指今泰国的乌汶叻差他尼（乌汶）Ubonratchathani（Ubon）。

老扁堡，今老挝琅勃拉邦（Luang Prabang）。

东都万（众）〔象〕郡（Vientiane），即今老挝首都万象。

老掌（Laos），即今老挝。

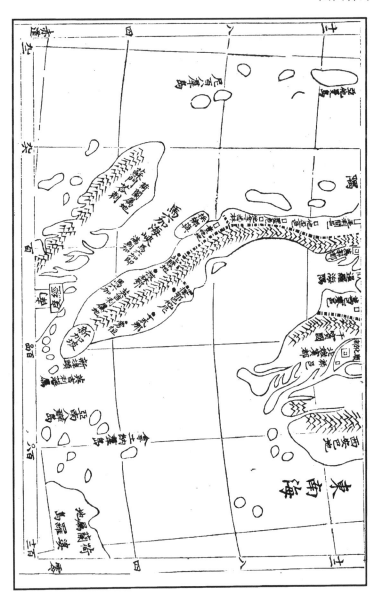

西度纬

东度纬

【注】东南洋沿海各国图

东都海隅，指我国海南省和越南北部之间的海域。

富良江，指今越南河内附近的红河（Hongha）主流。

东都，应指河内（Hanoi），图上位置误。

罗尼邑，即今老挝琅勃拉邦（Louang Prabang）。

拉音邑，疑指今老挝首都万象（Vientiane）。

可伦比邑（Columpi），指今泰国孔尖。

顺化都（Hué），图上位置误。此图以长山山脉为划分越南东西都的界线，亦误。

北嫩宾都（Phnom Penh），百囊奔，即今柬埔寨首都金边。

禄邑，即禄奈，指堤岸（Cholon）一带，今越南胡志明市。

西安（Saigon），即西贡，今越南胡志明市。

巴地（Ba Ria），即今越南巴地。

百加六邑（Phitsanulok），即今泰国彭世洛。

田他牙古都（Ayuthaya），即今泰国大城府。

拉公塞西邑（Nakhon Rachasima），即泰国那空叻差是玛，今名呵叻（Khorat）。

万巴赛邑（Chonburi），即今泰国春武里（万佛岁）。

万郭都（Bangkok），即今泰国首都曼谷。

暹罗海隅（Gulfof Siam），即今泰国湾（Gulf of Thailand）（暹罗湾）。

湄南河，又作默南河，即今湄南河（昭披耶河）。

布兰补得河（Brahmaputra River），即今布拉马普特拉河。

阿拉干（Arakan），缅甸若开（Ragaing）邦旧名。

出他硬邑（Chittagong），即今孟加拉国（Bangladesh）吉大港。

特比拉邑（Tripura），即今印度特里普拉邦。

无尼坡邑（Manipur），即今印度曼尼普尔邦。

以拉瓦市江（Irrawaddy River），即今缅甸伊洛瓦底江。此图误以为我国的雅鲁藏布江与缅甸的伊洛瓦底江相接。

安拉补腊邑（Amarapura），即今缅甸阿马拉普拉。

万破邑（Bhamo），即今缅甸八莫。

加帝山地（Khamtis），即印、缅边的坎蒂山地。

阿瓦都（Ava），即今缅甸阿瓦。

巴安邑（Pagan），即今缅甸蒲甘。

破米邑（Prome），即今缅甸卑谬。

撒路音河（Salween），即萨尔温江。

布拿音邑（Chiang Rai），今泰国北端的清莱，即菩坤孟莱时所建的昌盛城。

西买邑（Zemee），即今泰国清迈（Chiang Mai）。

拿瓦音邑，指今泰国北部城市南邦（Lampang）。

母他马邑，Homsawati 或 Ifonthawati 之讹，今缅甸勃固（Pega）。

兰云邑（Rangoon），即今缅甸仰光。

马他万邑（Martaban），即今缅甸莫塔马。

暗黑士邑（Amherst），即今缅甸吉坎湄。

马他万海隅（Gulf of Martaban），即莫塔马湾。

兰云海口（Rangon Myit），即仰光河口。

毛利间邑（Maulamyaing），即今缅甸毛淡棉。

他歪邑（Tavoy），即今缅甸土瓦。

墨危（Mergui），即今缅甸丹老（墨吉）。

地拿悉林（Tenasserim），即今缅甸丹那沙林。

亚他曼岛（Andaman Is.），即今印度安达曼群岛。

尼百八群岛（Nicobar Is.），即今印度尼科巴群岛。

贵他地，今马来西亚吉打（Kedah）州。

槟榔屿（Pinang），今马来西亚槟榔屿。

马六加（Melaka），今马来西亚马六甲州。

马六加海峡（Strait of Malacca），即马六甲海峡。

北腊地，即今马来西亚霹雳（Perak）州。

撒林鄂，即今马来西亚雪兰峨（Selangor）州。

新埠头（Singapore），即新加坡。

撒鄂（Songkhla），即今泰国宋卡。

巴他尼（Pattani），即今泰国北大年。

丁瓦那（Terengganu），即今马来西亚丁加奴州。

旁恒（Pahang），即今马来西亚彭弯州。

苏门答剌（Sumatera），即今印度尼西亚苏门答腊岛。

亚南八群岛（Kepulauan），即今印度尼西亚亚南巴群岛。

拿士纳群岛（Natuna），即今印度尼西亚纳士纳群岛。

婆罗岛（Borneo），婆罗洲，今加里曼丹（Kalimantan）。

东南海（South China Sea），指中国南海。

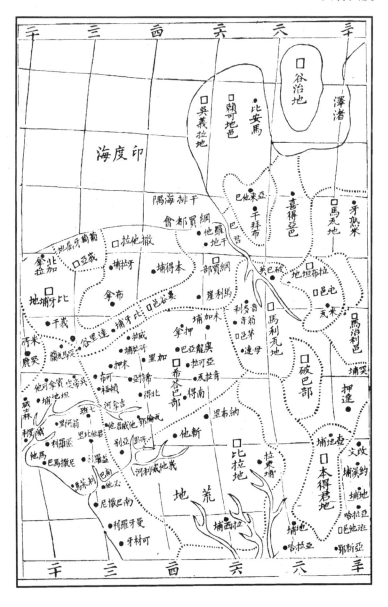

北治路國界

三　　三　　兲　　西城　　西恒河

巴蓬克山

西麤
穿達他
埔甲是
瓦邑他
君他
地諦新
布谷
埔甲沙
邑埔其
低他
押安界
押突
比路蓬邑
那約
嘉埔
西剌國
押黙地
得希來鹿
拉河利加
沙倫郭
加治彌耳國
後藏
頷葱
周底斯山
巴哈可扯
巴加分
瓦他以
亞郆都會
他末亞
押麻拉
里西陈
奥帝地
比來治
麻爾喀國
新疆
千埡
鹿那
巴方治
雪山

雪山

西藏

東緯度

三　　三　　兲

突
奕　六十　七二　古　六　七六　今　二二　二四

【注】中南两印度国合图

加治弥耳（Kashmir），即克什米尔。

拉河利都（Lahore），即巴基斯坦拉合尔。

押突（Attock），即巴基斯坦阿托克。

北路治（Paluchistan），即俾路支。

君他瓦（Gandava），即今巴基斯坦甘达瓦。

布谷（Buckor），即巴基斯坦布科尔。

是甲埔（Shikarpur），即巴基斯坦希卡普尔。

（穿）达他（Tattah），即巴基斯坦塔塔。

其埔邑（Khairpur），即巴基斯坦凯浦尔。

沙甲（埔）（Shahghur），今印度沙加尔（Shahgarh）。

新谛地（Sind），今巴基斯坦信德省。

低地（Rann），意为沼泽地。

谷治地（Rann of Kutch），指卡奇沼泽地，卡奇兰恩（巴—印）。

赖可地邑（Rajkot），即印度拉吉科特。

比安马，即印度维兰加姆（Viramgam）。

吴义拉地，即印度阿姆雷利（Amrially，Amreli）。

亚来他巴，即印度阿默达巴德（Ahmada Bad）。

干拜（布）（Cambay），即印度坎贝。

干排海隅（Culf of Cambay），即坎贝湾。

印度海，即阿拉伯海（Arabian Sea）。

巴罗他（Baroda），今印度瓦多达拉（Vadodara）。又称巴罗达。

君干地，今印度坎冈（Khamgaon）。

喜得亚巴（Hyderabad），指巴基斯坦海得拉巴，位置错误。

马瓦地（Malwa），即印度马尔瓦。

牙熟米（Jesselmere），即印度杰塞梅尔。

押默地（Ajmer），即印度阿季米尔。

也埔（Jaipur），即印度斋浦尔。

比路匿（Bikaner），即印度比卡内尔。

纳那（Narnaul），即印度纳瑙尔。

得希（Delhi），即印度德里。

米鹿（Meerut），即印度密拉特。

亚押都会（Agra），即印度亚格拉。

（亚末）〔末亚〕他邑（Moradabad），即印度谟拉达巴德。

沙伦鄂（Saharanpur），即印度萨哈兰普尔。

押麻拉（Almora），即印度阿尔莫拉。

是可哈巴（Shikohabad），即印度北方邦希科哈巴德。

分加巴，今印度北方邦法特哈巴德（Fatehabad）。

以他瓦（Etawah），即印度埃塔伐。

干埔（Kanpur），亦作改文，即印度坎普尔。

突埔（Dholpur），今印度拉贾斯坦邦多普尔。

押达（Kota），即印度科塔。

奥谛地（Oude），即印度历史上的奥德省，位今北方邦东北部。

查地埔（Chatarpur），即印度查塔尔普尔。

本得君地，指印度阿拉哈巴德（Allahabad）地区，语义为真主之域。

比来治（Bahraich），即印度巴赖奇。

鹿那（Lucknow），即印度勒克瑙。

巴（方）〔力〕治（Bareilly），今印度赖巴雷利（Rae Bareli）。

约汉埔，即印度江普尔（Jaunpur）。

地埔，疑即在 Ghazipur 东南，今译雷奥普尔（Reotipur），在印度北方邦
东南部。本图在"本得君地"东南、西南，各有一"地埔"，疑重复。

亚拉哈，印度阿拉亚巴德（Allahabad）城。本图在"本得君地"的东
南、西南，各有一"亚拉哈"，疑重复。

班他邑（Banda），即今印度班达。

亚新鄂（Azimghur），即今印度阿扎姆加尔（Azamgarh）。

破巴部（Bhopāl），即博帕尔，印度中央邦首府。

拉布坦地（Rajapootana），今印度拉贾斯坦邦（Rajasthan）。

屯邑（Tonk），即印度通克。

米瓦（Beawar），即印度贝阿瓦尔。

马利瓦地（Malwah），印度马尔瓦地区。

音多利（Indore），即印度印多尔。

翁音（Ujjain），即印度乌贾因。

茅邑（Mhow），即印度姆霍。

破巴英，疑即博杰（Bhùpāl）大坝。

比拉部（Berar），即印度贝拉尔地区。

〔比〕拉（东）〔西〕埔（Bilaspur），即印度比拉斯普尔。

拉（西）埔（Raipur），即印度赖普尔。

纳布里（Nagpur），即印度那格浦尔。

斩他（Chanda），即印度昌达（Canda）。

峨他威里河（Godavari River），即印度哥达瓦里河。

希答巴部（Hyderabad），即印度海得拉巴地区。

未加埔，即印度布汉普尔（Burhanpur）。

押拿（Jalna），即印度贾尔纳。

奥龙亚巴（Aurangabad），即印度奥兰加巴德。

亚可拉（Akola），即印度阿科拉。

音拉瓦，即印度阿姆拉瓦蒂（Amravati）。

南得（Nanded），即印度楠德。

加里，即印度古巴加（Gulbarga）。

所拉埔（Sholapur），即印度绍拉普尔。

末押（Miraj），即印度米拉杰。

可布（Koppal），即印度科帕尔。

希特亚，疑即海德拉巴（Hyderabad）。

赖福，即印度赖丘尔（Raichur）。

吉拿河（Kistnah R.），即印度克里希纳河（Krishna R.）。

北得（Bidar），即印度比达尔。

瓦伦鄂（Warangal），即印度瓦朗加尔。

所里亚别（Suriapet），即印度苏里亚佩特。

他威君他（Devarkonda），即印度德瓦孔达。

网买都会（Bambay），即印度孟买。

网买部，指孟买地区。

马利崖（Malegaon），即印度马莱冈。

娄谷邑，即印度阿卡尔科特（Akalkot）。

撒他拉（Satara），即印度萨塔拉。

本得埔（Pandharpur），即印度庞达普尔。

牙拉埔（Kolhapur），即印度科拉普尔。

布拿（Poona），即印度浦拿（Pune）。

比牙埔（Bijapur），即印度比贾普尔。

北加拿拉（North Canara），即印度北加那拉地区。

峨干，疑即今印度戈卡恩（Gokarn）。

达里谷（Talikoti），今印度塔利科提。

峨亚（Goa），即印度果阿。

马他拉都会（Madras），即印度马德拉斯。

马他拉部，即马德拉斯地区。

可（材）〔林〕牙，即印度科林加帕特南（Kolingapatnam）。

（南巴撒尼）〔尼撒巴南〕，即印度维沙卡帕特南（Vishakhapatnam）。

必他，印度皮塔普兰（Pithapuram）。

（南巴利茉马）〔马苏利巴南〕（Masulipatnam），即印度马奇利帕特南（Machilipatnam），又称班达（Bandar）。

益罗利（Ellore），即今印度埃卢鲁（Eluru）。

尼撒（马巴）〔瓦他〕（Bezawada），即印度维查雅瓦达（Vijayawada）。

匿罗利（Nellore），即印度内洛尔。

君他比里（Condapilly），即印度贡达皮里。

翁阿里（Ongole），即印度昂果尔。

突马瓦兰（Dharmavaram），即印度达尔马瓦兰。

宾拿可他（Penukonda），即印度佩努孔达。

坦地埔，即印度欣杜普尔（Hindupur）。

职士林，疑为"职士尔"之讹，指印度奇托尔（Chittoor）。

威罗利（Vellore），即印度维洛尔。

米所利地（Mysore），即印度迈索尔地区。

本地识利（Pondicherry），即印度本地治里。

押谷邑（Arcot），即印度阿尔科特。

谷他罗（Kudalur），即印度库特洛尔（Cuddalore）。

新埔（Porto Novo），即印度波多诺伏。

坦约利（Tanjore），印度坦焦尔（Thanjavur）。

坦贵邑，印度特兰克巴尔（Tranquebar）。

哈（甲）〔申〕（Hassan），即印度哈桑。

西令牙巴，今印度斯里朗加帕特南（Srirangapatnam）。

米所利邑（Mysore），即印度迈索尔。

旁牙罗利邑（Bangalore），即印度班加罗尔。

马拉马巴塔拉部，即印度马拉巴尔（Malabar）地区。

曼牙罗利（Mangalore），即印度芒格洛尔。

特（圣）〔里〕识利（Tellicherry），即印度特利切里。

门约，即印度蓬纳尼（Ponnaṅi）。

（利特）〔特利〕竹邑（Trichur），即印度特里丘尔。

可珍邑（Cochin），即印度柯钦。

达文可利地（Travancore），即印度特拉凡哥尔。

丁尼威里邑（Tinnevelly），今印度提鲁内尔维利（Tirunelveli）。

亚谷地，今印度阿亚库迪（Ayakudi）。

丁地约，即印度丁迪古尔（Dindigul）。

马（士）〔土〕拉（Madurai），即印度马杜赖。

巴兰谷他邑（Pallemcotta），即今印度帕拉扬科泰（Palayankottai）。

兰纳邑（Ramnad），即今印度拉马纳塔普拉姆（Ramanathapuram）。

特治那破里（Tirchnopoly），即今印度提鲁契腊帕里（Tiruchchirappalli）。

撒林（Salem），即今印度撒冷。

苏（罗额利）〔利罗额〕，即印度斯里兰加姆（Srirangam）。

普陀落伽山，即印度西高止山南段的巴波那桑（Pāpanāsam）山，位今提鲁内尔维利县境。

可摩林地嘴（Cape Comorin），即印度科摩林角。

巴其海峡（Palk Strait），即保克海峡。

亚但（山峰）〔桥〕（Adam's Bridge），即亚当桥。

锡兰岛（Ceylon），即斯里兰卡岛（Sri Lanka）。

布兰邑，即斯里兰卡的普塔拉姆（Puttalam）。

亚兰埔，即斯里兰卡的阿努拉达普拉（Anuradhapura）。

丁可马利邑（Trincomalee），即斯里兰卡的亭可马里。

尼安破邑，即斯里兰卡的内贡博（Negombo）。

亚坦山峰（Adam's Peak），即斯里兰卡的亚当峰。

（千）〔干〕地（岛），即斯里兰卡的康提（Kandy）。

巴突拉（Badulla），即斯里兰卡的巴杜拉。

巴（他）〔地〕可拉邑（Baticalo），即斯里兰卡的巴提卡洛亚（Baticaloa）。

拉（士）〔那〕埔邑，即斯里兰卡的拉特纳普拉（Ratnapura）。

马（士）〔大〕拉（Matara），即斯里兰卡的马塔腊。

牙里邑（Galle），即斯里兰卡的加勒。

甲（士）〔土〕拉邑（Catura），即斯里兰卡的卡卢塔拉（Kalutara）。

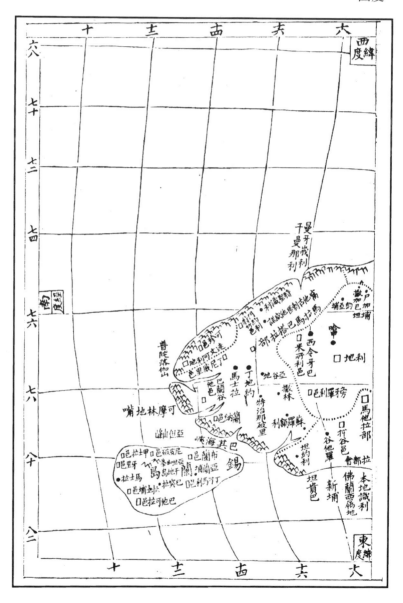

印东

西緯度

廊爾喀界

雪山

大金沙江

本得君地

破巴

押達

巴亞龍澳

比拉地

瓦他以

埔干

巴他耜

奥諦地

班他邑

埔地

哈拉亞

鄂新亞

埔拿比

哈巴

埔尼母

莫垣河

部刺葛榜

亞西阿

他巴

毋治

埔布弥

阿勒撤

布坦埔

半古塔

利所拉牙

埔害

牙羅

地金西

埔拿地

甲拿埔

回部甲谷

他部

埔部甲剌

印度海

澤渚地

布坦地

亞山地

邑加答

恒穎河口

干拉亞

東緯度

界國甸緬

【注】东印度图

西金地（Sikkim），即锡金。

亚山地（Assam），即今印度阿萨姆邦。

班他（Banda），即印度北方邦班达。

可西亚，疑指印度卡提哈尔（Katihar）。

地拿埔（Dinajpur），即今孟加拉国迪纳杰普尔。

罗牙，即印度拉尔甘杰（Lalganj）。

害埔（Hajipur），印度哈吉普尔。

大金沙江，即缅甸伊洛瓦底江（Irrawaddy）。此图误称"大金沙江入东恒河"。

答加邑（Dacca），今孟加拉国首都达卡。

甲谷他部（Calcutta），即今印度西孟加拉邦首府加尔各答。

榜葛剌部（Bengal），即今孟加拉国及印度西孟加拉邦一带。

胡义利河（Hooghly R.），即印度胡格利河。

母治他巴（Mooshedabad），即今印度詹谢普尔（Jamshedpur）。

比拿埔，即今印度迪纳普尔（Dinapur）。

巴哈（Bahar），即今印度比哈尔（Bihar）。

泽渚地（Sundarbans），意为红树林沼泽地，分属印度和孟加拉国。

甲拿埔，印度卡拉格普尔（Kharagpur）。

（牙）〔巴〕拉所利（Balasore），即印度巴拉索尔。

（半）古塔，即印度克塔克（Cuttack）。

布坦埔（Puddampoor），即今印度巴丹帕哈尔（Badampahar）。

阿勒撒，指印度奥里萨高原（Orissa Highland）一带。

孙布埔（Sambalpur），即印度桑巴普尔。

马母池河，即印度马哈纳迪河（Mahanadi R.）。

恒额河口（Mouths of the Ganga），即恒河口。

布文，即印度布德万（Burdwan）。

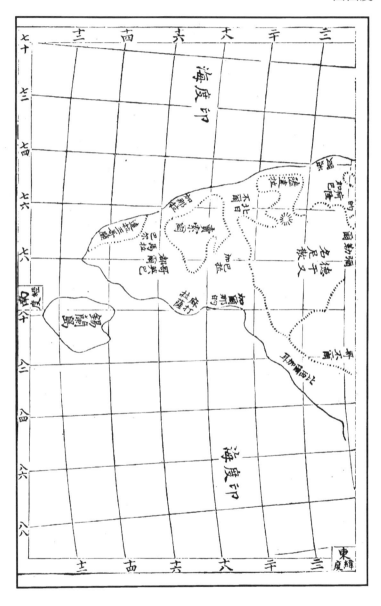

西缌

西缌

六十 六二 六四 三六 三八 三十

六八

七十

七二

七四

七六

七八

八二

八四

八六

八八

九十

獨谷布即布札

阿墨
河
氣拿
烏洋
平耶

信度

什即塞
林各尋
布克郭

油蘭
商

達拉爾古
土旣

北路
法拉

即剌
漢不
德

德林西

德路母

勒五蘭古

阿里

後藏

後藏

前藏

阿巴
注酒
爾各

那

新疆
部落

斯郎阿閣伯尼

造辣准

伽爾
河口

前藏

信達布
什

拉布
達

阿咪
訥

拉
多加
爾

阿敏
爾

尹巴布
即塞
布克

四十 三六 三六 三四 三二 三十 三六

【注】五印度国图

布丹（Bhutan），又称布鲁克巴，即不丹，语义为西藏边陲。

哲孟雄，即锡金（Sikkim）。

古尔瓦勒（Gurhwal），即印度古尔瓦尔地区。

德列（Delhi），即印度德里。

西林德（Sirhind），即印度锡尔欣德地区。

亚日迷尔（Ajmer），即印度阿杰米尔。

剌目不德（Rajapootana），即今印度拉贾斯坦邦（Rajasthan）。

塞哥部（Seiks，Seikhs），即克什米尔地区。

信地（Sindy），即今巴基斯坦信德（Sinde，Sind）省。

布哈尔（Bukhara），即今乌兹别克斯坦布哈拉。

日瓜尔，即印度朱纳格（Junaghur）。

古塞拉德，即印度古吉拉特特邦（Gujerat）。

新的亚（Sindhia），即印度辛德亚地区。

曷尔加尔（Holkar），即印度霍尔卡尔地区。

根的士（Candeish），即印度坎迪什地区。

波保尔（Bhopal），即印度博帕尔。

阿拉哈巴（Allahabad），即印度阿拉哈巴德地区。

（那）〔邦〕德尔干（Gundwana），印度康提尔干（Continuacão）地区。

亚加拉（Agra），即印度亚格拉。

乌德（Oude），今印度乌德地区。

巴哈尔（Bahar），即印度比哈尔（Bihar）地区。

安额河（Ganges R.），即恒河（Ganga R.）。

阿喀剌，疑为今孟加拉国首都达卡（Dacca）之讹。

孟加拉（Bengal），即今孟加拉国及印度西孟加拉邦。

加尔各答（Calcutta），即今印度加尔各答。

疴黎萨（Orissa），即今印度奥里萨邦。

冈都亚那（Gundwana），即印度贡德瓦纳地区。

那哥不尔（Nagpur），即印度那格浦尔。

北西尔加耳（North Circars），即印度北彻尔卡尔地区。

弥勒尔，即印度贝拉尔（Berar）地区。

德干（Deccan），即印度德干地区。

尼散（Nizam），原为海德拉巴世袭统治者的称号。

疴隆加巴，即印度奥兰加巴德（Aurangabad）地区。

孟买（Bombay），即印度孟买。

萨达拉（Satara），即印度萨塔拉。

北日不尔（Bijapur），即印度比贾普尔。

巴拉加（Balaghaut），即印度巴拉加特地区。

加尔那的（Carnatic），即印度卡纳蒂克地区。

麻打拉萨（Madras），即印度马德拉斯。

卖索尔（Mysore），即印度迈索尔地区。

加那拉（Canara），即印度加那拉地区。

马拉巴尔（Malabar），即印度马拉巴尔地区。

哥英巴都尔（Coinsbartore），即印度科因巴托尔。

达拉王哥庙（Travancore），即印度半岛西南部特拉凡哥尔（语义为幸运
女神居地）地区。本图此名音义俱译。

印度海，今指阿拉伯海东部及孟加拉湾。

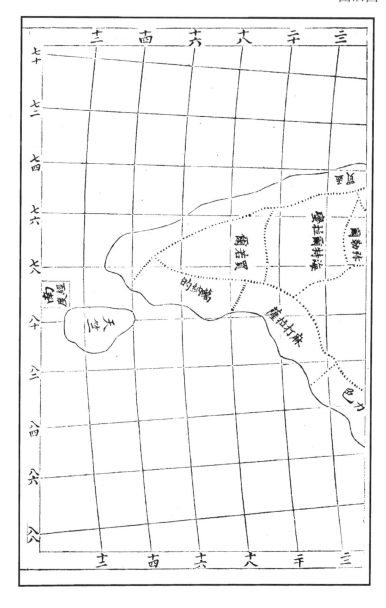

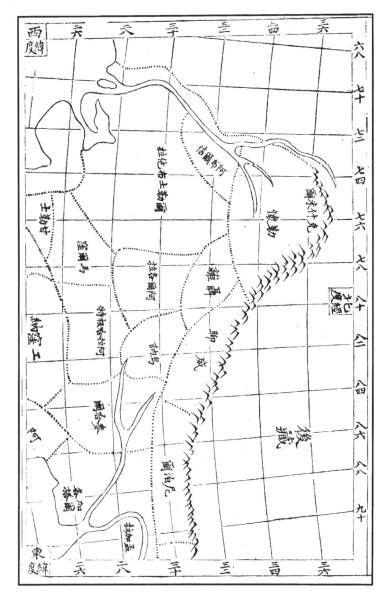

【注】五印度国旧图

尼泊尔（Nepal），即今尼泊尔。

加尔各搭（Calcutta），即今印度加尔各答。

麦哈尔（Bahar），即印度比哈尔（Bihar）地区。

乌讷，即印度乌德（Oudh）地区。

威聊，即印度古尔瓦勒（Gurwal）地区。

聂离（Delhi），即印度德里地区。

阿尔各拉（Agra），即印度亚格拉地区。

克什米尔（Kashmir），即今克什米尔。

勒怀（Lahore），即巴基斯坦拉合尔地区。

阿布尔信，即巴基斯坦木尔坦（Multan）地区。

尔勒士布他拉（Rajpootana），即印度拉贾斯坦邦（Rajasthan）。

马尔洼（Malwah），即印度马尔瓦地区。

阿拉哈板特（Allahabad），即印度阿拉哈巴德地区。

工洼纳（Gundwana），即印度贡德瓦纳地区。

甘勒士（Candeish），即印度坎迪什地区。

阿力色（Orissa），即印度奥里萨地区。

海特尔拉蛮（Hyderabad），印度海得拉巴地区。

买若尔（Mysore），即印度迈索尔地区。

噶纳的（Carnatic），即印度卡纳蒂克地区。

天竺（Ceylon），即今斯里兰卡（Sri Lanka）。

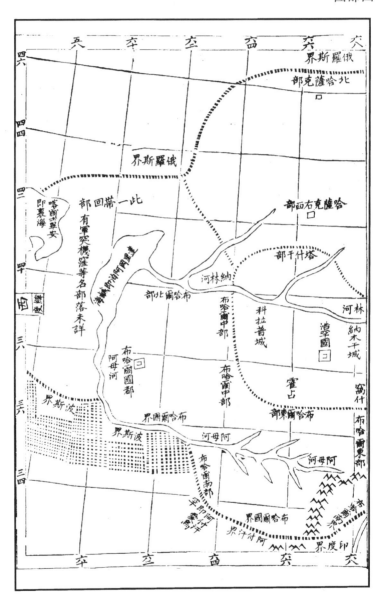

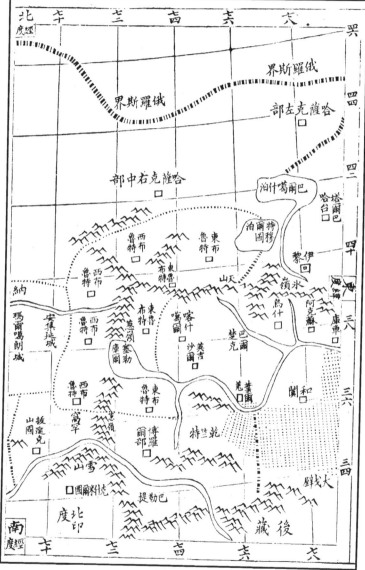

【注】西域各回部图

本图经纬度互换，方向有误有正，地名位置的错乱较多。

哈萨克，本图的左、右、北哈萨克均指今哈萨克斯坦（Kazakhstan）。

巴尔噶什泊（Ozero Balkash），即巴尔喀什湖。

特穆尔图泊（Temypty HojIπ），即伊塞克湖（Issyk）。

布鲁特，本图绘在今天我国境外的"布鲁特"一名，大体指吉尔吉斯斯坦（Kyrgyzstan）；绘在我国境内的"布鲁特"一名，指我国柯尔克孜族聚居区，但与我国柯尔克孜族的实际分布情况不符。本图在东、西"布鲁特"之间绘有一名为"塞勒库尔"的大湖，但"塞勒库尔"一名在清代普遍称为"色勒库尔"，即今我国新疆西南部的塔什库尔干塔吉克自治县，是县名，不是湖。

博罗尔（Bolor），即博洛尔，在今巴基斯坦北端及克什米尔西北部。

巴勒提（Baltit），即巴勒提特，又称罕萨（Hunza），在今克什米尔西北部。

乾竺特，在今克什米尔西北部吉尔吉特（Girgit）东北约60公里的地方。

窝罕（Vakhan），即今阿富汗瓦汉。

拔达克山（Badakshan），即今阿富汗东北部巴达赫尚地区。

阿付汗（Afghanistfan），即阿富汗。

布哈尔（Bukharia，Bukhara），即布哈拉。

阿母河（Amudarya），即阿姆河。

喀（尔）士毕安，即里海（Caspian Sea）。

达里冈亚泊，即咸海（Aralskoye More）。

军突，今乌兹别克斯坦（Uzbekstan）孔格罗德（Kungrod）。

纳林河（Naryn），即纳伦河。

塔什干（Tashkent），即今乌兹别克斯坦塔什干。

科拉普城，今塔吉克斯坦（Tadzhikistan）乌拉提尤别（Ura-Tyube）。

霍占（Khodzhent），今塔吉克斯坦列宁纳巴德（Leninabad）。

浩罕（Kokand），在今乌兹别克斯坦。

纳木干（Namangan），今乌兹别克斯坦纳曼干。

窝什（Osh），即今吉尔吉斯斯坦奥希。

玛尔葛朗（Margelan），即今乌兹别克斯坦马尔格兰。

安集延（Andizhan），即今乌兹别克斯坦安集延。

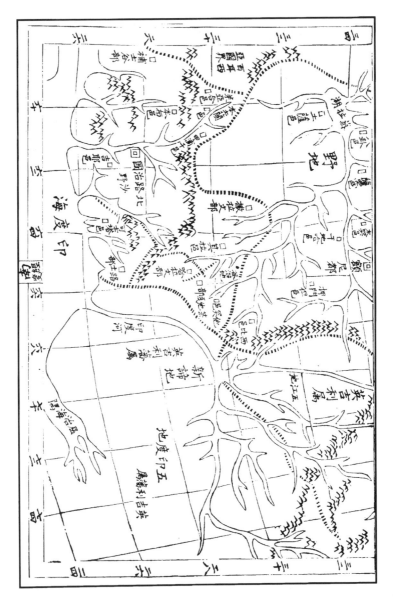

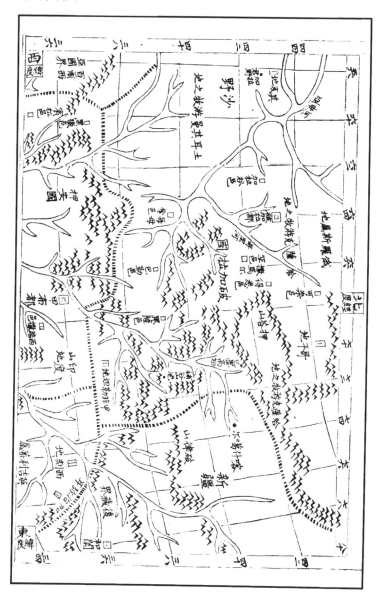

【注】西域押安比路治三国图

押答山，指阿赖山脉（Alayskiy Khrebet）西缘。

哥干地，指今乌兹别克斯坦浩罕一带。

可染邑（Khodzhent），即今乌兹别克斯坦列宁纳巴德（Leninabad）。

得悉邑，今乌兹别克斯坦杰兹扎克（Dzhizak）。

撒马尔罕（Samarkand），在乌兹别克斯坦。

哥里河，疑指 Polytimetus River。

破加拉都（Bukhara），即乌兹别克斯坦布哈拉。

加拉谷邑，即卡拉（Kala），在乌兹别克斯坦。

亚母河（Amudarya），即阿姆河。

其瓦地，即乌兹别克斯坦基华（Khiva）。

加拉君野，即今土库曼斯坦的卡拉库姆（Kara Kum）沙漠。

土耳其曼，即土库曼斯坦（Turkmenistan）。

每母拿邑（Meymāneh），即今阿富汗梅马奈克。

巴勒邑，即今阿富汗巴尔赫（Balkh）地区。

巴墨高坦，即帕米尔高原，在中国、塔吉克斯坦和阿富汗之间。

破加拉国（Bukharia），历史上的布哈拉国，在今乌兹别克斯坦的布哈拉
一带。

印度山地，指兴都库什（Hindu Kush）山脉。

甲布都（Kābul），即今阿富汗首都喀布尔。

黑腊邑（Herāt），即今阿富汗西北部赫拉特。

宾拉邑（Furrah），即今阿富汗西部法拉（Farāh）。

百尔西亚国（Persia），即今伊朗（Iran）。

苏拉湖（Lake Surrah），即萨巴里湖（Lake Sabari），在阿、伊边境。

八卦邑，今阿富汗查哈布贾克（Chahār Borjak）。

土萨邑，即杜沙克（Dooshak）。

额尼都，即今阿富汗加兹尼（Ghazni）。

干地哈邑（Quandahar），即阿富汗坎大哈。

屈治海隅（Gulf of Kutch），即印度卡奇湾。

新谛地（Sind），即巴基斯坦信德省。

西比邑，疑指 Sivi（Sevi）。

谷治地，疑为克鲁思（Kruth）的讹译。

他突邑（Dhadur），即巴基斯坦达杜尔（Dhadur）。

芸他瓦邑（Gandava），即巴基斯坦贡达瓦。

其拉邑（Kelat），即卡拉特（Kalat）。

撒拉文部（Saravan），即萨拉万（Sarawan）。

可十塔邑，即霍兹达尔（Khozdar）。

吉耶邑，即克杰（Kedje）。

苏亚合邑，今伊朗苏赫德（Surhud）。

本布邑（Bampur），今伊朗班普尔。

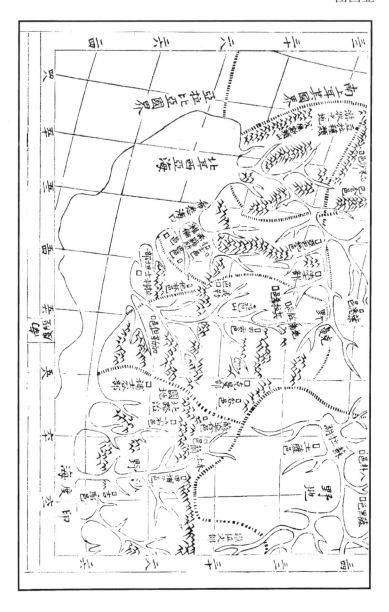

西度缩

南耳其国西界

里海

地属诺斯罗俄

北

野鞑大

地属诺斯罗俄

野沙

东度缩

【注】百耳西亚国图

亚腊湖，即咸海（Aralskoye More）。

文布邑（Bampur），今伊朗班普尔。

其腊邑（Kelat），即伊朗霍腊散地区的卡拉特。

墨设部（Meshed），即伊朗马什哈德（Mashhad）地区。

哥拉散部（Khorasan），即伊朗霍腊散省。

大咸野（Great Salt Desert），即伊朗卡维尔沙漠（Dasht-e-Kavir）。

拿音邑（Nā'in），即伊朗伊斯法罕省纳恩。

阿（土）〔士〕塔拉部，指伊朗阿斯特拉巴德（Astrabad）一带。

八弗部，指伊朗巴勒弗鲁什（Balfroosh）一带。

马撒得兰部（Mazan Daran），即伊朗马赞达兰省。

亚末邑，即伊朗阿莫尔（Amol）。

其兰部（Gilan），即伊朗吉兰省。

勒悉邑（Rasht），即伊朗腊什特。

治耳文部，即阿塞拜疆（Azerbaijan）。

以利文邑，即阿塞拜疆首都埃里温（Yevevan）。

巴古海口，即阿塞拜疆巴库（Baku）。

他希邑，即伊朗大不黑士（Tabriz）。

亚得比安部（Ardabian），阿尔德比安地区。

乌路米亚邑（Urumea），即乌鲁梅亚。

甲宾邑，即伊朗卡兹文（Qazvin）。

得希兰都（Tehran），即伊朗首都德黑兰。

新拿邑（Senna），即伊朗森纳。

以拉部（Irak），即伊朗西部历史地区名。

加山邑（Kāshān），即伊朗卡善。

以士巴含邑（Ispahan），即伊朗伊斯法罕（Esfahan）。

古米沙邑，即伊朗库沙尔（Kousar）。

戈厘斯顿山，即库尔德斯坦（Kourdistan）山脉。

亚巴地邑，即伊朗阿巴斯港（Bandar 'Abbās）。

法士部（Fars），即伊朗法尔斯省。

拉士邑（Lar），即伊朗拉尔。

希罗所巴邑，即伊朗霍尔木兹（Hormuz）。

雅伦邑（Jaron），即伊朗贾克罗姆（Jahrom）。

拉利斯坦部（Laristan），即伊朗南部历史地区拉里斯坦（Larestan）。

他林邑（Tarem），即伊朗塔罗姆（Tarom）。

克曼部（Kerman），即今伊朗克尔曼省。

叶悉邑（Yazd），即今伊朗亚兹德。

克曼野（Desert of Kerman），即伊朗克尔曼沙漠。

地希族邑，即伊朗德赫比德（Deh Bid）。

其拉希邑（Chiraz），即伊朗设拉子（Shiraz）。

义勒邑（Zeera），即伊朗齐拉。

希悉海口，即霍尔木兹海峡（Strait of Hormuz）。

亚拉比亚（Arabia），即阿拉伯。

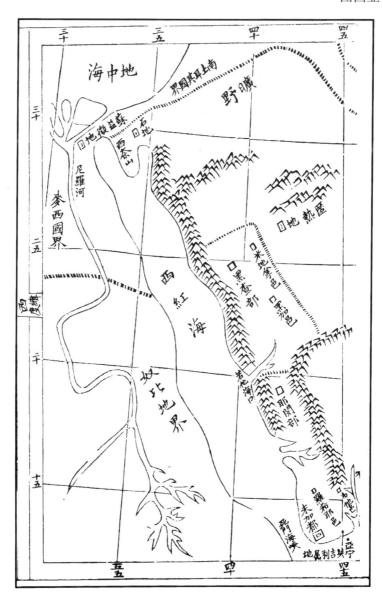

比拉亚

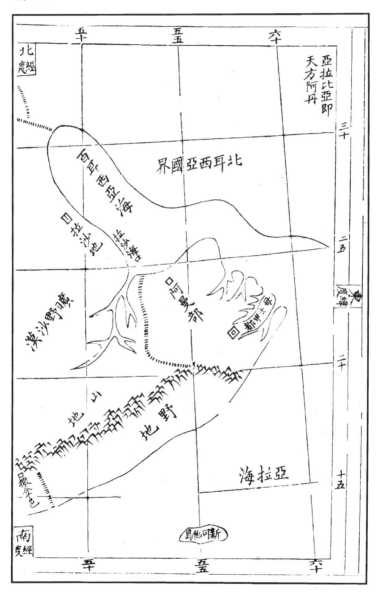

【注】亚拉比亚国图

拉沙地，即沙特阿拉伯（Saudi Arabia）哈萨（Hasa）省。

拉沙海口，哈萨东面的海湾。

阿曼部（Oman），即今阿曼。

母士甲都（Muscat），即阿曼首都马斯喀特（Masqat）。

亚拉海，即阿拉伯海（Arabian Sea）。

新可他岛，即南也门的索科特拉岛（Socotra）。

耶闵部（Yemen），即今也门。

撒拿邑（Saná），即也门首都萨那。

罗希耶邑（Loheia），即也门卢海亚（Al Luhayya）。

未加都（Mocha），即也门木哈（Al Mukhā）。

亚宁（Aden），即南也门首都亚丁（Al'Adan）。

若他海口（Jedda），即沙特阿拉伯吉达港（Jiddah）。

黑查部（Hedjaz），沙特阿拉伯希贾兹（汉志）省（Hijaz）。

米地拿邑（Medina），即沙特阿拉伯麦地那（Al Madinah）。

黑加邑（Mecca），即沙特阿拉伯麦加（Makkah）。

匿热地（Nedsjed），即沙特阿拉伯纳季德（Najd 内志）省。

西奈山（Es Sînâ'），即埃及西奈半岛上的西奈山。

苏益微地（Isthmus of Suez），即苏伊士地峡。

尼罗河（Nile），即北非的尼罗河。

奴比（Nubia），东非古国努比亚，约当今苏丹（Sudan）境内的尼罗河地区。

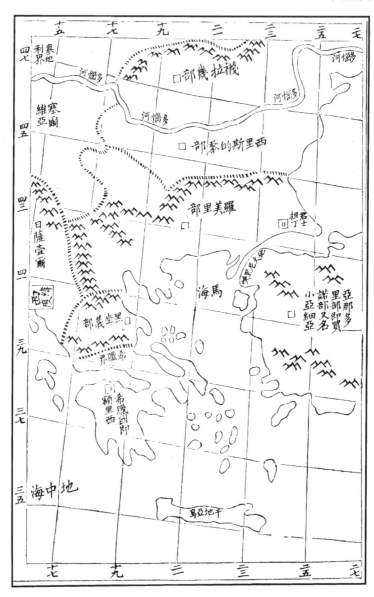

其耳土

北度經

元　三〇　三二　三四　三六　三八

四七
四五
四三
四一
三九
三七
三五

俄羅斯界

海黑

俄羅斯界

俄羅斯界

德勒孫薩奇部

部士拉馬

亞爾美尼部

阿　山脈

威西斯

加拉尼部

嫩巴斯山脈

的爾斯丹

亞達那部

黎巴嫩山脈

黎巴嫩山

阿竹臘底斯河

古巴庇倫國

美索布達迷部

居伯羅島

古西里亞國

西里部

回即攝祿國

古猶太國

加利利湖

阿剌伯界

阿剌伯界

南度經

元　三〇　三二　三四　三六

【注】土耳其国全图

德勒比孙达部（Trebizond），即土耳其特拉布松（Trabzon）省。

（马拉士部）〔西威斯〕，即土耳其锡瓦斯（Sivas）。

亚尔美尼部（Armenia），即土耳其亚美尼亚地区。

阿腊山（Mt·Ararat），即阿拉特山。

古尔的斯丹（Kurdistan），即库尔德斯坦。

黎巴嫩山（J. Lubnān），即黎巴嫩山脉。

底格里斯河（Tigris R.），即今底格里斯河。

古巴庇伦国（Ancient Babylon），古巴比伦。

美索布达迷部（Mesopotamia），即美索不达米亚，在两河流域。

阿付腊底斯河（Euphrates R.），即幼发拉底河。

古西里亚国（Assyria），即亚述帝国。

西里部，即今叙利亚（Syria）。

拂（棽）〔菻〕国，图上此名只指巴勒斯坦（Palestine）一带。

（西威斯）〔马拉士部〕（Marash），即土耳其马腊什（Maras）省。本图的"西威斯"和"马拉士部"南北倒置。

加拉马尼部（Caramania），即今卡拉马尼亚，土耳其中部历史地区名。

亚达那部（Adana），即今土耳其阿达纳省。

居伯罗岛（Kypros），即塞浦路斯（Cyprus）。

多恼河（Danube R.），即多瑙河。

袜拉几部（Wallachia），即瓦拉几亚（Valahia），指今罗马尼亚（Românâ）境内南喀尔巴阡山脉同多瑙河之间的广大地区。

西里斯的黎部，即锡利斯特里亚（Silistria），指多瑙河南岸以锡里斯特拉（Silistra）为首府的要塞地带。本图误以此名指保加利亚（Bulgaria）全境。

塞尔维亚（Servia），即今塞尔维亚（Srbija）。

日萨一尔（Djezayrs），杰扎伊尔，在达达尼尔海峡西，首府为格利博卢（Gelibolu）。本图误绘于阿尔巴尼亚（Albania）位置。

罗美里部（Roumelia），即鲁米利亚，东欧历史地区名，即今阿尔巴尼亚、马其顿、色雷斯等地。

黑坐义部（Herizoge），即黑塞哥维那（Hercegovia）。本在阿尔巴尼亚西北，本图误绘于其东南。

额里西，即今希腊（Greece）。

干地亚岛（Candia），即克里特岛（Kriti）。

马海，即马尔马拉海（Sea of Marmara）。本图误绘此海于爱琴海（Aegean Sea）位置。

他大尼里峡（Dardanellea Strait），达达尼尔海峡，即今恰纳卡莱海峡（Çanakkale Boğazi）。

君士担丁（Constantinople），君士坦丁堡，即今伊斯坦布尔（Istanbul）。

亚那多里部（Anatolia），阿纳多卢（Anadolu），即今安纳托利亚。

〔亚细亚〕买诺部，指小亚细亚（Asia Minor）。

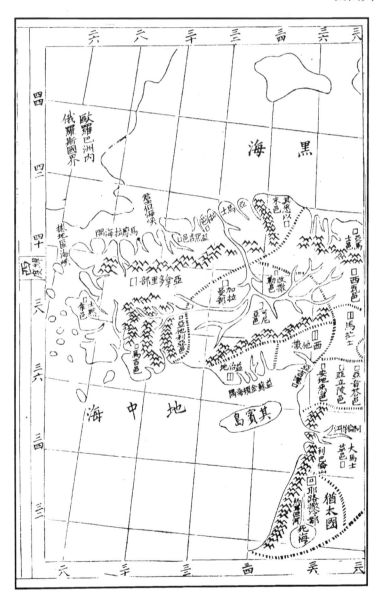

南土耳

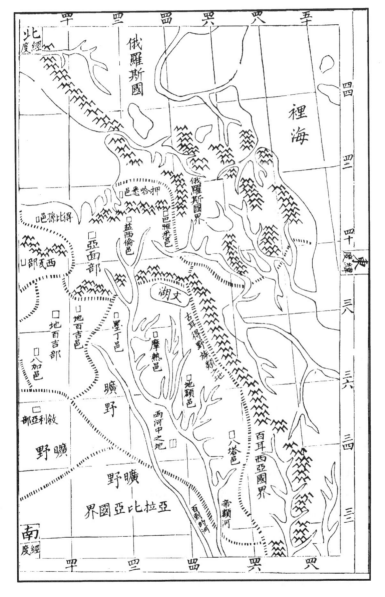

【注】南土耳其国图

押哈悉邑，即土库曼斯坦（Turkmenistan）的阿哈尔齐赫（Akaltsikhe）。

巴雅悉邑（Bayazid），即土耳其的巴亚济特。

益西伦邑（Erzeroum），即土耳其埃尔祖鲁姆（Erzurum）。

亚面部，即土耳其亚美尼亚（Armenia）地区。

文湖（Van Golü），即土耳其凡湖。

摩热邑，即伊拉克摩苏尔（Mosal）。

古耳德野族类之地，指库尔德斯坦（Kurdistan）。"野"字为西洋人用的贬词，魏源不慎，照录。

地额邑（Tikrit），即伊拉克提克里特。

八塔邑（Baghdād），伊拉克首都巴格达。

帝额河（Tigris R.），即底格里斯河。

百剌的河，即幼发拉底河（Euphrates R.）。

两河中之地，指美索不达米亚（Mesopotamia）。

叙利亚部（Syria），即今叙利亚。

亚立陂邑（Aleppo），即叙利亚阿勒颇。

阿伦得江（Orontes R.），即阿西河（Asi R.）。

大马士革邑（Damascus），即叙利亚首都大马士革。

利巴伦山（J. Lubnān），即黎巴嫩山脉。

亚音答邑（Ain Tab），即艾因塔卜。

约耳但河（Jordan R.），即约旦河。

得比孙邑，即土耳其特拉布松（Trabzon）。

西瓦部（Sivas），即土耳其锡瓦斯省。

地百吉部，即土耳其迪亚巴克尔（Diyabakia）省。

墨丁邑（Merdin），即土耳其马尔丁（Mardin）。

亚马士邑（Amasya），即土耳其阿马西亚。

马拉士（Marash），即土耳其马腊什（Maras）省。

安地悉邑（Antakya），即土耳其安塔基亚。

亚吉港口，即土耳其伊斯肯德伦（Iskenderun），又称亚历山大勒塔（Alexandretta）。

西他撒，图上此名位于土耳其阿达纳（Adana）省，此省古名 Seyhan（Sihoon），疑"西他撒"为"西伊换"之讹。

益治地（Itchil），即土耳其伊切尔（Icel）省。

益苏金顿海隅（Bay of Iskenderun），即伊斯肯德伦湾，图上位置误。

其悉，即土耳其格尔泽（Gherzeh）。

以末邑，即土耳其锡诺普（Sinop）。

改撒勒邑（Kayseri），即土耳其开塞利。

可尼亚邑（Konya），即土耳其科尼亚。

亚马士拉邑（Amasra），即土耳其阿马斯腊。

益黑吉邑，即土耳其于斯屈达尔（Üsküdar）。

君士但海峡（Karadeniz Boğazi），即博斯普鲁斯海峡（Bosporus），今名伊斯坦布尔海峡。

马摩拉海隅，即马尔马拉海（Sea of Marmara）。

卷地匿海峡（Canakkale Boğazi），恰纳卡莱海峡，又名达达尼尔海峡（Dardanelles）。

加拉曼部（Caramania），即土耳其中部卡拉马尼亚地区。

亚拿多黑部，即土耳其亚纳多卢（Anadolu），又作安纳托利亚（Anatolia）地区。

士默拿邑（Smyrna），即土耳其伊兹密尔（Ismir）。

其宾岛（Cuprum），即塞浦路斯（Cyprus）。

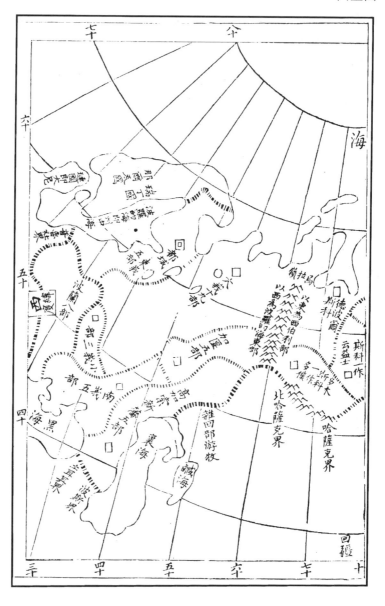

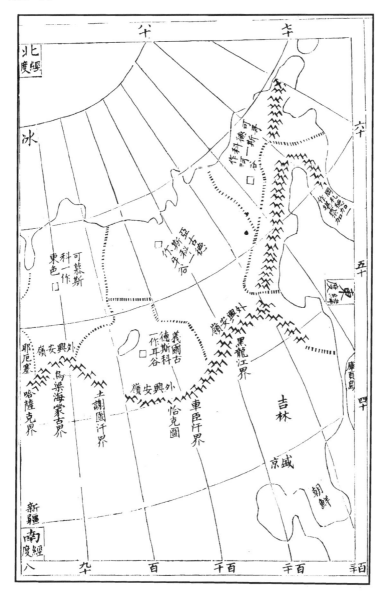

【注】俄罗斯国全图

冈札德加（Kamohatka），即堪察加半岛（Poluostrov Kamchatka）。

可哥德斯科（Okhotsk），又作阿谷，即鄂霍次克地区。

亚古德斯科（Yakutsk），又作牙谷，即雅库次克，指今俄罗斯雅库特（Yakut）自治共和国。

义尔古德斯科（Irkutsk），指今俄罗斯伊尔库次克州，又作耳谷。

可慕斯科，又作东色，指今俄罗斯托木斯克州（Tomsk）。

库页岛，本我国领土。但《海国图志》成书时，此岛已为俄、日相继侵入，俄占北部，日占南部，俄称萨哈林，日称桦太。到1860年，俄国强迫清政府签订《北京条约》，将此岛割去。15年后，俄国又以千岛群岛的18岛与日本交换库页岛南部，全岛遂归俄。1905年日俄战争后，俄又将此岛南部割给日本。1945年全岛再归俄。

恰克图，图上的"恰克图"一名指当时我国境内的喀尔喀（即外蒙，今蒙古国）恰克图。

车臣汗部，在今蒙古国东部。

土谢图汗部，在今蒙古国中部。

乌梁海蒙古，据1820年的清代政区，乌梁海原分三部：①唐努乌梁海，其东部约百分之三十的地区即今蒙古国库苏古勒省的北部和中部，其西北部的大片地方（即约百分之七十的地区）后来为俄国兼并；②科布多西北部阿勒坦淖尔乌梁海的大片地方，后亦被俄国所并；③阿勒坦乌梁海，在今我国新疆维吾尔自治区北端。

耶（厄）〔尼〕塞斯科（Yeniseysk），又作云益士，即俄罗斯叶尼塞斯克地区。

德波尔斯科（Tobolsk），即俄罗斯托博尔斯克地区。

多木斯克，又作多仆，即俄罗斯鄂木斯克（Omsk）州。

西伯利部（Siberia），即西伯利亚。

（波罗的海东部）〔欧洲俄罗斯〕，本图误称乌拉岭以西为俄国的"波罗的海东部"，实则所谓"波罗的海东部"，仅为本图的"东峨"。

东峨，即波罗的海或东海俄罗斯（Baltic or East Sea Russia）。

都城，即圣彼得堡（Sankt Peterburg）。1924 年改称列宁格勒（Leningrad），1990 年恢复旧称。

大峨，指大俄罗斯。

加闵，即喀山汗国（Kingdom of Kuzan），今鞑靼自治共和国（Tatar A. S. S. R）及基洛夫（Kirov）、彼尔姆（Perm）、乌里扬诺夫斯克（Ulyanovsk）、奔萨（Penza）四州。

小峨，指小俄罗斯。

南峨，指南俄罗斯。

高加索新藩五部，指 Sircassia，Dagestan，Georgia，Arstrakhan，Orenburg 五部，前三部在高加索（Caucasus），第四部已离高加索较远，奥伦堡州离高加索更远。《四洲志》本译"南新藩五部"，英文书作 Russia On The Caspian，似以直译为"里海沿岸俄罗斯"好些。

那尔瓦国（Norway），即挪威。

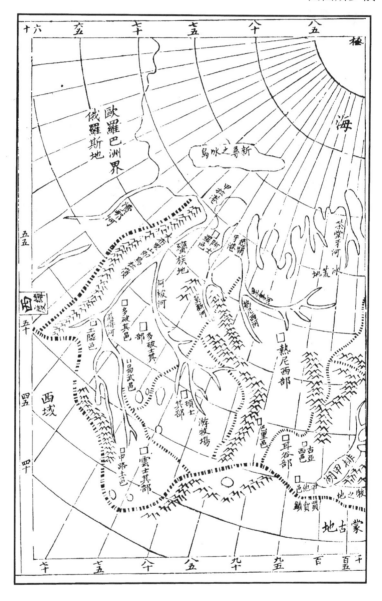

内州亚细亚

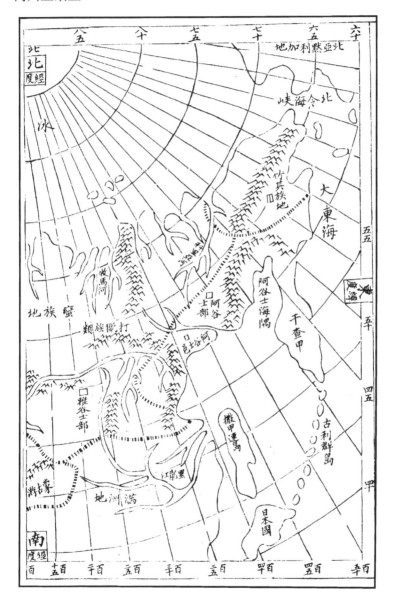

【注】亚细亚州内俄罗斯国图

北亚默利加地（North America），即北美洲。

北令海峡（Bering Strait），即白令海峡。

大东海，指太平洋。

科里亚河，即科累马河（Kolyma R.）。

古利群岛（Kurilskije Ostrova），即千岛群岛。

阿谷士部，即鄂霍次克（Okhotsk）地区。

牧马河，即亚纳河（Yana）。

雅谷士部，指今俄罗斯雅库特自治共和国（Yakut A. S. S. R.）。

茶堂牙河（Khatanga R.），即哈坦加河。

热尼西部（Yeniseysk），即俄罗斯叶尼塞斯克地区。

里拿河（Lena R.），勒拿河，本图此河位置大误。

热尼西河（Yenesey R.），即叶尼塞河。

悉开牙港，疑指塔左夫斯科耶（Tazovskiy）。

甲拉港（Kara），即俄罗斯北部的卡拉港。

新寻之冰岛，即俄罗斯新地岛（Novaya Zemlya）。

阿被河（Ob），即鄂毕河。

渎那河，即伯朝拉河（Pechora R.）。

土邻邑，即俄罗斯秋明（Tyumen）。

益得河，即额尔齐斯河（Irtysh R.）。

多破其邑（Tobolsk），俄罗斯托博尔斯克。

易武邑，即俄罗斯伊施姆（Ishim）。

顿士其部，即俄罗斯托木斯克（Tomsk）州。

云士其部，即俄罗斯鄂木斯克（Omsk）州。

耳谷部，即俄罗斯伊尔库斯克（Irkutsk）州。

古亚两邑，疑指克拉斯诺亚尔斯克（Krasnoyarsk）。

甲他邑，指当时的俄罗斯恰克图（Kyakhta）。

买卖镇，即买卖城，指当时中国境内的喀尔喀（今蒙古国）恰克图。

排甲湖（Ozero Baykal），即贝加尔湖。

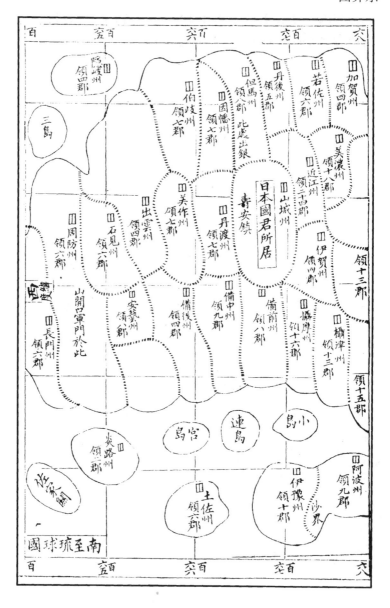

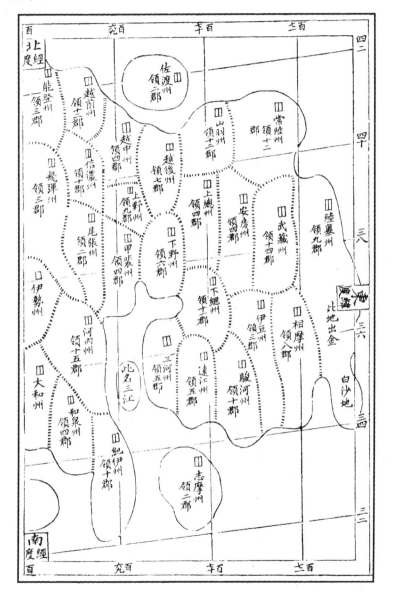

【注】日本国东界图

陆奥州（Mutsu），即青森、岩手、宫城、福岛一带。

常陆州（Hitachi），即今茨城县（Ibaraki）。

武藏州（Musashi），即今东京都、埼玉县和神奈川县的一部。

相（摩）〔模〕州（Sagami），即今神奈川县（Kanagawa），县会横滨市（Yokohama）。

伊（亘）〔豆〕州（Izu），即今伊豆半岛，属静冈县（Shizuoka）。

（山）〔出〕羽州（Dewa），即今山形、秋田二县一部。

安房州（Awa），即今千叶县（Chiba）。

上总州（Kazusa），即今千叶县。

下总州（Shimousa），即今千叶县北部和茨城县一部。

骏河州（Suruga），今静冈县东、中部。

远江州（Tôtômi），今静冈县西部。

志摩州（Shima），今三重县（Mie）东南。

佐渡州（Sadonokuni），即佐渡岛（Sodogashima），属新泻县（Nigata）。

越后州（Echigo），即今新泻县。

越中州（Etchū），即今富山县（Toyama）。

越前州（Echizen），今福井县（Fukui）敦贺市（Tsuruga）东北。

下野州（Shimotsuke），即今栃木县（Tochigi）。

三河州（Mikawa），指爱知县（Aichi）东南部一带。

上野州（Kòzuke），今群马县（Gumma）。

甲（裴）〔斐〕州（Kai），即山梨县（Yamanashi）的古称。

信侬州（Shinano），今长野县（Nagano）一带。

尾张州（Owari），今爱知县西北部。

河内州（Kawachi），今京都府（Kyôto）一带。

纪伊州（Kii），今和歌山县（Wakayama）县的大部分和三重县的一部分。

和泉州（Izumi），今大阪府（Ôsaka）南部。

能登州（Noto），今石川县（Ishikawa）北部。

飞（弹）〔骅〕州（Hida），今岐阜县（Gifu）北部。

伊势州（Ise），今属三重县。

大和州（Yamota），即今奈良县（Nara）。

加贺州（Kaga），今石川县南部。

若佐州，即若狭（Wakasa），今福井县西南部。

美浓州（Mino），今岐阜县西南部。

近江州（Ômi），今滋贺县（Shiga）一带。

伊贺州（Iga），即今三重县。

摄津州（Settsu），今大阪府西北部和兵库县（Hyôgo）东南部。

（摄摩）〔播磨〕州（Harima），今兵库县南部。

阿波州（Awa），即今德岛县（Tokushima）。

伊豫州（Iyo），即今爱媛县（Ehime）。

丹后州（Tango），今京都府北部。

但马州（Tajima），今兵库县、鸟取县（Tottori）一带。

山城州（Yamashiro），即今京都（Kyôto）。

寿安镇〔国之山〕，明代永乐年间曾封一日本山为"寿安镇国之山"，可能在九州（Kyûshû）中部，见《明史·日本传》。

备前州（Bizen），今冈山县（Okayama）东南部。

备中州（Bichû），今冈山县西部。

备后州（Bingo），今广岛县（Hiroshima）东部。

因幡州（Inaba），今鸟取县东部。

丹（渡）〔波〕州（Tamba），今京都府和兵库县各一部。

伯（岐）〔耆〕州（Hôki），今鸟取县中部和西部。

美作州（Mimasaka），今冈山县东北部。

土佐州（Tosa），即今高知县（Kôchi）。

出云州（Izumo），今岛根县（Shimane）东部。

沙界，如指"堺"（Sakai），不可能在四国岛（Shikoku），应在本州

（Honshu）。

隐岐州（Oki），隐岐诸岛，属岛根县。

石见州（Iwami），今岛根县西部。

安芸州（Aki），今广岛县西部。

周防州（Suō），今山口县（Yamaguchi）东部。

长门州（Nagato），今山口县西部。

（炎）〔淡〕路州（Awaji），今淡路岛（Awajishima）。

佐（家）〔贺〕关（Saga），今属大分县（Ôita）。

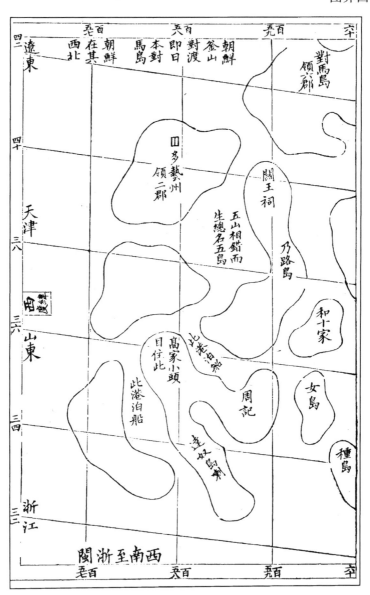

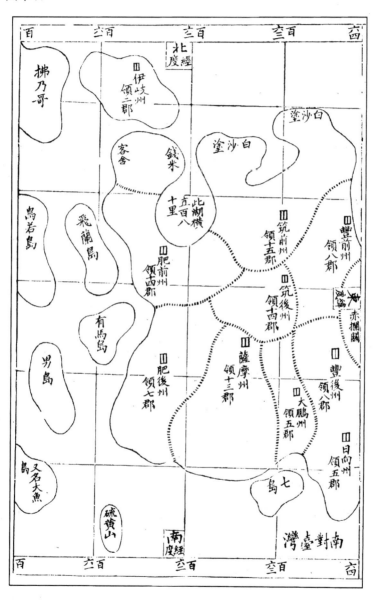

北經
拂乃哥
伊岐州領二郡
白沙滐
白沙滐
豐前州領八郡
筑前州領十五郡
錢米
客舍
此湖橫亘百八十里
赤欄關
鳥若島
飛蘭島
肥前州領西郡
筑後州領十西郡
有馬島
男島
肥後州領七郡
薩摩州領十三郡
豐後州領八郡
大隅州領五郡
日向州領五郡
島又名大魚
硫黃山
南經度
島七
南對臺灣

【注】日本国西界图

赤（搁）〔间〕关（Akamagaseki），即下关港（Shimonoseki）的旧称。

丰前州（Buzen），今福冈县（Fukuoka）东部和大分县北部。

丰后州（Bungo），今大分县大部。

月向州（Hyûga），即今宫崎县（Miyazaki）。

筑前州（Chikuzen），今福冈县北部。

筑后州（Chikugo），今福冈县南部。

大（鹏）〔隅〕州（Ôsumi），今鹿儿岛县（Kagoshima）东部。

萨摩州（Satsuma），今鹿儿岛县西部。

肥前州（Hizen），今佐贺和长崎县（Nagasaki）一部。

肥后州（Higo），即今熊本县（Kumamoto）。

钱米，一作铁来，即多以良（Taira），今属长崎县。

客舍（Kaize），即皆濑，今属长崎县。

伊岐州（Iki），即壹岐岛，属长崎县。

拂乃哥世（Funakoshi），即船越，在对马岛。

飞兰岛，即平户（Hiradoshima），属长崎县。

（鸟若）〔乌苦〕岛，即宇久岛（Ukujima）。

男岛，男女群岛（Danjo）的主岛。

种岛，即种子岛（Tanegashima）。

大鱼岛，即大隅诸岛（Osumi），包括种子岛、屋久岛（Yakushima）等，今属鹿儿岛县。

和十家，即小值贺岛（Ojikajima），今属平户。

硫黄山（Iôjima），琉黄岛，指鹿儿岛湾口西南60余里处的小岛，其上有硫黄矿。

乃路，即奈留岛（Narushima）。

周〔通〕记，即户岐，在五岛南部。

达奴乌喇（Tanoura），田之浦。

五岛（Gotôrettô），五岛列岛。

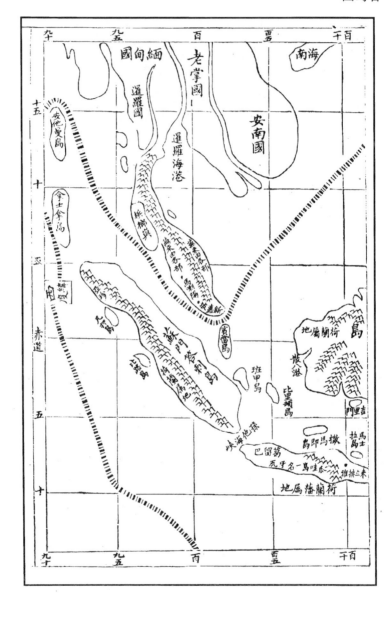

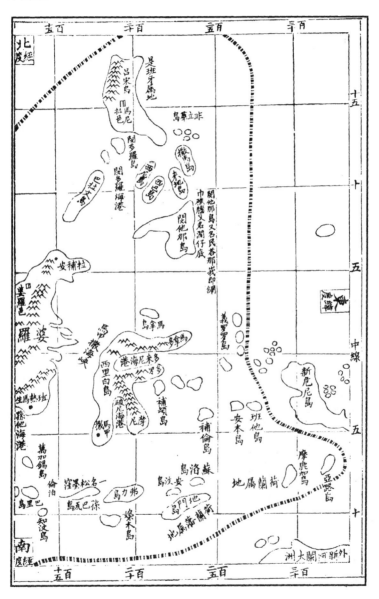

【注】东南洋各岛图

新危尼岛（New Guinia），新几内亚岛，亦称伊里安岛（Irian）或巴布亚岛（Papua）。

亚路岛（Kepulauan Aru），即今印度尼西亚阿鲁群岛。

摩鹿加岛（Moluccas），即今印度尼西亚马鲁古群岛（Maluku）。

外新阿阑大洲，即澳洲（Australia）。

义罗罗（岛）（Jailolo），指今印度尼西亚哈马黑拉（Halmahera）岛。

班他岛，即今印度尼西亚班达群岛（Kepulauan Banda）。

安本岛（Ambon），即今印度尼西亚安汶（安波那）岛。

补伦岛，即今印度尼西亚布鲁（Buru）岛。

地门岛（Timor），即帝汶岛。

非立群岛，十六世纪中叶西班牙殖民者以西班牙王储即后来的国王腓力普二世（Felipe Ⅱ）的名字命名莱特（Leyte）岛，即本图的"来地岛"一带为 Philippines，后扩展至整个群岛，并成为国名。莱特岛在萨马岛的西南，而不是在萨马岛之北。图上"非立群岛"的位置错误。

撒马岛（Samar），即今菲律宾萨马岛。

吕宋岛（Luzon），即今菲律宾吕宋岛。

马尼拉邑（Manila），即今菲律宾首都马尼拉。

闵多罗岛（Mindoro），即今菲律宾民都洛岛。

闵多罗海港，即民都洛海峡（Mindoro Strait）。

巴拉文岛（Palawan），即今菲律宾巴拉望岛。

西尼岛，今菲律宾锡布延岛（Sibuyan）。

西巴岛，今菲律宾马斯巴特（Masbate）岛。

闵他那岛（Mindanao），又作民答那峨、网巾礁脑，即今菲律宾棉兰老岛（Mindanao）。

涧仔低，即今印度尼西亚马鲁古群岛中的德那第（Ternate）岛。

马拿多（Manado），即今印度尼西亚万鸦老。

多（来）〔米〕尼海港（Teluk Tomini），即托米尼湾。

多罗（Teluk Tolo），即托罗湾。

补顿岛（Butung），即今印度尼西亚布敦岛。

摩尼（Muna），疑指今印度尼西亚木纳岛。

破尼海港（Teluk Bone），即波尼湾。

马甲撒（Makassar），望加锡，即今印度尼西亚乌戎潘当（Ujung Pandang）。

马甲撒海峡（Selat Makassar），即望加锡海峡。

西里白岛（Celebes），即今印度尼西亚苏拉威西（Sulawesi）岛。

拉补安（Labuan Island），即今马来西亚拉布安岛，在沙巴（Sabah）地区。

婆罗邑（Brunei），即今文莱国。

婆罗岛（Borneo），婆罗洲，即今加里曼丹岛（Kalimantan）。

班热马生（Banjarmasin），即今印度尼西亚马辰。

孙他海港，误，应为爪哇海（Jave Sea）。

万加锡岛，由于有关古籍记载不明确，魏源又未作研究，误以为在苏拉威西岛的西南面另有一"万加锡岛"。其实"万加锡"，即本图苏拉威西岛西南部的马甲撒，二名皆今乌戎潘当。

巴里岛（Bali），即今印度尼西亚巴厘岛。

知汶岛（P. Timor），帝汶岛的异译。"地问岛"、"知汶岛"是一岛二译，不是两个岛，更不是在巴厘岛的东南面，另有一称为"知汶"的小岛。

沧泊（P. Lombok），即今印度尼西亚龙目岛。

孙巴瓦岛（P. Sumbawau），即今印度尼西亚松巴洼岛。

松墨洼，即松巴洼岛。

弗力岛，今印度尼西亚弗罗勒斯岛（P. Flores）。

吉里门，即今印度尼西亚卡里摩爪哇群岛（Kep. Karimunjawa）。

散八港（Sambas），即今印度尼西亚三发。

比里顿岛（Biliton），即今印度尼西亚勿里洞岛（P. Belitung）。

班甲岛（P. Bangka），即今印度尼西亚邦加岛。

宾当岛（P. Binton），即今印度尼西亚宾坦岛。

马（士）〔土〕拉岛（P. Madura），即今印度尼西亚马都拉岛。

撒马（即）〔郎〕（岛）（Semarang），即今印度尼西亚三宝垄，在爪哇岛北部，本图误绘为爪哇岛北面的另一小岛。

来立排雅，苏腊巴亚（Surabaya），即今印度尼西亚泗水。

牙瓦（Java），即今印度尼西亚爪哇（Jawa）岛。

葛留巴，即巽他加留巴（Sunda Kelapa），Kelapa 义为椰子，故华人惯称为葛留巴，即椰城。1527 年，淡目国占领此地，改称 Jaya Karta。1618 年被荷兰殖民军攻占，改称巴达维亚（Batavia）。印度尼西亚独立后，恢复十六世纪初年的旧称，定名 Jakarta，即印度尼西亚首都雅加达。

孙他海峡（Selat Sunda），即巽他海峡。

苏门答剌岛（Pulau Sumatera），即印度尼西亚苏门答腊岛。

凡押岛（Kep. Banyak），即今印度尼西亚班亚克群岛。

比路岛，即今印度尼西亚西比路岛（P. Siberut）。

（拿土拿）〔尼科巴〕岛（Nicobar Is.），即印度尼科巴群岛，印度尼西亚的纳土纳（Natuna）群岛距此地 1600 公里。

安他曼岛（Andaman Is.），即印度安达曼群岛。

暹罗海港（Gulfiof Siame），即泰国湾（Gulf of Thailand）。

芜来由各部，马来人（Malayu，Malays）各部。

马喇隔（Melaka），即今马来西亚马六甲州。

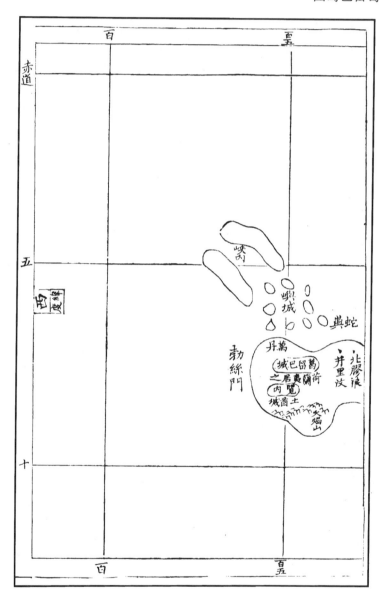

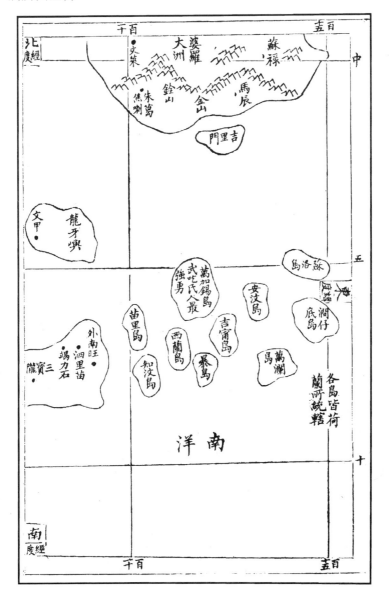

【注】荷兰国所属葛留巴岛图

葛留巴岛，今印度尼西亚爪哇岛（Java）。

万丹（Bantan），在印度尼西亚爪哇岛西北岸。

勃丝门，疑指今印度尼西亚楠榜（Lampung）湾沿岸的帕当泽尔明（Padangcermin）。

葛留巴城，即今印度尼西亚首都雅加达。

览内（Vorstenlanden），义为"侯地"。

火焰山，即喀拉喀托（Krakatau）火山，在巽他海峡的拉卡塔岛（P. Rakata）。

井里汶（Cirebon），在印度尼西亚爪哇岛。

北胶浪，今印度尼西亚爪哇岛北加浪岸（Pekalongan）。

三宝陇（Semarang），即今印度尼西亚三宝垄。

竭力石，今印度尼西亚爪哇岛的格雷西（Gresik），亦译锦石。

泗里苗，今印度尼西亚爪哇岛苏腊巴亚（Surabaya），又名泗水。

外南旺，今印度尼西亚爪哇岛东岸的外南梦（Banyuwangi）。

蛇屿，在今印度尼西亚爪哇岛北岸外，或泛指拉基特（Rakit）岛至卡里摩爪哇（Karimunjawa）岛一带的岛屿。

屿城，塞里布群岛（Kep. Seribu），亦称千岛群岛，在印度尼西亚雅加达湾外。

龙牙屿，古籍中的"龙牙门"一般指新加坡（Singapore），"龙牙山"一般指林加（Lingga）群岛。此图的"龙牙屿"，从其位置及岛上有地名"文甲"看，疑非上述二地；而是指 Belitung（Biliton）岛，即今印度尼西亚勿里洞岛。

文甲，如"龙牙屿"指勿里洞岛，则"文甲"当为岛上的芒加尔（Manggar）。

峡内，如"龙牙屿"指勿里洞岛，则"峡内"既非新加坡海峡（Singapore Strait），亦非贝哈拉拉海峡（Selat Berhala），而是指今印度尼西亚邦加海峡（Selat Bangka）。

朱葛焦喇，今印度尼西亚加里曼丹岛西南岸的苏加丹那（Sukadana）。

婆罗大洲（Bornea），即加里曼丹岛（Kalimantan）。

金山，或指马辰东北的贝萨（Besar）山一带。

铨山，指坤甸（Pontianak）东部的山，在 Kapuas 河上游 Melawi 河一带。

苏禄（Sulu），指当时苏禄西王治地，在加里曼丹岛（婆罗洲）的东北部。

苏洛岛，据《海岛逸志》，应指苏禄群岛（Sulu Arch.）。但此图所绘位置纬度南移 10 度，经度西移 5 度。

涧仔底岛，即德那第（Ternate）岛，图上位置亦大误。

万澜岛，即班达群岛（Kep. Banda）。

万加锡岛，即望加锡（Makassar），是苏拉威西岛西南部的大城镇，不是另一个岛。

吉宁岛，今印度尼西亚马鲁古群岛中的克朗岛（P. Kelang）。

西兰岛（Ceram），即今印度尼西亚斯兰岛（P. Seram），在吉宁岛之东，安汶岛之北。

暴〔暴〕岛，即今印度尼西亚马鲁古群岛的巴巴（Babar）岛。

苗里岛，即今印度尼西亚巴厘岛（P. Bali）。

218

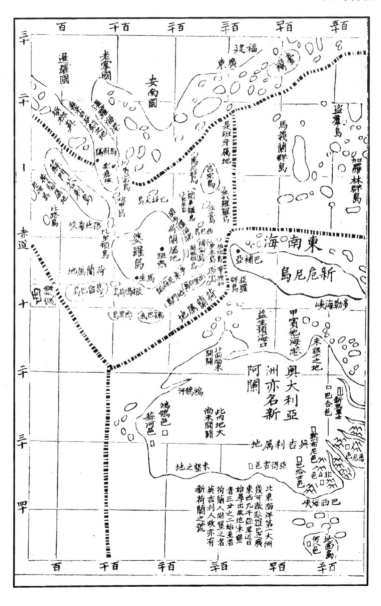

亚利大奥

北经度

百卅
百廿
百千
卒百
百十
千
千百

卅
二十
小
赤道
十
二十
三十
四

阿兀希择羣岛

莫牙威墨岛

帆船群岛

鎖罗門岛

新英岛

新耳兰岛

馬其群岛

東洋大海

安袞岛

新希伯岛

會党葊岛

陰海

渤海

東牙荤岛

利加利多尼岛

新西兰岛

巴拉馬他海隅

峽海谷

南经度

百卅
百卆
百卅
百卆
百卅
百廿
十百
千百

【注】奥大利亚及各岛图

阿瓦希等群岛（Owhyhee Is.），即夏威夷群岛（Hawaiian Is.）。

马其群岛，即马克萨斯群岛（Marquesas Is.）。

航船群岛（Navigators' Is.），今萨摩亚群岛（Samoa Is.）。

会党群岛（Society Is.），即社会群岛。

险海，今土阿莫土群岛（Iles Tuamotu）。

东牙群岛（Tonga），即今汤加。

莫牙威群岛（Mulgrave Is.），即穆尔格雷夫群岛。

盗群岛（Islas de Los Ladrones），1521 年，麦哲伦船队到达此群岛后，一批船员登岸抢掠并杀死土著居民，土人为报复而取走他们的船具，麦哲伦等人便诬称此地为"盗贼群岛"。到 1668 年，西班牙传教士又以西班牙皇后的名字，将此一带命名为马里亚纳群岛（Mariana Is.）。

马义兰群岛，即马里亚纳群岛（Mariana Is.）。

马尼拉岛（Manila），今菲律宾首都马尼拉，当时是吕宋岛的大城市。本图误绘为吕宋岛西面的另一岛。

巴尼岛（Panay I.），即菲律宾班乃岛。

多来尼海隅，《东南洋各岛图》本已把托米尼湾的位置绘对了，本图却误移到加里曼丹岛的东南面。

班热马生，《东南洋各岛图》本已正确地把此名作为一个地名，此图却误将此名分为"班热"、"马生"二地。

撒马即岛，《东南洋各岛图》绘三宝垄于爪哇岛北面海上，已属"移岸于岛"，"即"字又是"郎"字之讹。本图更把此地绘为爪哇岛东北的另一岛，其误更甚。

尼押岛（P. Nias），即今印度尼西亚尼亚斯岛。

东南海，指太平洋（Pacific Ocean）。

巴补亚（Papua），作为岛名，即今伊里安（Irian）岛或新几内亚（New Guinea）岛，作为城镇名，或指今印度尼西亚的苏朗（Sorong）。

安襃岛，疑指斐济（Fiji）的瓦努瓦岛（Vanua Leva），语义为大岛。

新希伯岛（New Hebrides Is.），即今瓦努阿图（Vanuatu）。

利加利多尼岛，即新喀里多尼亚岛（Nouvelle Calédonia）。

锁罗门岛（Solomon Is.），即所罗门群岛。

新英岛（New Britain I.），即新不列颠岛。

新耳兰岛（New Ireland I.），即新爱尔兰岛。

多勒海峡（Torres Strait），即托雷斯海峡。

甲宾他海港（G. of Carpentaria），即卡奔塔利亚湾。

益生顿海口（Port Essington），即埃辛敦港。

新阿兰（New Holland），新荷兰，即澳大利亚（Australia）。

鸿鹄河，即斯旺河（Swan R.）。

鸿鹄邑，即澳大利亚佩思（Perth）。

亚得害邑，即澳大利亚阿德雷德（Adelaide）。

亚罗群岛（Aru Is.），即阿鲁群岛。

默布尼邑（Melbourne），即澳大利亚墨尔本。

非立邑，即澳大利亚菲利普港（Port Philip）。

悉尼邑（Sydney），即澳大利亚悉尼。

巴拉马他海隅（Paramatta），即帕拉马塔沿海。

新瓦里士，即澳大利亚新南威尔士州（New South Wales）。

巴合邑，澳大利亚巴瑟斯特（Bathurst）。

巴西海峡（Bass Strait），即巴斯海峡。

地面岛（Van Diemen's Land），范迪门，1853 年（《海国图志》百卷本
出版后一年）改称塔斯马尼亚（Tasmania）岛。

何八邑（Hobart），即澳大利亚霍巴特。

新西兰岛（New Zealand），即新西兰。

谷海峡，即库克海峡（Cook Strait）。

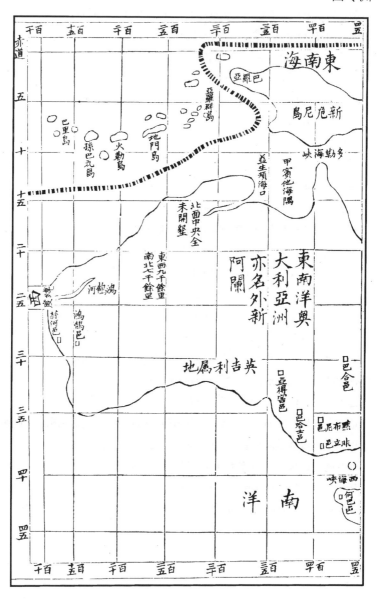

〔亚〕利大奥

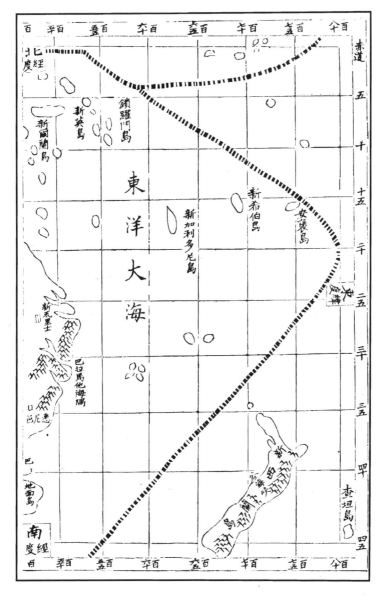

【注】奥大利〔亚〕洲专图

查坦岛（Chatham I.），即查塔姆岛。

新加利多尼岛，即新喀里多尼亚（New Caledonia）。

新尔兰岛（New Ir.），即新爱尔兰岛。

火勒岛，即印度尼西亚佛罗勒斯岛（Flores）。

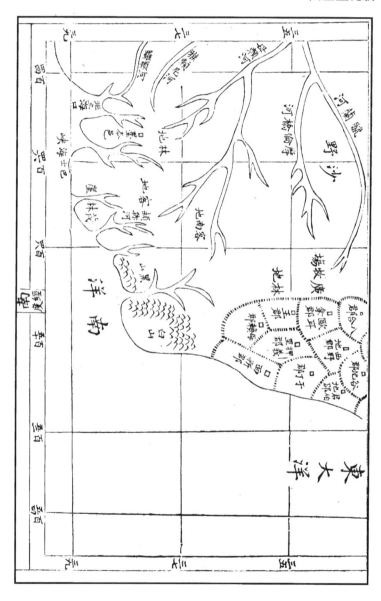

内亚利大奥

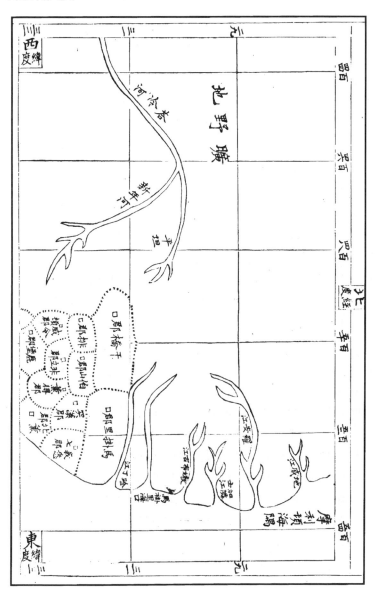

【注】奥大利亚内新瓦里士图

摩利顿海隅（Moreton Bay），即莫雷顿湾。

加邻士江，即克拉伦斯河（Clarenee R.）。

马挂里海口（Port Macquarie），即澳大利亚新南威尔士州马阔里港。

哈丁江（Hastings R.），即黑斯廷斯河。

马挂里郡（Macquarie），即澳大利亚新南威尔士州马阔里郡。

干桥郡（Cambridge），即澳大利亚新南威尔士州剑桥郡。

峨悉七郡，即澳大利亚新南威尔士州格洛斯特郡（Gloucester）。

突汉郡（Durham），即澳大利亚新南威尔士州达勒姆郡。

排郡，即澳大利亚新南威尔士州布赖郡（Bligh）。

北董郡，即澳大利亚新南威尔士州诺森伯兰郡（Northumberland）。

董得郡（Hunter），即澳大利亚新南威尔士州亨特郡。

非立郡（Philip），即澳大利亚新南威尔士州菲利普郡。

威令顿郡（Wellington），即澳大利亚新南威尔士州韦林顿郡。

鹿堡郡，即澳大利亚新南威尔士州罗克斯巴勒郡（Roxburgh）。

谷地郡，即澳大利亚新南威尔士州库克郡（Cook）。

八合郡（Bathurst），即澳大利亚新南威尔士州巴瑟斯特郡。

西野地郡（Westmoreland），即澳大利亚新南威尔士州威斯特摩兰郡。

君伯地郡（Cumberland），即澳大利亚新南威尔士州坎伯兰郡。

欧尔拿郡，即澳大利亚新南威尔士州佐治亚那郡（Georgiana）。

（于）〔干〕丁郡（Camden），即澳大利亚新南威尔士州坎登郡。

押义里郡（Argyle），即澳大利亚新南威尔士州阿盖勒郡。

王郡（King），即澳大利亚新南威尔士州金郡。

母赖郡（Murray），即澳大利亚新南威尔士州默里郡。

西新郡，即澳大利亚新南威尔士州圣文森特郡（St. Vincent）。

墨本邑（Melbourne），即澳大利亚墨尔本。

非立海口（Port Philip Bay），即菲利普港湾。

母赖河（Murray R.），即墨累河。

摩伦桥河（Morrumbidgee R.），即马兰比季河。

猎兰河，即拉克兰河（Lachlan R.）。

答冷河（Darling R.），即达令河。

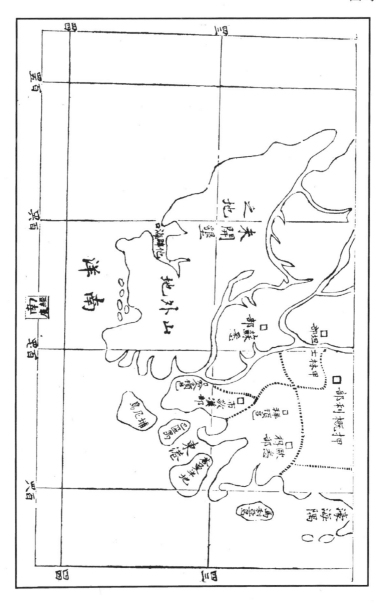

地面

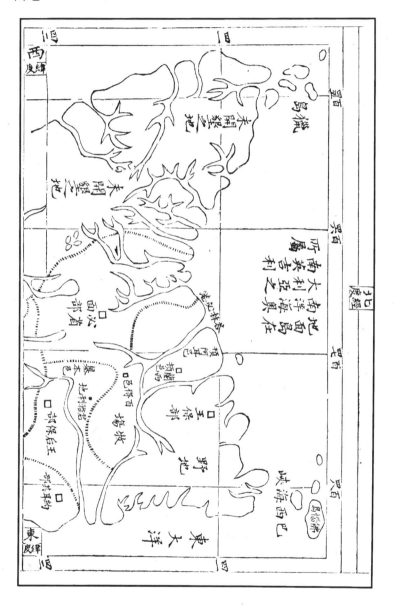

【注】地面岛图

佛恼岛（Furneaux Group），即澳大利亚菲诺群岛。

王保部（Kingborough），即澳大利亚塔斯马尼亚的金博拉夫郡。

（顿）阿耳〔顿〕邑，即澳大利亚塔斯马尼亚岛乔治镇（George Town）。

兰西顿邑（Launceston），即澳大利亚塔斯马尼亚岛隆塞斯顿。

答林必港（Port Dalrymple），即澳大利亚塔斯马尼亚岛达尔林普尔港。

百得邑（Perth），即澳大利亚塔斯马尼亚岛珀思。

君雅利地，即澳大利亚塔斯马尼亚岛坎贝尔镇（Campbell Town）。

王后保部，即澳大利亚塔斯马尼亚岛昆博拉夫郡（Queen Borough）。

约耳其部（York Town），即澳大利亚塔斯马尼亚岛约克镇。

濠海隅，即澳大利亚奥伊斯特湾（Oyster Bay）。

押概利部（Argyle），即澳大利亚塔斯马尼亚岛的阿盖勒郡。

甲林士坦部，即澳大利亚塔斯马尼亚岛克拉伦斯平原（Clarence Plain）。

马利亚岛（Maria I.），即玛丽亚岛。

欧悉得部，即澳大利亚塔斯马尼亚岛卡莱斯特郡（Caledster）。

拜顿邑（Brighton），即澳大利亚塔斯马尼亚岛布赖顿。

苏悉部（Sussex），即澳大利亚塔斯马尼亚岛苏塞克斯郡。

哈令顿邑（Harrington），即澳大利亚塔斯马尼亚岛哈林顿郡（Harrington）。

埔尼岛，即布鲁尼岛（Bruny I.）。

答曼半地（Tasman Pen.），即塔斯曼半岛。

他辟海口，即戴维港（Port Davey）。

猎岛（Hunter I.），即猎人岛。

海国图志卷四

利未亚州

各国图

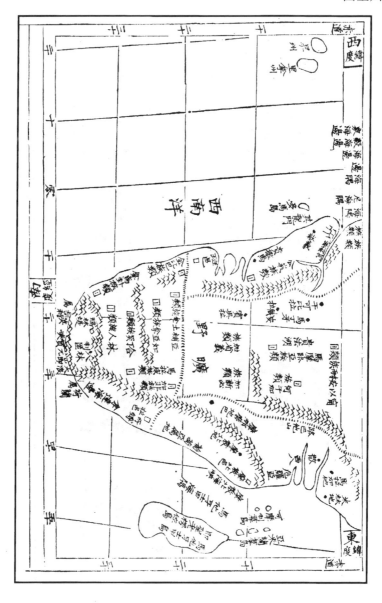

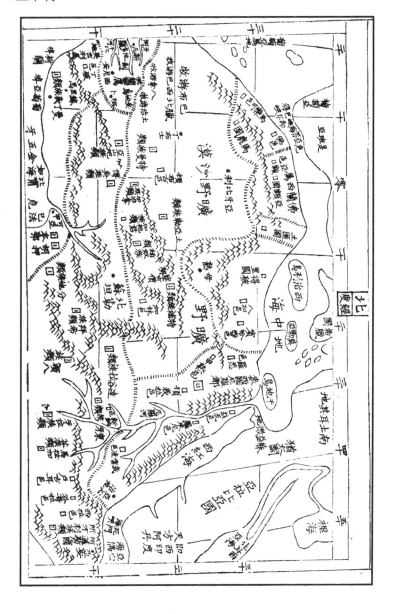

【注】利未亚州全图

麦西国，即今埃及（Egypt）。

宾哈西，即今利比亚贝达（Al-Baydā）。

八加邑，即今利比亚班加西（Benghāzi）。

得破里国，即的黎波里（Tarābulus）。

旷野，即指撒哈拉沙漠（Sahara）。

土匿国（Tunis），即今突尼斯（Tunisia）。

亚牙比利，即今阿尔及利亚（Algeria）。

旷野沙漠，即撒哈拉沙漠。

佛兰西属亚额国，即今阿尔及利亚首都阿尔及尔（Alger）一带。

佛邑，即非斯（Fes），地在今摩洛哥王国北部。

马鹿国（Morocco），即今摩洛哥王国。

干比河，即冈比亚河（Gambia R.）。

新尼亚河，即塞内加尔河（Sénégal R.）。

象牙海边（Costa do Marfim），即今科特迪瓦（Côte-d'Ivoire）。

五谷海边，疑即胡椒海岸（Costa de Pimenta），在今科特迪瓦（Côte-d'Ivoire）南部。

金海边，即黄金海岸（Gold Coast），即今加纳（Ghana）。

比宁海隅（Bight of Benin），今贝宁湾。

危尼海隅（Gulf of Guinea），今几内亚湾。

巳法海隅，即奴隶海岸，在今尼日利亚（Nigeria）。

多马岛，即圣多美岛（São Tomé），但位置应在赤道以北。

敬义，疑即今加蓬（Gabon）的让蒂尔港（Port-Gentill）。

塞利河，扎伊尔河（Zaire R.），又作刚果河（Congo R.）。

合丁突族类，即霍屯督人（Hottentot）。

大浪山，即兀贺峡，即好望角（Cape of Good Hope）。

安俄拉，即今安哥拉（Angola）。

班邑，即今安哥拉本格拉省（Benguela）。

拿马卦族类，疑即今纳米比亚（Namibia）。

拿达海边，即今南非的纳塔尔（Natal）。

所缚拉邑（Sofala），即今莫桑比克（Mozambique）的索法拉省。

摩散地，即今莫桑比克（Mozambique）。

摩散北海峡，即今莫桑比克海峡（Mozambique Chan.）。

马他牙士甲海隅，即莫桑比克海峡。

马他牙士甲岛，亦称圣老楞佐岛（St. lawvence），即今马达加斯加岛（I. Madagascar）。

可摩利群岛，即今科摩罗（Comoros）群岛。

亚米兰群岛，即今塞舌尔（Seychelles）的阿米兰特群岛（Amirante Is.）。

散西八，即今坦桑尼亚（Tanzania）的桑给巴尔（Zanzibar）。

米林地，即今肯尼亚（Kenya）的马林地（Malindi）。

亚安，即今索马里。

阿迈斯尼国（Abyssinia），阿比西尼亚，今埃塞俄比亚（Ethiopia）。

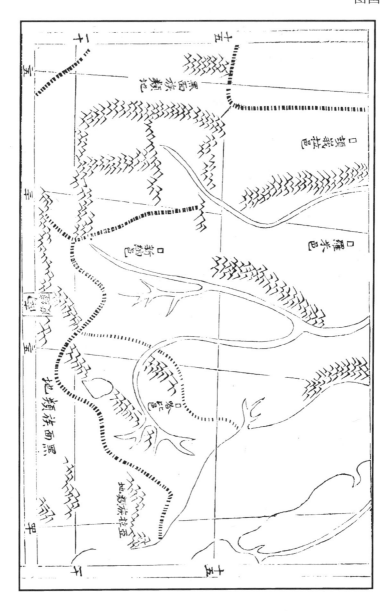

西麦

大野

旷野

西纬度十

广沙漠

海中地

地拉罗

得勒法

尼罗河

新罗河

米地亚

亚比非尼

撒海

北度经

得力

搏大国地

地微拉苏

西红海

亚比亚国界

【注】麦西国图

他灭邑，即今杜姆亚特（Dumyāt）。

亚勒撒得邑（Alexandria），即今埃及北部的亚历山大。

旷野，即利比亚沙漠（Libiyah，As Sahrā'al）。

曼法律邑（Mallawi），即今迈来维。

其尼邑，即今基纳（Qinā）。

沙漠大野，即撒哈拉大沙漠（Sahara）。

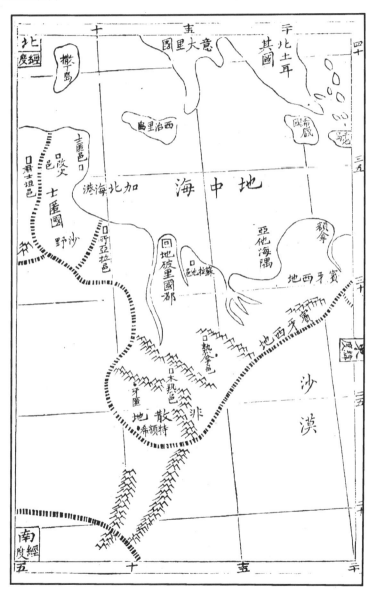

【注】利未亚北方各国图

宾牙西地，即今利比亚班加西地区（Benghasi）。

亚他海隅，即利比亚北部之锡德拉湾，今名苏尔特湾（Surt，Khalij）。

苏拉他邑，即利比亚北部之苏尔特（Surt）。

地破里国都，即今利比亚首都的黎波里（Tarābulus）。

非散地，即今利比亚南部费赞地区（Fezzan）。

加北海港，即今突尼斯的加贝斯（Gabés）。

土匿国，即今突尼斯（Tunisia）。

土匿邑，即今突尼斯国都突尼斯（Tunis）。

改文邑，疑为今突尼斯之凯鲁万（Kairouan）。

君士坦邑，即今阿尔及利亚之君士坦丁（Constantine）。

沙野，即东部大沙漠（Grand Erg Oriental）。

佛兰西藩属，今阿尔及利亚东北部。

突狱，即今阿尔及利亚之图古尔特（Touggourt）。

必加拉，即今阿尔及利亚之比斯克拉（Biskra）。

押额国，即今阿尔及利亚（Algeria）。

西时，疑即阿尔及利亚北部之塞提夫（Sétif）。

押额都，即阿尔及利亚首都阿尔及尔（Alger）。

阿兰，即阿尔及利亚北部之奥兰（Oran）。

特米新，即今阿尔及利亚北部之特莱姆森。

米里拉，即今摩洛哥之梅利利亚（Melilla）。

危押达海峡，即直布罗陀海峡（Str. of Gibraltar）。

萨非，即今摩洛哥之萨非（Safi）。

苏拉，即今摩洛哥之索维拉港（Essaouira）。

押加，即今摩洛哥之阿加迪尔（Agadir）。

押腊山，即今阿特拉斯（Atlas Mts.）。

旷野沙漠，即撒哈拉大沙漠。

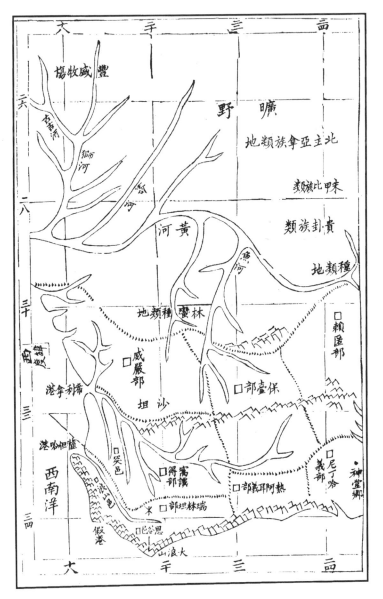

北度經

地類族士古文

地類族妻布母

地類族知略拉馬

類族童馬他

地類族帝他拿馬

地類族拿巴可

地類族他蘇巴

口址他古邑

蠻林

類族拉蘇馬亞

東南洋

類族利非加

類族是門教

類族梢可馬邑

口甲錦邑

口所黔祈部

口尼丁磐邑

巴丘裁押

港亞裁押

海南

南度經

得桂裁亞港

馬希他港

亞比丁

他希馬

【注】英吉利所属利未亚州南方各地图

黄河，即奥兰治河（Oranjerivier）。

鱼河，即菲什河（Fish R.）。

萨但哈港，即今南非萨尔达尼亚港（Saldanha）。

浪山邑，即南非开普省（Cape）。

假港，即今南非开普敦（Cape Town）。

大浪山（Cape of Tempests），风暴角，即今好望角（Cape of Good Hope）。

尼丁哈邑，疑即今南非埃腾哈赫（Uitenhage）。

押峨亚港（Algoabaai），即今南非伊丽莎白港（Port Elizabeth）。

窝识得部，即南非霍屯督人（Hottentotia）。

挂蓝巴山，即南非德拉肯斯山脉（Drakensberg）。

巴苏他族类地（Basutoland），即今非洲莱索王国（The Kingdom of Lesotho）。

卡非利族类，即加弗雷人，在今南非纳塔尔（Natal）省。

歐羅巴州

各國圖

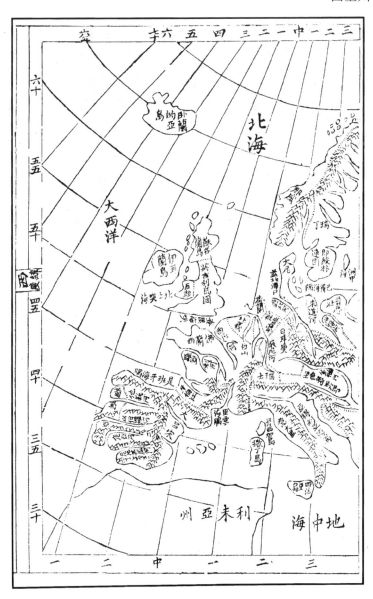

巴罗欧

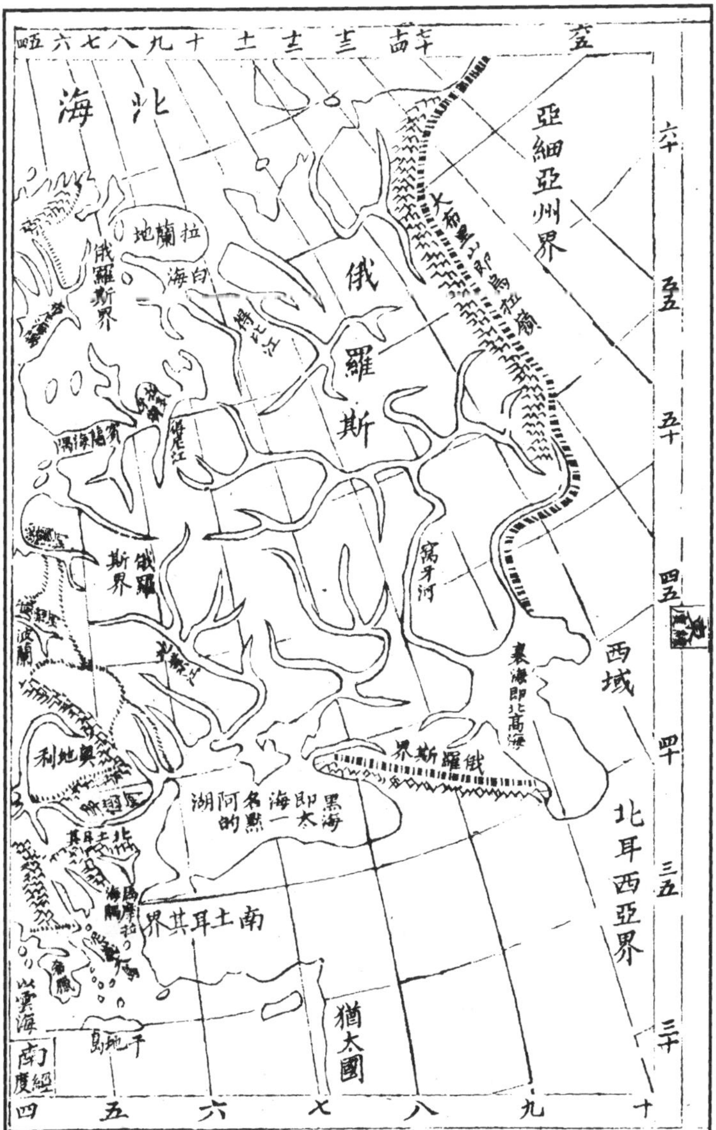
北海
拉蘭地
白海
俄羅斯界
俄羅斯
亞細亞州界
大布里山即烏拉嶺
窩牙河
俄羅斯界
裏海即北高海
西域
波蘭
奧地利
俄羅斯界
黑海即太海一名黙阿的湖
北耳西亞界
南土耳其界
猶太國
干地島
南度經

【注】欧罗巴州全图

拉兰地，即拉普兰（Lappland）。

得比江，即北德维纳河（Severnaya Dvina）。

得尼江，疑指 Zap. Dvina 西德维纳河，图上位置偏北。

拉多牙湖，即拉多加湖（Ladozhskoyz Bzero）。

宾兰海隅，即芬兰湾（Gulf of Finland）。

必额河，普雷格尔河（Pregel R.）。

威悉河，即维斯瓦河（Wista R.）。

地业江，即第聂伯河（Dnepr R.）。

多恼河（Dunau 或 Dunarea），即今多瑙河。

马摩拉海隅，马尔马拉海（Sea of Marmara）。

尼峨大岛（Negropont），即希腊埃维亚（E'vvoia）岛。

以云海，即伊奥尼亚海（Iónian Sea）。

连国，即丹麦（Danmark）。

未道河，即瓦尔塔河（Warta）。

阿得河（Odra R.），即奥得河。

益北河（Elbe R.），即易北河。

欧（特色）〔色特〕里〔阿〕（Austria），即奥地利。

来尼河，即莱茵河（Rhein R.）。

白山，即阿尔卑斯（Alps）山脉，古罗马人认为此名源自拉丁文 albus，语义为"白色的"；后人有新释。

西尼河（Seine R.），即塞纳河。

亚得利亚海隅（The Coast of Adriatic Sea），即亚得里亚海海岸。

（四）〔西〕治里岛，即西西里岛（Sicilia）。

哥西加岛（Corsica），即科西嘉岛。

里云海隅（Golfe of Lion），即利翁湾。

危他其威河（Guadalquivir R.），瓜达尔基维尔河。

危亚河（Guadiana R.），即瓜迪亚纳河。

以伯罗河（Ebro R.），即埃布罗河。

他峨河（Tagus），即特茹河（Tejo R.）。

牙伦江（Garonne R.），加龙河。

罗亚利河（Loire R.），即卢瓦尔河。

查匿海峡，旧名拉芒什海峡（La Manche），即英吉利海峡（English Channel）。

苏各兰（岛）（Scotland），即苏格兰。

英吉利岛国（England），即英格兰。

瓦勒（Wales），即威尔士。

伊耳兰岛（Ireland），即爱尔兰。

北士突海（Bristol Channel），即布里斯托尔湾。

卧兰的亚岛，即冰岛（Iceland），经度东移十多度，绘得太不准确。

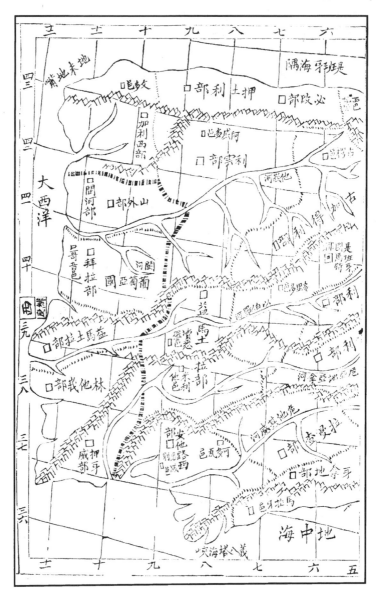

萄葡宋吕大

【注】大吕宋葡萄亚两国合图

米那甲岛（Menorca I.），即梅诺卡岛。

马约甲岛（Mallorca I.），即马略卡岛。

汝以加岛（Iviea），即伊维萨岛（Ibiza）。

他罗尼部（Catalonia），西班牙加泰罗尼亚（Cataluña）地区。

加那他邑，西班牙赫罗纳（Gerona）。

巴悉罗邑（Barcelona），西班牙巴塞罗那。

亚拉君部（Aragon），即西班牙阿拉贡地区。

撒拉峨萨邑（Zaragoza），即西班牙萨拉戈萨。

拿瓦拉部（Navarra），即西班牙纳瓦拉省。

瓦邻西部（Valencia），即西班牙巴伦西亚地区。

加得伦邑，西班牙东部卡斯特利翁（Castellón）历史地理区，当时卡斯特利翁市未建。

瓦林西亚（Valencia），即西班牙巴伦西亚。

（西）〔亚〕利旱地邑（Alicante），即西班牙阿利坎特。

未西亚邑（Murcia），即西班牙木尔西亚。

莫西亚部（Murcia），即西班牙木尔西亚省。

新加得利部（Castilla La Nueva），西班牙新卡斯蒂利亚地区。

故加得利部（Castilla La Vieja），西班牙旧卡斯蒂利亚地区。

是班牙海隅，即比斯开湾（Bay of Biscay）。

必改部（Biscay），即西班牙比斯开地区。

押土利部（Asturia），即西班牙阿斯图里亚斯地区。

加利西部（Galicia），即西班牙加利西亚地区。

利云部（Leon），即西班牙莱昂省。

阿威多邑（Oviedo），即西班牙奥维亚多。

布樗邑（Burgos），即西班牙布尔戈斯。

（古）〔故〕加得利部，即旧卡斯蒂利亚地区。

是班牙国马特都，即马德里（Madrid）。

多里多邑（Toledo），即西班牙托莱多。

危亚地亚拿河（Guadiana R.），即瓜的亚纳河。

益马土拉部，即西班牙厄斯特列马都拉（Extremadura）地区。

渎悉罗邑（Trujillo），即西班牙特鲁希利奥（Truxillo）。

米利他邑（M'erida），即西班牙梅里达。

安他路西部（Andalucia），即西班牙安达卢西亚地区。

可多瓦邑（Córdoba），即西班牙科尔多瓦。

悉威拉邑（Sevilla），即西班牙塞维利亚。

拉曼查部（La Mancha），即西班牙拉曼查地区。

牙拿地部，即西班牙格拉纳达（Granada）省。

马拉牙邑（Malaga），即西班牙马拉加。

义八塔海峡，即直布罗陀海峡。

闽河部（Minho），即葡萄牙米尼奥省。

山外部（Tras-os-Montes），今葡萄牙外山—上杜罗省（Tras-os-Montes e Alto Douro）。

闽河（Minho），即米尼奥河。

拜拉部（Beira），即葡萄牙贝拉地区（今上、下滨海贝拉省）。

哥音邑（Coimbra），即葡萄牙科英布拉。

益马土拉部（Estremadura），葡萄牙埃什特里马杜拉省。

林他峨部，葡萄牙里巴特如省（Ribatejo）。

押牙威部（Algarve），即葡萄牙阿尔加维省。

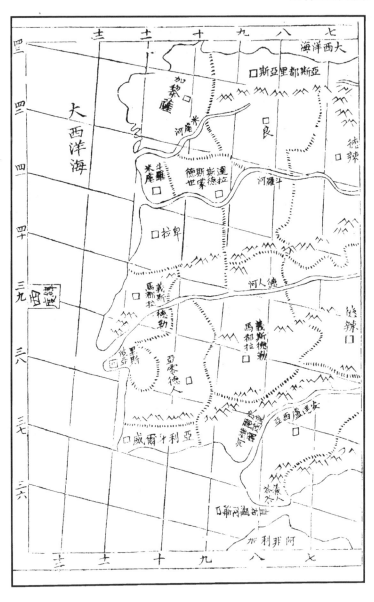

北度經
五 四 三 二 一 中
界西蘭佛
山斯件里比
加比
亞斯
拉瓦納
加魯尼亞達
薔加斯
亞
拉岡
尼波
羅河
里馬
地德
瓦棱薩
新加斯
巴里亞利
斯谷馬郡
衙論
木
亞關
海中地
拿加
大拉
加利非阿
南極
五 四 三 二 一 中

【注】瀛环志略大吕宋葡萄亚合图

巴里亚利各岛郡（Islas Baleares），即今西班牙巴利亚里省。

比里牛斯山（Pirineos），即比利牛斯山脉。

加达鲁尼亚（Cataluña），即西班牙加泰罗尼亚地区。

亚拉冈（Aragon），即西班牙阿拉贡地区。

尼波罗河，即埃布罗河（Ebro）。

瓦棱萨（Valencia），即西班牙巴伦西亚地区。

木尔西亚（Murcia），即西班牙木尔西亚省。

比斯加亚，即西班牙比斯开省（Biscay）。

纳瓦拉（Navarre），即西班牙纳瓦拉省。

旧加斯德辣，即西班牙旧卡斯蒂利亚（Castilla La Vieja）地区。

马德里地（Madrid），即西班牙首都马德里。

新加斯德辣，即西班牙新卡斯蒂利亚（Castilla La Nuev）地区。

加拉拿大，即西班牙格拉纳达（Granada）省。

亚斯都里亚斯（Asturias），即西班牙阿斯图里亚斯地区。

良（Leon），西班牙莱昂省。

斗罗河（Duero），即杜罗河。

德（人）〔入〕河（Tajo），塔霍河，又称特茹（Tejo）河。

义斯德勒马都拉（Extremadura），西班牙厄斯特列马都拉地区。

瓜达尔几维尔河（Guadalquivir），即瓜达尔基维尔河。

安达卢西亚（Andalucia），西班牙安达卢西亚地区。

义（人）〔八〕答（答），即直布罗陀（Gibraltar）。

直布罗陀海口，即直布罗陀海峡（Strait of Gibraltar）。

加黎萨（Galicia），即西班牙加利西亚地区。

米虐河（Minho），即米尼奥河。

斗罗（Douro），即葡萄牙杜罗。

米虐（Minho），即葡萄牙米尼奥地区。

达拉斯（德）〔奥〕斯蒙德世（Tras-os-Montes），今葡萄牙外山—上杜罗

（Tras-os Montes e Alto Douro）省。

卑拉（Beira），即葡萄牙贝拉地区。

义斯德勒马都拉，即葡萄牙埃什特里马杜拉省（Estremadura）。

里斯波亚（Lisboa），即葡萄牙首都里斯本（Lisboa，Lisbon）。

〔阿〕零德（人）〔入〕（Alentejo），即葡萄牙阿连特如地区。

亚利牙尔威（Algarve），即葡萄牙阿尔加维地区。

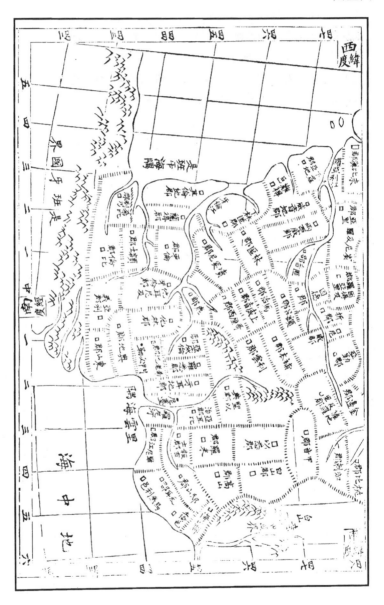

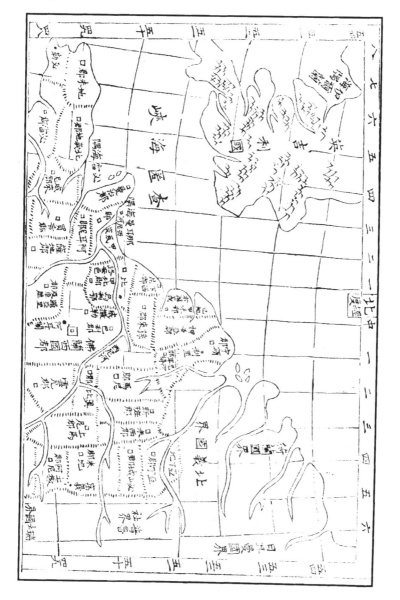

西兰佛

【注】佛兰西国全图

亚丁地（Ardennes），即法国阿登地区。

亚丁郡（Ardennes），即法国阿登省。

必山城郡，疑指法国下莱茵（Bas-Rhin）省一带。

窝义，即法国孚日省（Vosges）。

米地郡，即法国默尔特—摩泽尔省（Meurthe-et-Moselle）。

（士撒阿尼）〔阿尔撒士〕郡，指法国阿尔萨斯（Alsagae）地区。

米西郡（Meuse），即法国默兹省。

斩班郡（Champagne），疑指法国香巴尼地区北部。

上马尼郡，即法国上马恩省（Haute-Marne）。

奥比郡（Aube），即法国奥布省。

云尼郡（Yonne），即法国荣纳省。

宁额郡，即法国诺尔省（Nord）。

利里（Lille），即法国里尔。

马尼郡（Marne），即法国马恩省。

西尼河（Seine），即塞纳河。

押多亚郡（Artois），法国阿图瓦地区。

巴地甲来部（Pas-de-Calais），法国加来海峡省。

布罗义（Boulogne），即法国布伦。

孙罗郡，即法国索姆省（Somme）。

下西尼部，即法国塞纳滨海省（Seine Maritime）。

巴利郡（Paris），即法国巴黎市。

阿耳兰，即法国奥尔良内（Orleanais）地区。

威撒勒（Versailles），即法国凡尔赛。

乌利鄂（Evreux），即法国埃夫勒。

比甲北郡，即法国皮卡尔迪（Picardie）地区。

路安邑（Rouen），即法国鲁昂。

罗亚里及车厘郡（Loir-et-Cher），即法国卢瓦尔—歇尔省。

那耳曼海隅，法国诺曼底（Normandie）北面海岸。

西尼河口（Baie de La Seine），塞纳湾。

甲瓦突郡（Caloados），即法国卡尔瓦多斯省。

曼治郡（Manche），即法国芒什省。

阿耳尼郡（Orne），即法国奥恩省。

萨地郡（Sarthe），即法国萨尔特省。

买音郡（Mayenne），即法国马延省。

必当海隅，即法国科唐坦（Cotentin）沿海。

威来尼郡（Ille-et-Vilaine），即法国伊尔—维兰省。

北峨地郡（Cotes-du-Nord），法国北滨海省。

必当郡，即法国布列塔尼（Bretagne）地区。

地末郡，即法国菲尼斯太尔省（Finistere）。

必勒（Brest），即法国布勒斯特。

伊尔兰海隅（Irish Sea），即爱尔兰海。

桃比郡（Doubs），即法国杜省。

如刺郡（Jura），即法国汝拉（侏罗）省。

甲音郡（Ain），即法国安省。

金边郡（Champagne），即法国香巴尼地区。

萨地及罗里郡（Saone-et-Loire），法国索恩—卢瓦尔省。

白山郡，即阿尔卑斯山（Alpes）地区。

以悉郡（Isère），即法国伊泽尔省。

高山郡（Hautes-Alpes），法国上阿尔卑斯省。

罗米郡（Drôme），即法国德龙省。

海山郡（Alpes-Maritimes），即法国阿尔卑斯滨海省。

邸山郡，即法国上普罗旺思阿尔卑斯省（Alpes-de Haute-Pronve-nee）。

报古士郡，即法国沃克吕兹省（Vaucluse）。

瓦耳郡（Var），即法国瓦尔省。

土伦邑（Toulon），即法国土伦。

马悉利邑（Marscille），即法国马赛。

罗尼江郡（Bouches-du-Rhône），法国罗讷河口省。

罗尼河（Rhône），即罗纳河。

里云海隅（Golfe du Lion），即利翁湾。

亚耳比治郡，法国阿尔代什省（Ardèche）。

圣以典郡（St. -Etienne），即圣太田，指法国卢瓦尔（Loire）省。

亚勒郡（Allier），即法国阿利埃省。

尼威郡（Nièvre），即法国涅夫勒省。

折郡（Cher），即法国歇尔省。

补本郡，即法国多姆山省（Puy-de-Dôme）。

利云郡（Lyon），即指法国罗讷（Rhône）省。

尼墨（Nîmes），即法国尼姆。

牙耳地郡（Gard），即法国加尔省。

罗悉郡（Lozère），即法国洛泽尔省。

亚威伦郡（Aveyron），即法国阿韦龙省。

希老地郡（Hérault），即法国埃罗省。

门必勒（Montpellier），即法国蒙彼利埃。

奥地郡（Aude），即法国奥德省。

东山郡（Pyrénées-Orientales），即法国东比利牛斯省。

亚利义郡（Arìege），即法国阿里埃日省。

他林郡，即法国塔尔纳省（Tarn）。

他耳尼及牙伦郡（Tarn-et-Garonne），即法国塔尔纳—加龙省。

鹿郡（Lot），即法国洛特省。

哥厘西郡（Corrèze），即法国科雷兹省。

上威音郡（Haute-Vienne），即法国上维埃纳省。

马治郡（Marche），即法国马尔什地区。

额吕郡（Creuse），即法国克勒兹省。

因德郡（Indre），即法国安德尔省。

因得及罗亚里郡（Indre-et-Loire），即法国安德尔—卢瓦尔省。

宾尼及罗亚里郡（Maine-et-Loire），即法国曼恩—卢瓦尔省。

末比汉郡（Morbihan），即法国莫尔比昂省。

罗亚利江（Loire），即卢瓦尔河。

匪音郡（Vienne），即法国维埃纳省。

两西威郡（Deux-Sevres），即法国德塞夫勒省。

威音地郡（Vendée），即法国旺代省。

下罗亚地郡，即法国大西洋岸卢瓦尔省（Loire-Atlantiqué）。

难得邑（Nantes），即法国南特。

林匿郡，即法国夏朗德省（Charente）。

下林匿郡，即法国夏朗德滨海省（Charente-Maritime）。

牙伦江（Garonne），即加龙河。

其伦地郡（Gironde），即法国纪龙德省。

渎突尼郡，即法国多尔多涅省（Dordogne）。

兰得郡（Landes），即法国朗德省。

牙伦郡，法国上加龙省（Haute-et-Garome）。

额士郡（Gers），即法国热尔省。

伦比郡，应是法国上比利牛斯省（Hautes-Pyrénées）。

希比利乃郡，应是法国比利牛斯—大西洋省（Pyrénées-Atlantiques）。

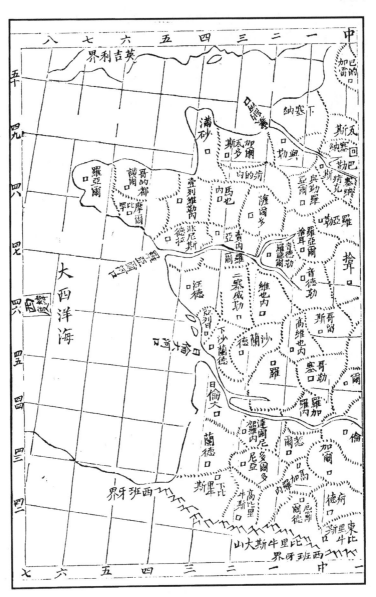

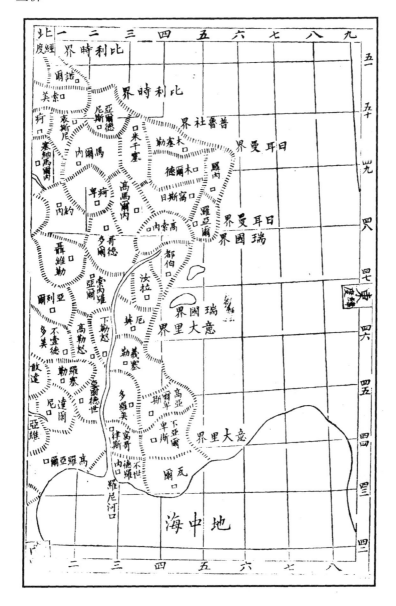

北極經度　一　二　三　四　五　六　七　八　九

界時利比

界時利比

界社鲁普

界受耳日

界受耳日

界國瑞

界國瑞

界里大意

界里大意

諾爾

美索

哀斯尼

寨鹕馬爾肉

亞爾德

尼斯尼

馬肉内

米千靈

勒塞木

德爾木

顯肉

日斯窩

卑狗

高馬爾肉

羅亞爾

高索肉

内約

哥爾

多德

聶維勒

亞爾

索内灣

都伯

汝拉

厄尼

埃索

下勒恕

勒恕

義塞

高亞

斯平

爾辛

卑所爾

下亞爾

多羅美

爾利

不壹德

多美德

散達

勒羅寨

亞爾德世

達爾

尼爾

亞維

爾亞羅高

内德羅

律斯

窩哥

羅尼河口

不世

瓦爾

海中地

五十一　四九　四八　四七　四六　四五　四四　四三　四二

二　三　四　五　六　七　八

【注】佛兰西图

罗内，位置误为法国东北部的下莱茵（Bas-Rhin）省，据对音，应是法国中南部的罗讷（Rhone）省。

罗亚尔，位置误为法国东北部的上莱茵（Haut-Rhin）省，据对音，应是法国中南部的卢瓦尔（Loire）省。

木塞勒（Moselle），即法国摩泽尔省。

木尔德，即法国默尔特—摩泽尔省（Meurthe-et-Moselle）。

窝斯日（Vosges），即法国孚日省。

高索内（Haute-Saône），即法国上索恩省。

都伯（Doubs），即法国杜省。

汝拉（Jura），即法国汝拉省。

厄英（Ain），即法国安省。

义塞勒（Isère），即法国伊泽尔省。

多罗美（Drôme），即法国德龙省。

高亚尔卑斯（Hautes-Alpes），即法国上阿尔卑斯省。

下亚尔卑斯（Alpes-Maritimes），法国下阿尔卑斯滨海省。

瓦尔（Var），即法国瓦尔省。

米（千）〔于〕塞（Meuse），即法国默兹省。

亚尔德尼斯（Ardennes），即法国阿登省。

马尔内（Marne），即法国马恩省。

疴卑（Aube），即法国奥布省。

高马尔内（Haute-Marne），即法国上马恩省。

哥德多尔（Cote d'Or），即法国科多尔省。

索内罗亚尔（Saône-et-Loire），即法国索恩—卢瓦尔省。

下勒怒，法国东北部的下莱茵省（Bas-Rhin），位置误绘于法国中南部。

高勒怒，即法国东北部的上莱茵省（Haut-Rhin），位置误绘于法国中南部。

亚尔德世（Ardèche），即法国阿尔代什省。

窝哥律斯（Vaucluse），法国沃克吕兹省。

不世德罗内（Bouches-du-Rhône），即法国罗讷河口省。

罗尼河口（Mouths of the Rhône），即罗讷河口。

高罗亚尔，指法国埃罗（Héraute）省。

诺尔（Nord），即法国诺尔省。

索美（Somme），即法国索姆省。

哀斯尼（Aisne），即法国埃纳省。

疴瓦斯，法国瓦兹省（Oise）。

塞纳马尔内（Seine-et-Marne），即法国塞纳—马恩省。

约内（Yonne），即法国荣纳省。

聂维勒（Nièvre），即法国涅夫勒省。

亚列尔，即法国厄尔省（Eure）。

不一德多美（Puy-de-Dôme），即法国多姆山省。

罗塞勒（Lozère），即法国洛泽尔省。

敢达尔（Cantal），即法国康塔尔省。

亚维伦（Aveyron），即法国阿韦龙省。

达尔尼（Tarn），即法国塔尔纳省。

巴的加雷（Pas-de-Calais），即法国加来海峡省。

塞纳（Seine），即法国塞纳地区。

巴勒（Paris），即法国巴黎市。

塞纳疴克斯（Seine-et-Oise），即法国塞纳—瓦兹地区。

下塞纳（Seine-Martime），即法国塞纳滨海省。

与勒（Eure），即法国厄尔省。

与勒罗亚尔（Eure-et-Loir），即法国厄尔—卢瓦尔省。

罗亚勒（Loiret），即法国卢亚雷省。

罗亚尔舍耳（Loir-et-Cher），即法国卢瓦尔—歇尔省。

舍耳（Cher），即法国歇尔省。

音德勒（Indre），即法国安德尔省。

音德勒罗亚尔（Indre-et-Loire），即法国安德尔—卢瓦尔省。

哥留斯（Creuse），即法国克勒兹省。

高维也内（Haute-Vienne），即法国上维埃纳省。

哥勒塞（Corrèze），即法国科雷兹省。

罗加罗内（Lot-et-Garonne），即法国洛特—加龙省。

加尔（Gard），即法国加尔省。

疴德（Aude），即法国奥德省。

东比利牛斯（Pyrénées-Orientales），即法国东比利牛斯省。

厄罗尔德，即法国阿里埃日省（Ariège）。

马加罗内（Haute-Garonne），即法国上加龙省（Haute-Garonne）。

惹尔（Ger），即法国热尔省。

塞纳河口（Baie de La Seine），即塞纳湾。

加尔瓦多斯（Calvados），即法国卡尔瓦多斯省。

满砂（Manche），即法国芒什省。

疴的内（Orne），即法国奥恩省。

萨尔多（Sarthe），即法国萨尔特省。

卖内罗亚尔（Maine-et-Loire），即法国曼恩—卢瓦尔省。

二塞威勒（Deux-Sevres），即法国德塞夫勒省。

维也纳（Vienne），即法国维埃纳省。

沙兰德（Charente），即法国夏朗德省。

罗（Lot），即法国洛特省。

达尔尼加罗内（Tarn-et-Garonne），即法国塔尔特—加龙省。

多尔多尼亚（Dordogne），即法国多尔多涅省。

下比里牛斯（Pyrénées-Atlantiques），法国比利牛斯大西洋省。

高比里牛斯（Hautes-Pyrénées），即法国上比利牛斯省。

马也内（Mayenne），即法国马延省。

一列维勒内（Ille-et-Vilaine），即法国伊尔—维兰省。

哥的都诺尔（Cotes-du-Nord），即法国北滨海省。

摩尔比（罕）〔昂〕（Morbihan），即法国莫尔比昂省。

罗亚尔，绘于菲尼斯太尔省西面的这一"罗亚尔"省是没有的，应是莫尔比昂省东南的大西洋岸卢瓦尔（Loire-Atlantiqué）省。

罗亚尔河口，即伊鲁瓦兹海了（Mer d'Iroise）。

汪德（Vendée），即法国旺代省。

亚列日（Ariège），即本图厄罗尔德省，换一新名，误绘于夏朗德滨海省北部。

下沙兰德（Charente-Maritime），法国夏朗德滨海省。

日伦大（Gironde），即法国纪龙德省。

日伦大河口（Gironde），纪龙德河口。

兰德（Landes），即法国朗德地区。

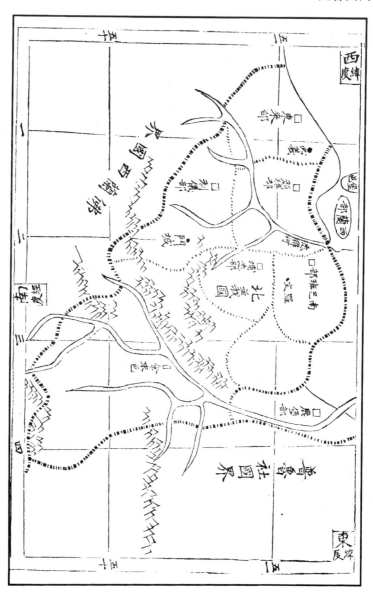

义北兰荷

大西洋

南海洲

日耳曼国界

【注】荷兰北义两国合图

来尼河口，应是施维坦（Schuyten）河口。

峨宁音邑（Groningen），即荷兰格罗宁根。

峨宁（邑）〔音部〕（Groningen），荷兰格罗宁根省。

吕瓦邑（Leeuwarden），即荷兰吕伐登。

非兰部（Friesland），即荷兰弗里斯兰省。

来尼河（Rhine），即莱茵河（Rhein），但位置不对。

爱悉部，即荷兰上艾塞尔省（Overijssel）。

南海隅，即艾瑟尔湖（Ijsselmeer）。

颇得部，即荷兰格尔德兰省（Gelderland）。

悉得河，即斯凯尔特河（Scheldt），位置亦误。

荷兰国安得堤都，即荷兰首都阿姆斯特丹（Amsterdam）。

哈林湖（Haarlem），即哈勒姆，原为183平方公里的大湖，《海国图志》百卷本出版时，已排水而成农田和牧场。

乌得部（Utrecht），即荷兰乌得勒支省。

候林邑，即荷兰海牙（The Hague）。

马士河（Maas R.），即马斯河。

北巴班部（Noord Brabant），即荷兰北布拉邦特省。

堡邑，即荷兰米德尔堡（Middelburg）。

西兰部（Zeeland），即荷兰泽兰省。

（鹿）〔林〕堡部（Limburg），即荷兰林堡省。

得林部（Drenthe），即荷兰德伦特省。

南巴班部，即比利时布拉邦特省（Brabant）。

罗文，即比利时安特卫普（Antwerp）。

埔悉部，即比利时首都布鲁塞尔（Brussel）。

颜得部，即比利时东、西佛兰德（Vlaanderen）二省。

必义，即比利时布吕赫（Bruges），又称布鲁日（Bruges）。

东来部，即比利时奥斯坦德（Oostende）。

利仪部，即比利时埃诺省（Hainaut）。

门城（Mons），即比利时蒙斯。

拿末邑（Namur），即比利时那慕尔。

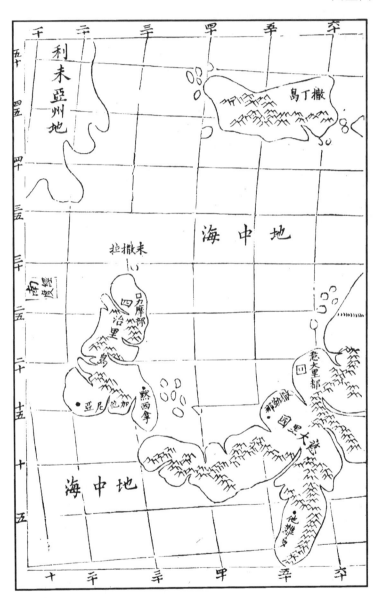

里大意

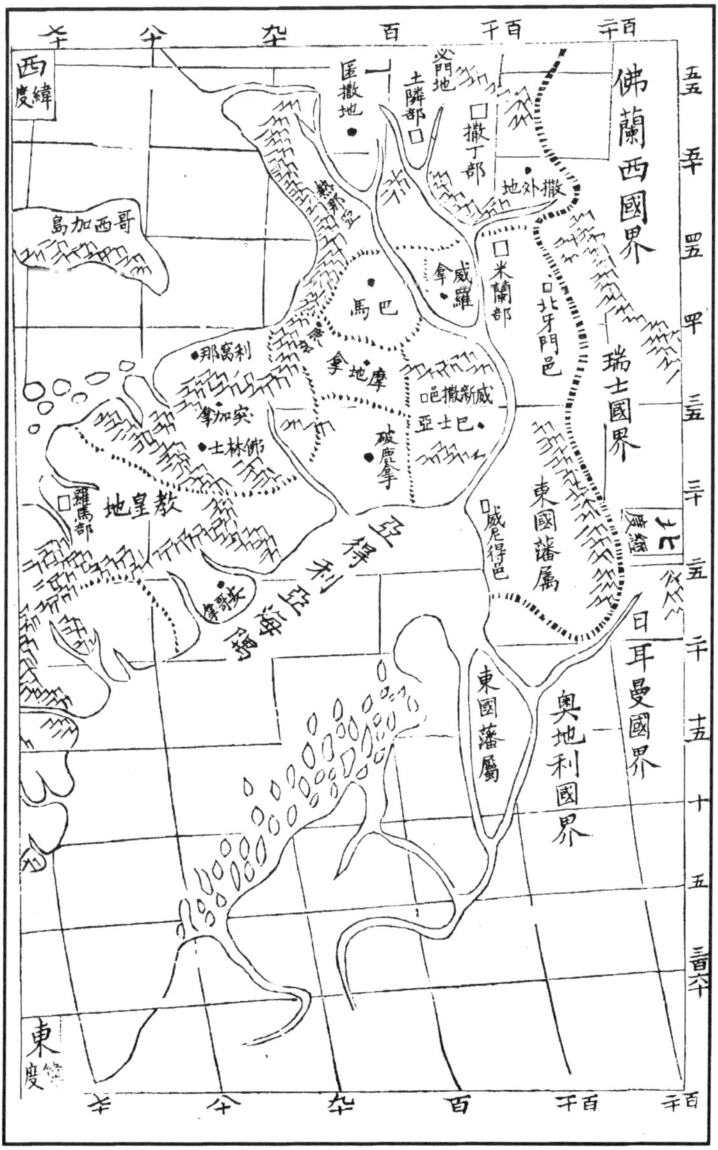

【注】意大里国全图

东国，指奥地利（Austria）。

威尼（得）〔斯〕邑（Venice），即意大利威尼斯（Venezia）。

亚得利亚海隅（Adriatic Sea），即亚得里亚海。

安哥拿（Ancona），即意大利安科纳。

破鹿拿（Bologna），即意大利波伦亚，或译波洛尼亚。

巴士亚，即意大利帕多瓦（Padova）。

威新撒邑（Vicenza），即意大利维琴察。

摩地拿（Módena），即意大利摩德纳。

鹿加（Lucca），即意大利洛卡。

巴马（Parma），即意大利巴马。

威罗拿（Verona），即意大利维罗纳。

米兰部（Milano，Milan），即意大利米兰。

北牙门邑（Bergamo），即意大利贝加摩。

撒外地（Savoy），即萨瓦，法国东部省份。

撒丁部（Sardinia），即意大利撒丁区。

必门地（Piemonte，Piemont），即意大利皮埃蒙特区。

土邻（Torino，Turin），即意大利都灵。

匿撒地（Nice），即尼斯。法国滨海阿尔卑斯省首府。

热那亚（Genoa），即意大利热那亚。

利窝那（Livorna），意大利里窝那。

突加拿（Toscana），即意大利托斯卡纳。

拂林士（Firence），即意大利佛罗伦萨（Florence）。

教皇地（Ecclesiastical States），指教皇国。

罗马部（Roma），指当时教皇国的首都罗马。至 1870 年（即《海国图志》百卷本出版后十八年）意大利王国统一后才成为意大利首都（教皇国退至梵蒂冈）。

意大里都，图上所绘位置为 Nápoli 或 Napoles（那波利或那不勒斯），当时是那不勒斯王国的首都。

撒勒那（Salerno），即意大利萨勒诺。

他难多（Taranto），即意大利塔兰托。

撒丁岛（Sardinia），意大利撒丁岛。

（四）〔西〕治里岛（Sicilia），即意大利西西里岛。

默西拿（Messina），即意大利墨西拿。

加他尼亚（Catánia），即意大利卡塔尼亚。

力摩部，即意大利巴勒莫（Palermo）。

末撒拉（Marsala），即意大利马尔萨拉。

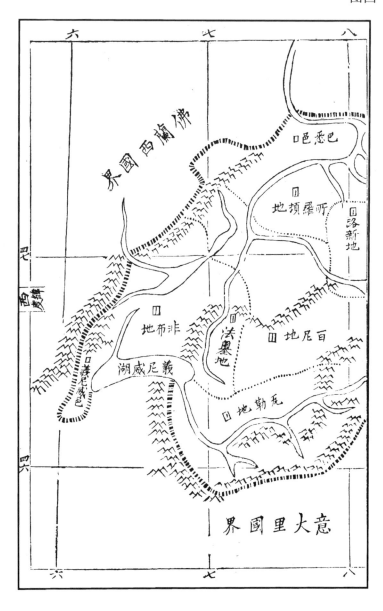

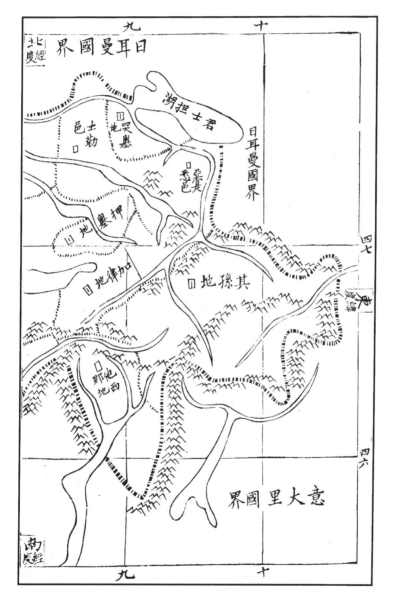

【注】瑞士国图

君士担湖（Lake of Constance），即博登湖（Bodensee L.）。

士勒邑（Zürich），即瑞士苏黎世。

突奥地（Thurgau），即瑞士图尔高州。

亚实悉邑，即瑞士阿彭策尔州（Appenzell）。

押奥（Aargau），即瑞士阿尔高州。

加律地（St. Gallen），即瑞士圣加仑州。

其孙地（Grisons），即瑞士格劳宾登州（Graubünden）。

他西那地（Tessin），即瑞士提契诺州（Tieino）。

巴悉邑（Basel），即瑞士巴塞尔。

所罗顿地（Solothurn），即瑞士索洛图恩州。

路新地（Luzern），即瑞士卢塞恩州。

百尼地（Bern），即瑞士伯尔尼州。

法奥地（Waudt），即瑞士沃州（Vaud）。

非布地（Fribourg），即瑞士弗里堡州。

义尼威湖（L. Geneva），即日内瓦湖。

义尼威邑（Geneva），即瑞士日内瓦。

瓦勒地（Wallis），即瑞士瓦莱州（Wallis）。

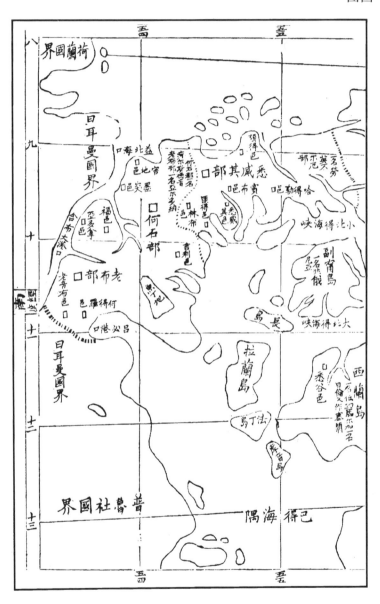

【注】大尼国图

窝布邑（Viborg），即俄罗斯维堡。

亚布邑（Ålborg），即丹麦奥尔堡。

若兰部（Jylland），又作入德兰部，即日德兰半岛。

亚胡邑（Århus），即丹麦奥尔胡斯。

何信邑（Horsens），即丹麦霍尔森斯。

其阿律邑，即丹麦瓦伊勒（Vejle）。

群岛海，即萨姆索海峡（Samsø Balt）。

哥宾哈音都（København），即丹麦首都哥本哈根（Copenhagen）。

匪得邑，即丹麦腓特烈港（Frederikssund）。

孙得海峡（The Sound），即松德海峡。

加的牙峡（Kattegat），即卡特加特海峡。

西兰岛（Sjaelland），又作日伦、塞兰，即丹麦西兰岛。

低纳马尔加（葡文 Dinamarca），即丹麦。魏源据《地理备考》，认为此名亦当时丹麦一省名。

悉谷邑，即丹麦斯拉格尔斯（Slagelse）。

摩音岛（Moen），即丹麦默恩岛。

法（丁）〔特〕岛，（Falster），即丹麦法尔特岛。

拉兰岛（Lolland），即丹麦洛兰岛。

长岛（Longeland），即丹麦朗格兰岛。

大北得海峡（Store Baxlt），即大贝尔特海峡。

副宁岛（Fyn），即丹麦菲英岛。

非俄尼亚，不知此名原文，所知菲英岛，只有 Fyn、Funen、Fyen 等名。

小北得海峡（Lille Baxlt），即小贝尔特海峡。

哈得勒邑（Haderslev），即丹麦哈得斯累夫。

劳英石尔厄部（Lauenburg），即德国劳恩堡。当时石勒苏益格和劳恩堡是日德兰半岛南部北面和南面不同的两省。

悉威其部（Schleswig），即德国石勒苏益格。

顿得邑（Tonder），即丹麦特讷。

宾布邑，即德国弗伦斯堡（Flensburg）。

匪得邑，即德国埃肯弗尔德（Eckernförde）。

林布邑（Rendsburg），即德国伦次堡。

何石（都）〔部〕，即德国石勒苏益格—荷尔斯泰因州（Schleswig-Holstein）。德语 stein 意为石。

疴尔斯德音（Holstein），即德国荷尔斯泰因。

老布部，即德国劳恩堡（Lauenburg）。

亚尔多纳（Altona），即德国亚尔托纳。

害地邑（Heide），即德国海德。

墨突邑（Meldorf），即德国梅尔多尔夫。

吉利邑（Kiel），即德国基尔。

鱼丁地（Eutin），即德国尤丁。

福邑（Glückstadt），即德国格吕克斯塔特。德语 Glück 意为幸福。

亚多拿邑（Altona），即德国亚尔托纳。

含布大港（Hamburg），即德国汉堡。

老音布邑（Lauenburg），即德国劳恩堡。

（何得罗）〔罗得侧〕邑（Ratzeburg），即德国拉策堡。

吕必港（Lübeck），即德国卢卑克。

290

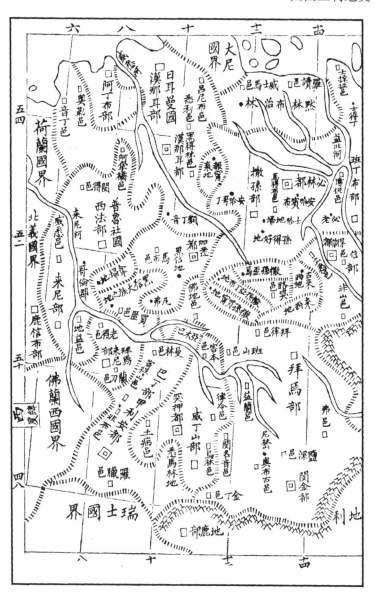

大北度經

大平三百六

隔海得巴閣博部破斯部

部斯路破東

俄羅斯國界

破路斯國

未道河

破蘭地

得撒信報

部西利治

巴拉

必信邑

部閣破

俱布邑

加勾地

部西利加

會都伯林

部林黙

無可威尼部

河惱多

利地奧上

都音威

部音雲

湖填拉尼

都音阿

國利地奧下

大平三百六

奧南度經

【注】日耳曼破路斯奥地利三国图

东破路斯部（East Prussia），即东普鲁士。

王山都（Köningsberg），哥尼斯堡，今俄罗斯加里宁格勒（Kaliningrad）。

但悉邑（Danzig），即今波兰格但斯克（Gdańsk）。

博闵部（Pomerania），即波兰波莫瑞（Pomorze）地区，意为沿海地区。

西破路斯部（West Prussia），即西普鲁士。

破新部（Posen），即波兰波兹南（Poznań）。

破兰地（Poland），即波兰。

治利西部（Silesia），即波兰西里西亚地区。

加句地（Cracow），即波兰克拉科夫（Krakow）。

报信邑（Bautzen），即德国鲍岑。

撒孙部（Saxony），即德国萨克森。

得信（邑）〔部〕，即德国德累斯顿（Dresden）专区。

得信都，德国德累斯顿市（Dresden）。

林伯都会（Lemberg），今乌克兰利沃夫（Lvov）。

无可威尼部（Bukovina），布科维纳。即今罗马尼亚东北部和乌克兰西部。

加利西部（Galicia），加利西亚。波兰东南部历史地区名。

默林部，布尔诺（Brno），在捷克—摩拉维亚高地东麓。

但布邑，疑应作布但，波兰比托姆（Bytom）。

（拉巴）〔巴拉〕（Praha），即捷克首都布拉格（Prague）。

破闵部（Bohemia），波希米亚，捷克中西部旧地区名。

必信邑（Pilsen），即捷克比尔森（Plzeň）。

云音部（Ungern），即匈牙利（Hungary）。

阿宝都（Óbuda），今匈牙利首都布达佩斯（Budapest）西区。

威音（Wien），即奥地利首都维也纳（Vienna）。

（尼）〔巴〕拉顿湖（Balaton），即今匈牙利巴拉顿湖。

士挞拉邑（Stralsund），即德国施特拉尔松。

士得丁（Stettin），即波兰什切青（Szczecin）。

班丁布部（Brandenburg），即德国勃兰登堡区。

博但邑（Potsdam），即德国波茨坦。

必老（Breslaw），即波兰弗罗茨瓦夫（Wroctaw）。

罗读邑（Rostock），即德国罗斯托克。

威士马邑（Wismar），即德国维斯马。

默林布治林（Mecklenburg），即德国梅克伦堡地区。

必林都（Berlin），即德国柏林。

安哈宾布（Anhalt-Bernburg），即德国安哈尔特—贝恩堡。

马得布邑（Magdeburg），即德国马格德堡。

（士）〔安〕哈地埽（Anhalt-Dessau），即德国安哈尔特—德绍。

孙得好地（Sondershousen），即德国宗德斯豪森。

安哈哥丁（Anhalt-Cothen），即德国安哈尔特—科滕。

报宁衰地（Braunschwig），即德国吕伦瑞克（Brunswiek）。

吕尼布邑（Lüneburg），即德国吕内堡。

悉利邑（Celle），即德国策勒。

黑得林邑（Hildesheim），即德国希尔得斯海姆。

汉那耳部（Hannover），即德国汉诺威地区。

汉那耳都（Hannover），即德国汉诺威。

额丁音（Göttingen），即德国格廷根。

非山邑（Freiberg），即德国弗赖贝格。

立悉邑（Leipzig），即德国莱比锡。

古来西地（Greiz），即德国格赖茨（Greitz）。

来西地，德国罗伊斯—施莱茨（Reuss-Schleitz）。

路突邑，德国鲁道尔施塔特（Roudolstadt）。

撒孙歪马（Saxe-Weimar），即德国萨克森—魏玛。

撒孙亚丁布地（Saxe-Altenburg），即德国萨克森—阿尔滕堡。

撒孙买宁地（Saxe-Meiningen），即德国萨克森—迈宁根。

拜焉部（Bayern），即德国拜恩州，又称巴伐利亚州（Bavaria）。

拜律邑（Bayreuth），即德国拜罗伊特。

班山邑，即德国班贝克（Bamberg）。

佛地邑（Fürth），即德国富尔特。

益兰邑（Erlangen），即德国埃尔兰根。

尼林山（Nürnberg），即德国纽伦堡。

奥布古邑，即德国奥格斯堡（Augsburg）。建于公元前14年，历史悠久，故称"奥布古邑"。

闵名音邑（Memmingen），即德国梅明根，在乌尔姆东南。

金丁邑，即德国肯普滕（Kempten）。

盐深邑（Salzburg），即奥地利萨尔茨堡，是著名盐城（德语 Salz，意为盐），位置绘得过北。

闵金都（München），德国慕尼黑（Munich）。

弗邑，德国富尔特伊姆瓦尔德（Furthim Wald）。

地鹿部（Tyrol），即奥地利蒂罗尔。

阿丁布部（Oldenburg），即德国奥尔登堡。

奥勒邑（Aurich），即德国奥里希。

音丁邑（Emden），即德国埃姆登。

普鲁社国西法部（Prussian Westphalia），普属威斯特伐利亚，今德国北莱茵—威斯特法伦（Nordrhein-Westfalen）州。

阿拿桥邑（Osnabrück），即德国奥斯纳布吕克。德语 brück 意为桥。

闵得邑（Münster），即德国明斯特。

哥伦都（Köln），即德国科隆（Cologne）。

威悉邑（Wessel），即德国威塞尔，在莱茵河东。

来尼部（Rheinland），德国莱茵地区。

地益邑（Trier），德国特里尔。

黑信地，指德国历史上的黑森选帝侯领地（Electoral Hesse）。

加悉都（Cassel），即德国卡塞尔（Kassel）。

马布邑（Marburg），即德国马尔堡。

凡弗（Frankfurt），指德国东部的法兰克福。

买匿邑（Mayence），德国美因兹（Mainz，Mentz）。

黑信大（族）〔侯〕之地，黑森—达姆施塔特（Hesse-Darmstadt），亦称黑森大公国（Grand Duchy of Hesse）。

拿埽地（Nassau），即德国拿骚。

拜焉来尼部（Bayern-Rhein），即德国拜恩—莱茵地区。

老得邑，即德国劳特雷肯（Lauterecken）。

兰刀邑（Landau），即德国兰道。

巴丁部（Baden），即德国巴登地区。

甲利安都（Carlsruhe），德国卡尔斯鲁厄（Karlsruhe）。

曼林邑（Mannheim），即德国曼海姆。

亚木巴（Ansbach），即德国安斯巴赫。

害得山邑（Heidelberg），即德国海德尔堡。

非布邑（Freiburg），即德国弗赖堡。

罗腊邑（Lörrach），即德国勒腊克。

悉马林地（Sigmaringen），即锡马林根。

鹿信布部（Luxembourg），即卢森堡。

威丁山部（Württemberg），即德国符腾堡地区。

害本邑（Heilbrorm），即德国海尔布隆。

律冷邑（Reutlingen），即德国罗伊特林根，位于斯图加特之南。

乌林邑（Ulm），即德国乌尔姆。

突押都（Stuttgart），即德国斯图加特。

土病邑（Tübingen），即德国图宾根。

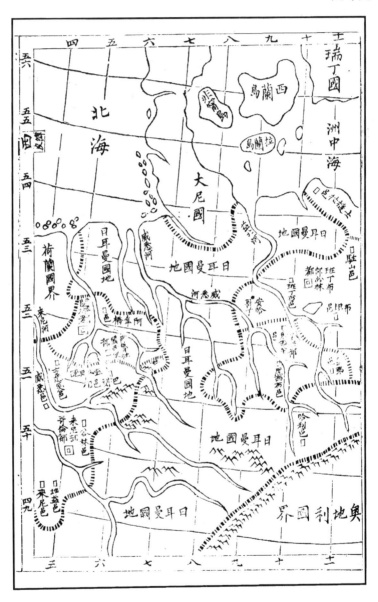

【注】普鲁社国专图

特悉邑，旧名 Tilsit 的对音，在今俄罗斯，曾改名苏维埃斯克（Sovetsk），今名不详。

益宾邑（Elbing），埃尔宾，即今波兰埃尔布隆格（Elblag）。

马利未得邑（Marienwerder），即波兰马林韦德尔。

告丁邑，即波兰格尔琼兹（Grudziadz）。

多伦邑，即波兰托伦（Toruń）。

吉林邑，即波兰科沙林（Koszalin）。

士达甲邑（Stargard），即波兰希塔尔加特。

开瓦得邑（Greifswald），德国格赖夫斯瓦尔德。

凡佛邑（Frankfurt），指德国东部的法兰克福。

颂山邑，即波兰彼得哥煦（Bydgoszcz）（德语 Bromberg）。

必老都（Breslaw），即波兰弗罗茨瓦夫（Wroctow）。

撒岸邑，即波兰兹戈热莱茨（Zgorzelec）。

勒匿邑（Legnica），即波兰累格尼察。

耐士邑（Nysa），即波兰尼斯。

屋邑，即波兰奥波莱（Opole）。

非宁岛（Funen），即丹麦菲英岛。

威悉河，本图东、西两条威悉河，同名异河。西面那条指 Weser，通译威悉河。

闵得都（Münster），即德国明斯特。

巴闵邑（Bonn），即德国波恩。

（士）〔土〕悉突邑（Düsseldorf），即德国杜塞尔多夫。

谷林邑，疑指 Gummersbact，德国古默斯巴特。

驻山邑（Strausberg），即德国斯特劳斯贝格。

布坦邑（Potsdam），即德国波茨坦。

黑西布邑（Herzberg），即德国赫尔兹贝格。

哈利邑（Helle），即德国哈雷。

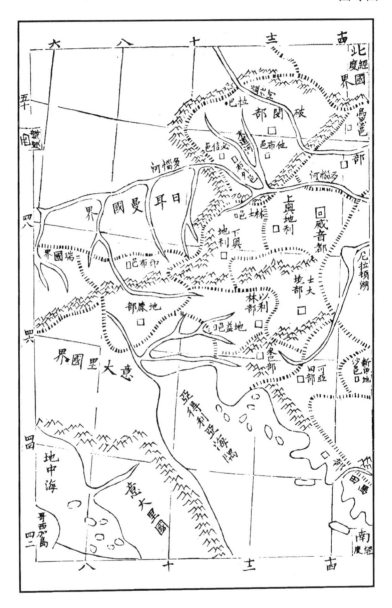

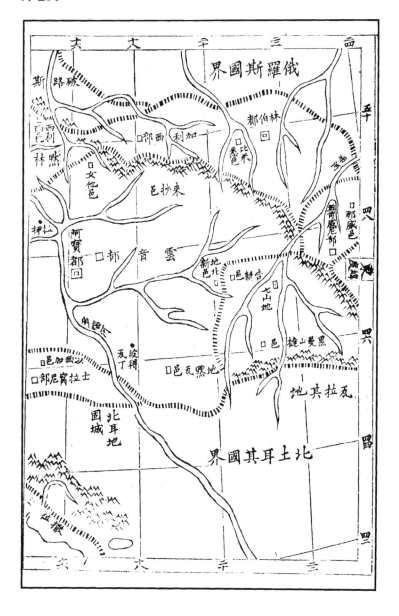

【注】奥地利国专图

布河（Bug R.），即布格河。

〔桀〕那威（Czernowitz, Cernǎuti），即乌克兰切尔诺夫策（Chernovt-sy）。

比米悉邑，即波兰普热梅希尔（Przemysl）。

拉押，即匈牙利吉厄尔（Györ）。

女他邑，疑指 Neushol，其位置约当今斯洛伐克班斯卡—比斯特里察（Banská Bistrica）。

来抄邑，图上位置似为今斯洛伐克科希策（Košice），匈牙利语作 Kassa。若然，则"来抄"二字可能是"卡沙"的讹刻。

地北新邑（Debrecen），即匈牙利德布勒森。

告新邑（Klausenberg），即罗马尼亚克劳森堡。

七山地，即罗马尼亚特兰西瓦尼亚（Transylvania），又作塞本布根（Seibenbügen）。

黑曼（山）〔士〕挞邑（Hermannstad），即赫尔曼施塔德。

瓦拉其地（Wallachia），即瓦拉几亚（Valahia）。

地默瓦邑，即杜博瓦茨（Dubovacz）。

彼得瓦丁（Peterwaratin），即彼得罗瓦拉丁（Petrovaradin），在塞尔维亚诺维萨德（Novi-Sad）附近。

北耳地固城（Beograd），即塞尔维亚首都贝尔格莱德（Belgrade）。

士拉富尼部（Selavonia），即斯拉沃尼亚地区。

以西加邑（Eszek），即埃塞克。

撒拉（Zara），萨拉，即克罗地亚扎达尔（Zadar）。

达马田部（Dalmatia），即克罗地亚达尔马提亚地区。Dalmatians（达尔马提亚人）是当地居民名称之一。

新甲地沙邑（Nova Gradiska），即克罗地亚新格拉迪什卡。

乌墨邑，即捷克奥洛莫乌茨（Olomouc）。

（拉）巴〔拉〕（Praha），即布拉格（Prague）。

他布邑（Tábor），即捷克塔博尔。

末道河，即伏尔塔瓦河（Vltava）。

布外邑，即捷克—布杰约维策（Ceska Budějovice）。

林士邑（Linz），即奥地利林茨。

士大境部，即施泰尔马克（Steiermark）（施泰尔边境）。

印布邑（Innsbruck），即奥地利因斯布鲁克。

以利林部（Illyria），指伊利里亚部落。

地益邑，此"地益邑"与前面二图的"地益邑"同名异地，指意大利的的里雅斯特（Trieste）。

来巴部（Laybach），即斯洛文尼亚卢布尔雅那（Ljubljana）地区。

可亚田部（Croatia），即克罗地亚。

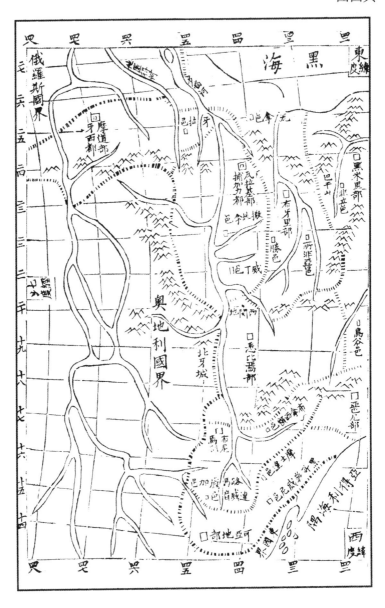

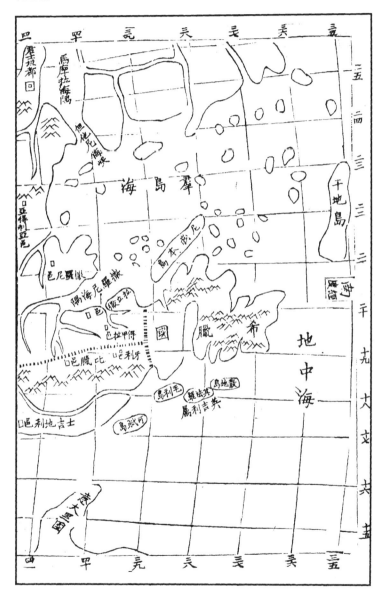

【注】北土耳其国图

君士坦都（Constantinople），即土耳其首都伊斯坦布尔（İstanbul）。

马摩拉海（Sea of Marmara），马尔马拉海。

但他尼海峡（Dardanelles），达达尼尔海峡，即今恰纳卡莱海峡（Çanakkale Boğazi）。

亚得利亚邑（Adrianople），亚得里亚堡，即今土耳其埃迪尔内（Edirne）。

群岛海，此"群岛海"与《大尼国图》的"群岛海"同名异地，指爱琴海（Aegean Sea）。

尼峨本岛（Negropont），希腊埃维厄岛（Evvois, Euboea）。

撒罗尼海隅，即塞迈科斯湾（Thermaikós, Kólpos）。

撒罗尼邑（Thessaloniki），即希腊萨洛尼卡（Salonika）。

拉立撒邑（Lárisa），即希腊拉里萨。

得甲拉邑（Trikkala），即希腊特里卡拉。

牙利邑（Gallipoli），即土耳其格列博卢（Galibolu），在达达尼尔海峡西岸，此图误绘于阿尔巴尼亚南部。

比腊邑（Berat），即阿尔巴尼亚南部培拉特（Berati）。

士吉地利邑，即阿尔巴尼亚西北部斯库台（Shkodra, Shkodar）。

可赋岛（Corfu），科学岛，即今希腊克拉基岛（Kérkira）。

毛利岛（Santa Maura），今希腊累夫卡斯岛（Levkás）。

其法罗（Cephalonia），希腊凯法利尼亚岛（Kefallinia）。

散地岛（Zante），赞特岛，即今希腊扎金索斯岛（Zákinthos）。

他匿得河（Dnestr），即德涅斯特河（Dniester R.）。

摩道部（Moldova），即摩尔多瓦。

牙西都（Jassy），即罗马尼亚雅西（Iasi）。

牙拉邑（Galaṭi），即罗马尼亚加拉茨（Galatz）。

瓦拿邑（Varna），即保加利亚瓦尔纳。

瓦拉基部（Walachia），即瓦拉基亚（Valahia），应在多瑙河北，此图误绘于其南。

捕加力都（Bucharest），即罗马尼亚首都布加勒斯特（Bucureşti），应在多瑙河北，此图误绘于其南。

撒地拿邑（Slatina），即罗马尼亚斯拉提纳，应在多瑙河北，本图误绘于其南。

威丁邑（Widin），即保加利亚维丁（Vidin）。

北牙城（Belgrade），即贝尔格莱德，应在多瑙河南，此图误绘于其北。

悉比焉部（Srbija Serbia, Servia），即塞尔维亚（Serbia）。

西闵地（Semendria），即斯梅德雷沃（Semederevo）。

（鸟）〔乌〕谷邑（Uskup），即乌斯库普。

（里）〔路〕米里部（Rumelia），即鲁米利亚。

非立邑，即保加利亚鲁罗夫迪夫（Plovdiv），又作腓力普波罗斯（Philippopolis）。

巴干山（Bakan Mts.），即斯塔拉普拉尼纳（Stara Planina），又作巴尔干山脉（Balkan Mts.）。

布里牙部，即保加利亚（Bulgaria）。

所非亚邑（Sofia），即保加利亚首都索非亚（Sofiya）。

胜邑，保加利亚科拉罗夫格勒（Kolarovgrad）。

亚巴尼部（Albania），即阿尔巴尼亚。

布尼焉部，即波斯尼亚（Bosna, Bosnia）。

布赖西拿邑，萨拉热富（Sarajevo），又作波斯尼亚塞赖（BosnaSerai）。

路马卢加邑，疑即班亚—卢加（Banja Luka）。

达威音邑，即波黑德尔文塔（Derventa）。

可亚地部，即克罗地亚（Croatia）。

摩士达邑（Mostar），即波黑莫斯塔尔。

黑所峨威尼邑（Hercegovina），即黑塞哥维那（Herzegovina）。

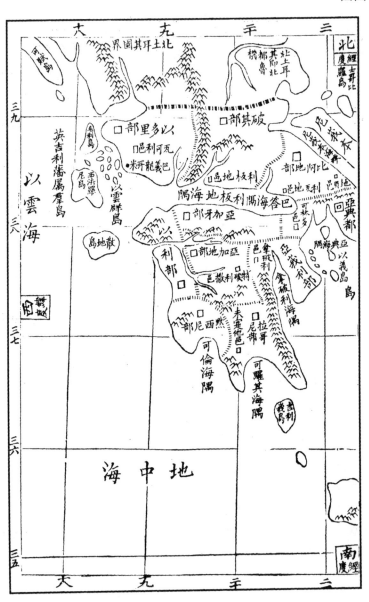

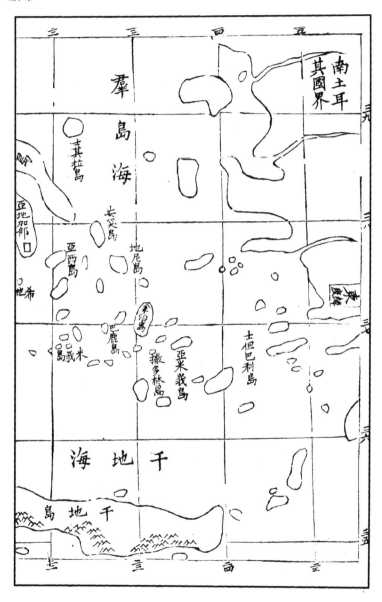

【注】希腊国图

士但巴利岛（Stampalia），即希腊阿斯蒂帕拉亚（Astipálaia）岛。

亚米峨岛（Amorgós），即希腊阿莫戈斯岛。

撒多林岛（Santorin），即希腊桑托林岛，又即蒂拉岛（Thíra）。

干地海（Sea of Candia），即克里特海（Sea of Crete）。

干地岛（Candia），即希腊克里特岛（Kríti）。

拿治岛（Náxos），即希腊纳克索斯岛。

地尼岛（Tinos），即希腊提诺斯岛。

士其拉岛（Skíros），即希腊斯基罗斯岛。

安突岛（Ándros），即希腊安德罗斯岛。

（亚西）〔西亚〕岛（Zea），即希腊克亚（Kea）岛。

米峨岛（Milos），即希腊米洛斯岛。

希他岛（Hydra），即希腊希德拉（Idhra）岛。

亚地加部（Attika），即希腊阿蒂基（Attikí）州。

巴鹿岛（Páros），即希腊帕罗斯岛。

士哥比罗岛（Skopelos），即希腊斯科皮洛斯岛。

尼峨本海峡，即沃利奥斯埃维厄湾（Vórios Evvoikos Kólpos）。

比阿地部（Boeatia），即希腊彼阿提亚州。

地百邑（Thebes），底比斯即希腊提佛（Thívai）。

利瓦地邑（Levadia），即希腊利伐迪亚（Levádhia）。

亚典都（Athens），即希腊首都雅典。

可林多邑（Korintos），科林索斯，即希腊科林斯（Corinth）。

亚典海隅（G. of Egina），即萨洛尼湾（Saronikós Kólpos）。

以义岛，即希腊埃伊纳（Aíyina）岛。

破其部，即希腊福基斯（Fokís）地区。

利板地邑（Lepanto），即希腊纳夫帕克托斯（Návpaktos）。

巴答海（隔）〔隅〕，即佩特雷湾（Pátraikós Kólpos）。

利板地海隅（G. of Lepanto），即科林斯湾（Korinchiakós）。

亚加牙部（Akraia），即希腊阿黑亚州（Achaia）。

亚峨利部（Argolis），即希腊阿戈利斯州。

拿破利海隅（G. of Napoli），即阿戈利斯湾（Argolikós Kólpos）。

拿破利邑（Napoli），即希腊纳夫普利昂（Návplion）。

拉哥尼部（Laconia），即希腊拉科尼亚（Lakonía）州。

未实他邑，疑为"实巴他"（Sparta）之讹。即希腊斯巴达（Spárti）。

可罗其海隅（G. of Kolokychia），即拉科尼亚湾（Lakonikós Kólpos）。

吉利峨岛（Cerigo），即希腊基西拉（Kíthira）岛。

业加地部（Arcadia），即希腊阿卡迪亚（Arkadhía）地区。

特破利撒邑（Tripolizza），即希腊特里波利斯（Trípolis）。

默西尼部（Messenia），即希腊美塞尼亚州（Messiniakós）。

可伦海隅（G. of Coron），即美锡尼亚湾（Messiniakós kólpos）。

以利部（Elis），即希腊埃利亚州（Elía）。

（巴义龙所米）〔米所龙义邑〕（Missolonghi），即希腊梅索朗吉昂（Mesolóngion）。

瓦可利邑（Vrachori），即希腊阿格里尼昂（Agrinion）。

以多里部（Etolia），即希腊埃托利亚地区（Aitolia）。

西法罗尼岛（Cephalonia），即希腊克法利尼亚岛（Kefallinía）。

以云群岛（Ionian Is.），即希腊爱奥尼亚群岛（Iónioi Nísoi）。

以云海（Ionian Sea），即爱奥尼亚海。

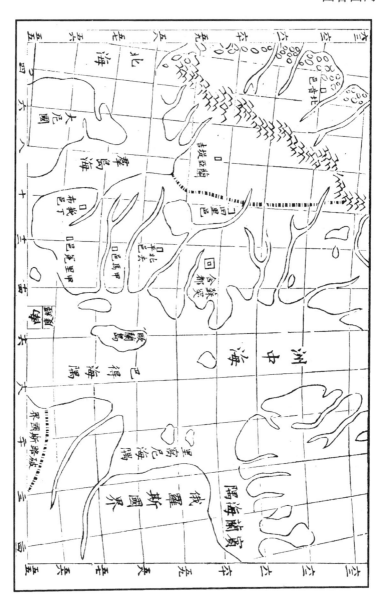

威那丁瑞

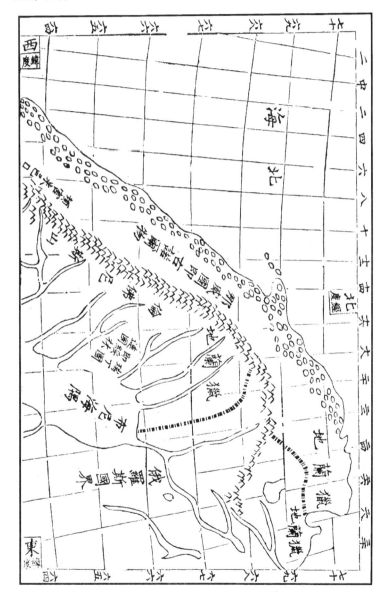

【注】瑞丁那威两国合图

猎兰地（Lappland），即拉普兰。

古诺尔物（Norge），即挪威（Norway），古称 Norreweg，意为北方航道。

伦佛尼斯山，即多弗伦尼斯（Dofrines）山脉。

顿害米邑（Trondheim），即挪威特隆赫姆。

北音邑（Bergen），即挪威卑尔根。

吉堤亚（兰）〔那〕（Christiania），即挪威首都奥斯陆（Oslo）。

（田）〔甲〕里邑，即瑞典卡尔斯塔德（Karlstad）。

苏突含都（Stockholm），即瑞典首都斯德哥尔摩。

北吉平邑（Norrköping），即瑞典诺尔彻平。

甲马邑（Kalmar）即瑞典卡尔玛。

峨丁布邑（Gottenborg），即瑞典哥德堡（Göteborg）。

甲里冕邑，即瑞典卡尔斯克鲁纳（Karlskrona）。

欧兰岛（Öland），即瑞典厄德兰岛。

里窝尼海隅，即里加湾（G. of Riga）。

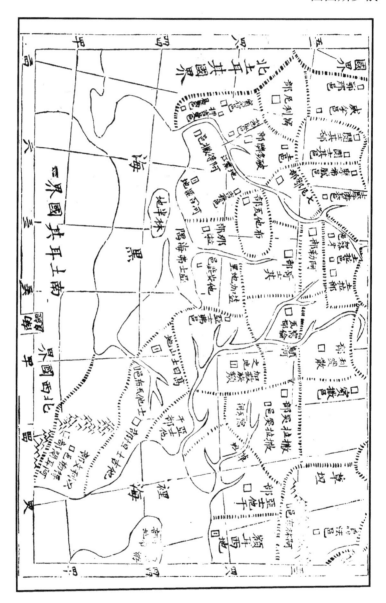

属州巴罗欧

西度纬

东度纬

北度经

瑞丁国界

波罗海

日地兰地

海水

新至利海隅

新岛之

【注】欧罗巴州属俄罗斯国图

拉兰地（Lapland），即拉普兰。

宾兰地（Finland），即芬兰。

威布邑（Vyborg），即俄罗斯维堡。

瓦撒邑（Vasa），即芬兰瓦沙。

亚被邑（Åbo），即芬兰土尔库（Turku）。

天使魁邑（Archangel），即俄罗斯阿尔汉格斯克（Arkhangelsk）。"天使魁"是英语意译名。

北地，指俄罗斯伯朝拉（Peehora）及其以北一带，包括博耳舍捷美耳苔原（Bolshe Zemlskaya Tundra）。

窝鹿他地（Vologda），即俄罗斯沃洛格达地区。

窝鹿他邑（Vologda），即俄罗斯沃洛格达。

那峨鹿部（Novgorod），即俄罗斯诺夫哥罗德州。

那峨鹿邑（Novgorod），即诺夫哥罗德。

北耳米部（Perm），即俄罗斯彼尔姆州。

各多马部（Kostroma），即俄罗斯科斯特罗马州。

拉鹿拉末部（Yaroslavl），即俄罗斯雅罗夫拉夫尔州。

瓦地墨部（Vladimir），即俄罗斯弗拉基米尔州。

彼得罗都（Sankt Peterburg），俄罗斯圣彼得堡。

拉多牙湖（Ladozhskoye Ozero），即拉多加湖。

益兰部，即爱沙尼亚（Esthonia）。

利瓦邑（Revel），即列韦里，今爱沙尼亚首都塔林（Tallinn）。

勒兰部，即利沃尼亚（Livonia），今拉脱维亚和爱沙尼亚的一部分。

利牙邑（Riga），即拉脱维亚首都里加。

利道部（Lithuania），即立陶宛。

威拿邑（Vilnius），即立陶宛维尔纽斯。

鄂那邑（Kaunas），即立陶宛考那斯。

闵士其部（Minsk），即白俄罗斯明斯克州。

闵士其邑（Minsk），即白俄罗斯明斯克。

摩希腊邑（Mogilev），即白俄罗斯莫吉廖夫。

摩邻其邑（Smolensk），即俄罗斯斯摩棱斯克。

加路牙邑（Kalaga），即俄罗斯卡卢加。

土拉邑（Tula），即俄罗斯图拉。

土拉部（Tula），即俄罗斯图拉州。

利爱散邑（Ryazan），即俄罗斯梁赞。

宾撒邑（Penza），即俄罗斯奔萨。

乌法邑（Ufa），即俄罗斯乌法。

阿伦布邑（Orenburg），即俄罗斯奥伦堡。

亚士他干部（Astrakhan），即俄罗斯阿斯特拉罕州。

额耳西地草坦，即哈萨克斯坦吉尔吉斯草原（Kirgiziya Steppe）。

撒拉突部（Sarotor），即俄罗斯萨拉托夫州。

撒拉突邑（Saratov），即俄罗斯萨拉托夫。

顿河（Don R.），即顿河。

窝伦瓦部（Voronezh），即俄罗斯沃罗涅什。

加撒族类之地，即顿河哥萨克（Don Cossacks）。

亚士弗邑（Azov），即亚速。

亚士弗海（隅）（Sea of Azov），即亚速海（Azovskoye More）。

高（田）〔甲〕士山地（Caucasus Mts.），即高加索山脉（Bolshoi Kavkaz）。

士他瓦布邑（Stavropol），即俄罗斯斯塔夫罗波尔。

他吉士坦部（Dagestan），即俄罗斯达吉斯坦自治共和国。

以利文部（Yerevan），即亚美尼亚埃里温地区。

得勒邑（Tbilisi），即格鲁吉亚首都第比利斯。

亚耳闵部（Armenia），即亚美尼亚。

林半地，即俄罗斯克里米亚（Crimea）半岛。

（那）〔斯〕拉部，即乌克兰第聂伯彼得罗夫斯克州（Dnepropetrovska）。

他安鹿邑（Taganrog），即俄罗斯塔甘罗格。

哥士其部（Kursk），即俄罗斯库尔斯克。

阿勒部（Orel），即俄罗斯奥廖尔州。

七尼鄂部（Chernigov），即乌克兰切尔尼戈夫州。

布他瓦部（Poltava），即乌克兰波尔塔瓦。

吉孙邑（Kherson），即乌克兰赫尔松。

阿得撒邑（Odessa），即乌克兰敖德萨。

（河百匿地）〔地匿百河〕（Dnepr），即第聂伯河。

土邑，即乌克兰日托米尔（Zhitomir）。

窝尼利部（Volhynia），疑为沃利尼亚。

加悉匿邑（Kishinev），即摩尔达维亚基什尼奥夫。

宾得邑（Bendery），即摩尔达维亚宾杰里。

押吉曼邑（Akermann），即乌克兰阿克曼。

易马邑（Ismail），即乌克兰伊兹梅尔。

（得尼）〔韦利〕江，即韦利卡瓦河（Vilikaya, R.）。

地业江，本图的"地业江"指德涅斯特河（Dnestr R.）。

北西（Persia），指波斯，即今伊朗（Iran）。

加利海隅（Kara Sea），即喀拉海。

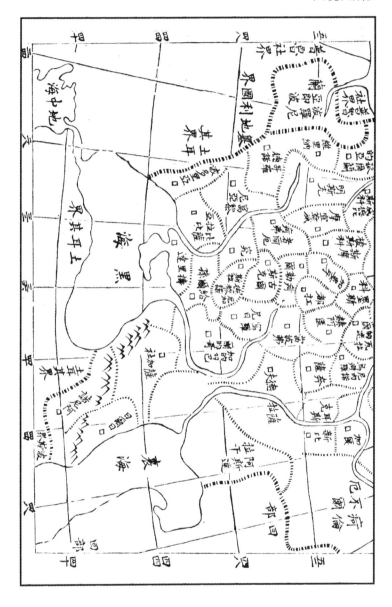

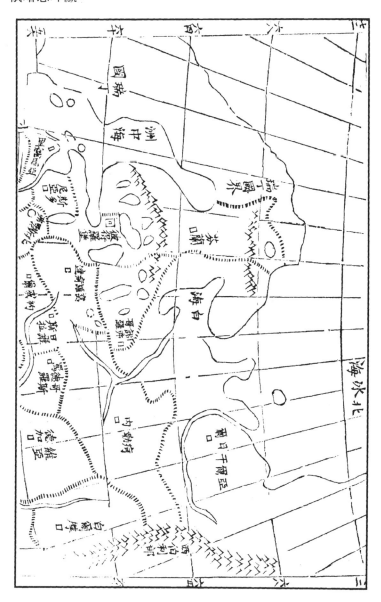

【注】瀛环志略俄罗斯西境图

彼得罗堡（Sankt Peterburg），即圣彼得堡。

诺弗哥罗（Novgorod），即诺夫哥罗德。

窝罗疴达（Vologda），即沃洛格达。

亚尔干日尔（Archangel），即阿尔汉格斯克（Arkhangelsk）。

白尔摩（Perm），即彼尔姆。

西伯利部（Siberia），即西伯利亚。

哥斯德罗骂（Kostroma），即俄罗斯科斯特罗马。

日罗斯拉（Jaroslav），即俄罗斯雅罗斯拉夫尔。

比斯哥弗（Pskov），即俄罗斯普斯科夫。

斯多尼亚（Estonia），即爱沙尼亚。

里窝尼亚（Livonia），利沃尼亚，即今拉脱维亚和爱沙尼亚部分地区的旧称。

威德比斯科（Witebsk），即白俄罗斯维帖布斯克。

斯摩棱斯科（Smolensk），即斯摩棱斯克。

墨斯科（Moscow），即俄罗斯莫斯科。

瓦拉的迷尔（Vladimir），即俄罗斯弗拉基米尔。

加匿（Kazan），即喀山。

疴伦不尔厄（Orenburg），即奥伦堡。

新比尔斯克（Simbersk），即俄罗斯辛比尔斯克。

萨拉德夫（Saratov），即萨拉托夫。

阿斯达拉干（Astrakhan），即阿斯特拉罕。

当波弗（Tambov），即俄罗斯坦波夫。

赫阿匿，即梁赞（Riazan）。

都（扛）〔拉〕（Tula），即图拉。

加娄牙（Kaluga），即俄罗斯卡卢加。

疴勒尔（Orel），即奥廖尔。

古尔斯克（Koursk），即库尔斯克。

窝罗尼日（Voronezh），即沃罗涅什。

加（的）〔尔〕勾（巴尔的哥）（Kharkov），即乌克兰哈尔科夫。

日尔日（Georgia），即格鲁吉亚。

诺尼阿，指亚美尼亚（Armehia），"诺尼阿"一名不知何所据。

捣里达（Taurida），即陶里达，在克里米亚半岛，主要城市有辛菲罗波尔（Symferpol）。

给尔孙（Kherson），即赫尔松。

厄加德黎诺斯拉（Ekatherinoslav），第聂伯彼得罗夫斯克（Dnepropetrovska）。

究（Kiev），即乌克兰首都基辅。

者尔（厄）〔尼〕疴弗（Tchenigov），即契尔尼哥夫。

摩宜勒威（Mohilev），即莫吉廖夫。

明斯克（Minsk），即今明斯克。

维里纳（Wilna），即立陶宛维尔纽斯（Vilnius）。

哥罗德诺（Grodno），即白俄罗斯格罗德诺。

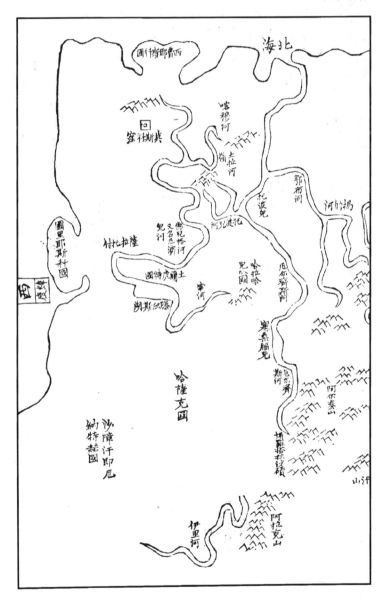

海北
特库牙
此处产黑貂
及硪鼠
达哈斯讷

北经
此处产白貂皮
克汗斯科
伊蕾谢河

海北

朱兄克河

伊黑穆河
昂喝拉河
库尔尼
栖海兄湖
楚库
葛必赖河
泥布楚城 界碑
颍尔古纳河
黑龙江
根特山
托讷山
喀兄萨
呼伦湖
海
黑龙江

昂喝河拉
喀兄喀
郭尔潭河
土洲河
召摩多
山汗
河偷鲁黑
爱杭

沙磧

瀚海

【注】异域录俄罗斯国图

朱儿克河，即勒拿（Lena）河古称。

牙库特（Yakut），即俄罗斯雅库特自治共和国。

伊聂谢河（Yenisey），即叶尼塞河。

昂噶拉河（Angara），即安加拉河。

厄尔库（Irkutsk），即俄罗斯伊尔库茨克。

柏海儿湖（Oz. Baykal），即贝加尔湖。

楚库河（Tchikor R.），1727 年恰克图条约中俄界河。

土喇河，即土拉河。

葛尔必齐河（Kerbetchi），即格尔必齐（Gorbitza）河，1689 年尼布楚条约的中俄界河。

泥布楚城，即涅尔琴斯克（Nerchinsk）。

根特山，即肯特山（Hentiyn Nuruu）。

黑鲁伦河（Kerulen R.），即克鲁伦河。

喀儿喀，指今蒙古国（Mongolia）。

杭爱汗山，即杭爱山脉（Hangayn Nuruu）。

揭的河，即克特河（Ket R.）。

鄂布河（Ob R.），即鄂毕河。

托波儿，即托博尔斯克（Tobolsk）。

托波儿河（Tobol R.），即托博尔河。

土拉河岭，乌拉山脉（Ural Mts.）。

喀穆河（Kama R.），即卡马河。

莫斯科洼（Moskva），即俄罗斯莫斯科。

西费耶斯科国（Konungariket Sverige），即瑞典（Sweden）。

图里耶斯科图，欧洲土耳其（Turkey in Europe）。

萨拉托付（Saratov），即萨拉托夫。

佛儿格河（Volga R.），即伏尔加河，亦称厄洛尔河。

滕纪斯湖，即里海。

厄尔齐斯河，即额尔齐斯河。

寨桑脑儿，当时我国的斋桑泊，今属哈萨克斯坦。

哈萨克国，今哈萨克斯坦。

厄纳特赫国，即印度莫卧儿（Mughal）帝国。

沙障汗，印度莫卧儿帝国皇帝沙·贾汉（Shah Jahan）。

伊里河（Ili），即伊犁河。

英吉利本国

【注】英吉利本国三岛国合图

日耳西岛（Jersey），即英国泽西岛。

危耳尼岛（Guernsey），即英国格恩济岛。

查匿海峡（English Channel），即英吉利海峡。

排墩邑（Brighton），即英国布莱顿。

苏悉（Susex），即英国苏塞克斯。

兰顿都（London），即伦敦。

坦西河（Thames R.），即太晤士河。

黑弗（Hertford），即英国赫里福德。

比弗（Bedford），即英国贝德福。

益威得邑（Ipswick），即英国伊普斯威奇。

旱桥（Cambridge），即英国剑桥。

威地岛（Isle of Wight），即英国怀特岛。

不茂士（Portsmouth），即英国朴次茅斯。

不茂士港口（Portsmouth），即英国朴次茅斯。

百命含（Birmingham），即英国伯明翰。

悉弗（Stoke-on-Trent），即英国斯托克，应在伯明翰西北。

窝食得邑（Worcester），即英国伍斯特，应在伯明翰西南。

苏浦里（Shrooshire），即英国希罗普郡。

撒力浦利邑（Salisbury），即英国索尔兹布里。

突设（Dorset），即英国多塞特。

益悉邑（Exeter），即英国埃克塞特。

孙设（Somerset），即英国索默塞特。

地文（Devon），即英国德文。

挞茂邑（Dartmouth），即英国达特默思。

拜茂邑（Plymouth），即英国普利茅斯。

哥尼尔（互）〔瓦〕力（Cornwall），即英国康沃尔郡。

算西（Swansea），即英国斯温西。

（互）〔瓦〕勒（Wales），即英国威尔士地区。

甲北安港（Cardigan），即英国卡迪根。

甲马丁邑（Carmarthen），即英国卡马森。

宝布（Pembroke），即英国彭布罗克。

伊耳兰海（Irish Sea），即爱尔兰海。

突林都（Dublin），即爱尔兰首都都柏林。

威其罗邑（Wicklow），即爱尔兰威克洛，应在都柏林东南。

林士特（Leinster），即爱尔兰伦斯特省。

门士特（Munster），即爱尔兰芒斯特省。

林米勒（Limerich），即爱尔兰利默里克。

哥尔其港口（Cork Habour），即爱尔兰科克港湾。

班他港（Bantry），即爱尔兰班特里。

沙嫩江（Shannon R.），即香农河。

设兰岛（Shetland Is.），即设得兰群岛，应在苏格兰东北。

多尼牙港，即多内加尔湾（Donegal Bay）。

君恼，即爱尔兰康诺特（Connacht）省。

牙威江（Galway R.），指流经戈韦尔出海的莫伊尼（Moyne）河。

乌士特（Ulster），即阿尔斯特。原为爱尔兰最北部的省名，包括九个郡。
今六郡在英国北爱尔兰，三郡在爱尔兰。其范围大约与古代爱尔兰王国的阿
尔斯特省相当。

多热地（Drogheda），即爱尔兰德罗赫达。

必法（Belfast），即英国北爱尔兰贝尔法斯特。

阿耳群岛，奥克尼群岛（Orkney Is.），应在苏格兰东北。

希白利群岛（Hebrides Is.），即赫布里底群岛。

加来港（Firth of Clyde），即克莱德湾。

曼岛（Ilse of Man），即英国马恩岛地区。

安利西岛（Anglesey I.），即英国安格西岛。

突所（Thurso），即英国瑟尔索。

本来港（Moray Firth），即默里湾。

因威匿（Inverness），即英国因沃内斯。

亚伯田邑（Aberdeen），即英国阿伯丁。

别邑（Perth），即英国珀思。

苏各兰（Scotland），即英国苏格兰地区。

甲拉峨（Glasgow），即英国格拉斯哥。

以丁布都（Edinburgh），即英国爱丁堡。

比威客邑（Berwick），即英国特威德河畔伯里克。

新堡（Newcastle），即英国纽卡斯尔。

突含（Durham），即英国达勒姆郡。

甲来邑（Carlisle），即英国卡莱尔。

所罗布正港，即索尔威湾（Solway Firth）。

苏甲破路邑（Scarborough），即英国斯卡巴勒。

约耳（York），即英国约克。

摩里旱，即莫尔卡姆湾（Morecambe Bay）。

曼食悉，即英国曼彻斯特（Manchester）。

利威浦（Liverpool），即英国利物浦。

得比邑（Derby），即英国得尔比。

乌西江（Ouse R.），即乌斯河。

诺丁含（Nottingham），即英国诺丁汉。

林哥林邑（Lincoln），即英国林肯。

互董是百港江口，即亨伯（Humber）河口，河口有 Humberside 郡的城市 Hull（赫尔）。

那威得邑，即英国诺里奇（Norwick）。

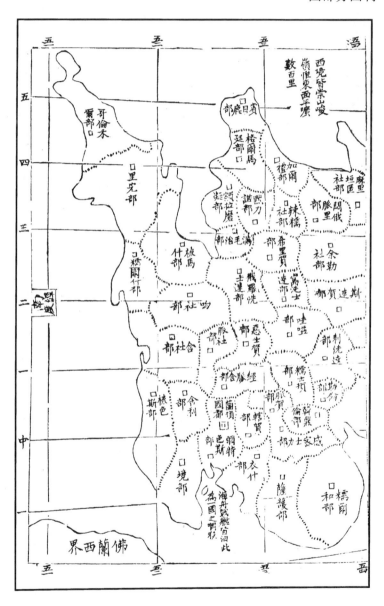

【注】四州志英吉利国分部图

爱伦岛（Ireland），即爱尔兰岛。

萌岛（Isle of Man），即英国马恩岛。

糯藤（司）〔马〕兰部（Northumberland），即英国诺森伯兰郡。

艮马伦部（Cumberland），即英国坎伯兰郡。

委士摩（含）〔兰〕部（Westmorland），即英国威斯特摩兰部。

特尔含部（Durham），即英国达勒姆郡。

育社部（Yorkshire），即英国约克郡。

兰加社部（Lancashire），即英国兰开夏郡。

盎厄里西（Anglesey），即英国安格里西岛。

格那完部（Caernarvonshire），即英国卡那封郡。

领麋部（Denbighshire），即英国登比郡。

（凌佛）〔佛凌〕部（Flintshire），即英国弗林特郡。

支社部（Cheshire），即英国柴郡。

那迷部，即英国德比郡（Derby）。

讷鼎含部（Nottinghamshire），即英国诺丁汉郡。

领哥吾社部（Lincolnshire），即英国林肯郡。

麻里垣匿社部（Merionethshire），即英国梅里奥尼思郡。

闷俄脉里部（Montgomeryshire），即英国蒙哥马利郡。

（余）〔佘〕勒社部（Shropshire），即英国希罗普郡。

斯达贺部（Stafford），即英国斯塔福德郡。

利冼达部（Leicester），即英国莱斯特郡。

勒伦部，即英国拉特兰郡（Rutland）。

韩鼎伦部（Huntingdon），即英国亨廷顿郡。

感密（士力）〔力士〕部（Cambridge），即英国剑桥郡。

糯尔和部（Norfolk），即英国诺福克郡。

萨护部（Suffolk），即英国萨福克郡。

脉贺部（Bedfolk），即英国贝德福郡。

糯士顿部（Northampton），即英国北安普敦郡。

哇嗌部（Warwick），即英国沃里克郡。

窝洗士达部（Worcester），即英国伍斯特郡。

希里贺部（Hereford），即英国赫里福德郡。今与伍斯特合为一郡。

辣糯社部（Radnorshire），即英国拉德诺郡。

加尔礼部（Cardiganshire），即英国卡迪根郡。

宾日鹿部（Pembrokeshire），即英国彭布罗克郡。

格尔马廷部（Carmarthenshire），即英国卡马森郡。

默力诺部（Brecknockshire），即英国布雷克诺克郡。

额拉磨凝部（Glamorgan），即英国格拉摩根郡。

满毛治部（Monmouthshire），即英国蒙默思郡。

俄罗洗士达（Gloucester），即英国格罗斯特郡。

恶士贺（Oxford），即英国牛津郡。

（经脉）〔脉经〕含部（Buckinghamshire），即英国白金汉郡。

辖贺部（Hertfordshire），即英国哈福德郡。

衣什部（Essex），即英国埃塞克斯郡。

弥特色斯部（Middlesex），即英国米德尔塞克斯。

境部（Kent），即英国肯特郡。

兰顿国都（London），即伦敦。

舍利部（Surrey），即英国萨里郡。

梳色斯部（Swssex），即英国苏塞克斯郡，今分东西二郡。

脉社部（Berkshire），即英国伯克郡。

含社部（Hampshire），即英国汉普郡。

吻社部（Wiltshire），即英国威尔特郡。

梳马什部（Somerset），即英国索默塞特郡。

糯尔什部（Dorset），即英国多塞特郡。

里完部（Devon），即英国德文郡。

哥伦禾尔部（Cornwall），即英国康沃尔郡。

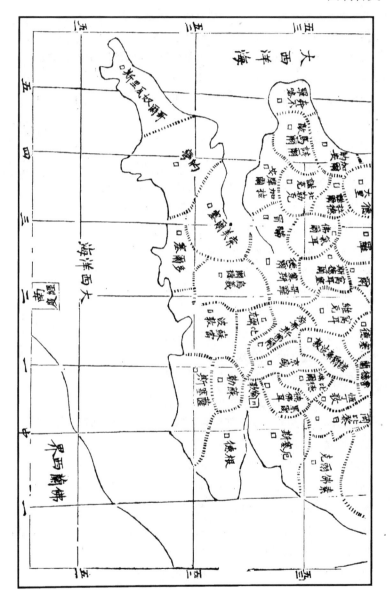

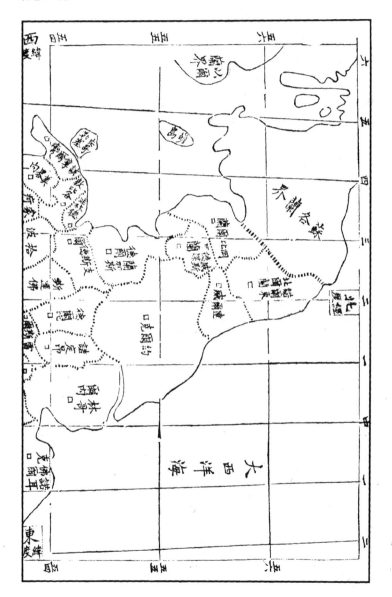

【注】瀛环志略英吉利图

以耳兰（Ireland），即爱尔兰。

诺尔东北尔兰（Northumberland），即英国诺森伯兰郡。

冈比耳兰（Cumberland），即英国坎伯兰郡。

达尔（威）〔咸〕（Durham），即英国达勒姆郡。

威斯德谋耳兰（Westmoreland），即英国威斯特摩兰郡。

约尔克（Yorkshire），即英国约克郡。

兰加斯德尔（Lancaster），即英国兰开斯特。所在郡名兰开夏（Lanca-shire）。

萌岛（Ilha de Man），即马恩岛。

安哥塞勒（Anglesey），即安格尔西岛。

该拿尔弯（Caernarvon），即英国卡那封郡。

美略内（Merioneth），即英国梅里奥尼思郡。

敦比各（Denbighshire），即英国登比郡。

非林德（Flintshire），即英国弗林特郡。

蒙德疴大里（Montgomery），即英国蒙哥马利郡。

支斯德尔（Chester），即英国切斯特，在柴郡（Cheshire）。

拾罗波（Salop），即英国希罗普郡（Shrop）。

斯达佛尔（Stafford），即英国斯塔福德郡。

德尔比（Derby），即英国德比郡。

诺定昂（Nottingham），即英国诺丁汉郡。

雷塞斯德尔（Leicester），即英国莱斯特郡。

林哥尔内（Lincoln），即英国林肯郡。

诺尔佛尔克（Norfolk），即英国诺福克郡。

素佛尔克（Suffolk），即英国萨福克郡。

冈比黎日（Cambridge），即英国剑桥郡。

恒丁敦（Huntingdon），即英国亨廷登郡。

鲁德兰（Rutland），即英国拉特兰郡。

诺尔桑波登（Northampton），即英国北安普敦郡。

窝尔维克（Warwick），即英国沃里克郡。

窝尔塞斯德尔（Worcester），即英国伍斯特郡。

气尔佛尔（Hereford），即英国赫里福德郡。

拉德诺尔（Radnor），即英国拉德诺郡。

加尔的安（Cardigan），即英国卡迪根郡。

奔不罗咯（Pembroke），即英国彭布罗克郡。

北勒克诺克（Brecknock），即英国布雷克诺克郡。

该尔马尔敦（Carmarthen），即英国卡马森郡。

加拉摩尔安（Glamorgan），即英国格拉摩根郡。

瞒冒（Monmouth），即英国蒙默思郡。

哥罗塞斯德尔（Gloucester），即英国格罗斯特郡。

疴哥斯佛尔（Oxford），即英国牛津郡。

比尔克（Berk），即英国伯克郡。

〔巴〕京（盛）〔咸〕（Buckingham），即英国白金汉郡。

比德佛尔（Bedford），即英国贝德福郡。

黑尔德佛尔（Hertford），即英国赫特福德郡。

厄塞斯（Essex），即英国埃塞克斯郡。

根德（Kent），即英国肯特郡。

苏勒（Surrey），即英国萨里郡。

萨塞斯（Sussex），即英国苏塞克斯郡。

苏当波敦（Southampton），即英国南安普敦郡。

乌义尔德（Wilt），即英国威尔特郡。

索美尔塞（Somerset），即英国索默塞特郡。

多尔塞（Dorset），即英国多塞特郡。

的弯（Devon），即英国德文郡。

哥尔奴瓦里斯，即英国康沃尔郡（Cornwall）。

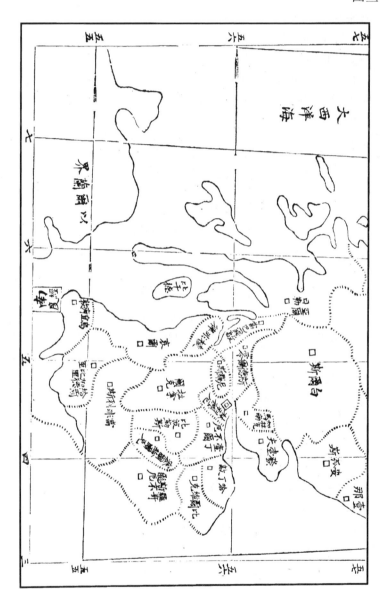

各苏

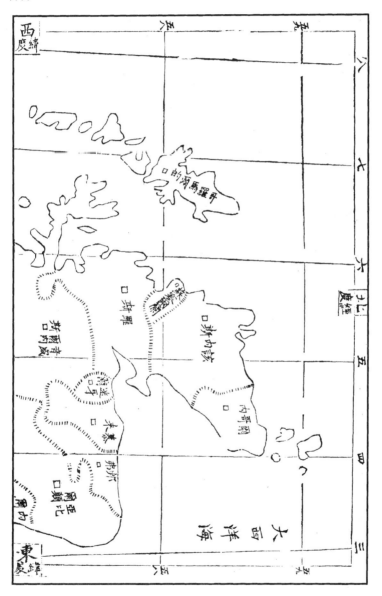

【注】 苏各兰图

〔疴〕尔哥由（Orkney），即英国奥克尼郡，是小群岛，本图误绘于大不列颠岛北部。

该内斯（Caithness），即英国凯思尼斯郡，实位于本图"尔哥内"位置。

哥罗马尔的（Cromarty），即英国克罗马蒂郡。

苏塞尔兰（Sutherland），即英国萨瑟兰，实位于图上"该内斯"位置。

罗斯（Ross），即英国罗斯郡。

（迷牙尔）〔内壹尔那〕（Nairn），即英国奈恩郡。

慕来（Moray），即英国莫里郡。

邦弗（Banff），即英国班夫郡。

亚比尔顿（Aberdeen），即英国阿伯丁郡。

（内壹尔那）〔迷牙尔〕（Mearn），即英国金卡丁郡（Kincadine）。

音威尔内斯（Inverness），即英国固弗内斯郡。

亚尔日勒（Argyle），即英国阿盖尔郡。

白尔斯（Perth），即英国珀思郡。

安孤斯（Angus），即英国安格斯郡。

发壹夫（Fife），即英国法夫郡。

加拉克马南（Clakmannan），即英国克拉克曼南郡。

斯德尔零（Stirling），即英国斯特林郡。

当巴尔敦（Dumberton），即英国丹巴顿郡。

棱非律（Renfrew），即英国伦弗鲁郡。

（尼）〔见〕罗斯（Kinross），即英国金巴斯郡。

林利德厄，即英国西洛锡安（West Lothian）或称林利恩戈郡（Linlithgowshire）。

壹丁不尔厄（Edinburgh），即英国中洛锡安（Middlothian）或称爱丁堡郡（Edinburgh）。

哈丁敦（Haddington），哈丁顿，即英国东洛锡安（East Lothian）。

（比）〔北〕尔维克（Berwick），即英国贝里克郡。

罗哥斯不尔厄（Roxburgh），即英国罗克斯巴勒郡。

塞尔给尔克（Selkirk），即英国塞尔扣克郡。

比波勒斯（Peebles），即英国皮布尔斯郡。

拉拿尔克（Lanark），即英国拉纳克郡。

哀尔（Ayr），即英国埃尔郡。

比（干）〔于〕德（Bute），即英国比特郡。

乌宜疴敦（Wigtown），即英国威格敦郡。

给尔加德比里至（Kirkcudbrigh），即英国柯尔库布里郡。

当非利斯（Dumfries），即英国邓弗里斯郡。

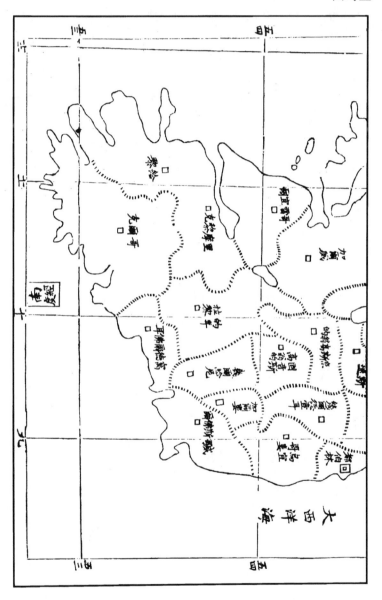

耳伊

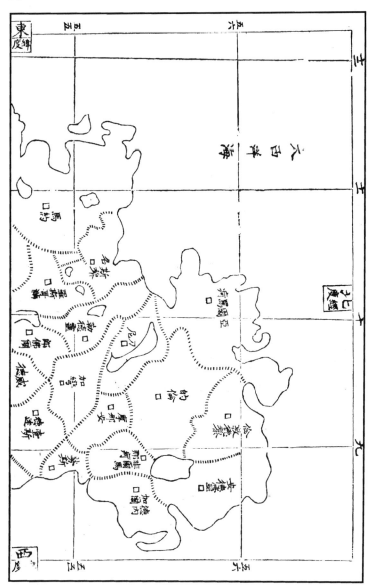

【注】伊耳兰岛图

伦敦德黎（Londonderry），即英国北爱尔兰伦敦德里郡。

安特灵（Antrim），即英国北爱尔兰安特里姆郡。

（德内加尔）〔亚尔骂疴〕（Armagh），即英国北爱尔兰阿尔马郡。

非尔马那疴（Fermanagh），即英国北爱尔兰弗马纳郡，应在蒂龙（Tyrone）西南。

的伦（Tyrone），即英国北爱尔兰蒂龙郡。

刀尼（Down），即英国北爱尔兰当郡。

（亚尔骂疴）〔德内加尔〕（Donegal），即爱尔兰多尼戈尔郡。

摩那安（Monaghan），即爱尔兰莫纳根郡。

斯黎各（Sligo），即爱尔兰斯莱戈郡。

勒德灵（Leitrim），即爱尔兰利特里姆郡。

加弯（Cavan），即爱尔兰卡万郡。

劳斯（Louth），即爱尔兰劳思郡。

壹斯德迷（East-Meath），即爱尔兰伊斯特米思郡，英文图作 Meath（米思郡）。

威斯德迷（West-Meath），即爱尔兰韦思特米思郡。

郎佛尔（Longford），即爱尔兰朗福德郡。

罗斯哥满（Roscommon），即爱尔兰罗斯科门郡。

马约（Mayo），即爱尔兰马尤郡。

加尔威（Galway），即爱尔兰高尔韦郡。

哥雷宜尔（Clare），即爱尔兰克莱尔郡。

京斯高翁的（King's County），即爱尔兰金斯郡，今奥法利郡（Offaly）。

几尔德壹耳（Kildare），即爱尔兰基德尔郡。

都伯林（Dublin），即爱尔兰首都都柏林。

乌宜哥娄（Wicklow），即爱尔兰威克洛郡。

加尔娄（Carlow），即爱尔兰卡洛郡。

固音斯高翁的（Queen's County），爱尔兰昆斯郡，今莱伊什郡（Laoighis）。

几尔给尼（Kilkenny），即爱尔兰基尔肯尼郡。

威哥斯佛尔（Wexford），即爱尔兰韦克斯福德郡。

窝得尔佛尔（Waterford），即爱尔兰沃特福德郡。

的卑拉黎（Tipperary），即爱尔兰蒂珀雷里郡。

里摩黎克（Limerick），即爱尔兰利默里克郡。

哥尔克（Cork），即爱尔兰科克郡。

给黎（Kerry），即爱尔兰克里郡。

亞墨利加

州各國圖

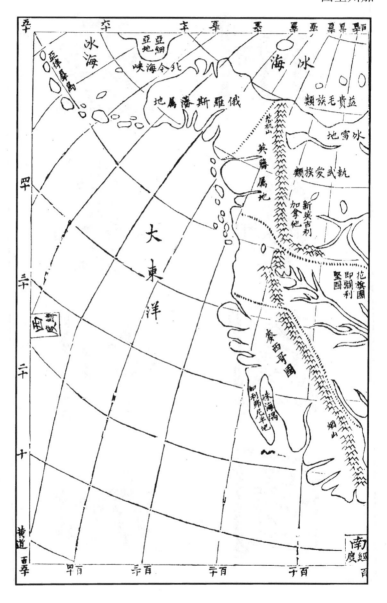

利默亚北

冰岛
青地
日尔馬尼
北白勒窪
海隅島
隔海孫胡
地突巴拉
羅林士海隅
新尋着之地
大西洋
他拿加
湖義耳阿執
利湖
棠地利
阿湖
新約邑
花旗國
吗斯頓都
新阿利安
特蟹士
阿利安
墨西哥海隅
墨西加士地
大西洋羣島
揭那拉
拉馬地亞尼
隔海特安
地微馬拿巴
地加利黙亞南

【注】北亚默利加州全图

青地（Greenland），即格陵兰。

新寻着之地（Newfoundland），即加拿大纽芬兰。

罗林士海隅（Gulf of St. Lawrence），即圣劳伦斯湾。

拉巴突地（Labrador Peninsula），即加拿大拉布拉多半岛。

胡孙海隅（Hudson Bay），即哈得逊湾。

蛮岛（Mansel I.），即加拿大曼塞尔岛。

君百兰岛（Cumberland Peninsula），即加拿大坎伯兰半岛。

巴分海隅（Baffin Bay），即巴芬湾。

加拿他（Canada），即加拿大。

云地利阿湖（L. Ontario），即安大略湖。

执阿耳义湖（Georgian Bay），即乔治亚湾。

以利湖（Lake Erie），即伊利湖。

新约邑（New York），即美国纽约。

爱兄弟邑，美国费城（Philadelphia），希腊语意为"兄弟之爱"。

瓦升顿都（Washington），即美国首都华盛顿。

弗利他半地（Florida Peninsula），即美国佛罗里达半岛。

大西洋群岛（Antilles Is.），即安的列斯群岛。

禺加坦（Peninsula de Yucatán），即尤卡坦半岛。

尼亚地马拉（Guatemala），即危地马拉。

安特海隅，即加勒比海（Caribbean Sea）。

巴拿马微地（Isthmus of Panama），即巴拿马地峡。

新阿利安（New Orleans），即美国新奥尔良。

阿利安（Orange），即美国奥兰治，在阿瑟港东北。

特查士（Texas），即美国得克萨斯州。

麦西哥海隅（Gulf of Mexico），即墨西哥湾。

益贵毛族类，指爱斯基摩（Eskimo）人居地。

执武爱族类，指奇普瓦（Ojibwa）人居地。

麦西哥国（Mexico），即墨西哥。

朱海隅，加利福尼亚湾（Golfo de California），海水呈红色。

加利弗尼半地（Peninsula de la California），即加利福尼亚半岛。

落机山（Rocky Mts.），即落基山脉。

烟山，即马德雷山脉（Sierra Madre），多火山。

大东洋，指太平洋（Pacific Ocean）。

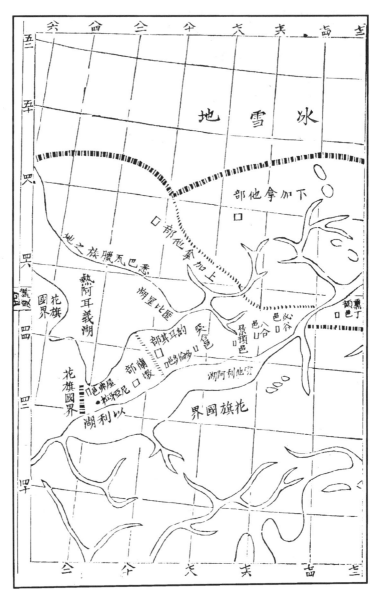

北度経

类族突巴拉

五二

五十

四八

加拿他海峡

北薰北蘭郡口

新峨亞利島

四六

羅芬河

雁林上河口

羅林士海隅

馬義他林島

熱港

威得頓邑

新本西峨部

黑弗邑

益友他島

馬義他林島

北薰巴開海峡

北頓地崎

海諸

貴比邑

聖約翰邑

地安分

新哈里法邑

那噶圣舒新

四四

四二

大西洋

四十

南度経

罕 交 交 奈 奎 宔 卒 兵

【注】英吉利所属加拿他国东边各部图

加拿他海峡（Canadian Channel），即加拿大海峡，今明根（Mingan）海峡。

新义亚利岛，加拿大安提科斯提岛（I. d'Anticosti）。

北顿地咀（Cape Breton I.），即加拿大布雷顿角岛。

马义他林岛（Îs. de la Madeleine），即加拿大马德伦群岛。

益瓦地岛（Pr. Edward I.），即加拿大爱德华太子岛。

北熏巴兰海峡（Northumberland Strait），即诺森伯兰海峡。

新苏各兰部（Nova Scotia），即加拿大新斯科舍省。

哈里法邑（Halifax），加拿大哈利法克斯。

分地海隅（Bay of Fundy），芬迪湾。

新本西威部（New Brunswick），加拿大新不伦瑞克省。

威得顿色，即加拿大弗雷德里克顿（Frederieton）。

热港，即查勒尔湾（Chaleur Bay）。

罗林士河（St. Lawrenee），圣劳伦斯河。

罗林士河口（St. Lawrence），圣劳伦斯河口。

北熏北兰部，即拉布拉多半岛（Labrador Peninsula）。

黑弗邑，即加拿大艾尔弗雷德港（Port Alfred）。

贵比邑（Quebec），加拿大魁北克省。

下加拿他部（Lower Canada），下加拿大地区。

必谷邑，即加拿大舍布鲁克（Sherbrooke）。

八合邑，即加拿大三河城（Trois-Rivières）。

景顿邑（Kingston），即加拿大金斯顿。

突合邑，即加拿大霍普港（Port Lfope）。

约耳其邑（York），约克，1834 年始改称多伦多（Toronto）。

兰墩部（London），加拿大伦敦省。

尼亚牙拉，即尼亚加拉瀑布（Niagara Falls），分属加、美两国。

屋弗邑，即加拿大奥克斯福德（Oxford）。

（匿比）〔比匿〕星（湖），即加拿大彭匿坦吉星（Penetanguishene）。

上加拿他部（Upper Canada），上加拿大地区。

悉巴瓦腊族之地，即奇普瓦（Chippewa）人居地。

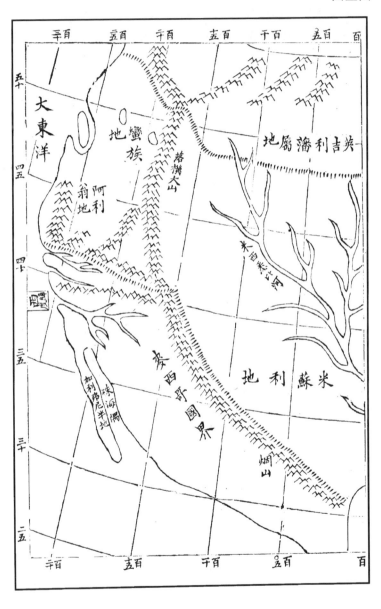

坚利弥

北度綫

英吉利属地

上湖

列倫湖

胡倫西北地

蘇阿耳義湖

米治安部

以利乃部

米蘇利部

以地亞

阿希阿部

拿部

金突其部

押加

拿部

傅尼土部

羅林部

北加

米西悉比部

新阿里邑

亞拉巴馬部

品可拉

寅撥

羅林部

南

薩阿耳義邑

熱阿耳義部

弗利他部

路義撒拿部

麥西哥海隔

南度綫

大西洋

長與

新港

威危尼部

天弗搜部

寅兄弟部

寳林部

新約邑

新含部

高剌創撒部

鹿谷部

馬新

貝尼部

力門邑

必俟邑

巴谷馬

羣島

【注】弥利坚国全图

买尼部（Maine），即美国缅因州。

和睦邑，即疑指美国东北部皮特兰（Portland）。

新含部，即美国新罕布什尔州（New Hampshire）。

布顿邑（Boston），即美国波士顿。

弗门部（Vermont），美国佛蒙特州。

马撒舒盖部（Massachusetts），即美国马萨诸塞州。

君匿谷部，美国康涅狄格州（Connecticut）。

新港（New Haven），即美国纽黑文。

新约部（New York），美国纽约州。

宾林部，即美国宾夕法尼亚州（Pennsylvania）。

必保邑（Pittsburgh），即美国匹兹堡。

长屿（Long Island），即美国长岛。

威危尼部（Virginia），即美国弗吉尼亚州。

力门邑（Richmond），美国里士满。

北加罗林部（North Carolina），即美国北卡罗来纳州。

南加罗林部（South Carolina），即美国南卡罗来纳州。

热阿耳义部（Georgia），即美国佐治亚州。

撒文拿邑（Savannah），即美国萨凡纳。

弗利他部（Florida），美国佛罗里达州。

亚拉巴马部（Alabama），美国亚拉巴马州。

宾撒可拉邑（Pensacola），美国彭萨科拉。

仃尼士部（Tennessee），美国田纳西州。

金突其部（Kentucky），美国肯塔基州。

印地亚拿部（Indiana），美国印第安纳州。

阿希阿部（Ohio），美国俄亥俄州。

米治安部（Michigan），美国密执安州。

（列）〔胡〕伦湖（Lake Huron），休伦湖。

（热阿耳义）〔米治安〕湖，密执安湖（Lake Michgan），此图误出为乔治湖。

上湖（Lake Superior），苏必利尔湖。

胡伦西北地，指休伦（Huron）湖西北的半岛。

以利乃部（Illinois），美国伊利诺斯州。

米苏里部（Missouri），美国密苏里州。

押加拿部（Arkansas），美国阿肯色州。

路义撒拿部（Louisiana），美国路易斯安那州。

米西悉比部（Mississippi），美国密西西比州。

米西悉比河（Mississippi R.），密西西比河。

新阿里安邑（New Orleans），美国新奥尔良。

巴哈马群岛（Bahamas），巴哈马。

阿利翁地（Oregon），美国俄勒冈地方。

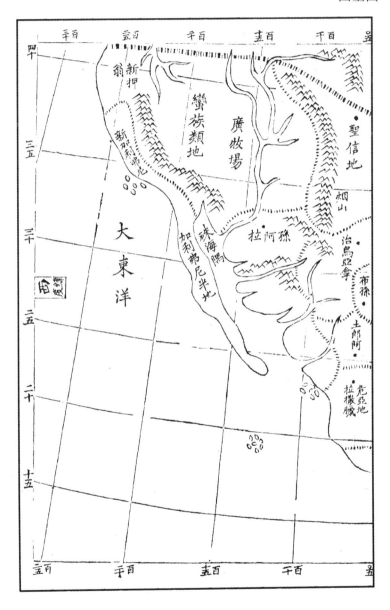

地國旗花

北經百

百

五

卆

六

卆

四

三五

三〇

二五

二〇

十五

卆

六

新特花旗士寨

佛利他半地

可咨輝

他焉島巴

米巴

馬巴

麥西哥海隅

海

撒甲副亞

多義破

路義破

資門但

景孛志瓦拉

斜仔紫

蓁西哥巴

布孟拉

墨多

亞孛志

多勒

加撒阿

巴亞治

哥巴他

馬加坦即宇加單

隅海拉士熏

拉馬地亞虎

南經百

百

五

卆

六

【注】麦西哥国全图

熏（士）〔土〕拉海隅，洪都拉斯湾（Golfo de Honduras）。

宇革单（Yucatan），即墨西哥尤卡坦州。

他巴哥（Tabasco），即墨西哥塔巴斯科州。

治亚巴（Chiapas），即墨西哥恰帕斯州。

阿撒加（Oaxaca），即墨西哥瓦哈卡州。

真十字架（Veracruz），即墨西哥韦腊克鲁斯州。

布益拉（Puebla），即墨西哥普韦布拉州。

麦西哥邑（México），即墨西哥城。

贵利但（Querétaro），即墨西哥克雷塔罗州。

吴拿主亚多（Guanajuato），即墨西哥瓜纳华托州。

瓦拉多勒（Valadolia），即墨西哥米却肯州首府。1828 年为纪念墨西哥民族英雄莫雷洛斯改名 Morelia（莫雷利亚）。

路义破多斯（San Luis Potosi），即墨西哥圣路易斯波托西州。

撒甲副亚，即墨西哥萨卡特卡斯州（Zacatecas）。

可哈辉（Coahuila），即墨西哥科亚韦拉州。

他马乌里巴（Tamaulipas），即墨西哥塔毛利帕斯州。

新花旗特察士，即得克萨斯州（Texas），1845 年并入美国，成为美国的第二十八州。

圣信地，即指新墨西哥州首府圣菲（Santa Fe），1846—1848 年美墨战争后圣菲及半个墨西哥为美国割占。

治乌亚拿，即墨西哥奇瓦瓦州（Chihuahua）。

土郎河（Durango），即墨西哥杜兰哥州。

危亚地拉撒腊（Guadalajara），即墨西哥哈利斯科（Jalisco）州首府瓜达拉哈哈。

孙阿拉（Sonora），即墨西哥索诺拉州。

新加利弗尼（New California），即今美国加利福尼亚（California）州。

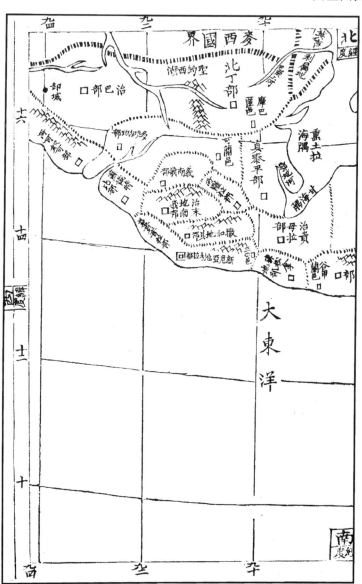

马地亚危

大西洋

島担臘

阿路亞河
部危牙馬可
巴牙口危馬
地者教
君查危海隔
口部危拉加尼
湖危牙馬
湖危拉加尼
危可牙海隔

阿蘭治
多邑
地巴鄰他
地涯破
口文地部
黑比河
大西洋
地巴牙羅多

寺露島

十六

古

十二

十

可倫比國界

部費區
口

【注】危亚地马拉国全图

腊担岛（I. de Roatán），即洪都拉斯罗亚坦岛。

阿兰治多邑（Olanchito），即洪都拉斯奥兰治托。

可马牙危部（Comayagua），即洪都拉斯科马亚瓜省。

乌路亚阿河（Rio Ulua），即洪都拉斯乌卢阿河。

可马牙危邑（Comayagua），即洪都拉斯科马亚瓜。

他鄂巴地，特古西加巴尔（Tegueigalpa），始建于 16 世纪，1880 年起为洪都拉斯首都。

多罗牙巴地，尼加拉瓜马塔加尔帕（Matagalpa）。

尼加拉危部（Nigaragua），即尼加拉瓜。

尼加拉危湖（Lago de Nigaragua），即尼加拉瓜湖。

马拿危湖（L. de Managua），即马那瓜湖。

尼可牙海隅（Golfo de Nicoya），即尼科亚湾。

富贵部，即哥斯达黎加（Costa Rica 西班牙语言为富饶的海岸）。

甲他峨邑（Puerto Cortes），即哥斯达黎加科特斯港。

可伦比国（Columbia），即哥伦比亚。

君查危海隅（G. de Fonseca），即丰塞卡湾。

达匿岛（Turneffe Is.），即达内夫群岛。

教者地部（EI Salvador），即萨尔瓦多（西班牙语 Saviour 意为救世主）。

孙松拿地部（Sonsonate），即萨尔瓦多松索纳特。

治贵母拉部（Chiquimula），即危地马拉奇基木拉。

熏土拉海隅（G. de Honduras），即洪都拉斯湾。

北丁部（Petén），即危地马拉佩滕省。

所罗拉部（Solola），即危地马拉索洛拉省。

撒加地其部（Sacatepequez），即危地马拉萨加特佩克斯省。

新危亚地马拉都（Guatemala City），即危地马拉城。

益贵音拉部（Escuintla），即危地马拉埃斯昆特拉省。

治末地南峨部（Chimaltenango），即危地马拉奇马尔特南戈省。

义南峨部，危地马拉韦韦特南戈省（Huehuetenango）。

多〔多〕尼加班部（Totonicapan），即危地马拉托托尼卡潘省。

苏识特比部（Suchitepequez），即危地马拉苏奇特佩克斯省。

治巴部（Chiapas），即墨西哥恰帕斯省。

所可奴可部，墨西哥瓦哈卡省（Oaxaca）。

巴里士河（Belize），即伯利兹河。

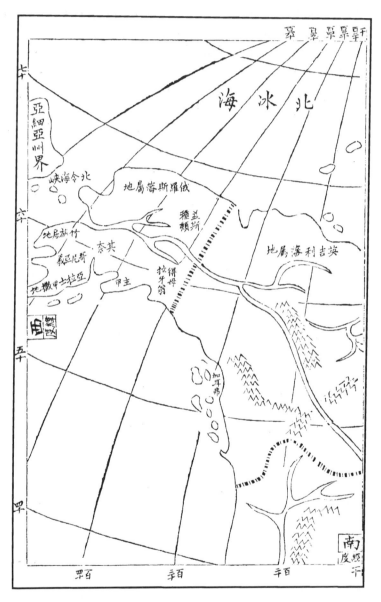

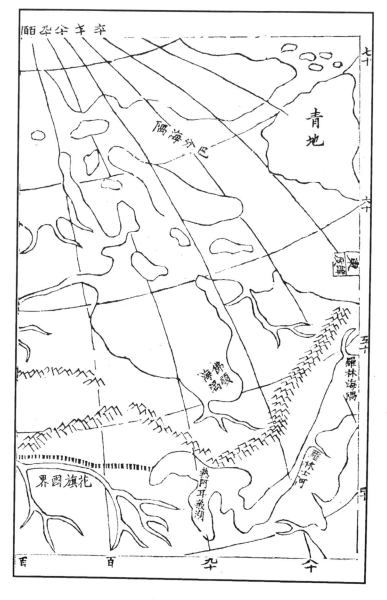

【注】北默利加内英俄二国属地图

佛顺海隅（Hudson Bay），即哈得孙湾。

加耳弗，新加利福尼亚海岸（Coast of New California），特指 Bodega（博德加），在旧金山北面几英里。

益斯种类，爱斯基摩（Esquimaux）人。

亚拉士甲（撒）〔半〕地（Alaska Peninsula），阿拉斯加半岛。

主甲，即谢利戈夫海峡（Straits of Cheligoff）。

得母拉牙翁，如作"母得洛牙安"，则是加拿大洛根峰（Mt. Logan）的对音。但既位于阿拉斯加，应是其西南的 Mt. st. Elias，通译圣埃利亚斯峰。

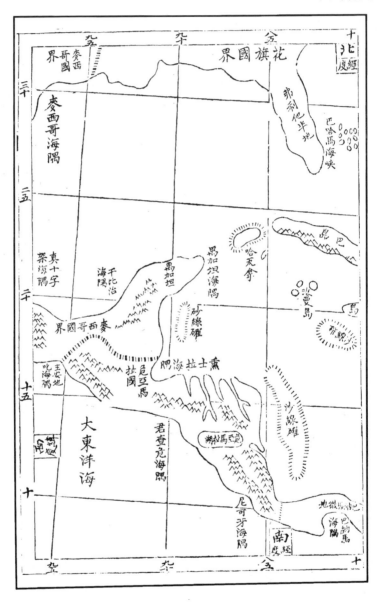

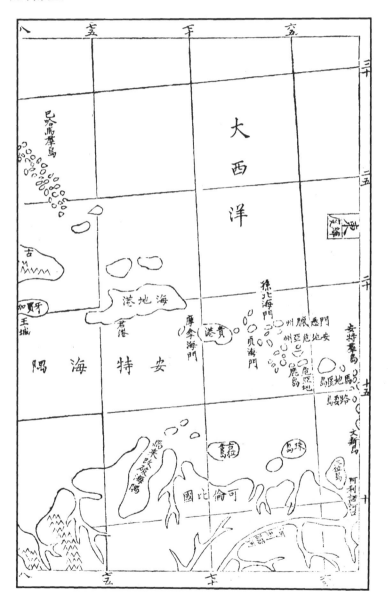

【注】亚默利加州各岛图

安特群岛（Lesser Antilles），即小安的列斯群岛。

门悉腊州（Montserat），即蒙特塞拉特岛。

安地危亚州（Antigua），即安提瓜岛。

马地匿岛（Martinique），即马提尼克岛。

路（要）〔西亚〕岛（St. Lucia），即圣卢西亚岛。

文新岛（St. Vincent），即圣文森特岛。

危亚地鹿岛（Guadeloupe），即瓜德罗普岛。

孙北海门（Sombrero），即索姆布雷罗海峡。

贞海门（Virgin Is.），指维尔京群岛东面的阿内加达海峡（Auegada Passage）。

阿利诺河（Delta del Orinoco），即委内瑞拉奥里诺科河口。

阿利诺河（Orinoco），即奥里诺科河。

三位岛（Trinidad），即特立尼达岛。

珠岛（Margarita），即委内瑞拉马加里塔岛。

古拉告岛（Curaçao），即库腊索岛。

马来改破海隅，指 L. Maracaibo（马拉开波湖）及 G. de Venezula（委内瑞拉湾，旧称马拉开波湾）。

贵港（Puerto Rico），即波多黎各岛。

摩拿海门（Can. de la Mona），即莫纳海峡。

海地（港）〔岛〕（Haiti），即海地岛。

君港（Port-au-Prince），即海地首都太子港。

牙买加岛（Jamaica），即牙买加。

王城（Kingston），即牙买加首都金斯顿。

古巴岛（Cuba），即古巴。

哈瓦拿（La Habana），即古巴首都哈瓦那。

改曼岛（Cayman Is.），即开曼群岛。

禺加坦海隅（Canal de Yucatán），即尤卡坦海峡。

巴纳马微地（Isthmas of Panamá），即巴拿马地峡。

巴纳马海隅（Golfo de Panamá），即巴拿马湾。

危亚马拉湖，位置应是尼加拉瓜湖（Lago de Nicaragua）。

危亚马拉国（Guatemala），即危地马拉。

主安地叱海隅（Golfo de Tehuantepec），即墨西哥特万特佩克湾。

真十字架海隅（Veracruz Coast），即韦腊克鲁斯海岸。

干比治海隅（Bahia de Campeche），即坎佩切湾。

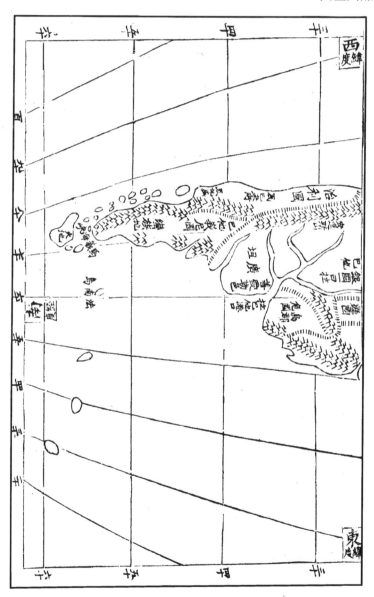

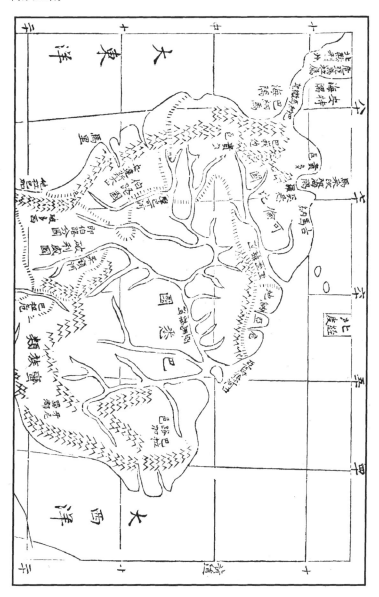

【注】南亚默利加州全图

贵多邑（Quibdo），即哥伦比亚基布多。

巴峨他（Bogota），即哥伦比亚波哥大。

突悉罗（Trujillo），即委内瑞拉特鲁希略。

古马纳（Cumana），即委内瑞拉库马纳。

危亚纳地（Guyana），即圭亚那（今圭亚那、苏里南、法属圭亚那）。

巴悉国（Brazil），即巴西。

巴拉路加邑，疑指巴西累西腓 Recife（Pernambuco）（伯南布哥）。

牙尼罗都（Rio de Janeiro），即巴西里约热内卢。

巴拉危涯国（Paraguay），即巴拉圭。

果额河，疑指马代腊河（Madeira）。

破利威国（Bolivia），即玻利维亚。

破多西（Potosí），即玻利维亚波托西。

摩巴可河，疑指乌卡阿利河（Ucayali）。

伯路国（Peru），即秘鲁。

安达斯大山（Andes），即安第斯山脉。

（马里）〔里马〕（Lima），即秘鲁首都利马。

他拉巴加（Tarapaca），即智利塔拉帕卡省。

治利国（Chile），即智利。

瓦巴来所（Valparaíso），即智利瓦尔帕来索。

瓦地威（Valdivia），即智利瓦尔迪维亚。

银国，即阿根廷（Argentina）。

拉巴他（La Plata），即阿根廷。

乌（郡）〔路〕危国（Uruguay），即乌拉圭。

拉巴他港口（La Plata），即阿根廷拉普拉塔港。

善爱勒邑（Buenos Aires），即阿根廷首都布宜诺斯艾利斯。

巴他峨尼（Patagonia），即巴塔哥尼亚高原。

马义海峡，即麦哲伦海峡（Estrecho de Magallanes，Magel-lan's Str.）。

火地（Tierra del Fuego），即火地岛。

法南岛（Falkland Is.），即马尔维纳斯群岛（Islas Malvinas）。

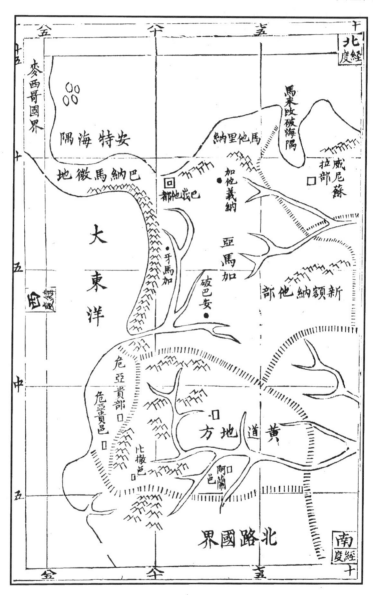

比伦可

【注】可伦比国全图

加音尼邑（Cayenne），即法属圭亚那卡宴。

利南（Suriname），即苏里南的苏里南区。

巴他马利破邑（Paramaribo），即苏里南的帕拉马里博。

益贵破地（Essequibo），即圭亚那的埃塞奎博州。

马拉利，疑指圭亚那的德梅腊腊（Demerara）州，或指马扎鲁尼（Maza-runi）河流域一带。

亚马琐农江（Amazonas），即亚马孙河。

亚利诺河（Orinoco），即奥里诺科河。

三位岛、他巴峨岛（Trinidad & Tobago），即特立尼达和多巴哥。

风下群岛（Windward Is.），即向风群岛。

马（士）〔土〕林（Maturin），即委内瑞拉马图林。

加拉甲（Caracas），即委内瑞拉加拉加斯。

威尼苏拉部（Venezuela），即委内瑞拉。

马他里纳（Magdalena），即哥伦比亚马格达莱纳省。

加他义纳（Cartagena），即哥伦比亚卡塔赫纳，位置误。

亚马加（Cundinamarca），即昆迪纳马卡，印第安王国古称，其范围大致包括当时哥伦比亚的波哥大、安蒂奥基亚、奈瓦、马里基塔等田土地区（de-partment）。

牙马加（Cundinamarca），专指当时哥伦比亚的昆迪纳马卡省（Pror-ince）。

破巴安（Popayán），即哥伦比亚波帕延。

新额纳他部（New Grenada），即新格林纳达。

黄道地方（Ecuador），即厄瓜多尔，意为赤道。

危亚贵邑（Guayaquil），即厄瓜多尔的瓜亚基尔。

危亚贵部（Guayas，Guayaquil），即厄瓜多尔瓜亚斯省。

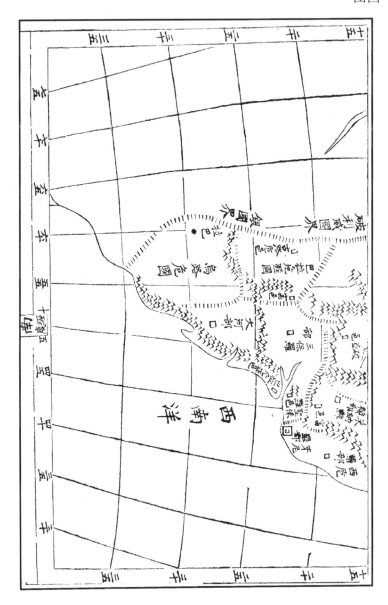

悉巴

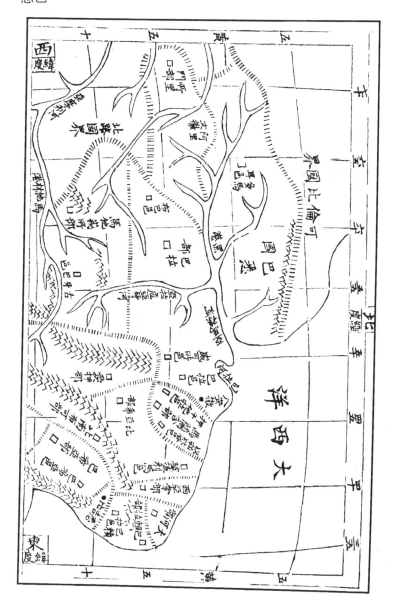

【注】巴悉国图

大河部，本图绘有二大河部，北面的指巴西 Rio Grande do Norte（北里奥格朗德州），南面的指巴西 Rio Grande do Sul（南里奥格朗德州）。

巴赖拉部（Paraiba），即巴西帕拉伊巴州。

巴赖拉邑（Paraiba），即巴西若昂佩索河（João Pessoa）。

悉吉比（Sergipe），即巴西塞尔日皮州。

巴希亚部（Bahia），即巴西巴伊亚州。

巴希亚邑（Bahia），即巴西萨尔瓦多（Salvador）。

北南布可部（Penambuco），即巴西伯南布可州。

比亚希部（Piauí），即巴西布奥伊州。

马兰含部（Maranham），即巴西马拉尼昂州（Maranhão）。

押干他拉邑（Alcantala），即巴西阿尔坎塔拉。

巴拉部（Pará），即巴西巴拉州。

巴拉河（Pará），即帕腊河。

八安撒（Bragança），即巴西布拉干萨。

巴拉邑（Pará），即巴西贝伦（Belém）。

威可所邑（Villa Viçosa），即巴西维索萨城。

亚拉危亚牙河（Araguaia），即阿腊古艾亚河。

布巴邑（Borba），即巴西博尔巴。

多马耳邑（Thomar），即巴西托马尔。

所里门部（Solimoens），即巴西索利门州，今亚马孙（Amazonas）州。

阿里文撒（Olivença），即巴西奥利文萨。

马他峨所部（Mato Grosso），即巴西马托格罗索州。

古牙巴邑（Cuiaba），即巴西库亚巴。

马他林港（Mato Grosso），即巴西马托格罗索。

亚摩利河（Guaporé），即瓜波雷河。

爱押部（Alagoas），即巴西戈亚斯州（Goias）。

破亚邑（Villa Boa），即巴西比亚博亚（博亚镇）。

米纳热赖部（Minas Gerais），即巴西米纳斯吉拉斯州。

富邑（Villa Rica），巴西比利亚里卡，里卡城。本图另一"富邑"为巴拉圭 Villa Rica。

西危罗部（Riode Janeiro），即巴西里约热内卢州。

牙尼罗都（Rio de Janeiro），即巴西里约热内卢。昔为首都，1960 年迁都巴西利亚。

圣保罗邑（São Paulo），即巴西圣保罗。

三保罗部（São Paulo），即巴西圣保罗州。

巴拉危亚邑（Paranaguá），即巴西巴拉那瓜。

乌路危国（Uruguay），即乌拉圭。

古路危邑（Villa de Curuguaty），即巴拉圭库鲁瓜提。

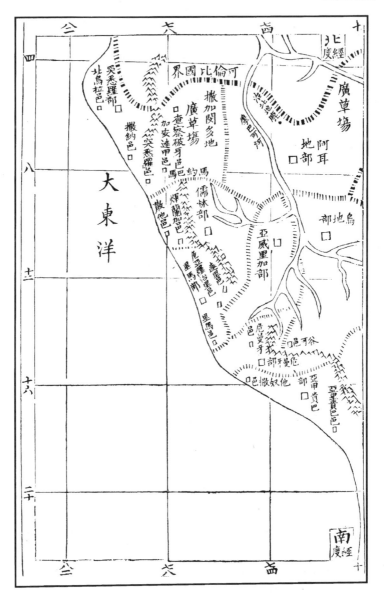

利破路北

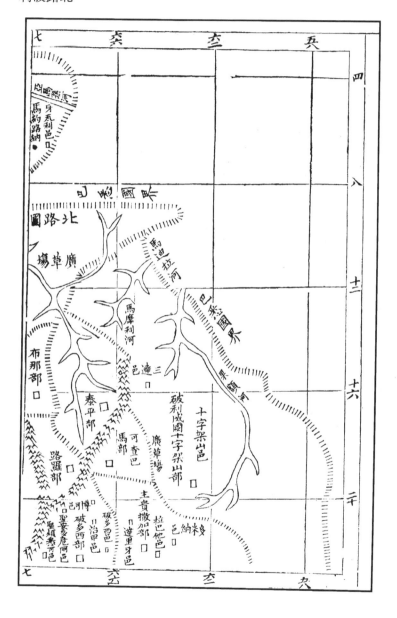

北路破利圖

廣草場

【注】北路破利威两国图

突悉罗部（Truxillo），即秘鲁特鲁希略省（Trujillo），今拉利塔帕德（La Liberted）省。

北乌拉邑（Piura），即秘鲁皮乌拉。

撒纳邑（Sanna），即秘鲁桑纳。

突悉罗邑（Trujillo），即秘鲁特鲁希略。

加安达甲邑（Cajamarca），即秘鲁卡哈马卡。

查察破牙邑（Chachapoyas），即秘鲁查查波亚斯。

马约巴马（Moyobamba），即秘鲁莫约班巴。

儒林部（Junin），即秘鲁胡宁省。

里马部（Lima），即秘鲁利马省。

里马邑，即秘鲁首都利马。

危曼牙部（Guamanga），即秘鲁瓜曼加省，今阿亚库乔（Ayacucho）省。

危曼牙邑（Guamanga），即秘鲁瓜曼加。

亚（甲）〔里〕贵巴部（Arequipa），即秘鲁阿雷基帕省。

亚里贵巴邑（Arequipa），即秘鲁阿雷基帕。

谷可邑（Cuzco），即秘鲁库斯科。

布那部（Puna），即秘鲁普诺省。

马迪拉河（Madeira），即马德拉河。

马摩利河（Mamoré），即马莫雷河

三（达）〔位〕邑（Trinidad），即玻利维亚特立尼达。

十字架山部（Santa Cruz），即玻利维亚圣克鲁斯省。

十字架山邑（Santa Cruz），即玻利维亚圣克鲁斯。

可查巴马部（Cochabamba），即玻利维亚科恰班巴省。

泰平部（La Paz），即玻利维亚拉巴斯省。

路罗部（Oruro），即玻利维亚奥鲁罗省。

破多西部（Potosí），即玻利维亚波托西省。

破多西邑（Potosí），即玻利维亚波托西。

治甲邑（Chicasica），即玻利维亚奇卡锡卡。

主贵撒加部（Chuquisaca），即玻利维亚近基萨卡省。

拉巴他邑，即玻利维亚苏克雷（Sucre）。

达里牙邑（Tarija），即玻利维亚塔里哈。

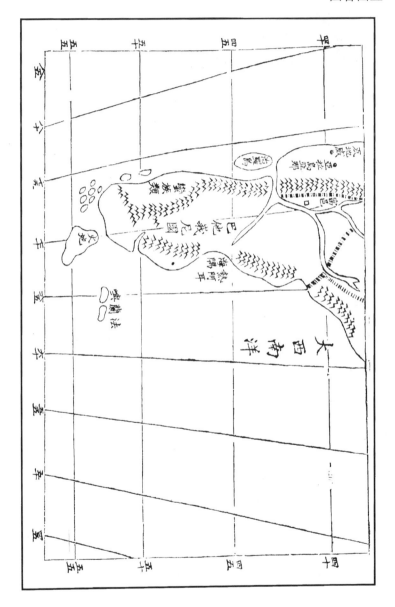

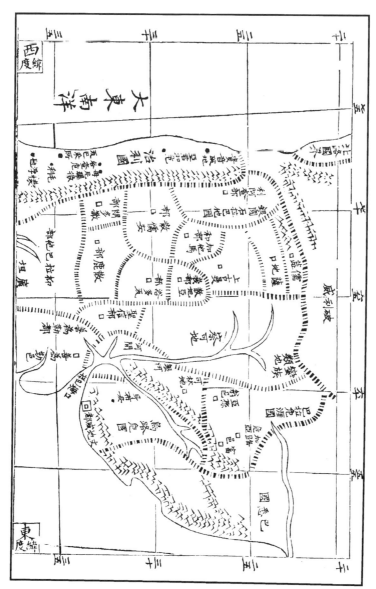

【注】〔亚默〕利加州南方五国合图

加路危亚（Villa de Curuguaty），即巴拉圭库鲁瓜提。

亚孙翁邑（Asunción），即巴拉圭首都亚松森。

文地威都（Montevideo），即乌拉圭首都蒙得维的亚。

可林地（Corrientes），即阿根廷科连特斯省。

河间（Entre Rios），即阿根廷恩特雷里奥斯省。

拉巴海口，即拉普拉塔河（Rio de la Plata）口。

善为勒都（Buenos Aires），即阿根廷布宜诺斯艾利斯。

善为勒（邑）〔部〕（Buenos Aires），即阿根廷布宜诺斯艾利斯省。

察可地（Chaco），即阿根廷查科省。

儒蕊（Jujuy），即阿根廷胡胡伊省。

萨地（Salta），即阿根廷萨尔塔省。

（上）〔土〕古曼（Tucuman），即阿根廷图库曼省。

散地亚峨部（Santiago del Estero），即阿根廷圣地亚哥德尔埃斯特罗省。

加他马（和）〔加〕部（Catamarca），即阿根廷卡塔马加省。

浴多瓦部（Cordoba），即阿根廷科尔多瓦省。

散儒安部（San Juan），即阿根廷圣胡安省。

圣信部（Santa Fe），即阿根廷圣菲省。

散鹿部（San Luis），即阿根廷圣路易斯省。

抑拉巴他部（La Pampa），即阿根廷拉潘帕省。

闵多撒部（Mendoza），即阿根廷门多萨省。

利阿查部（La Rioja），即阿根廷拉里奥哈省。

石拉巴他国，"石"字为"又名"二字之讹，拉巴他为拉普拉塔（LaPla-
ta）对音，即阿根廷。

富邑，疑指阿根廷巴塔哥尼亚高原的埃尔库（El Cuy）。

热阿耳海隅（Golfo San Jorge），即圣豪尔赫湾。

贵音破地（Coquimbo），即智利科金博省。

亚君加危（Aconcagua），即智利阿空加瓜省。

瓦巴（采）〔来〕所（Valparaíso），即智利瓦尔帕莱索省。

谷查危（Colchagua），即智利科尔查瓜省。

母尼罗撒，疑指智利圣罗莎（Santa Rosa）。

毛利（Maule），即智利马乌莱省。

怀孕地（Concepción），即智利康塞普西翁省。

瓦地成（Valdivia），即智利瓦尔的维亚省。

亚拉乌亚那（Arauco），即智利阿劳科省。

治罗岛（I. de Chiloe），即智利奇洛埃岛。

　　右香港英夷公司所呈大宪图也。余纂此书有取之华人者：《皇朝通考》及《一统志》外，如周达观《真腊风土记》、王恽《泛海小录》、谢清高《海录》、张燮《东西洋考》、黄衷《海语》、师范《滇系》、刘健《庭闻录》、颜斯综《南洋蠡测》、黄可垂《吕宋纪略》、王大海《海岛逸志》、郁永河《裨海纪游》、张汝霖《澳门纪略》、陈伦炯《海国闻见录》、七十一《西域闻见录》、徐继畬《瀛环志略》、叶钟奇《英吉利夷情纪略》。有取之夷人者：艾儒略《职方外纪》、南怀仁《坤舆图说》、美利加人培端之《平安通书》、英人祎理哲之《地球图说》、马礼逊之《外国史略》、欧罗巴人马吉斯之《地理备考》、美理哥人高理文之《美理哥国志》、澳门人之《每月统纪传》及《天下万国地理全图集》、《四洲志》、《贸易通志》诸书。皆世所鲜见，蒐而录之，旨则数千，稿凡三易，略举其目，以视有征。惟此图乃广州府经历婺源程承训所摹，饰以五色，因取以冠是书之首，斯纯乎以夷人谭夷地也。

海国图志卷五 邵阳魏源辑

东南洋一 海岸之国

叙东南洋

魏源曰：志海国莫琐于《明史·外国传》。传成于尤检讨侗。侗本乎明外史及王圻《续通考》，大蔽有三：一曰西洋①与南洋②不分。古里③、琐里④皆南洋近国，而与荷兰、佛郎机同卷；意大里亚处大洋极西，而与柯枝、榜葛剌同卷，甚谓佛郎机近满剌加，何翅秦越同席？其蔽一。二曰岛国与岸国不分。谓浡泥即大泥，

---

①西洋，明代所谓的"东西洋"，系以文莱为分界。《东西洋考》卷五载："文莱，即婆罗国，东洋尽处，西洋所自起也。"据书中所载，西洋包括交趾、占城、暹罗、六坤、下港、加留吧、柬埔寨、大泥、吉兰丹、旧港、詹卑、麻六甲、亚齐、彭亨、柔佛、丁机宜、思吉港、文郎马神、迟闷等十九个国家和地区，其范围大概在今天的中南半岛、马来半岛、苏门答腊、爪哇以及南婆罗洲一带；东洋包括吕宋、苏禄、猫里务、网巾礁老、沙瑶、呐哗单、班隘、美洛居、文莱等十个国家和地区，其范围大概在今天的菲律宾群岛、马鲁古群岛、苏禄群岛以及北婆罗洲一带。

　　然而，"东西洋"名称是随着时代的变迁而变化，在清初则称为"东南洋"及"南洋"，中叶以后又概称为"南洋"，至殖民者东来以后，"西洋"一名则专指欧洲各地等等。故魏源才会在此称《明史·外国传》把西洋与南洋不分。本书此名还有指欧、美，指大西洋，指东经100°以西的海洋的。

②南洋，指东南亚（Southeast Asia）及其海域。本书"南洋"一名还包括魏源所改《地理备考》的"阿塞亚尼亚州"（Oceania），则兼指大洋洲及其海域。

③古里，即印度喀拉拉邦北岸卡利卡特（Calicut）。

④琐里（Soli），在今印度科罗曼德尔（Coromandel）海岸。

则移岛于岸；谓亚齐即大食①、波斯②，则移岸于岛；谓柔佛③即佛国④，而东西竺⑤岛即天竺，宾童龙⑥即舍卫⑦，则移西天⑧于东洋⑨。至若婆罗、阇婆、大小爪哇，影射互淆，叩槃扪烛。其蔽二。三曰同岛同岸数国不当分而分。大泥、彭亨、柔佛、满剌加、吉兰丹皆暹罗南境属国也，婆罗、浡泥、爪哇、苏禄⑩、文（莱）〔郎〕马神⑪皆一岛所环处也，止宜以毗连各属国附于暹罗之传，以浡泥等统立一同岛之传。余自亚齐、三佛齐、小爪哇、锡兰山等著名数大岛国外，类皆荒洲小屿，人不过数百家，贡不过一再至，无关沿革，何与共球？止宜统述一篇，胪其名目。乃各国各传，触目迷离，概称在东南海中，无疆里沿革可征，无市舶边防

①大食，波斯语 Tazi 的音译，原为伊朗一部族名，后波斯人以此称阿拉伯人的国家。我国唐代亦以此作为阿拉伯国家的名称。不过，魏源在此所说的大食，似乎是指《宋史》卷四八九《阇婆传》中的大食，亦称南海大食，指的是马来半岛南部新加坡及柔佛地区。

②波斯，我国载籍中有两个波斯，一在西亚，即今伊朗；一在南海，在今印度尼西亚苏门答腊岛东北部，其地有一河名 Pase，故明代史籍中有的将之称为"波斯"，有的称为"巴西"。魏源说"谓亚齐即波斯"，大概指于此。

③柔佛（Johore），今马来西亚柔佛地区。《明史·柔佛传》只言柔佛"疑即东西竺"，未言"柔佛即佛国"，亦未言"东西竺即天竺"。

④佛国，《明史·外国传》只称沼纳朴儿（今印度北方邦江普尔 Jaunpur）为"古所称佛国"。

⑤东西竺，即今马来西亚的奥尔（Aur）岛。

⑥宾童龙（Panduranga），约当今越南顺海省北部和富庆省南部一带。亦指今藩朗（Phan Rang）或其南面的巴达兰（Pandaran）角。

⑦舍卫，一般指印度北方邦奥德境内贡达（Gonda）与巴赫雷奇（Bahraich）二县边界上的 Sravasti 遗址。《明史·宾童龙传》的"舍卫"，应作"舍城"或"王舍城"，为罗阇普罗（Rājāpura）的意译。九世纪时宾童龙曾一度以此地为国都。本书卷十的"舍卫"，疑亦为"舍城"之讹。

⑧西天，即古印度，今印度、巴基斯坦、孟加拉诸国。

⑨东洋，指马来半岛（Malay Pen.）以东的海洋。

⑩苏禄（Sulu），即今菲律宾的苏禄群岛。

⑪文郎马神（Banjarmasin），即今印度尼西亚加里曼丹岛南岸的马辰。

可述。其蔽三。

魏源又曰：天地之气，其至明而一变乎？沧海之运，随地圜体，其自西而东乎？前代无论大一统之世，即东晋、南唐、南宋、齐、梁，偏隅割据，而航琛献赆之岛，服卉衣皮之贡，史不绝书，今无一登于王会。何为乎？红夷东驶之舶遇岸争岸，遇洲据洲，立城埠，设兵防，凡南洋之要津，已尽为西洋之都会。地气天时变，则史例亦随世而变，志南洋实所以志西洋也。故今以吕宋、荷兰、佛郎机、英吉利、布路亚五国纲纪南洋。其越南、暹罗、缅甸、日本四国，虽未并于洋寇，亦以事涉洋防者著于篇。而朝鲜、琉球，洋防无涉者不及焉。凡海岸之国三、海岛之国六。

阿细亚洲总说原本无，今补辑。

明艾儒略《职方外纪》：亚细亚者，天下一大州也。人类肇生之地，圣贤首出之乡。其地西起那多理亚①，离福岛②六十二度；东至亚尼俺峡③，离福岛一百八十度；南起瓜音挞哇，在赤道南十二度；北至冰海，在赤道北七十二度。所容国土不啻百余，其大者首推中国，此外曰鞑而靼④、凡游牧部落皆是。曰回回、曰印弟亚⑤、即五印度。曰莫卧尔、小白头回国。曰百儿西亚、大白头回国。曰度尔格、都鲁机回国。曰如德亚，天方、默德那所属国。并此州巨邦也。海中有巨岛，曰则意兰、即锡兰山。曰苏门答剌、曰瓜哇、即葛留巴小瓜哇也。曰渤泥、此渤泥为岛，可证谓大泥即渤泥之谬。曰吕宋、近台湾岛。曰马路古⑥。

①那多理亚（Anatolia），即土耳其安纳托里亚。
②福岛（Insolae Fortunate），加那利群岛（Canary Is.，Canaries）。
③亚尼俺峡（Anadyrskiy Zaliv），即亚纳德尔湾。
④鞑而靼（Tartars），明代通称蒙古各部为鞑靼。
⑤印弟亚（India），指今印度南部。
⑥马路古，又作木路各、美洛居，指印度尼西亚马鲁古群岛（Kepulauan Maluku）。

《坤舆图说》作木路各，即美洛居也。更有地中海诸岛，亦属此州界内。中国则居其东南，其北极出地之度，南起琼州，出地一十八度，北至开平等处，出地四十二度，从南涉北，共得二十四度，径六千里。东西大抵略同。其距大西洋，路几九万，开辟未始相通，但海外传闻，尊称之为大知纳。近百年以来，西舶往来贸迁，始辟其途，兼以历算之士，得历中华广闻见，旷然远览。其《一统志》所详者，今不复述，姑录全洲大略于下。

《万国地理全图集》口：四大地之中，亚齐业①最广大，长二万四千里，阔一万二千三百里。大地北极出地二度至七十八度，英国中线偏东自二十六至一百九十度。南及印度海，有东京、暹罗、北耳西海隅②，北及北冰海，东及太平海与其海隅，西连欧罗巴大地及地中海，有微地与亚非利加大地相连，又及于红海隅与印度海也。在此大地内，南方之各国称谓芜来由列邦③、暹罗、安南、老挝、缅甸、五印度、北耳西、亚剌百等国；北有俄罗斯藩属国，亦称西百利；东有中国及所属满州各地方、日本群岛并琉球；西有西域列国与土耳基藩属；中有蒙古族各部地沙漠、西藏；东南边则多群岛，广大且远焉。亚齐亚西方为各人类始祖之本地，道理术法与教门，一皆由亚齐亚出，故亘古至今视为重地。案：亚齐亚，即亚细亚也，一作阿悉亚。

越南一

安南国在暹罗之东北，国都建于傅依④。此曰傅依，后又曰虎地，盖

①亚齐亚（Asia），又作阿悉亚、亚细亚，即亚洲。
②北耳西海隅（Persian Gulf），即波斯湾。
③芜来由列邦，泛指东南亚各地的马来人居住地及国家。
④傅依，又作虎地、西京、顺化、顺化港，均指今越南中部的顺化（Hué）。

西京顺化港之异名也。**亦原有三国：一曰广南，一曰干波底阿，一曰东京**①。**并有干波底阿所属之腊阿士**②、**穷巴**③**两小国**。干波底阿地接广南，当即《明史》之宾童龙，与占城接壤者。盖广南以东濒海之小国。**千有七百七十四年**，乾隆三十九年。**因广南光中王**④**冲幼被难，与其遗臣遁于海岛，遇佛兰西教师阿特兰**⑤，**彼此投契，共怀义愤，遂回佛兰西乞师。适值佛兰西国难未定，阅数载，始请得兵船，助其恢复。于千有七百九十年**乾隆五十五年**灭仇复国**。案：此志谓安南光中王冲幼被篡事，在乾隆三十九年。借西洋兵复国事，在乾隆五十五年。既非明嘉靖中黎维潭复仇灭莫之事，又非嘉庆七年阮福映借暹罗兵复仇灭阮之事。乾隆五十五年，正阮光平篡黎氏，黎氏投中国之时，更与此情事不合。以前后考之，此当专指广南而言。高宗御制诗集乾隆《乙未题平定合符诗》注云：李侍尧奏粤民李阿集私越边界，至安南国之顺化，其地在安南王城西南，远隔重洋，昔为阮姓窃据，历九世皆称顺化王，与安南黎王世仇。会顺化王死，有子二，嫡幼而庶长，先立。其舅擅威福，有同姓阮翁衮者，以除奸立嫡为名，募兵自称西山⑥王，逼顺化城，二子皆出走。李阿集以战功封开国公。阮翁衮思自

---

①东京（Tonquin, Tongking），指今越南北部，本书此名有时亦专指越南首都河内（Honoi）。

②腊阿士（Laos），指老挝。

③穷巴（Tsiompa, Champa），占婆（占城、林邑、环王），在今越南中南部。《四洲志》据译的《The Encyclopaedia of Geography》只说当时"老挝和占城差不多成了暹罗的附属国"，梁进德却把它们改译为"干波底阿（柬埔寨）所属"，魏源再误注干波底阿为《明史》所载的"宾童龙"，即"广南以东濒海之小国"，误上加误。魏源在《东南洋各国沿革图》中，已误绘"干波底阿"的位置。这条注释有进一步的说明。其实当时的情况是：老挝遭到暹罗的严重压迫，占城则在 1802 年已为越南完全灭亡，原柬埔寨的嘉定地区已并入越南，另一部分则在暹罗的压迫之下。

④光中王，乃阮福映之讹。《四洲志》据译的原著误阮福映为 Caung Shung（参见《The Encyplopaedia of Geography》P. 391，Vol Ⅱ），梁进德照译，林则徐未发现问题。魏源觉得"情事不合"，但亦未能纠正西洋人之谬，反而写了一个很长的案语去证明光中王即阮文惠。

⑤阿特兰（Adran），现多译百多禄。

⑥西山，指今越南南部归仁（Qui Nhon）府西山（Tây son）邑，越南西山起义开始于此。

立，众解不从。李阿集入海，遇顺化二子舟，劫夺其财，携家回内地，为有司所执，籍其家，得调兵玉符上下各一，左右凿枘相应，形圆而椭，镌小篆文云云。案：乾隆乙未为四十年，与此志三十九年先后一岁，情事正符。而二子海中被劫，即此志所谓遁入海岛之事。阮光平本名阮惠，有兄阮岳，即诗注所谓嫡幼庶长之事。盖阮光平幼时，本遭难遁荒，及长，乃借兵恢复广南，又乘黎、郑内衅之际，因并据安南耳。中国惟知其晚年盗有安南之事，不知其幼年亡失广南之事。惟御制诗注与此志相表里。而《滇系》载师范《安南纪略》，亦与此志互有出入。光中王之为阮光平无疑。**光中王既感欧罗巴之扶佐，又慕欧罗巴之兵法，遂仿造兵船、火器，训练国兵。是以现有炮船三百艘，大兵船一号，在阿细亚洲诸国，罕与匹敌，是以兼取安南、东京及干波底阿国，并合三国而统一之。**此处始谓阮光平[1]兼并安南东都之事。**缅甸、暹罗兵制，皆由各头目招募充伍。器械皆长枪刀弩，虽有火枪，皆西洋所废弃之物，购买修整，不堪适用。惟安南军器制度得之欧罗巴，故在缅甸、暹罗两国之上。其水战兵船，长自八丈以至十丈不等，而宽仅八尺。其制造之法，取整油木一株，截定长短尺寸，先用火烧出中槽，后用刀斧刳斫而成。沿河各城，均备此以待，临时一招而至，即有五百号。每船棹桨五六十人，各带长枪短剑，别配火枪兵三十人。船头平直，安炮一门，自六棒至十二棒重不等。遇敌，将船横排成列，群唱战歌，极力棹桨，顷刻逼近，随即死斗。如敌人大船欲冲击小船，则小船闪避又甚巧速。其王与贵人寻常所乘之船，雕饰镀金，映水爤灿，士庶不敢僭也。安南兵船，近日造作愈精愈巧，每船长十丈九尺，其材可作西洋兵船之中桅。缅甸、暹罗两国陆战全恃坚锐木栅，环绕重濠，虽英吉利之兵马，亦有时可以拒之。第兵欠纪律，设一破其栅，即未免溃乱奔窜。安南军制，按欧罗巴兵法训练而成，可云纪律之师。计其兵数，于千有八百年间，**嘉庆六

---

①魏源此注中的阮光平亦为阮福映之讹。

年。约十有四万，今则不过五万，内有三万在国扈卫国王。闻安南国王库贮金钱计有七百十四万员，而银则不计其数也。缅甸户口约有五百万，暹罗户口约百有二十万。安南东京、〔干波底阿〕户口五百有十万四千，腊阿士户口约八十有四万，芜莱由户口约十有九万。又中国人在彼入籍约四十有四万。其官制、章服、文字大略都遵中国，为东方诸国所不及。眉公河为安南最巨之河道，亦发源云南，南经巴（尔）〔塞〕门而注之海。眉公河似指富良江①，其上游即云南之黎花江，经安南入海。由海口溯流而上，约二十余日，巨舶可扬帆直驶。三国土产木棉、谷米、油木、花木、白糖、胡椒、藤竹、（誊）〔藤〕黄、槟榔、燕窝、海参、象牙。原本。

安南国东界海，南界海，西界暹罗，北界中国广西，以虎地为国都，领部落二十有一。原本部落名皆夷语，今删之。其安南郡县，具详前史。

重辑原无，今补。

《万国地理全图集》曰：安南王据东京而取占城国之大半，南接暹罗，达于南海；北及中国，东北及广西；西连老挝、暹国；东达东京海隅及南海。北极出自九度至二十三度，英国中线偏东自一百零三至一百零八度。东北隔富良江，西交潦濑江②，广袤圆方二十九万四千方里。东京望海平原③如草场，与占城地相似。国

---

①富良江，今越南河内附近的红河（Hong Ha）主流。湄公河和红河是越南南北方的两条大河，魏源注湄公河为"富良江"，误。
②潦濑江，本同奈（Donnai）河对音，但当时西方的地理书往往把湄公河和同奈河混为一谈。此名疑指湄公河。
③望海平原，即东京平原。东汉时的望海城在今越南多福（Da Phuc）之东，即在河内东北约四十公里。

内多山，归化江路①接西南界，宣化江路②接时麻道③，陀江路④接金齿界，琼州路⑤接左右两界。其国二十二郡，六者为占城故地，其外为安南东京地。其江自云南、广西出者皆南流，惟东京之江东流。其海之港甚多，处处可泊。国西都⑥曰顺化城，离海边十八里，沿江十二里建屋宇，大半草庐，罕瓦屋。其东京城⑦在河滨，距海三百里，居民比顺化更繁，为贸易之埠，与中国通商，并不与他商经营。东安⑧居民原来自中国，开垦立业，故其气色相去不远。至占城之上民，面黑身矮，与暹相似。乾隆年间，国王没，臣生异心，或结暹罗，或结安南，故为安南侵据。其地丰盛，而民懒惰。海边有湛巴族类⑨，风俗语音与安南异。古时乘船冒危，远商他国，近日渐退，安居山内，服属安南。安南国崇佛教，拜偶像；有奉天主教者，王尽灭其教门而杀其师，然尚存四十余万信士。东京出金铁，开厂每年掘银二十余万。占城产米，多白糖、槟榔、肉豆蔻，唐船最多。占城之绿赖江⑩濒海，捕鱼为生。安南人矮，身着长衫裤，以布缠首，衣裳黎黑色，惟尊贵服绸缎。众民污秽，不洗衣，不浴体。风俗人清爽，满面笑容，扬眉畅气，

---

①归化江路（Qui Hoa Giang Lô），今越南黄连山（Hoang Lien Son）省一带。

②宣化江路（Tuyen Hoa Giang Lô），约当今越南河宣（Ha Tuyen）省一带。

③西洋人所著书中的所谓"时麻道"，显然是我国云南"特磨道"之讹，魏源却沿用此说，不知何故？

④陀江路，应作沱江路，越南西北部黑水河流经的永富（Vinh Phu）、河山平（Hason Binh）、山萝（Son La）、莱州（Lai Chau）省一带。

⑤琼州路（Lang Chau Lô），越南谅山（Lang Son）省一带。

⑥越南史书仅称清化（Thanh Hoa）为西都，称顺化或顺化地区为"西都"，是我国学者和"西洋人"说的。

⑦东京城，即今越南河内。

⑧东安，应作东京，指今越南北部。

⑨湛巴族类，Champa的对音，但应作Cham，指占人。

⑩绿赖江（Donnai River），同奈河，或谓指西贡河（Saigon River）。

安心听命。但因连月徭役，小民贫苦无聊。王住殿，太乘荣威，其侍卫三万丁，立内阁，置六部。中外百官，甚效中国之法，各省有其督抚部院等大官。所读之书与中国相同，但其音悬绝。至于武备，国王请佛兰西武官教列西国操演武艺，是以所铸之火炮，所造之鸟枪，不异佛兰西。其武官深晓兵机，所有兵船大胜中国之舰，巡驶五印度、南海各国，以广见识。其公使屡到外国，随便办事。遇有外国船只进港，即严行防范，烦扰苛刻，以塞外商之路。中国所来之大小船三百只，安南往新嘉坡每年三十有余只，但其水手系汉人。王之兵船二三只，载杂货，亦赴其埠贸易。

《圣武记》：安南所都曰东京，即唐交州都护治所，而以广南、顺化二道为西京，即古九真①、日南地。中隔海口，世为阮氏割据，号广南王，兵强于安南。初，明嘉靖中，安南为莫登庸所篡，国王黎维谭走保清华②、顺化四府。至孙黎维潭起兵破莫复国，实其臣郑氏、阮氏之力，世为左右辅政。后右辅政郑氏乘阮死孤幼，出阮氏于顺化，使王广南，而自专国事，于是阮、郑世仇构兵。至郑栋③益专柄，将篡国，而忌广南之强，乃诱其土酋阮岳、阮惠攻灭广南王于富春④。及郑栋死，阮惠又起广南兵攻灭郑氏，于是阮氏复专国，尽取王都珍宝归广南，治城池于富春。旋使其将阮任以兵数万攻东京，国王黎维祁遣使走投诉中国，时乾隆五十三年也。明年，朝廷命两广总督孙士毅出师讨阮惠，惠败走，黎维祁复国。是冬，阮惠复集广南之众倾巢来袭，孙士毅军溃走还，

①九真（Cùu Chân），在今越南清化（Thanh Hoa）、义静（Nghe Tinh）二省。不在"广南、顺化二道"。
②清华（Thanh Hoa），即今越南清化（Thanh Hoa）。
③郑栋，误，应作郑森。
④富春（Phú-Xuan），即今越南顺化（Hué）。

黎维祁复来投。阮惠亦改名阮光平，叩关谢罪乞降。言世守广南，与安南敌国，非君臣，并请五十五年入觐，祝八旬万寿，诏封阮光平安南国王。五十七年卒，子阮光缵袭封。初，阮氏世王广南，以顺化海港为门户，与占城、暹罗皆接壤。阮光平以兵篡国，国用虚耗，商舶不至，乃遣乌艚船百余，总兵官十二，以采办军饷为名，多招中国海盗，使为乡导，入寇闽、粤、江、浙。嘉庆初，各省奏擒海贼，屡有安南兵将及总兵封爵敕印，诏移咨安南，尚不谓国王预知也。暹罗既与广南积怨，会黎氏甥阮福映者，乞师暹罗，克复西都，并缚海贼莫扶观等献诸中国。中国始知阮氏父子薮奸海盗之罪，时嘉庆四年也。及七年，阮福映复破东京，尽有安南，备陈构兵始末，为先世黎氏复仇。其旧封农耐，本古越裳氏地，今兼并安南，请以越南名国。诏封越南国王。盖新阮篡黎十余年，复灭于旧阮，今修职贡者，非复前日阮氏云。

《英吉利夷情纪略》：歙县叶钟进《寄味山房杂记》。嘉庆十一二年间，有大班喇弗者，探知我属国安南之东京地居海隅，时有内讧，乘隙可取。时阮福映灭仇立国，方新之故。遂亲往孟甲剌，约其兵头驾大舶十号，直趋安南富良江海口。先令其副兵头驾七艘入，以讨旧欠、索马头为名，安南闻之，先饬渔艇商船尽藏内港，故入口数百里无阻。直至东京下碇，不见一人。及夜，忽有小艇无数，各载干柴火药，四面围至，急发大炮轰之。小艇皆乘上风，火发风烈，七艘俱烬。有黑鬼善泅者游水出报，兵头骇遁，不敢再入。

《瀛环志略》曰：越南即安南，古之交阯，秦以后、唐以前皆隶版图。南界之林邑，汉末即自立为国，安南至五代时乃列外藩，今并占城为一国，复兼真腊。北境安南故地，南境占城、真腊故地，称曰广南。北界广东、广西、云南三省，西界暹罗，东南面大海。都城曰顺化，在富良江①之南岸。衣冠仍唐宋之制，坐则席地，贵人乃施短榻。取士用策论诗赋，设乡会科，士大夫皆好吟咏，诗或劣不成句，而人人喜为之。国分四十余省，一省所辖止数县。文武官名略同内地。总督皆阮姓，王之族也。贵官坐堂皇，或解衣扪虱，其简陋如此。宴客设铜盘，置蔬肉各少许，无醯醢，以腌鱼汁代之。鸦片之禁甚严，犯者立置重典。东南临海有都会曰禄奈，或作禄赖②，一作龙奈，一作农耐。占城之故都也。南境临海有都会曰柬埔寨③，真腊之故都也。闽、广商船每岁往来贸易。别国商船入港，讥防甚严，榷税亦重。诸国恶其烦苛，故市舶罕有至者。所产者番木、沉楠、诸香、铅、锡、桂皮、象牙、燕窝、鱼翅之类。其入贡由广西之太平府入关，不由海道。安南本中国地，诸书言之綦详，故不多赘。

俗传红毛船最畏安南，不敢涉其境。其人善于泅水，遇红毛夹板，则遣数百人背竹筒携细缕没水钉于船底，从远处登小舟牵曳之，俟其搁浅，乃火焚而取其货。又或谓安南人造小舟曰轧船，能攻夹板船底，故红毛畏之。以今考之，皆不甚确。盖占城之北，海形如半月，海水趋湾，其势甚急。海船或〔溜〕入湾内，无西风不能外出。红毛夹板入溜搁浅，曾败数舟，故至今欧罗巴人涉海，以望见广南山④为厉禁。商船入安南内港，土人皆用小船系绳

①《瀛环志略》误香江为富良江，其《南洋滨海各国图》兼误河内为顺化。
②禄赖，指越南堤岸（Cholon）、西贡（Saigon）、嘉定（Gia-dinh）一带，今胡志明市；但《瀛环志略·南洋滨海各国图》绘"禄奈"于越南最东角，似误指藩朗（Phan Rang）为"禄奈"。下文说禄奈是"占城故都"，疑是这个缘故。"禄奈"不在古占城境，更不可能是它的"故都"。
③柬埔寨，《瀛环志略》地图绘"柬埔寨"这一"都会"于金边的位置。此地十五世纪时曾是吴哥王朝的都城。
④广南山，即占婆岛。

牵引，乃虑其搁触礁浅，藉为乡导，即中国各港之引水船，反用之以碎敌船，理或有之。惟没水而钉船底，则事涉杳茫矣。至轧船之制，曾有绘图仿造者，施之海面仍无异常船。耳食之谈，施之实事，往往凿枘，正不独此一事也。按：郑芝龙焚荷兰船，见《台湾外纪》。时荷兰夹板扰闽、浙，芝龙方受抚为禅将，奉令往剿。荷兰船坚炮猛，乃募死士善泅者，以小船堆柴薪，浇以油，中藏火药，前置引线，船首施短铁链，缀利锥。死士一人持斧坐船头，数人从旁乘风潮急棹傍夷船，以斧钉锥于船舷，燃药线，投水凫回。药燃火发，风又猛烈，荷兰夹板被焚三艘，余遁去云。按：芝龙本海中剧盗，所养皆亡命，其权谲能得人死力，故出奇制胜，理或有之。他书言火攻者，谓用千百木筏枳薪，顺风潮纵之，或谓锁千百小舟积薪舣港面围之，皆江河火攻旧说。施之夹板，凿枘甚矣。海面宽阔，夹板相地散泊，相隔一二里、三四里，木筏虽多，岂能塞海？又岂能引针拾芥，使之相著？此自焚舟，何与彼事？

《地理备考》曰：安南国又名交趾，在亚细亚州之南。北极出地八度四十五分起，至二十三度止；经线自东八十七度四十五分起，至一百零七度止。东南皆枕中国海，西连暹逻国，北接中国。南北相距三千七百里，东西相去一千五百里，地面积方约三十九万三千七百五十里。烟户三京三兆口。本国地势，山陵绵亘，平原坦阔，河则甚多，其至长者一卖冈河①，一桑该河②，一支来河③，一多乃河④。湖则甚鲜，其至大者一托湖⑤，一劳湖⑥，田土朊腴，谷果丰稔，草木茂盛，鸟兽充斥。土产金、银、铜、铁、锡、丝、茶、漆、靛、蔗、棉花、槟榔、沙藤、肉桂、胡椒、象牙、药材、木料等物。地气温和，王位相传。所奉之教，儒释不

---

①卖冈河，即湄公河。
②桑该河，即红河。
③支来河（Tche-Laî-Ho），即黑水河。
④多乃河（Sông Dông Nai），即同奈河。
⑤托湖（Le Pefit Lac Ou Tonlé-Touch），即洞里托湖（小湖），在柬埔寨。
⑥劳湖（Le Grand Lac ou Tonlé-Sap），即洞里萨湖（大湖），在柬埔寨。

一。技艺精良，贸易昌盛。通国分为五部：一唐冲①，首府曰顺化，乃（西）〔京〕都也，建于顺化河岸〔边〕；一唐外②，即东（都）〔京〕，首府曰给卓③；一平顺④，首府曰占城；一嘉定⑤，即柬埔寨，又名真腊，首府曰柴棍⑥；一包当⑦，首府曰保⑧。国中部落，四散住居，不属统辖，名目纷繁，兹不及赘。其通商冲繁之地，一名柴棍，一名代佛⑨，一名罕山⑩，一名给卓。

《外国史略》曰：亚悉亚东南洋海岸各国，北连中国之云南、广西、广东，南及暹罗海隅及南洋群岛，东及安南东都海隅，西连榜甲拉海隅⑪，在亚西亚各国之至南。其长江：曰迤拉瓦的江，一名大金沙江，由云南流出，径缅甸四千四百里，入榜甲拉海隅，水深广，可入大海舶，若小三板船，可及云南界；撒路音河⑫，一名溺江，亦由云南下流，直南入缅甸之马他班海隅⑬，其北支内多暗沙，南支则水深三十里；默南江⑭，一名沉江，亦由云南下流，南向入暹罗，灌田最丰盛，其江最深，而出口处反浅；默南君河，

①唐冲（Drang-Trong），指今越南中部顺化（Hué）、广南（Quang Nam）一带。

②唐外（Drang-ngay），指越南北部。

③给卓（Ketcho Dong-King），即今越南河内。

④平顺（Binh Thuan Tsiampa），约当今越南顺海（Thuan Hai）省。

⑤嘉定（Gia Dinh），亦称下柬埔寨。

⑥柴棍（Saigon），西贡，即今胡志明市。

⑦包当（Baotan），即今越南老街（保胜）。

⑧保，即老街。

⑨代佛（Faifo），即今越南广南—岘港省的会安（Hôi-An）。

⑩罕山（Hansan Turon），即今越南岘港（Tourane）。

⑪榜甲拉海隅，即孟加拉湾。

⑫撒路音河（Salween），即萨尔温江。

⑬马他班海隅（Gulf of Martaban），即莫塔马湾。

⑭默南江，即湄南河，泰语全称为 Mae Nam Chao Phraya，意为"河流之母"。疑马礼逊译 Menam 为"默南江"，译 Chao Phraya 为"沉江"。

即澜沧江，由云南流入越南。西都有漳江①，溪港有两条。西方系缅甸国并英吉利藩属地，其东越南，中间为暹罗、老掌等地，南则为芜莱由族类。

又曰：越南国北极出地自八度三十分及二十三度，偏东自一百零五度及一百零九度，广袤方圆六千七百里。民在东都者千余万，在广南百有余万，在占腊或在干宾②百五十万。越南南连暹罗，东及大海，北与中国交界，西连老掌。其全国之地，自南占腊地起，如区粟镇③、河仙、南荣、安江④、永清、定祥、蕃安、边和、平顺、衙庄、富安、归仁、和义、广南，皆南地也。其中央有广德、广治、广平、乂安、东京各镇，北方有清内、清外、兴化、南上、南下、海东、京北、山西、高平、郎北、太原、宣光、广安等镇。其南方占腊之地，地低田肥，无山林，人繁盛，民不习勤，国君又不知教养，故府库充而百姓贫乏。惟与中国交界之东都，居民蕃庶勤劳，能制各物。又花河边之顺化，田肥地茂，其内山多硗，低地出米、烟、槟榔、白糖、玉桂皮、胡椒、檀香、奇南香、粗茶叶等货，港口便通商，面貌皆似中国，本汉人之苗裔也。其文学亦用中国字，读中国书，法度规矩风俗，皆与中国仿佛。士民伶俐，恒带喜色，多巧思。衣尚黑，不好洁，不浴身。男应徭役，女乏贞节，代男苦劳，以养其家。庶民贫乏，惟侨寓之汉人免徭役。农力劳，而收薄。商贾多汉人，所运出者，槟榔、白糖、胡椒最多。通商极兴旺，船由〔柬〕埔寨来者，载

---

①漳江，疑指香江（Sông Huóng，Perfume R.）。

②干宾（Cambodia），即今柬埔寨一带。

③区粟镇，即西卷（Tây Quyen），故址在今越南顺化附近或广溪（Quang Khe）西面。一设在石杆（Thach Han）河与甘露（Cam Lo）河会合处。

④安江，指今越南安江、后江省一带。

米盐等货赴新埠头贸易。国王亦调兵船每年赴港，并赴旁甲拉。东都所运卖者，系粗磁等货，所造之鸟枪、大炮等火器尤妙。东都出胡丝，但不如中国之细，衣布缎纱皆粗，其上者必买自外国。乾隆三十八年，西都有兄弟三人，一为将军，一为商贾，一为和尚，共驱国王世子。有佛兰西教主偕世子求援于暹罗国，并往佛国求救。是时三奸已据其国，虐其民。其东征者不服水土，毙死甚众。王驻伶仃岛，于是佛国与本地义勇力驱奸徒。又攻击东都，旧王复位，乃用佛官练兵铸炮，又建战船如西洋之甲板，且筑炮台。自后武事日兴，乘占腊国王内乱，与暹罗分据其地，直入禄赖。每年调兵船，载糖货赴新埠①等港贸易，所寓汉人亦驶各港口，在占腊载货物。王自操全权，不与乡绅会议。所纳各税约五百万两。其西都曰顺化府，居民三万。各江边离海二里，北极出十六度四十五分，偏东一百零六度三十二分，城周二里，高三丈，兵房周绕殿宇，民居半以竹葵为之。大炮火器甚多，皆佛兰西造作。初，王亦许以海边土地给佛国居住，后不践约，其佛官渐归本地。于是通商悉罢，且绝佛国，严禁天主教。然东都、占腊、广南各地，尚有思奉教者。东都京北镇之港口，居民十五万。与中国贸易最兴旺之港曰禄赖，居民十三万，多暹罗小船及中国大船。又归仁、衙庄、富安三处，亦通商兴旺之地。占腊古都今虽废，居民犹三万有余。此安南通国情形之大略也。

武林郁永河《裨海纪游》曰：红毛船用板两层，斫而不削，制极坚厚，中国人目为夹板船，其实整木为之，非板也。其帆如蛛网盘旋，八面受风，无往不顺，较之中国帆樯不遇顺风，则左右戗折，倾险迂艰者，不翅天壤。然巧于逆风者，反拙于乘顺风。

---

①新埠（Pulau Pinang），今马来西亚槟榔屿。

若与中国舟航并驰，顺风中彼反后矣。故遇红毛追袭，即当转柁顺风扬帆，可以脱祸；若仍行戗风，鲜不败者。况彼船大如山，小舟方畏其压，安能仰攻？红夷恃船大帆巧，横行海外，轻视诸国，所至侵夺，顾两败于交趾。交趾拒敌之法，创造小舟，名曰轧船。长仅三丈，舷出水面一尺，两头尖锐，仿佛端阳竞渡龙舟；以二十四人操楫，飞行水面，欲退则反其棹，变尾为首，进退惟意，俨然游龙。船中首尾各驾红夷巨炮，附水施放，攻其船底，底破即沉，虽有技巧，无所施设，十是大败。至今红毛船过广南，见轧船出即胆落而去。中国东南半壁皆大海，日与西夷互市，轧船之制，亦所宜讲。

余文仪《台湾志》：交留巴国人本轻捷善斗，红毛制造鸦片诱使之食，遂疲羸受制，其国竟为所据。红毛人自有食鸦片者，其法集众红毛人环视，系其人于桅竿上，以炮击之[①]。故红毛各国只有造烟之人，无一食烟之人。又闻夷船由孟迈赴广东，必先经安南边境，初诱安南人食之，安南觉其阴谋，下令严禁，犯者死无赦，一国卒不受其害。

《澳门纪略》曰：昔西洋夷〔人〕有以天主教行于安南者，国人惑之，国王尽拘其人，立二帜于郊下，令曰："不从教者立赤帜下，宥其罪；如守教者立白帜下，受诛。"竟无一人肯出教立赤帜下者。王怒，举炮歼之，至今不与西洋通市，至则发大炮击之。西夷卒不敢往。

魏源曰：越南自汉、唐、明屡隶版图，列郡县，事灿前史。惟其与西洋交构，则皆在本朝，于中国洋防最密迩。雍正初，红夷兵舶由顺化港闯其西都，而西都以水攻沉之。嘉庆中，复由富

---

①魏源在此处用的不是原志文字，而是黄爵滋在奏折中修改过的文字。

良海口闯其东都，而东都以火攻烬之。鸷鸟将击，必敛其形，未闻御大洋横行之剧寇，徒以海口炮台为事者。越南之禁鸦片，与日本禁耶稣教同功，与《酒诰》禁群饮同律。咄咄岛邦，尚能令止而政行。

越南疆域附考 原无，今补。

《皇清通考·四裔门》：安南即交趾，与滇、粤接界。由广西至其国，道有三：从凭祥州入，则经文渊、脱朗、谅山、温州、鬼门关、保禄县，凡七日至安越县之市桥江①；由思明府入，则过摩天岭、思陵、禄平二州，又过车里江、安博州、耗军洞、凤眼县，凡八日至市桥江；自龙州入，则由平而隘、七源州，四日至文兰平茄社②，分二道：一从文兰过右陇县北山，经鬼门关渡昌江③，经（世安）〔安世〕、安勇二县，凡三日至市桥江；一从平茄县西经武（岩）〔崖〕州司农县，凡四日至市桥江。市桥江在安越县境，昌江之南诸路总会处。五十里至慈山府、嘉林县④，渡富良江入交州。由云南至其国，道有二：一由蒙自经莲花滩入程澜洞，循洮江⑤源右岸，过水尾⑥、文盘⑦、镇安⑧、夏华⑨、清波诸

①市桥江（Sông Cầu），求江，古市桥城在今越南北宁（Bắc Ninh）东面的答球（Dap Cầu）。
②平茄社（Binh Gia），今越南平嘉。
③昌江（Xúong Giang），即今越南北部的沧河，昌江城位该河东岸的北江（Bắc Giang）一带。
④嘉林县（Gia Lâm），在今河内东北。
⑤洮江（Thao Giang），指越南越池（Việt Tri）北面洮河的一段。
⑥水尾（Thùy Vi），亦作保胜，即今越南老街（Lao Cai）。
⑦文盘（Văn Bán），今越南黄连山省文本。
⑧镇安（Tran An），在今黄连山省。
⑨夏华（HaHoa），夏和，在今永富省西北角。

州县，凡二十七日至临洮府，又过山围县①、兴化府、白鹤县②，凡十日渡富良江；一由河阳隘循洮江源左岸，过平源、福安、宣江③、端雄诸府州县，凡二十三日至富良江。然皆山径，攲侧难行。若循洮江右岸入，乃大道也。若广东海道，自廉州（五）〔乌〕雷山发舟，北风顺利，一二日可抵交之海东府，沿海岸行八日，始至海东。有白藤④、安阳⑤、涂山⑥、多鱼⑦诸海口，各有支港以达交州。此海道大略也。国治在交州，距京师万有千百六十五里，即唐都护治所。郡县分十二道，道分十三承政司：安邦⑧、海阳⑨、山南⑩、京北、山西、谅山、太原、明光⑪、兴化、清华⑫、乂安、顺化⑬、广南⑭是也。隶安邦者府一，曰海东，旧即交州地。隶海阳者府一，仍曰海阳，旧即新安⑮地。隶山南者府十有一：曰上洪、下洪、天长、广东、应天、荆门、新兴、长安、苾仁⑯、昌平、乂兴，旧即谅江、建昌、奉化、镇蛮、建平地。隶京北者府四：曰北河、慈山、谅江、顺安，旧即北江、谅江地。

①山围县（Son Vi），即今临洮县一带，在永富省。
②白鹤县（Bạch Hạc），在今越南永富省越池东面的永祥（Vĩnh Tuòng）一带。
③宣江（Tuyên Giang），约当今越南永富省西北部和河宣（Ha Tuyên）南部一带。
④白藤（Bach Dăng），指今越南东北岸的南潮（Nam Trieu）口。
⑤安阳（An Du'óng），指流经海防（Hai Phong）附近的京泰（Kinh Thay）河口。
⑥涂山（Dõ Son），即涂山。
⑦多鱼，指涂山西南面的文澳（Văn Uc）河口。
⑧安邦（An Bang），约当今越南广宁（Quáng Ninh）省一带。
⑨海阳（Hâi Dúóng），约当今越南海兴（Hai Hung）省和海防（Hai Phong）市。
⑩山南（Són Nam），约当今越南海兴省、太平省、河北省南部、河南宁省北部一带。
⑪明光（Ming Quang），即宣光。
⑫清华（Thanh Hoa），约当今越南清化（Thanh Hóa）省。
⑬顺化（Hué），约当今越南平治天（Binh Tri Thiên）省。
⑭广南（Quang Nam），约当今越南广南—岘港（Quang Nam Da Nang）省一带。
⑮新安（Tân An），此处指越南北方的新安。
⑯苾仁（Ly Nhân），即今越南里仁。

隶山西者府六：曰归化、三带、端雄、安西、临洮、沱江，旧即交州、嘉兴、归化地。隶谅山者府一，仍曰谅山，旧谅山地。隶太原者府三：曰太原、富平、通化，旧太原地。隶明光者府一，曰宣化，旧宣化地。隶兴化者府三：曰兴化、广威、天关，旧即广威州地。隶清华者府四：曰绍天、镇宁、（蔡）〔葵〕州、河中，旧清化地。隶义安者府八：曰义安、肇（平）〔丰〕、思义①、奇华、德（先）〔光〕、演州、北平、清都，〔旧〕即义安、演州地。隶顺化者府三：曰广化、英都、升华②，旧即顺化、升华地。隶广南者府三：曰广南、（茶）〔荼〕麟③、（五）〔玉〕麻④，旧即义安地。

其形势，东南一带皆海，有望海城，汉伏波将军马援建，国境西界南掌，北界广西，东北界广东。沿边皆有重峦深涧，林箐弥蔓。至大小落靠岭、鬼门关、罗婆、罗翁、麓岭，尤其（中国）〔国中〕要地。交州独倚富良江为天险，江阔二三里，其水混浊，一自缅甸流入⑤，由兴化过嘉兴府来；一自云南流入，由兴化府来，至交冈⑥汇合诸小河，渐汇渐大，自西东下，经过交州北，向东南流入海。在国总属州县二百余，东西相距一千七百六十里，南北二千八百里，此安南全境也。国王黎氏，祖籍清华人，为安南王，都清华。继因交州为历代割据险要地，兼有通海之利，始

①思义（Tú' Nghìa），即思义。
②升华（Thăng Hoa），指今越南广南—岘港省及义平（Nghia Binh）省北半部，共辖四州。其升州、华州均在广南—岘港省。
③荼麟（Tourane），即今越南中部岘港（Da Nang）。
④玉麻（Ngoc Ma），在今越南中南部义平、富庆二省交界的虬蒙（Cau Mong）山一带。谓广南承政司或广南、荼麟、玉麻三府"旧即义安地"，误。
⑤红河二源均自我国云南流入，没有从缅甸流入的。
⑥交冈（Giao Gang），今越南永富省的越池一带。

迁都之。国无城池，人烟辐辏，地势平坦，一望皆田。村庄栉比，人多地少。合境州县，不过具数而已。唐调露初置安南都护府，始名安南，至德初改镇南[①]，大历间复名安南。凡国王嗣位，遣陪臣来请朝命，钦命正副使往封，赐以镀金银印，文曰"安南国王"。其国中文武官制，略同中国。兵丁皆免丁银徭役，按月给饷；兵分水陆，不分战守；兵以象为重，每象额兵二百五十名，有正象奴一、副象奴二，其余兵丁分执火器刀枪，行则前后序进，战则左右排列。凡交界隘口及冲要郡县，皆拨象镇守。丧祭遵文公礼，信尚风水。官民不许卜葬山上，惟许葬于田。富贵者冢上盖茅屋，岁久即平，惟国王与辅政郑氏，葬必卜地。至于权幸势要，或有私卜，败则亦平矣。交州有国学文庙，各郡县皆建学校，俱如中国。间有释老夷獠杂居，性轻悍，役使贫弱，俘掠不忌。惟交、爱[②]二州倜傥好谋；驩[③]、演二州淳秀好学。交州〔惟〕〔为〕国都及安邦承政司所属地，爱州属清华承政司，驩州、演州属乂安承政司云。屋舍惟王府辅政宅及庙宇用瓦，色紫黄，余皆茆屋。国中农桑极盛，豆麻蔽野，兼饶鱼盐之利，金、珠、珊瑚、玳瑁、石罄、火齐、丹砂诸货。若其中外离合，国祚变迁，自秦及明，前史备载。本朝顺治十六年，云南平定，安南国王黎维祺奉表贡。康熙五年，维禧缴呈故明王永历所给敕印，诏遣使封为安南国王。

乾隆五十二年，黎维祁为阮光平所灭，大兵恢复其国，旋仍为阮光平所取。光平来降并入朝，诏封阮光平安南国王，传子阮光（显）〔缵〕。嘉庆七年，为黎氏旧臣阮福映所灭，诏改封越南

---

①镇南（Tran Nam），安南（Annam）一度改称此名。
②爱州（Aí Châu），约当今越南清化（Thanh Hóa）省。
③驩州（Hoan Châu），在今越南安城（An Thanh）至荣市（Vinh）一带。

国。至今六年，两贡并进。

《一统志》曰：广东钦州、广西左江、云南临安、元江，皆与交趾为界。钦以东，海道与之对境，钦以西为南宁府。南宁之东南，思明府所属思州、忠州、上下石西诸州，太平府所属龙英、太平、安平、上下冻诸州，皆与接境。西龙州，乃其所必由之路，而凭祥州则其要害也。镇安府所属有归顺及下雷洞，亦与接境。二峒迤西，则云南界矣。临安之阿迷州，左能（塞）〔寨〕等九长官司，皆其近界。元江有水路通之，而蒙自县则其所必由之路也。其道路：在广西，则由太平府历龙州及凭祥州，抵其谅山府，至其所称东都者，可七日程；在广东，则自钦州西南，一日至其永安州。由玉山等处至其东都，可五日程；在云南，则由临安府经蒙自县河底之莲花滩，至其东都，可四五日程。此中国与交南边境之大略也。

《粤中见闻》曰：安南地，东西相距一千七百六十里，南北相距二千八百里。其为府十七，为州四十七，为县一百五十七。岁入司农一千三百六十余万，举滇、黔、闽、广之赋，不足以当之，俗称富庶。明代弃若弁髦。嘉靖中，黎莫变生，廷议征讨，吾粤先哲霍文敏议遣大司马按兵境上，诏谕交人，以郡归者授之郡，以州归者授之州，使其自为守，若广西之土官然，可不血刃而定。湛文简权论亦如此，而竟不行，诚可惜也。由广东入交趾，海道自钦州南大海扬帆，一日至西南岸，即交趾潮阳镇。又自廉州冠山前海发舟，北风顺利，一二日可抵交趾海东府。若沿海岸而行，〔则〕乌雷岭一日至白龙尾，又二日至玉山门，又一日至万宁州，又二日至庙山，又三日可抵交趾海东府。自钦州天涯驿经猫儿港，由万宁州抵交趾国城①，陆路止二百九十一里。又钦州城下登舟，两日至涌沦，自涌沦至防城，陆路一十五里；防城有廉州府同知龙门协左营一守备驻扎，防城水路三日可至交趾万宁州管下之江坪。防城水路两日可至钦州管下如昔司巡检所辖之东兴街，有钦州州判与龙门协左营一千总驻扎。东兴街至江坪，陆路止五十里，隔一小河耳。江坪，各省商贾辐凑，多有婚娶安居者。计钦州东兴街至安南国城②，海道约六七日，陆路约一十一二日也。由广西入交趾，分三路：自凭祥州入者，出镇南关，一日至文渊州；自思明府入邱温者，过摩天岭，一日至思陵州。自龙州入者，一日至平而隘。由云南入交趾，元时始开两路：自蒙自县入，经莲花滩以抵交趾之石泷；自河阳隘入，循洮江左岸，十日至交趾平原；皆山径难行。明英国公张辅发兵凭祥，黔国公沐晟发兵蒙自，不随马伏波故道，夹攻取胜，此奇兵也。

---

①交趾国城，即今河内（Kesho）。
②安南国城，即今河内（Kesho）。

海国图志卷六邵阳魏源辑

东南洋二海岸之国

越南分国二越南西都，即广南国也。

汉为日南、九真郡，晋以后曰林邑，宋以后曰占城，国朝曰广南，
今并入越南为西都①。原无，今补。

《东西洋考》：安南分十（二）〔三〕承政司。其实一承政不
能及中国一府。或自旧县升为府，如慈山、莅仁之类；或承政只
管一府，如（宋）〔安〕邦、谅江之类。旧名多更改割裂，舶人称
（西）〔东〕京者，即其故都。其王居曰日南殿。清化港②即旧清
化府也，是汉九真郡治之地，隋唐为爱州，在交趾为西京。今为
清华承政司。顺化港③即旧顺化府也，今为顺化承政司。广南港④
即旧义安府也，汉为日南，隋唐为驩州，今为广南承政司。广南
有太傅阮某者，国相郑松之舅也。松既执国政，阮不能平，拥兵

---

①魏源所说的"越南西都"或"西京"，指"广南国"。在越南南北方阮郑二氏长期对
　峙期间，双方控制的地区以㵷江（今译㶫河）为界，江以南才是"广南国"范围。
　汉代的九真郡在江之北，即今越南清化、义静二省，非"广南"辖境。清化在越南和
　我国载籍中虽有"西都"、"西京"之称，但与魏源所说的"西都"、"西京"，名同
　实异。
②清化港，指今越南清化（Thanh Hóa）或朱（Chu）江河口一带。
③顺化港，即今越南顺化。
④广南港，今越南会安（Hôi An），不是旧义安。

出据于此，威行诸郡，某卒，其子始修贡东京。新州港①即旧新安府也，今为海阳承政司。提夷港②亦交趾属县，风俗大约与东京相类。尚有（汝）〔山〕南承政、京北承政、山西承政、谅山承政、太原承政、明光承政、兴化承政、乂安承政，皆非濒海之地③，贾船所不到，故不详之。中国贾舶至其海口，司关者以币报酋。舶主见酋行四拜礼，献方物。酋为商人设食，乃给木牌于廛舍，听民贸易。酋所须者辇而去，徐给官价以偿。广南酋号令诸夷，埒于东京，新州、提夷皆属焉。凡贾舶在新州、提夷者，必走数日程诣广南入贡，广南酋亦遥给木牌，民过木牌，必致敬乃行。

《皇清通考·四裔门》：广南国为古南交地。王本中国人，阮姓，历代以来，未通职贡。其地东接安南，西邻占城，南滨海，东北至缅甸，西北距暹罗境④，有大山海水环之，望如半月，名曰广南湾⑤。人善泅。红毛国人夹板船最大，风帆不利漂入广南湾者，国人即遣小舟数百，云集其处。人负一竹筒，纳长缕没水而钉缕于船下。还棹小舟，远曳以行，使其阁浅，始夺其货而焚其舟。故红毛人以不见广南山⑥为幸。他国商船入广南者，税物加倍。康熙八年，广东都司刘世虎等遇风漂泊其地，广南国王遣臣

①新州港，即今越南归仁（Qui Nhón），下文的"新安府"亦为归仁，不是北方的"新安府"，不是"海阳"。

②提夷港，指今越南义平（Nghiã Binh）省富美（Phu My）县东的海湾，该地曾是重要港口。

③"皆非濒海之地"六字，疑为魏源误增。其实乂安（即今茶市）距海很近，蓝江又经其旁出海。

④所言广南国的地理位置误。应是北接安南，南邻占城，东滨南海，西连老挝。

⑤广南湾，指今越南中部广南（Quang Nam）东北的弧形海湾。下文引《海国闻见录》的"广南湾"，除第一个指我国两广、海南省沿海至越南北部、中部沿海的大海湾处，其余均与此广南湾同义。

⑥广南山，泛指越南中部广南—岘港省的广南（Quang Nam）一带的山，或指蒙山（Mong Són）。

赵文炳送归，并带货物船只来粤。部议：赵文炳等虽奉广南印文遣来，实系中国之人，或留或遣，请旨定夺。其带来之物，现奉海禁，不便贸易，应入户部。得旨：广南国王送刘世虎等回粤，殊为可嘉，著给以照验，遣归，广南船货不必入官，仍给来使。凡往来商船由厦门至广南者，先过安南界，历七州洋，向广南外之占毕罗山①，即入其境。国无城郭，周栽刺竹以自固云。

源按：广南即阮光平先世所封地②，本安南附庸，以地险兵强，自为一国。近则并归安南矣。《皇清通考》系黎氏未灭已前所修，故以广南别为一国。

陈伦炯《海国闻见录》：南洋诸国，以中国偏东形势，用针取向，俱在丁未之间；合天地包大西洋，按二十四盘分之，即在巽巳矣。就安南接联中国而言，海接廉州，山绕西北而环南，直至占城，形似半月，名曰广南湾。秦象郡，汉交阯，唐交州，宋安南，陆接两粤、云南，风土人物，史典备载。后以淳化③、新州、广义、占城之地，统名广南。因舅甥委守淳化，随据马龙角④炮台，北隔一水，与交阯炮台为界。自淳化而南至占城为广南国，其王阮姓，亦称广南王，古日南郡地也。以交阯为东京，广南为西京。而西京强于交阯，南辖禄赖、柬埔寨、昆大吗⑤。西南邻暹罗，西北接缅甸。栽刺竹为城。人善没，红毛甲板船，风水不顺，溜入广南湾内者，国遣小舟数百，人背竹筒，携细缕，没水密钉

----

①占毕罗山（Cu Lao Cham），即越南占婆岛。
②阮光平即阮惠，是西山起义的领袖之一，不是旧阮后裔。西山军是推翻旧阮统治夺取广南政权的。这段案语说阮惠先世受封广南，误。
③淳化，即顺化。
④马龙角（Cap Mui Ron），今越南枚闰角。
⑤昆大吗（Ponteamass），多数学者认为即今越南西南部的河仙（Ha Tien）一带。其地原属柬埔寨，后属越南。

细缕于甲板船底，远桨牵曳，船以浅阁，火焚而取其锱重。今红毛甲板，以不见广南山为戒，见则主驾舟者曰夥长。国有常刑。厦门至广南，由南澳见广之鲁万山、琼之大洲头，过七州洋，取广南外之占毕罗山而至广南，计水程七十二更。厦门至交趾，由七州西绕北而进交趾，水程七十四更。七州洋在琼岛万州之东南，凡往南洋者，必经之所。西洋甲板有混天仪、量天尺，较日所出，刻量时辰，离水分度，即知为某处。中国洋艘无此仪器，止用罗经刻漏沙，以风大小顺逆较更数，每更约水程六十里。风大而顺，则倍累之；潮顶风逆，则减退之。虽知某处，不如西洋船之确。必见某处远山，分别上下山形，用绳驼探水深浅，验其沙泥，一一配合，方为准确。至七州大洋、大洲头而外，浩浩荡荡，无山形标识，风极顺利对针，亦必六七日始能渡过，而见广南占毕罗外洋之外罗山①，方有准绳。偏东则犯万里长沙、千里石塘，偏西则恐溜入广南湾。无西风不能外出，且商船非本赴广南者，入其境以为天赐，税物加倍，均分犹若不足。比于红毛人物两空，尚存中国大体。所谓差毫厘失千里也。七州洋中，有种神鸟，状似海〔岸〕〔雁〕而小，喙尖而红，脚短而绿，尾带一箭，长二尺许，名曰箭鸟。船到洋中，飞来引导，人呼是则飞而去，间在疑似，再呼细看决疑，仍飞而来。献纸谢神，则翱翔不知其所之。相传王三宝下西洋，呼鸟插箭，命在洋中为记。

魏源曰：广南为林邑、占城旧壤，《明史》尚与安南邻国。《皇清通考》修于乾隆四十五年，亦以广南、安南并列。故阮光平自理之疏，亦谓世守广南，与安南敌国。而广南常扼安南之项背，西都常制东都之死命，则地利形势然哉？莫氏篡黎，而清华、顺

①外罗山，指今越南中部海岸外广东（Quang Dông）群岛中的列（Re）岛。

化四府据于黎氏，则卒覆于黎。黎氏恢复，而广南、顺化割于阮氏，则卒覆于阮。阮氏据国，而农耐迫广南肘腋，则卒借暹助以并东都。旧志谓阮氏恢复广南，借佛郎机之力。考《海国闻见录》作于雍正初，前乎阮氏数十载，已言广南水战为红毛船所畏，何为反借助于红毛？且此志中语及广南战舰，戒心动色，情见乎词，固不得不虚称欧罗巴援救之功，以掩英吉利创败之辱。彼谓西洋水犀戈船无敌海内外者，抑知五行迭相克，阴阳迭相胜，天下有不可制之物耶？广南濒海之顺化港口，即古宾童龙国①，为占城东尽境。自明王圻谬指为舍卫国，《明史》因之。悲夫悲夫！筹防边，问兔园；语庙谟，恃郢书；用陈汤，不如石与匡。

越南分国沿革上 <small>广南之地，晋、唐、五代曰林邑。原无，今补。</small>

《晋书》：林邑国本汉时之象林县。其南则马援铸柱之处也。去南海三千里，后汉末，曹区②杀令，自立为王。其后，王无嗣，外甥范熊代立。其俗皆开（地）〔北〕户以向日。至于居止，东西无定。果于战斗，便山习水，不（娴）〔闲〕平地。四时暄暖，无霜雪。人皆倮跣，以黑色为美。贵女贱男，同姓为婚，妇先聘婿。其王服天冠，被缨络。每听政，子弟侍臣皆不得近。武帝太康中，始来贡献。咸康二年，范逸死，奴文篡位。文，日南西卷县③夷帅范椎奴也。尝牧牛涧中，获二鲤鱼，化成铁，用以为刀，斫石嶂，石即瓦解。文知其神，乃怀之。随商贾往来，见上国制度，至林

---

① 虽顺化、宾童龙皆古占婆地，占婆又曾都于宾童龙（藩朗）；但严格说，顺化港在北，古宾童龙国在南（其北境在今越南富庆省南部），相去约五百公里，不宜等同。
② 象林县功曹姓区，有子名连。
③ 西卷县，约当今越南平治天省。

邑，遂教逸作宫室城邑及器械。逸甚爱信之，使为将。文乃潜逸诸子，或徙或奔。及逸死，无嗣，文遂自立为王。乃攻大岐界、小岐界、式仆、徐狼、屈都、乾鲁、扶单等诸国，并之，有众四五万。遣使入贡，其书皆胡字。永和三年，攻陷日南，害太守夏侯览，杀五六千人，余奔九真。以览尸祭天，铲平西卷县城，遂据日南。告交州刺史朱蕃，求以日南北鄙横山①为界。初，徼外诸国尝赍宝物，自海路来贸货，而交州刺史、日南太守多贪利侵侮，十折二三。至韩戢，估较人半。由是诸国恚愤，及览至郡，又耽荒于酒，政教愈乱，故被破灭。

既而文还林邑。是岁朱蕃使督护刘雄戍于日南，文复攻陷之。四年，文又袭九真，害士庶十八九。五年，征西督护滕畯率交广之兵，伐文于卢容②，为文所败，退次九真。其年，文死，子佛嗣。升平（中）〔末〕，广州刺史滕含伐之，佛惧请降，与盟而还。

《梁书》：林邑国者，本汉日南郡象林县，古越裳之界也。伏波将军马援开汉南境，置此县。其地纵广可六百里，城去海百二十里，去日南界四百余里，北接九（真）〔德〕郡。其南界水步道二百余里，有西国夷亦称王，马援植两铜柱，表汉界处也。其国有金山，石皆赤色，又出玳瑁、贝齿、吉贝、沉木香。晋世范文为王。穆帝永和三年，夏侯览为日南太守，侵刻尤甚。林邑先无田土，贪日南地肥沃，常欲略有之。至是因民之怨，遂举兵袭日南，杀览，以其尸祭天。留日南三年，乃还林邑。交州刺史朱蕃遣督护刘雄戍日南，文复屠灭之，进寇九德郡③，残害吏民。遣使告蕃，愿以日南北境横山为界，蕃不许，文归林邑，寻复屯日南。

①横山，今越南义静、平治天二省交界处的 Hoanh So'n。
②卢容，在今越南平治天省。故地一般认为在该省香江流域，位顺化附近。
③九德郡，辖境约当今越南义静（Nghe Tinh）省。

五年，征西将军桓温遣督护滕畯、九真太守灌邃，帅交广州兵讨之，其王范佛婴城固守。邃令畯盛兵于前，邃帅劲卒七百人自后逾垒而入。佛众惊溃奔走，邃追至林邑，佛乃请降。安帝隆安三年，佛孙顺达①复寇日南、九德，皆执其太守。交趾太守杜瑗遣兵击破之，即以瑗为刺史。义熙三年，顺达复寇日南，九年寇九真，瑗皆遣兵破走之。自瑗卒后，林邑无岁不寇日南、九真诸郡，杀伤甚多，交州遂致虚弱。顺达死，子敌真立，其弟敌铠携母出奔。敌真追恨不能容其母弟，舍国而之天竺，禅位于其甥。其甥又为国相藏骐子攻杀，而立文敌。文敌又为扶南王子当根纯所杀。大臣范诸农平其乱，而自立为王。

《宋书》：高祖永初二年，林邑王范杨迈遣使贡献，即加除受。文帝永嘉七年，遣使自陈与交州不睦，求蒙恕宥。八年，又遣楼船百余寇九德，入四会浦口②，交州刺史阮弥之遣队主相道生将三千人赴讨，攻区粟城，不克，引还。林邑欲伐交州，借兵于扶南王，扶南不从。十年，杨迈遣使上表，献方物，求领交州。诏答以道远，不许。太祖元嘉初，侵暴日南、九德诸郡。二十三年，使龙骧将军交州刺史檀和之伐之，遣太尉府振武将军宗悫受和之节度。和之遣府司马萧景宪为前锋，悫仍领宪军副。杨迈闻见讨，遣使上表，愿还所略日南民户，奉献国珍。二月，军至朱梧③戍，杨迈外言归款，猜防愈严。景宪等乃进军向区粟城，杨迈遣水步军径至。景宪破其外救，尽锐攻城，五月克之，斩其帅首，获金银杂物不可胜计。乘胜追讨，即〔克〕林邑。杨迈父子，挺身奔

---

①《水经注》引《林邑记》、《扶南记》俱作范胡达。
②四会浦口，《水经注》作"四会漕口"，即越南四会河口（Cúa Tu'Hội）。
③朱梧，在今越南平治天省北部日丽（Nhật Lê）河畔的广宁（Quang Ninh）、美丽（My Lê）一带。

逃。所获珍异，皆未名之宝。又销其金人，得黄金数十万斤。又
《宗悫传》：元嘉二十二年，伐林邑，悫自奋请行，除振武将军，
为安西参军萧景宪军副，随交州刺史檀和之围区粟城。林邑遣将
范毗沙达来救。和之遣偏军拒之，为贼所败。又遣悫，悫乃分军
为数道，偃旗潜进，讨破之，拔区粟，入象浦①。林邑王范杨迈倾
国来拒，以具装被象，前后无际，士卒不能当。悫曰："吾闻狮子
威服百兽。"乃制其形，与象相御，象果惊奔，众因溃散。遂克林
邑，收其异宝杂物不可胜计。

《南齐书》：南夷林邑国在交州南，海行三千里，北连九德，
秦时故林邑县②也。汉末称王。晋太康五年，始贡献。晋建兴中，
日南夷帅范椎奴文数商贾，见上国制度，教林邑王范逸起城池楼
殿。王服天冠，如佛冠；身被香缨络。国人凶悍，习山川，善斗，
吹海蠡为角。人皆裸露。四时暄暖，无霜雪。贵女贱男，人色以
黑为美。南方诸国皆然。区粟城建八尺表，日影度南八寸。自林
邑西南三千余里至扶南。

《水经注·温水篇》：《交州外（城）〔域〕记》曰：从日南郡
南去，到林邑国四百余里。《林邑记》曰：其城治二水之间，三方
际山，南北瞰水，东西涧浦，流凑城下。城西折十角，周围六里。
城开十三门。凡宫殿南向，屋宇二千一百余间，市居周绕，阻峭
地险。故林邑兵器战具悉在区粟，多城垒。自林邑王范胡达始，
秦余徙民，染同夷化；日南旧风，变易俱尽；巢栖树宿，负郭接
山；榛棘蒲薄，腾林拂云；幽烟冥缅，非生人所安。区粟城建八
尺表，日影度南八寸。自此影以南，在日之南，故以名郡。望北

①象浦，在今越南广南—岘港省北部，指武嘉河（S. Vũ Gia）河口一带，即大占（Dai Chiêm）海口。
②林邑县，应作象林县，即今越南广南—岘港省。

辰星，落在天际，日在北，故开北户以向日，此其大较也。日南张重举计入洛。正旦大会，明帝问：日南郡北向视日邪？重曰：今郡有云中、金城者，不必皆有其实，日亦俱出于东耳。至于风气暄暖，日影仰当，官民居止，随情面向，东西南北，回背无定。人性凶悍，果于战斗。便山习水，不（娴）〔闲〕平地。古人云：五岭者，天地以隔内外。况绵途于海表，顾九岭而弥邈；非复行路之遥阻，信幽荒之冥域者矣。建元二年，林邑王范文攻日南、九真、九德，百姓奔逃，千里无烟，乃还林邑。林邑西去广州二千五百里。城西南角，高山长岭，连接天部。岭北接涧，大源淮水①，出郍郍远界，三重长洲，隐山，绕西卫（山）〔北〕回东。其岭南开（源）〔涧〕，小源淮水②出松根界，上山壑流，隐山绕南，曲街回东，合淮流以注典冲③。其城西南际山，东北瞰水，重堑流浦，周绕城下。东南堑外，因傍薄城，东西横长，南北纵狭。北边（两）〔西〕端，回折曲入。城周围八里。飞观鸥尾，迎风拂云；缘山瞰水，骞翥岿崿。但制造壮拙，稽古夷俗。城开四门：东为前门，当两淮渚滨，于曲路，有古碑夷书铭，赞前王胡达之德；西门当两重堑，北回上山，〔山〕西即淮流也；南门度两重堑，对温公垒。升平二年，交州刺史温放之杀交阯太守杜宝、别驾阮朗，遂征林邑，水陆累战。佛保城自守，重求请服，听之。今林邑东城南五里，有温公二垒是也。北门滨淮，路断不通。城内小城，周围三百二十步，合堂瓦殿，南壁不开。两头长屋，脊出南北。南拟背日。西区城内石山，顺淮面阳，开东向殿，飞檐鸥尾，青隙丹墀，榱题桷椽，多诸古法。阁殿上柱，高城丈（余）

①大源淮水，淮流、两淮，即武嘉（Vũ Gia）河。
②小源淮水，指武嘉河支流。
③典冲（Diên Xung），今越南广南—岘港省维川县（Duy Xuyen）的茶桥（Trà Kieu）。

五。牛屎为泥，墙壁青光。回（度）〔廊〕曲掖，绮牖紫窗。椒房嫔媵无别，宫观、路寝、永巷共在殿上。临踞东轩，径与下语；子弟臣侍，皆不得上。屋有五十余区，连甍接栋，檐宇（如）〔相〕承，神祠鬼塔，小大（人）〔八〕庙，层台重树，状似佛刹。郭无市里，邑寡人居，海岸萧条，非生民所处。而首渠以永安养国十世，岂久存哉？

《隋书》：林邑之先，因汉末交趾女子徵侧之乱，内县功曹子区连杀县令，自号为王。尢子，其甥范熊代立。死，子逸立。日南人范文因乱为逸仆隶，遂教之筑宫室、造器械。逸甚信任，使文将兵，极得众心。文因间其子弟，或奔或徙。及逸死，国无嗣，文自立为王。其后，范佛为晋扬威将军戴桓所破。宋交州刺史檀和之将兵击之，深入其境。至梁、陈亦通使往来。其国延袤数千里，土多香木、金宝，物产大抵与交阯同。以砖为城，蜃灰涂之，东向户。王戴金花冠，形如章甫；衣朝霞布，珠玑璎珞；足蹑革屣，时复锦袍。良家子侍卫者二百许人，皆执金装刀。有弓箭矛槊，以竹为弩。傅毒于矢。乐有琴、笛、琵琶、五弦，颇与中国同。每击鼓以警众，吹蠡以即戎。其人深目高鼻，发拳色黑。俗皆徒跣，以幅布缠身，冬月衣袍。妇人椎髻，施椰叶席。人死以函盛尸，舆至水次，积薪焚之，收其余骨。王则内金罂中，沉之于海口，庶人以瓦送之于江。男女皆截发，随丧至水次，尽哀而止。每七日然香散花，复哭尽哀，尽七七而罢。至百日、三年，亦如之。人皆奉佛，文字同于天竺。高祖既平陈，乃遣使献方物，其后朝贡遂绝。时天下无事，群臣言林邑多奇宝者。仁寿末，上遣大将军刘方为驩州道行军总管，将步骑万余及犯罪者数千人击之，其王梵志率其徒乘巨象而战，方军不利。方于是多掘小坑，草覆其上，因以兵挑之。梵志悉众而阵，方与战伪北，梵志逐之，至坑所，其众多陷，转相惊骇，军遂乱。方纵兵击破之。频战辄败，遂弃城而走。方入其都，获其庙主十八枚，皆铸金为之。盖其有国十八叶矣。方班师，梵志复其故地，遣使谢罪，于是朝贡不绝。

《新唐书·南蛮传》：王本林邑也，一曰占不劳①，亦曰占婆。直交州南，海行三千里。地东西三百里而赢，南北千里。西距真腊雾温山②，南抵奔浪陀③州。其南大浦④，有五铜柱，山形若倚盖，西重岩，东涯海，汉马援所植也。其地冬温多雾雨，产琥魄、猩猩兽、结辽鸟。以二月为岁首，稻岁再熟。取槟榔沉为酒，椰叶为席。俗凶悍，果战斗，以麝涂身，日再涂再澡。拜谒则合爪顿颡。有文字，喜浮屠道，治金银像，大或十围。王所居曰占城，别居曰齐国⑤，曰蓬皮势⑥。王衣白氎，古贝斜络臂，饰金琲为缨，鬐发戴金华冠，如章甫。妻服朝霞，古贝短裙，冠缨如王。王卫兵五千，战乘象，藤为铠，竹为弓矢，率象千、马四百，分前后。不设刑，有罪者使象践之，或送不劳山⑦，俾自死。隋仁寿中，遣将军刘芳伐之，其王范梵志挺走，以其地为三郡，置守令。道阻不得通，梵志（衰遣）〔衰遗〕众，别建国邑。武德中，再遣使献方物，高祖为设九部乐飨之。贞观时，王头黎献驯象、镠锁、五

①占不劳，即占婆（Champa），在越南平治天省至顺海省一带。十八世纪为安南灭亡。
②雾温山，一名雾湿山，位今越南义静省越、老交界的长山（Truòng So'n）山脉，或指骄诺（Geo Neua）山口一带。
③奔浪陀，应是"奔陀浪"，故地在今越南藩朗一带。
④大浦，即大占海口，在今越南广南—岘港省北部。
⑤齐国，或即佛逝（Vijava）地区的音译，在今越南义平省南部。
⑥蓬皮势（Vijava），佛逝，即今越南义平省安仁（An Nhon）略北的阇盘（Cha Ban）遗址。
⑦不劳山（Culao Cham，Pulau Cham），越南占婆岛。

色带、朝霞布、火（树）〔珠〕，与婆利①、罗刹②二国使者偕来。林邑其言不恭，群臣请问罪，赦不问。又献五色鹦鹉，鹦鹉（断）〔数〕诉寒，有诏还之。元和初，不朝献。安南都护张舟执其伪骠爱州都统，斩三万级，虏王子五十九，获战象、舠、铠。

越南分国沿革下_{广南之地，宋以后曰}

占城。原无，今补。

《宋史》：占城国在中国之西南。东至海，西至云南，南至真腊国，北至驩州界。泛海南去三佛齐五日程，陆行至宾陀罗国一月程，其国隶占城焉。东至麻逸国③二日程，蒲端国④七日程，北至广州，便风半月程，东北至两浙一月程，西北至交州两日程，陆行半月程。其地东西七百里，南北三千里。南曰施备州⑤，西曰上源州⑥，北曰乌里州⑦。所统大小州三十八，不盈三万家。其国无城郭，有百余村。每村落户三五百，或至七百，亦有县镇之名。民获犀象皆输于王。其风俗衣服，与大食国⑧相类。互市无缗钱，止用金银较量锱铢，或吉贝锦定博易之直。乐器有胡琴、笛、鼓、大鼓，乐部亦列舞人。其王脑后髽髻散垂，披吉贝衣，戴金花冠，

①婆利，印度尼西亚古国，今巴厘（Bali）岛一带。

②罗刹（Rusah），印度尼西亚古代小国。

③麻逸国（Mait），今菲律宾民都洛（Mindoro）岛，当时由占城泛海至麻逸，非"二日"可至。

④蒲端国，或即今菲律宾棉兰老（Mindanao）岛北岸的武端（Butan）。

⑤施备州，或即 Sri Vijaya 的省译，指今越南义平省南部的安仁（An Nhon）、归仁（Qui Nhon）一带。

⑥上源州，今越南的西原（Tây Nguyên）地区。

⑦乌里州（Chau-Ô，Châu Ri），约当今越南平治天省的南半部，即广南以北至顺化、广治一带。

⑧大食国，此大食国为新加坡（Singapore）古名，或兼指新加坡和马来西亚的柔佛（Johore）。

七宝装缨络为饰。胫股皆露，蹑革履，无袜。妇人服及拜揖，与男子同。王每日午坐，官属谒见膜拜。或出游、看象、采猎、观鱼，皆数日方还。近则乘软布兜，远则乘象，一人持槟榔盘前导，从者十余（辈）〔辈〕，各执弓箭、刀枪、手牌等，日或一再出。其王或以兄为副王，或以弟为次王，设高官凡八员，东西南北各二，分治其事。无俸禄，令其所管土俗资给之。胜兵万余人。定十一月十五日为冬至。十二月十五日，城外缚木为塔，王及人民以衣物香药置塔上，焚以祭天。人有疾病，旋采生药服食。地不产茶，止饮椰子酒，兼食槟榔。有重罪，令象踏之。犯奸者，男女共入牛以赎罪。负国王物者，以绳拘于荒塘，物充而后出之。其国前代罕与中国通。周显德中，遣其臣贡方物，有云龙形通犀带、菩萨石。又有蔷薇水洒衣，经岁香不歇；猛火油得水愈炽，皆贮以琉璃瓶。建隆二年，来贡，表章书于贝多叶，以香木函盛之。太平兴国六年，交州黎桓上言，欲以占城俘九十三人献于京师，太宗遣还占城，诏谕其王。淳化元年，新王杨陁排自称新坐佛逝国，遣使贡驯犀方物，表诉为交州所攻，国中人民财宝皆为所略。上赐黎桓诏，令各守境。嘉祐七年正月，广西安抚经略司言："占城素不习兵，与交阯邻，常苦侵轶。而占城复近修武备，以抗交阯，将繇广东路入贡京师，望抚以恩信。"七年，交州李乾德言，其王领兵三千人，并妻子来降，以正月至本道。九年，复遣使来，言其国自海道抵真腊一月程，西北抵交州四十日，皆山路。所治聚落一百五，大略如州县。王著大食锦或川法锦大衫、七条金缨络，戴七宝装成金冠，蹑红皮屦。出则从者五百人，十妇人执金拌合，贮槟榔，导以乐。王师讨交阯，以其素仇，诏使乘机协力除荡。其国选兵七千，扼贼要路。其王以木叶书回牒，诏使上之，然亦不能成功。后两国同入贡，占城使者乞避交人。

诏遇朔日朝文德殿，分东西立，大宴则东西坐。〔乾道〕七年，闽人有抵占城者。其国方与真腊战，皆乘大象，胜负不能决。闽人教其王习骑射以胜之，战大捷。明年，复来琼州，拒之，愤怒，大掠而归。淳熙四年，占城以舟师袭真腊，传其国都。庆元以来，真腊大举伐占城以复仇，杀戮殆尽，俘其主，其地悉归真腊。

《元史》：占城近琼州，顺风舟行一日可抵其国。世祖至元间，广南西道宣慰使马成旺尝请兵三千人、马三百匹征之。十五年，（右）〔左〕丞唆都以宋平，遣人至占城，还，言其王有内附意，诏降虎符，封占城郡王。十九年十月，朝廷以占城国主岁遣使来朝，称臣内属，遂命左丞唆都等即其地立行省以抚安之。既而其子负固弗服，朝廷使人往暹国，往（八马）〔马八〕儿国，舟经占城，皆被执，故遣兵征之。十一月，兵至占城港。港口北连海，海旁有小港五，通其国大州，东南止山，西旁木城。官军依海岸屯驻。占城兵治木城，四面约二十余里，起楼棚，立回回三梢炮百余座。又木城西十里建行宫，其酋亲率重兵屯守应援。行省遣官招之，七往终不服。二十年正月，〔行省令〕十五日夜半发船攻城。至期，分遣兵千六百人由水路攻木城〔北面〕，三百人攻东（南）〔面〕沙嘴，又以三千人分三道攻南面。舟行至天明泊岸，为风涛所碎者十七八。贼开木城南门，建旆鼓，出万余人，乘象者数十，亦分三队迎敌，矢石交下。自卯至午，贼败北，官军入木城，复与东北二军合击之，杀溺死者数千人，城中余众数万悉溃。国主弃行宫，烧仓廪，杀前所留使，逃入山。十七日，整兵攻大州。十九日，国主使来求降。二十一日，入大州。二十（二）〔三〕日，遣其舅宝脱秃花及其子三十余人，奉〔信〕物杂布二百匹，大银三锭、小银五十七锭、碎银一瓮为质，来归款。又献金叶九节标枪，诡言国主颊中箭，今小愈，未能见。省官疑其二子非真，听其还。谕国主早降，且以问疾为辞，遣千户〔林子全〕、总把〔李德坚〕偕往觇之。二子在途先归。子全等入山两程，国主遣人来拒，不果见。是日，又杀前所留使百余人。二月八日，宝脱秃花又至，诡言其兄为今王所杀，心实怨之。愿禽今王父子以献，请给大元服色。十三日，居占城唐人曾延等来言："国主逃于大州西北鸦侯山①，聚兵三千余，并招集他郡兵未至，不日将与官军交战。惧唐人泄其事，将尽杀之。延等觉而逃来。"十五日，宝脱秃花偕宰相、大师等五人来降，谓唐人延等为奸细，国主军皆溃散，安敢复战。又言："今未附州郡凡十二处，每州遣一人招之，旧州②水路，乞行省各遣一人乘舟招谕。陆路则乞行省官与己往禽国主。"行省犹信其言，调兵一千屯半山塔③，遣子全、德坚等领军百人，与宝脱秃花同赴大州进讨，约有急则报半山军〔子全等〕。比至城西，宝脱秃花背约间行，自北门乘象遁入山。官军获谍者，知国主实在鸦侯山立寨，聚兵约二万余，遣使交趾、真腊、阇婆等国借兵，及征宾多龙、旧州等军未至。十六日，官兵进攻。十九日，近木城二十里，贼浚濠堑，拒以大木，官军斩刘超距奋击，破其二千余众。转战至木城下，山林阻隘不能进，贼旁出截归路，军皆殊死战，始得解还营。二十一年三月六日，唆都领军回。十五日，江淮省所遣助唆都军万户忽都虎等至占城，则官军已回。适占城主遣王通事者来。四月十二日，国主令其孙奉表归款。是年，命平章政事阿里海牙奉镇南王脱欢发兵，假道交趾伐占城，不果行。

----

①鸦侯山，位今越南义平省安仁西北面，今地不详。
②旧州（Chiem Dong），约当今越南的广南—岘港省。作为都城的专名，则指茶桥（Tra-Kieu）。
③半山塔，今越南义平省安仁附近的占城古塔。

《明史》：占城居南海中，自琼州航海，顺风一昼夜可至。自福州西南行十昼夜可至，即周越裳地。秦为林邑，汉为象林县，后汉末，区连据其地，始称林邑王。自晋至隋仍之。唐时或称占不劳，或称占婆，其王所居曰占城。至德后，改国号曰环。迄周、宋，遂以占城为号，朝贡不替。元世祖恶其阻命，大举兵击破之，亦不能定。洪武二年，遣使奉表来朝贡，帝遣官赉玺书、《大统历》、文绮、纱罗往赐，自后或比岁贡，或间岁、或一岁再贡。洪武三年，遣侍往祀其山川，寻颁科举诏于其国。初，安南与占城构兵，天子为遣使谕解，而安南复相侵。四年，其王奉金叶表来朝，长尺余，广五寸，刻本国字，"乞赐兵器及乐器、乐人，俾安南知我占城，乃声教所被之地，庶不敢欺陵"。帝命礼部谕之曰："占城、安南并事朝廷，同奉正朔，今两国互构，而赐占城兵器，是助尔相攻，甚非抚安之义。乐器、乐人，语音殊异，难以遣发。尔国有晓华言者，其选择以来，当令肄习。"因命福建省臣勿征其税。洪武二十一年，真腊贡象，占城夺其四之一，其他失德事甚多。帝闻之，怒，命行人董绍敕责之。寻遣使谢罪。〔时〕国王失道，大臣阁胜〔二十三年〕弑王自立。明年，遣太师奉表来贡，帝恶其逆，却之。永乐元年，以即位诏谕其国。洪武六年，贡使言："海寇自称元〔帅〕，剽劫海上。国主击破之，贼魁溺死，获其舟二十艘、苏木七万斤，谨奉献。"帝嘉之，命给赐加等。其冬，遣使献安南之捷。帝谓省臣曰："去年安南言占城犯境，今年占城谓安南扰边，未审曲直。可遣人往谕，各罢兵息民。"洪武十年正月，与安南王陈煓大战，煓败死，占城乘胜入其国。王遣使奏："朝贡人回，赐物悉遭安南掠夺。又畀臣冠服、印章，胁为臣属。"① 帝怒，敕责安南，而赐占城王钞币。永乐四年，〔复告安南之难。〕帝方大发兵往讨，乃敕占城严兵境上，遏其越轶。永乐五年四月，攻取安南所侵地，获贼党献俘阙下。自后郑和复连使其国。永乐十三年，王师方征陈季扩，命占城助兵。尚书陈洽言："其王阴怀二心，愆期不进，反以金帛、战象资季扩，季扩以黎苍女遗之，复约季扩党侵升华府地，厥罪维均。"帝以交趾初平，不欲劳师，但赐敕切责，俾还侵地，王即遣使谢罪。正统元年，琼州知府程莹言："占城比年一贡，劳费实多。乞如暹罗诸国例，三年一贡。"帝是之。然番人利中国市易，虽有此例，迄不遵。天顺八年，其使者复诉安南见侵，需索白象。乞如永乐时，遣官建立界碑，以杜侵陵。兵部以两国方争，不便遣使，乞令使臣归谕国王，固封疆，捍外侮，毋轻构祸，从之。成化七年二月，安南兵破其国，执其王，劫印符，大肆焚掠，遂据其地。王弟逃之山中，遣使告难。兵部言："安南吞并与国，若不为处分，非惟失占城归附之心，抑恐启安南跋扈之志。宜遣官赍敕宣谕，还其国王及眷属。"帝虑安南逆命，令俟贡使至日，赐敕责之。成化八年，遣使持节往封其弟，至新州港，守者拒之，知其国已为安南所据，改为交南州②，乃不敢入。十年冬还。成化十年，安南复遣兵执王弟，立前王孙为王，以国南边地予之。成化十四年，王孙遣使朝贡请封，命给事中冯义、行人张瑾往封之。义等多携私物，既至广东，闻王孙已死，其弟古来遣使乞封。义等虑空还失利，亟至占城，则安南已以伪敕立其国人提婆（台）〔苔〕为王。义等不俟奏报，辄以印币授提婆（台）〔苔〕封之，得所赂黄金百余两，又

①此为永乐二年事。
②交南州，约当今越南义平省南部及富庆省大部。

往满剌加国尽货其私物以归。冯义至海洋病死。张瑾具其事，并上伪敕于朝。（朝廷不知也明）〔十七〕年，古来奏请册印，言："臣国所有土地本二十七处，四府、一州、二十二县。东至海，南至占腊，西至黎人山①，北至阿（本）〔木〕喇补②，凡三千五百余里。交人前畏天威，还臣兄故地，仅自邦都〔郎〕③至占腊五处耳。更乞特谕交人，尽还本国。"礼官乃劾张瑾擅封，下诏狱，论死。乃谕古来诣广东受封，并敕安南悔祸。古来乃自老挝挈家赴崖州受封。命南京右都御史屠滽往，全广东，传檄安南，宣示祸福。而募健卒二千人，驾海舟二十艘，护古来还国。安南以滽大臣，奉特遣，不敢与抗，古来乃得入。其国自残破之后，民物萧条，贡使渐稀。弘治十八年，古来卒，其子请封。廷议令其使臣赍敕往，自是遂为故事，而其国贡使亦不常至。其国无霜雪，四时皆似夏，草木常青。民以渔为业，无二麦，力稿者少，故收获薄。槟榔终日不离口。不解朔望，但以月生为初，月晦为尽，不置闰。分昼夜为十更，非日中不起，非夜分不卧，见月则饮酒、歌舞为乐。无纸笔，用羊皮捶薄熏黑，削细竹蘸白灰为字，状若蚯蚓。有城郭甲兵，人狠而狡，贸易多不平。户皆北向，民居悉覆茅檐，高不得过三尺。部领分差等，门高卑亦有限。人体黑，男蓬头，女椎髻，俱跣足。王琐里人，崇释教。岁时采生人胆入酒中，与家人同饮，且以浴身，曰："通身是胆。"其国人采以献王，又以洗象目。每伺人于道，出不意急杀之，取胆以去。置众胆于器，华人胆辄居上，故尤贵之。五六月间，商人出，必戒备。王在位三十年，则避位入深山，以兄弟子侄代，而己持斋受戒，

441

① 黎人山，疑在今越南西原地区。
② 阿木喇补（Amaravati），约当今越南广南—岘港省。
③ 邦都郎（Panduranga，Pondaran），今越南藩朗（Phan Rang）一带。

告于天曰："我为君无道，愿虎狼食我，或病死。"居一年无恙，则复位如初。国不甚富，惟犀象最多。乌木、降香，樵以为薪。伽南香独产其地一山，酋长遣人守之，民不得采，犯者至断手。有鳄鱼潭①，狱疑不决者，令两造骑牛过其旁，曲者，鱼辄跃而食之；直者，即数往返，不食也。有尸头蛮者，一名尸致鱼，本妇人，惟无瞳神为异。夜中与人同寝，忽飞头食人秽物，来即复活。若人知而封其颈，或移之他所，其妇即死。国设厉禁，有而不告者，罪及一家。

《海录》：凡南洋海艘俱由老万山出口，西南行过七洲洋，有七洲浮海面，故名。又行经陵水，顺东北风约四五日便过越南之顺化界。顺化即越南王建都之所也。又南行约二三日到新州。又南行约三四日过龙奈，又谓之陆奈，为安南旧都。由龙奈顺北风日余至本底国。本底国在越南西南，又名勘明②，疑即占城也。国小而介于越南、暹罗二国之间。其人颜色较越南稍黑，语音亦微异。土产铅、锡、象牙、孔雀、翡翠、箭翎、班鱼脯。又顺东北风西行约五六日，至暹罗港口。

源案：越南之西都在顺化港，即占城旧地也。此别指本底为占城，非是。本底为柬埔寨，即古真腊国。《海录》出于贾客舟师之口，故见闻虽真，而考古多谬。特附录而辩之。至占城东南濒海，尚有宾童龙国，即《宋史》所谓宾陀罗者，与占城相连，今并入广南境内，疑即龙奈③之地。明王圻《续通考》谬指为《佛经》之舍卫城，辩见美洛居岛国后。

---

①鳄鱼潭，或位今越南富庆省中部的富乐（Phu Lac）西面。
②勘明（Khmer），柬埔寨高棉族的音译。勘明、本底都是柬埔寨，指为"占城"，误。
③龙奈即今越南胡志明市，不是越南藩朗一带。

海国图志卷七 欧罗巴人原撰　侯官林则徐译
邵阳魏源重辑

东南洋三 海岸之国

暹罗一

安南、暹罗、缅甸三国幅员相接，北与中国西藏、云南、广西交界，少西与印度交界，余皆以海为界。除麻六甲以外，东西距约三千里，南北距〔三千里〕①，共有九十万方里。山皆发脉于印度之希马腊压山②，此山最高。次则以阿山③为最，余多崎岖难通。似每一谷可为一国，无不广大衍沃。暹罗建都于曼谷④，两面皆山，一宽长之大谷也。山虽层叠，均不甚高，无过五百丈者。土沃产丰，为海舶市埠之最，附近各国皆不及。前被缅甸吞并，国人不服，且地势阻隔，故缅甸〔甫〕得之，旋失之，复为暹罗

---

①此处原文作 nearly 1000 miles in each diretion，《四洲志》译 mile 为里，应译"东西距、南北距各约一千里"，改"一"为"三"，总面积便不是下文的 about900，000 square miles，而是九百万方里了。此处"南北距"三字之后，脱"三千里"三字。

②希马腊压山（Himalaya），即今喜马拉雅山。这一山系分布在中国、巴基斯坦、印度、尼泊尔、锡金、不丹境内。《四洲志》误译为只在包括巴基斯坦在内的当时印度境内。

③阿山，据原著，指"阿萨姆（Assam）北境高度仅次于喜马拉雅的高山"。但阿萨姆地处布拉马普特拉河平原，其北境之内根本就没有这样的高山。原著捏造这样的"地理概念"，无非是想把阿萨姆的疆界向北推进，吞并我国西藏的一块。

④曼谷（Bangkok），即今泰国首都曼谷。

所有。陆战木栅甚坚，步步为营，全同缅甸。国王临朝端坐，威仪甚尊。百官偏袒跣足，屈腰蹲身，尽礼致敬。称谓以金为尊，如称上则曰金首、金目、金鼻、金口、金足之类。缅甸、暹罗、安南三国，大都身短色黑，面扁颧高，绝少姣好；似顽实黠，似惰实勇；发多而黑，却少髯须，有即拔去，望若妇人，与阿细亚洲各国不同。然性善泛爱，一见甚殷勤，稍拂辄反目，不若印度之柔和。其居家治生，亦如中国、印度，惟不及两国人材技艺耳。暹罗人游惰度日，不尚技艺，尤藐视外国人。有商舶至其地，辄待同蛮夷，壹似无能为役者。惟尊中国，而不知有他国也。三国皆尊奉印度佛教，凡事苟且节俭，惟修建寺宇，则穷极华靡。塑像有雕白石者，有熔赤铜者，或高丈，或高二丈余尺，金彩曜目。其工匠不亚于欧罗巴，并有铸像厂。其价值多寡，视像身之大小。出家为僧，终身不娶。惟暹罗人或为僧，或返俗，任意往还。且云："人生不可不出家，不可久出家；不出家则不知规矩，久出家则虚度光阴。"盖其出家，犹中国子弟之出外就傅；及冠有室，则不复从师。所习梵典、梵字及术数之类，皆从僧师受之，实非终身披剃之比也。暹罗文学，亦同缅甸，大抵阐扬佛教。其赞颂四百，似有音律，须六礼拜之久，始能诵毕。奉佛戒，禁肉食。然印度僧不尽守戒，或不食家牲而食野禽，谓不在律禁。其在家人并以虫蛇为美味，安南、缅甸亦然，盖近中国闽、广之风矣。

暹罗城①沿河而建，远观若筑栅于筏上，浮水而系诸岸。服色颇同东方，男女皆耳环手镯。地多金矿，凡酒杯槟榔盒器皿，皆赤金。以绸缎为质，金绣为文，观其服可知其职之差等。女服宽长，而腋下叠褶，略同缅甸。男逸女劳，粗重工作，悉委于女。

---

①暹罗城，或泛指 the cities of Siam，亦专指曼谷。

贸易亦皆女为之。然谨守礼法，虽在市中，足不踰户。未嫁之贫女，有与外国人寓所佣工，支持家务，襄理贸易。虽俨如家室，不可干以非礼。此俗安南尤盛。治丧亦各不同，缅甸贵人，棺枢停敛需时，庶人香膏涂尸而火化之；暹罗以尸饲飞禽，皆遵佛教荼毗之制；若安南国中遇丧，则庆贺燕宴十二日，奢华甲诸国，彼则失之过惨，此则失之太奢，与其惨又宁奢也。三国皆重技艺，而庙宇中雕刻彩绘，尤各殚其妙。官民俱嗜观剧，或在人家，或于稠众，动辄扮演，价值甚廉。非若欧罗巴人必有一定之戏台，昂贵之戏价也。音乐节奏，和畅动人，女音娇柔，尤似中国。惟意大里之音乐，三国皆不能学。暹罗国东界安南，北界中国，南界海，西界缅甸，以曼谷为国都，领部落二十有一，户口约百有（三）〔二〕十万名。缅甸北隅之弥南河①，发源云南，历暹罗之曼谷国都出海。案：弥南河当即云南之澜沧江，至暹罗，土名黄河，水极膏沃。

曼谷国都　　（义）〔差〕唔②　　依弥罗③　　巴干含④
金都扁⑤　　曼士格⑥　　持厘巴戈腊⑦　　（木）〔本〕底阿罗⑧

①弥南河（Menam River），又作黄河，即湄南河。原著说湄南河在暹罗，《四洲志》误译为在"缅甸北隅"。魏源又误为"即云南之澜沧江"。但所谓湄南河"发源云南"，则是原著说的。其实湄南河上游的四大支流（宾河、汪河、永河、难河）均发源于缅甸的掸邦高原。

②差唔（Cham, Cha-Am 或 Cha-um），旧译差庵，今泰国恰安。

③依弥罗（Yemylo），即今缅甸毛淡棉东南的吉马鲁（Kyaikmaraw）。

④巴干含（Pakanham），即今泰国沙没巴干（Samutprakan），亦名北榄（Paknam）。

⑤金都扁（Keintubbien），在今缅甸班加塔东（Painggatudon）一带。

⑥曼士格（Manscape），在今泰国达叻府念喔（Leam Ngop）县的南角，今念索（Leam Sop）。

⑦持厘巴戈腊（Three Pagodas），即今泰国三塔关（Three Pagoda Pass）。

⑧本底阿罗（Pontiamo, Ponteamass），此地中外学者争论未定，一般认为即越南、柬埔寨交界处的河仙（Hà Tiên）一带，有待进一步考证。

　　麦尔古①　　松波②　　巴尔底阿③　　达阿依④　　特那色领⑤　　松波巴⑥　　青地⑦　　波颠⑧　　西晏⑨　　戈伦比⑩樟底目⑪　　（叶）〔艾〕希里⑫　　加磨阿⑬以上原本

　　源案：二十一部落名目与官书《四裔考》不符，姑存备考。

重辑原无，今补。

　　《皇清通考·四裔门》：暹罗东广南⑭，南柬埔寨，古暹⑮及罗斛⑯两国地也。地方千里，环国皆山。国分郡邑，县隶于府，府隶大库司。大库司者，犹华言布政司也。库司九：曰暹罗⑰、可剌细

―――――――――

①麦尔古（Mergui），即今缅甸的丹老（墨吉）。
②松波（Sombok，Sambau），即今柬埔寨的三坡。
③巴尔底阿（Bardia），位今泰国春蓬（尖喷）府，或谓即今巴柱（Pathiu）。
④达阿依（Tavoy），即今缅甸的土瓦。
⑤特那色领（Tenasserim），即今缅甸丹那沙林。
⑥松波巴（Sombokbut Sambor），亦译三坡，在今柬埔寨。
⑦青地（Cin），在今泰国巴蜀府，今名不详。
⑧波颠（Boating，B. Badeum），今柬埔寨巴登。
⑨西晏（Siam，Phra Nakhon，Si Ayutthaya），即今泰国大城府。
⑩戈伦比（Columpi），位今泰国乌汶府的孔尖（Khong Chiam）一带。
⑪樟底目（Chantibond），今泰国占他武里（Chantaburi），亦译尖竹汶。
⑫艾希里（Aihene），即今越南河仙（Hà Tiên）。
⑬加磨阿（Camoa），今越南金瓯（Ca Mau）。
⑭当时老挝已沦为暹罗属国。
⑮暹（Siam），指历史上的素可泰王国，今泰国素可泰（Sukhothai）一带。
⑯罗斛（Lavo），故地在今泰国的华富里（Lopburi）一带。
⑰暹罗库司（Ayuthaya），指今泰国大城府及其附近地区。

马①、（足）〔疋〕曹本②、皮细绿③、束骨胎④、果平疋⑤、倒脑细⑥、讨（丕）〔歪〕⑦、六昆⑧。府十四：曰彩纳⑨、（无老）〔老无〕⑩、比采⑪、（东）〔束〕板（鲁）〔普〕⑫、辣皮⑬、疋皮里⑭、采野⑮、多铙⑯、千无里⑰、细辞滑⑱、采欲⑲、款细湾⑳、沾奔㉑、魁山㉒。县七十二。西北土硗确，暹地也。东南土平衍，罗斛地也。王城分八门，城濠砖砌，周遭十余里。城中有小河通舟，城外西南，居民辏集。王居在城西隅，别建宫城，约周三里有奇。殿用金装彩绘，覆以铜瓦。宰用锡瓦。阶砌用锡裹砖，栏杆用铜裹木。王出，乘金装彩轿或乘象车，其伞盖以茭莩叶为之。王每旦登殿，官僚于台下设毡，以次盘膝坐，合掌于顶，献花数朵。

①可剌细马（Khorat），今泰国呵叻府，亦作那空叻差是玛（Nakhon Rachasima）。
②疋曹本，即今泰国碧差汶（Phetchabun）府。
③皮细绿（Phitsanulok），即今泰国彭世洛府。
④束骨胎（Sukhothai），即今泰国素可泰府。
⑤果平疋（Kamphaeong Phet），即今泰国甘烹碧府。
⑥倒脑细（Tanaos），丹老，即今缅甸东南岸的墨吉（Mergui）地区。
⑦讨歪（Tavoy），即今缅甸土瓦。
⑧六昆（Nakhon Srithamarat），即今泰国洛坤（那空是贪玛叻）府。
⑨彩纳（Chainat），即今泰国猜纳府。
⑩老无（Lopburi），即今泰国华富里府。
⑪比采，今泰国披猜（Phichai）府或披集（Phiphit）府。
⑫束板普（Suphanburi），即今泰国素攀武里府。
⑬辣皮（Ratburi），即今泰国叻丕府。
⑭疋皮里（Phetchaburi），即今泰国佛丕（碧武里）府。
⑮采野（Chaiya），即今泰国万伦湾西岸的柴也一带。
⑯多铙，或指今泰国达叻（Trat）府，待确考。
⑰千无里（Chonburi），即今泰国春武里府。
⑱细辞滑（Srisakat），即今泰国四杀吉（四色菊）府。
⑲采欲（Chaiyaphum），今泰国猜也蓬府，一说指 Chaiya（猜育）。
⑳款细湾（Nakhon Sawan），即今泰国那空素旺府（北榄坡）。
㉑沾奔（Chumphon），即今泰国春蓬（尖喷）府。
㉒魁山，或指今泰国东南岸的考萨民（Khao Saming）一带。

有事则具文书，朗诵上呈，候王可否，乃退。国王自明洪武中，始用中国赐印。其国官制九等：一曰握亚往，二曰握步喇，三曰握蟒，四曰握坤，五曰握闷，六曰握文，七曰握板，八曰握郎，九曰握救。选举由乡举于大库司，以文达于王所。王定期试之，咨以民事，应对得宜，始赐章服授官。考课亦以三年为期，其文字皆旁行，不通汉字。明正德中，选留贡使一二人入馆肆业，后乃稍习汉文。其服色，惟王留发，冠金嵌宝石，形似兜鍪，上衣下裳，缎布五采，小袖朱履。臣民皆剪发，男女椎结，白布缠头。官一等至四等，金嵌宝石帽；五等至九等，五彩绒缎帽。衣俱两截，袜履用牛皮。妇人妆髻〔饰用〕，簪、戒指、镯钏、脂粉，略同中国。亦上衣下裳，五彩织金，花幔曳地，皮舄红黑。炎热卑湿，人皆楼居，上联槟榔片藤覆之，间用陶瓦。无床桌几凳，皆藉毡席藤而坐。官民有银，不得私用，皆送王所委官，倾泻成珠，用铁①印印文其上，每百两入税六钱。无印文者，以私银论罪。初犯断左指，再犯断右指，三犯者死。钱谷出入之事，取决妇人。妇多智，夫听命焉。国人有名无姓，为官者称握某。民，上者称奈某，下者称隘某。风俗劲悍，习水战。其贡有龙涎香、速香、金银香、象牙、胡椒、藤黄、豆蔻、苏木、乌木、大枫子、蔷薇露、西洋闪金花缎之属。又，金石则有金刚钻、宝石、花锡。羽毛鳞介则有孔雀、五色鹦鹉、犀、象、金丝猴、六足龟。花木蔬果则有黄竹、葶竹、猫竹、石榴子、水瓜、土瓜。又产罗斛香，味清远似沉香，盖以其地得名也。明洪武中入朝，赐印文，始称暹罗国。顺治九年十二月，暹罗遣使请贡，并换给印敕勘合，从之。自是职贡不绝。康熙三年，先是外洋贡船入广东界，守臣查

---

① 《四夷馆考》作"钱"。

验属实，进泊河干，封贮所携贡物，俟礼部文到始贸易，物辄毁坏。二十三年六月，国王遣使来贡，因疏请嗣后贡船到广具报后，即次河干，俾货物早得贸易，并请本国采买器用，乞谕地方官给照置办。贡使进京，先遣贡船回国，次年差船迎敕归国。许之。二十四年，增赏暹罗缎币表里五十。四十七年，诏贡使所携货物免其征税。六十一年，诏曰：暹罗国贡使言其地米甚饶裕，银二三钱可买稻米一石。朕谕令分运米三十万石至闽、广、浙江，于地方甚有裨益，不必收税。雍正二年，贡楠种、果树，其船梢目九十六人，本系汉人，求免回籍。许之。七年，御书"天南乐国"匾额赐之，并减免速香、安息香、袈裟、布匹等贡。乾隆元年六月，咨礼部，言往时钦赐蟒龙大袍，藏承恩亭上，历世久远，难保无虞，恳再邀恩赏赐一二。每年造福送寺需用铜斤，求暂开禁采买。部议不可。诏特赏蟒缎四匹，加赏铜八百斤，后不为例。八年九月，奉旨：暹罗国商人运米至闽，源源而来。嗣后外洋货船带米万石以上者，免船货税银十之五；五千石以上者，免税十之三；即载米不足五千之数，亦免其船货税银十分之二。次年，福抚陈大受奏言："闽商前赴暹罗贩米，其国木料甚贱，应听造船运回，给照查验。"报可。十四年，御书"炎服屏藩"匾额赐之。十六年，闽督奏准商人赴暹罗运米至二千石以上者，查明议叙，赏给顶带。十八年二月入贡，并恳赐人参、缨牛、良马、象牙，并通彻规仪内监。部议不可。诏赐人参。四十六年正月，暹罗国长郑昭遣使入贡，奏称："自遭缅匪侵凌，虽复土报仇，绍裔无人。兹群吏推昭为长，遵例贡献方物。"五十一年，其子郑华[1]嗣

449

---

[1]实即郑昭部将 Chao P'raya Chakri，既非郑昭儿子，亦未名"郑华"。他是曼谷王朝的创立者，称拉玛一世（Rama I）。

立，复入贡。诏封华暹罗国王。其国都在广东省西南，海道约四十五昼夜可至。始自广东香山县登舟，乘北风，用午针出七洲洋，十昼夜抵安南海次，有一山名外罗；八昼夜抵占城海次；十二昼夜抵大昆仑岛①；又用东北风转舟，向未及申三分，五昼夜可抵大真树港②；五昼夜可抵暹罗港③，入港二百里，即淡水洋；又五日抵暹罗城④。其国西南有大山绵亘。由暹罗沿山海而南，为宋脶勝、峤仔⑤、六昆、大呢⑥，皆暹罗属国。

《海国闻见录》：自柬埔寨大山绕至西南为暹罗，由暹罗沿山海而南，为斜仔⑦、六坤⑧、大哖⑨、丁葛奴、彭亨，山联中国，生向正南至此而止。又沿海绕山之背过西，与彭亨隔山而背坐，为柔佛。（出）〔由〕柔佛而西，为麻剌甲，即丁葛奴之后山也。由麻剌甲而西，出于云南、天竺诸国之西南，为小西洋⑩戈什达⑪。暹罗沿山海而至柔佛诸国，各皆有王，均属暹罗国所辖。古分暹、罗二国，后合为暹罗国。俗崇佛，王衣（文）〔纹〕彩佛像，肉贴飞金，用金为器皿。陆乘象亭、象辇，舟驾龙凤。见尊贵，以裸体跣足俯腰蹲踞为礼，不衣裤而围水幔。尊敬中国，用汉人为官

---

① 大昆仑岛（Poulo Condore），指越南中部海岸外的昆仑岛。
② 大真树港，指今越南南岸外的奥比（Obi）岛。
③ 暹罗港（Paknam），即今泰国北榄。
④ 暹罗城，这段文字是《清通考》录自明《四夷馆考》的，明时的"暹罗城"特指今泰国大城府（Ayuthaya）。
⑤ 峤仔（Chaiya），今泰国万伦湾西岸的柴也一带。
⑥ 大呢，今泰国的北大年（Patani）府一带。
⑦ 斜仔，即今泰国柴也。
⑧ 六坤，即今泰国洛坤。
⑨ 大哖，即今泰国北大年府一带。
⑩ 小西洋，《海国闻见录》的"小西洋"指印度洋（Indian Ocean）。
⑪ 戈什达（Coast），义为海岸，指印度半岛的东西沿岸，即科罗曼德尔海岸（Coromandel Coast）和马拉巴尔海岸（Malabar Coast）。

属，理国政，掌财赋。城郭轩豁，沿溪楼阁群居。水多鳄鱼。从海口至国城，溪长二千四百里，名黄河。水深阔，容洋舶随流而入，通黄河支流。夹岸大树茂林，猿猴采雀，上下呼鸣。番村错落，田畴饶广；农时阖家棹舟耕种，事毕而回，无俟锄芸；谷熟仍棹舟收获而归。粟藁长二丈许，以为入贡土物。因播秧毕而黄河水至，苗随水以长，〔水〕长至六七尺，则苗亦长至六七尺，水退而稻熟矣。干河入中国，势猛而急；支河入西域，归柬埔寨、暹罗以出海，势散而缓，田畴藉以肥饶。案：此竟以暹罗之河与中国之黄河同源，谬甚。惟《东西洋考》谓黄水每夏秋自海中来者得之。故产米之国，石可三星。俗语"捕鹿枝头，牵牛上楼"，盖（楼）〔鹿〕为水漂没，阁息于树梢；溪屋为水注浸，引牛于楼上。人有被虎唉鳄吞者，告于番僧，僧咒拘而虎自至，咒摅绵纱于水而鳄自缚，剖而视之，形骸犹存。有受蛊者，向僧求咒则解，是以俗重佛教。富者卒后葬以宅，即释氏塔也。

又有一种共人，共者，咒法名也，刀刃不能伤，王养以为兵卫；若犯刑，令番僧以咒劝化之，使其自退咒法，方与受刑。国造巨舰，载万余石，求桅木于深山大树，先以咒语告求允许，方敢下斧。不则树出鲜血，动手者立亡。用牛挽辇，沿途番戏以悦之，咒语以劝之。少有不顺，则拔木而自回旧地；挽至厂所，其灵方息。产银、铅、锡、洋布、沉速、象牙、犀角、乌木、苏木、冰片、降香、翠毛、牛角、鹿筋、藤席、佳文席、藤黄、大枫子、豆蔻、燕窝、海参、海菜。以银豆为币，大者重四钱，中者一钱，次者五分，小者二分五厘，其名曰泼，皆王铸字号。法不得剪碎，零用找以海螺巴。厦门至暹罗水程：过七洲洋，见外罗山；向南见玳瑁洲①、鸭洲②，见昆仑；偏西见大真屿③、小真屿④；转西北，取笔架山⑤，向北至暹罗港〔口〕竹屿⑥。一百八十八更，入港又四十更，共水程二百二十八更；而东联柬埔寨，仅水程一百十三更，何以相去甚远？盖柬埔寨南面之海，一片尽属烂泥，故名烂泥尾⑦。下接大横山⑧、小横山⑨，是以外绕而途远也。

《地球图说》：暹罗国东界安南国，南界麻六甲国并海，西界阿瓦国，北界中国。其百姓约三百万，都城名万国城⑩，内民九万，宗释教。现有花旗国、英吉利国人在此传授耶稣圣教。居茅庐，以藤席、竹簟为寝处。不衣裤，而围小幔。裸体跣足，头剃而留顶发。常食槟榔，齿黑口臭。亦有建屋水上，极其高峻。国君好白象，战则以白象为先锋。现有中国广东、福建人能驾暹船与之贸易，或至此务农。其土人形状与安南相似。地势低陷，天雨多则遍地水溢。民风男尊女贱，一男多娶数女，不合则休之无妨。内有至大之江名湄南。又麻六甲国之南，有一地名新嘉坡，与中国人通商之处，产鹿角、象牙、白豆蔻、胡椒、各样香料、米、盐、锡、藤、木料、牛虎等皮，所进入之货，大抵购自中国。

《地理备考》曰：暹罗国在亚细亚州之南，北极出地八度起至二十一度三十分止，经线自东九十七度起至一百零一度止。东至

---

①玳瑁洲，今越南东岸外的平顺（Binh Thuan）海岛。
②鸭洲，在今越南平顺海岛附近。
③大真屿，今越南南岸外的奥比（Obi）岛。
④小真屿，今柬埔寨的福塞奥比（Fausse Obi）岛。
⑤笔架山，在今泰国曼谷湾内，或即克兰（Khram）岛。
⑥竹屿，今泰国曼谷湾的锡昌（Sichang）岛，即阁世浅（Koh Sichang）。
⑦烂泥尾，指今越南南端的金瓯（Ca Mau）角。
⑧大横山，今柬埔寨的土珠岛，即布罗般洋（Poulo Panjang）。
⑨小横山，一般谓指柬埔寨的威（Wai）岛。
⑩万国城（Bangkok），即今泰国曼谷。

安南国，西连马拉加海峡①，南接马拉加国②，北界中国云南。长约三千三百余里，宽约一千里，地面积方约二十万零一千一百余里。烟户三兆六亿口。本国地势，西方则重冈叠岭，络绎延衺，此外则丘阜寥寥，平原坦阔，每遭水患。河之长者，一名美能③，一名萨峦④，一名卖冈。湖则甚小，为数无几。田土膏腴，河滨沃润。土产金、铜、铁、锡、铅、盐、窝宅、燕窝、象牙、豆蔻、沉香、胡椒、烟叶、甘蔗、木料等物。地气湿热，风俗朴素。王位世袭。所奉之教，乃释教也。其余别教，人或奉之，概不禁止。贸易兴隆，商贾云集。粤稽国史，康熙二十七年至乾隆四十六年，与缅甸国日寻干戈，时事屠戮，〔迨乾隆四十七年〕废立举行，名器更易。越（三）〔四〕十二载，有哥罗马甲者即位，（战胜缅军）〔其后兵革敛戢〕，国事乃定。首郡名邦哥⑤，乃本国都也，建于美能河口。宫殿庙堂，则用砖瓦；闾阎房屋，俱用木版。其通商冲繁之地，一名西约的亚⑥，一名庐窝⑦，一名（耶）〔郎〕日约内⑧。其兼摄之地，一名真腊，即柬埔寨也；一名老挝，即越裳也；一里哥尔⑨；一宾德伦⑩；一巴达尼⑪；一加兰丹⑫；一的灵

---

①马拉加海峡（Strait of Malacca），即马六甲海峡。
②马拉加国，今马来西亚的马六甲（Melaka）州。
③美能河（Menam River），即湄南河。
④萨峦河（Salween River），即萨尔温江。
⑤邦哥（Bangkok），即今泰国曼谷。
⑥西约的亚（Si-yo-thi-ya，Phra Nakhon Si Ayuthtthaya），今泰国大城府。
⑦庐窝（Luvo，Lavo，Lopburi），今泰国华富里一带。
⑧郎日约内（Langione），即今泰国廊开（Nong Khai）。
⑨里哥尔，葡语 Ligor，是泰语 Lakon 的转讹，指今泰国洛坤（Nakhon Srithamarat 那空是贪玛叻）。
⑩宾德伦（Bondelon），疑指今泰国博他仑（Phatalung），亦译高头廊。
⑪巴达尼（Patani），即今泰国北大年府。
⑫加兰丹（Kalantan），即今马来西亚吉兰丹州。

加诺①；一给达②；一仍塞伦岛③。或隶版图，或派官居守，或受其贡焉。

《每月统纪传》曰：暹罗在南海沿，古赤土及婆罗刹④地也，其后分为暹与罗斛二国。暹瘠，土不宜耕稼；罗斛土平衍而种多获，暹赖给焉。元、明以来，皆称国曰暹罗。乾隆年间，缅甸王征剿暹罗，值凶年饥岁，为缅所服。其后有汉人在暹国者，亦乘缅甸荒年起兵报复，破缅凯旋，自立为暹罗王。嘉庆初年间，暹国内之将军谋反，令汉王让位。现在此朝治国，频数与缅甸打仗，服老挝、占城、马莱酉⑤南方几国。方欲与安南相战，盖暹罗官员杀安南公使。道光年间，英国驻印度之总帅与缅甸王相战，暹罗与英国盟约，以兵相助，议息攻战之后，两国友交。本年亚默利加统邦⑥之治主，亦遣公使结贸易约。

暹罗之田，不胜肥美。其中谷之江，每年涨黄水，自五月一派从海口来。四月插苗，随水涨而发。水渐高，苗亦渐长，遂至六尺，涨以九月始退，退即稻熟可收。田得水而肥，其米纯白，盛供所用有余。载出口产物甚多，有白糖、苏木、翠羽、乳香、降香、象牙、犀角，木头能造巨舰之桅，有燕窝、海参、海菜、锡等货。其地向南甚平坦，向北有山岭。土番与汉人相似，而颜更黑。惟好闲游，却令外国人代工作。民居楼及竹藤之屋。富者卒后葬以塔。人皆裸体跣足、俯腰蹲踞见尊贵，不衣裤而围水幔。

---

①的灵加诺（Tringano，Tringanu），即今马来西亚丁加奴州（Trengganu）。

②给达（Kedah），即今马来西亚吉打州。

③仍塞伦岛（Ilha de Djankseylon），即今泰国普吉（Phuket）府。

④婆罗刹，此名乃明代古籍误改《隋书》的"婆罗娑"而成，现代学者已证明婆罗娑在今印度尼西亚苏门答腊岛的西北部。

⑤马莱酉（Malay Peninsula），即马来半岛。

⑥亚默利加统邦（The United States of America），指美国。

惟僧言是听。凡男子皆为僧几年然后为平民。建庙塔无数，致敬佛象。暹罗有王三位，其民皆视之如佛，敬服如神仙。王宫高广，以黄金为饰，雕镂八卦，备极美丽。有门三重，每门图画飞仙菩萨之状，悬以金花。王之器皿都是黄金，惟膝行可朝见。

华人驻此娶番女。唐人之数多于土番，惟潮州人为官属，封爵，理国政，掌财赋。城郭轩豁，沿溪楼阁群居（水）。每年有上海、宁波、泉州、厦门、潮州、广东船进其都城，称万国兼占地门[1]贸易；英吉利及亚（黑）〔墨〕利加各国之船，皆进万国黄河江[2]贸易。其女人亦为商贾，只恨居民懒惰，多荒地，若非汉人代为耕种经营，甚难度日也。

《外国史略》曰：暹罗国广袤万三千三百三十方里，居民五百万，北极出地自五度至十九度。南及同名之海隅，北连老掌，东及越南，西连英藩属地至缅甸。北有山，南方有低谷，墨南河[3]之所南流也。地丰裕，海岛星罗棋布，由中国进暹港[4]，过七洲，见外罗山；向南则玳瑁洲、鸭洲、昆仑；偏西则大真屿、小真屿，西北为笔架山；向北至暹罗港、竹屿。草木茂盛，多硗地，无居民。古分罗国、暹国，后合为一国。崇佛教，惑风水。王衣彩，肉贴飞金，用金皿。陆乘象亭、象辇，驾龙凤舟。设官属曰招夸，以裸体跣足、俯腰蹲踞为礼见尊贵，不衣裤，用小幔围之。尊敬中国，用汉人为官属理国事，掌财赋。城郭轩朗，沿溪皆楼阁，多鳄鱼。从海口至国城，水深阔，洋舶随之。夹岸皆茂林深竹，猿猴彩雀，上下呼鸣。暹村错落，田畴沃饶，粟藁长二丈许，播

①占地门（Chandibon），今泰国占他武里（尖竹汶）（Chantaburi）。
②黄河江（Menam River），即湄南河。
③墨南河（Menam River），即湄南河。
④暹港（Paknam），即今泰国北榄。

秧后有黄河〔水〕至，苗随水长，无涝伤之患，水退而稻熟矣。故其耕种之农，皆棹舟出作，无俟锄芸，谷熟仍棹舟收获而归。黄水至此，其势散而缓，田畴肥饶。人死则焚尸而后葬，或发愿死后以尸饲鱼鸟。将造巨舰，载万余石。求桅于深山中，遇大树，先以咒语告求，如树神允许，方下斧。产银、铅、锡、象牙、犀角、乌木、苏木、冰片、降香、翠毛、牛角、鹿筋、豆蔻、燕窝、海参、海菜等货。暹罗土产之丰，与旁葛拉相等，但暹罗米谷价更贱。高地亦能种麦。其木最坚美，宜于造船，且料多而价贱，较中国造船费，惟值半价。又多红木，或运出新埠①，或载广州、上海、天津、宁波等港。又多（种）〔产〕白糖。胡椒每年六万余石，亦运卖与中国。其白糖十万余石。汉舶买豆蔻、降香、树膏、藤黄、各项颜色、白糖、红木、乌木、檀香、象牙、锡、虎骨、虎皮、牛皮、犀角并杂货。唐人之船亦载米糖卖与南海各岛，最多在新埠②。各海港所进中国之船，每年约九十只。小船甚多，俱由海南岛。昔有花旗船载旧铁炮以易白糖，每年约一二只，今则少矣。印度国每年亦有数船到是港，载布匹易白糖等货。统论汉船每年所载之货约四万吨，外国之甲板约二万吨。向暹人无水手，后有世子仿外国甲板船，亦造数只赴各国贸易，遂为通商之始。山产金沙、锡、铁。所出之果，尤美于他国。尊贵卑贱皆筑庙建塔，然无路无桥，无一肯捐建者，此其大惑也。男女居，俱罕穿衣服，女露胸奶。各剃头，首顶留鬖。男女恒浴身以游。食甚菲薄，不杀牲破卵，惟请外国人则用之。好建寺庙，不惜费，自居则草寮，惟汉人所寓，始有瓦石。庶民每月必以三分之一供徭役，

---

① 新埠（Palau Pinang），即今马来西亚槟榔屿。

② "新埠"下疑脱"头"字。"新埠头"即新加坡（Singapore）。

不乐务本业，盖稍得蝇头，官吏则强夺之故耳。五爵甚多。下品觐其上品，必匍匐不得立起。民诈而骄傲，有碍难，即失胆，不敢行动。信轮回之说。每年有潮州、福建人赴暹罗居住，多取其土女。现所居者二万余，弃汉俗，衣食一如暹罗，国王亦择其聪明者官之，使理征赋贸易之事。暹军亦随时伐邻国，虏居民迁至本地，其中缅甸、文莱①、巫来由②、老掌人等甚多。自外来者各操本俗，征饷甚重。居民共计三百万，惜政令太苛。暹罗本古地，元时始知其名。入页中国。与缅甸、文莱、占腊、干宾等国为邻，时时肇衅交战，或胜或败。葡萄亚人于万历间初至此国开埠贸易，后英人与佛兰西皆至此通商。方汉人未到是国以前，贸易只数万名③，英国公班衙于其地开行，有奸人贿王用事，遂招佛兰西人。至于康熙二十五年，佛国兵士守港口，于是国人杀王，驱佛兰西军，更立新主，通商如故。乾隆三十八年，缅甸军陷其都城且火之，虏其民为奴，全地荒芜。汉人愤之，倡义起兵驱敌，即今国王之祖也④。自后国复兴旺，汉氓日增，贸易益广。道光四年，缅甸与英人交战之际，暹罗结盟于英，合阵前往，尽复前所失地。于是与英人及花旗等国大通贸易。但运出者价昂，运进者价低。今王已老，其世子聪明，亲造火轮船，他国艺术无不讲求，习英语，读英书，能自树立，在各国中为无双矣。道光八年，侵老掌地，虏其人为奴。又前与安南屡战屡和，为争据占腊国，暹人与越南各分占其半，两国抢夺，至今未息。国有五爵，官宪俸禄无多，不足以养其廉也。国所收饷银百五十万两，其所居之族类，

①文莱，指今缅甸的勃固（Pegu）。
②巫来由（Malayu），即马来人。
③"名"字疑为"石"字之讹。
④拉玛二世或拉玛三世，甚至曼谷王朝的任何一位国王，都不可能是郑昭的后代。

各有头目领之。律例与中国相仿。其经册皆系咒语，其语音亦纯用梵语，其字样与华音亦有所似。其书册大半虚诞，不录紧要事。唐人翻译《三国演义》与暹罗人阅看，所有花旗传耶稣之教者，亦藉此音以叙述之。其书本颇多，或阐教理，或训艺术。通国分五分：一曰暹①，在默南河两岸。地丰盛，其都曰万国城，居民二十万口，板屋列市浮于河，寺殿甚煌，余皆渺小。民贫乏，富者惟汉商及五爵。由此更进，则为古都，曰由他雅城②，已荒废，居民鲜少，海边又有斩地文③、万巴赛等邑，亦通商，多产胡椒。二曰老掌，所让地，在北方，皆山林。出红〔木〕、乌木、象牙等货。族类多蛮，暹人所虏为奴者也。其民朴实，事暹人如子事父。惟产业甚微，不能纳贡物。三曰占腊，即甘宾④地也，新归暹之版舆。其土丰产，而少人户焉。四曰文莱国之数分，与英之藩属及缅甸交界。两国山中，地美，而未有垦之者，亦无新民迁之者。五曰巫来由种类之地。其地之一分曰贵他部⑤，与英国之槟榔屿相对，是出白糖、米谷。余皆土酋，岁贡于暹。

①《外国史略》所说的"暹"，已不是我国古籍对泰国历史上素可泰王朝的称呼，而是指大城（阿逾陀耶）王朝及其以后的暹罗（Siam）本部。

②由他雅城（Ayuthaya），即今泰国大城府。

③斩地文（Chantibon，Chantaburi），即今泰国占他武里（尖竹汶）。

④甘宾（Cambodia），即今柬埔寨。

⑤贵他部（Kedah），即今马来西亚的吉打州。

海国图志卷八<small>邵阳魏源撰</small>

东南洋<small>海岸之国</small>

暹罗国

刘健《庭闻录》：暹罗、古刺①、景迈②三国皆与缅世仇。明永历桂王入缅时，其遗臣散入各国。有马九功者，为古刺招明溃兵三千；有江国泰者，暹罗妻以女。各遣使约李定国于孟艮③，将犄角夹攻缅，而吴三桂兵已攻永历于阿瓦。于是李定国发愤死，二国之师失望而返。

俞燮《癸巳类藁》：缅东为葫芦、广南，南为暹罗，物产略同。自与中国构难以来，缅加戍东北而力战东南，经费旷竭，百姓愁怨。四十七年，其酋孟鲁杀赘角牙而自立，国人又杀孟鲁立孟云，而值暹罗之难。暹罗国踦长，居缅（西）〔东〕南，缅于乾隆三十六年灭之。郑昭者，中国人也。乾隆四十三年，暹罗遗民愤缅无道，推昭为王，乘缅匪抗拒中国，人伤财尽之后，尽复旧封，又兴师占缅地。赘角牙屡为所困。暹罗于四十六年入贡，陈其事。朝廷不使亦不止也。四十七年，郑昭死，子华④嗣。华亦有

①古刺，今缅甸的勃固（Pegu）一带。
②景迈（Chiang Mai），今泰国西北部的清迈一带。
③孟艮，今缅甸东部的景栋（Keng Tong）一带。
④拉玛一世不是郑昭的儿子，"郑华"是托名。

武略，孟云不能支，乃东徙居蛮得〔列〕①。五十一年，郑华受朝封，孟云惧。五十三年，由木邦②赍金叶表入贡，送杨重英等出。高宗哀怜之，谕暹罗罢兵。五十五年，使贺八旬万寿，受封爵，定十年一贡。嘉庆十年秋，暹罗贡表又言方出师攻缅得胜，颁敕谕解之。冬，缅甸叩关求入贡，盖乞救也。疆吏以非贡期，拒不纳，而缅已削弱矣。

《圣武记》：阮光平既篡黎氏，据安南，惧王师再讨，又方与暹罗构兵，恐暹罗乘其后，叩关谢罪乞降。又言闻暹罗贡使将入京，恐媒孽其短，乞天朝勿听其言。及阮光平受封后，旋死。其子阮光缵嗣立，而黎氏甥农耐王阮福映者奔暹罗，暹罗妻以女弟，助之兵，克复农耐。农耐，《海录》作农奈，《海国闻见录》作禄赖。其国在广南之南，在柬埔寨之东北，即真腊东境，与广南隔一海港。势日强，号"旧阮"，屡与"新阮"战，夺其富春旧都，并缚献海贼莫扶观等于朝，皆中国海贼，受安南"东海王"伪封及总兵伪职。又献其攻克富春时所获阮光缵封册金印，时嘉庆四年也。七年十二月，阮福映全灭安南，遣使入贡，乞以越南名国。诏封越南国王。

《瀛环志略》曰：暹罗流寓，粤人为多，约居土人六之一，有由海道往者，有由钦州王光十万山穿越南境往者。其地土旷人稀，田肥沃，易耕获，故趋者众。然其国多虫祟，信符咒，风俗政治，远逊安南。

按：欧罗巴诸国自前明航海东来，处处占立埠头。安南、暹罗、缅甸地皆滨海，岂不动其盼羡？安南虽有广南湾之险，而商

---

① 蛮得列，Mandalay（曼德勒）的对音。但1783年孟方是把缅甸都城由阿瓦迁往其东五公里的阿马腊普腊（Amarapura），而不是曼德勒。曼德勒成为缅甸首都是七十四年以后的事情。此句所说孟云迁都的原因也严重失实。

② 木邦，今缅甸东部的新维（Hsenwi）一带。

船时时贩鬻；暹罗则内港深通，乃欧罗巴皆未尝措意，即缅甸亦仅于海滨旷土，草创一廛，是何以故？且安南虽贫，物产亦夥；暹罗、缅甸，夙称丰饶，西人概从唾弃，何也？盖西人以商贾为本，沿海埔头，专为牟利，若处处留兵护守，则得不偿失。南洋诸岛，四面环海，不相联络；其人则巫来由番族，性愚懦不知兵；地形可以周览而尽，震以火炮，鸟惊兽骇，窜伏不敢动，故西人坦然据之而不疑。至安南三国，毗连华夏，山川修阻，丁户殷繁，进战退守，与各岛孤悬海中者迥别；又立国皆数千百年，争地争城，诈力相尚，意计所至，西人不能测也。留重兵则费不赀，无兵则恐诸国乘其不备，市舶往而埔头不建，其谓是与！

魏源曰：明万历中，平秀吉破朝鲜时，暹罗自请出兵，潜捣日本，以牵其后。兵部尚书石星从之，而两广督臣萧彦尼之。滇抚陈用宾约暹罗夹攻缅甸，缅疲于奔命，遂不复内犯。永历困于缅甸，暹罗复与古剌起兵攻缅，以援李定国之师，其忠于胜朝若是。乾隆中，缅甸不臣，得暹罗夹攻屡捷，而缅甸始贡。阮光平父子篡黎氏，寇沿海，及暹罗助黎灭阮，俘献海盗，而南洋①息警，其忠于国朝又若是。其国每夏有黄水自海中来，以渐而涨，水尺苗尺，水丈苗丈，水退苗熟。其水将至，则倾国鼓乐仪仗以迎之；及秋水退，亦饯之如初。有播植无耘耔，有天工无人力，故谷丰而贱，甲乎南海。自康熙〔以〕来，岁运洋米数十万石以济闽、粤之民食，近以免税不利粤海关，故关吏阴挠之，始则售米不许置货，继则置货不许免税，于是观望不至。若不阴挠之而且推广于天津，岁岁采买，积久并可灭东南之漕，广天庾之积，其裨益中国又若是。宜乎（圣祖）〔世宗〕有"天南乐国"之衷，

①南洋，指中国南海。

高宗有"炎服屏翰"之额。视朝鲜、琉球仅著恭顺，无裨边疆者，何如？视西洋各夷岁叨中国茶、黄、磁、丝之益，反报以鸦片之毒者，更何如？暹罗东境斗入大海，广袤数千里，而满剌加为海艘之都会，近日并为英夷割据，又移满剌加市埠于柔佛故地①，改名新嘉坡。其入寇之兵食，皆恃新嘉坡接济。暹罗军栅坚壁，同于缅甸；见《四洲志》。战舰狭长，同于安南。《南齐书·扶南传》。专尊中国，藐英夷，英夷究不能患。《四洲志》。诚使用明季夹攻日本之议，令暹罗出兵，恢复满剌加、柔佛故地，而安南以札船助之，则英夷有内顾巢穴之忧。与驱策廓②夷、鄂③夷攻印度之策并行不悖。昔陈汤用西域破康居，王元④策用吐番以捣印度，皆洞地利，悉敌情；又皆决机徼外，不由中制；用能建不世非常之烈。不然，则筑室盈廷，亦终尼于萧彦、王凝之流而已。暹罗与南掌皆介缅甸、越南之间，接壤云南之普洱、元江，其曼谷国都，则云南澜沧江入海之口⑤，即古之扶南国，其东北尚有海口，曰柬埔寨，即古之真腊。潮水膏沃同之，亦南洋都会，今皆不属英吉利。

暹罗本国沿革一唐以前为扶南国。原无，今补。

《晋书》：扶南西去林邑三千余里，在海大湾中，其境广袤三千里，有城邑宫室。人皆丑黑，拳发，倮身跣行。性质直，不为寇盗，以耕种为务，一岁种，（二）〔三〕岁获。又好雕文刻镂，

---

①柔佛故地，指今新加坡（Singapore）、马来西亚的柔佛（Johore）州及印度尼西亚的宾坦（Bintan）岛、林加（Lingga）岛等地。

②廓，廓尔喀简称，即尼泊尔（Nepal）。

③鄂（Russia），俄罗斯简称。

④因避讳，改"玄"为"元"。

⑤在曼谷出海的是湄南河。我国澜沧江的下游是湄公河。魏源误会了。

食器皆以银为之，贡赋以金银珠香。亦有书记府库，文字有类于胡。丧葬婚姻略同林邑。其始女子（柳叶）〔叶柳〕王之，为外国人混溃所据。传数世，其将范寻复世王扶南。泰始初，遣使贡献。升平初，复有竺旃檀称王，遣使贡驯象。

《南齐书·扶南传》：扶南，晋、宋世通职贡。宋末，扶南王侨陈如遣商货至广州，有天竺道人那伽仙附载欲归国，遭风至林邑，掠其财物皆尽，那伽仙间道得达扶南。永明二年，扶南国王遣那伽仙表言：林邑王本其旧奴，衅逸聚众，遂破林邑，自立为王，常构凶衅。请中朝出师伐逆，臣国愿助蔿扑并献金缕龙王坐像一躯，白檀像一躯，牙塔二躯，古贝二双，琉璃苏鉝二口，玳瑁槟榔柈一枚。那伽仙诣京师，言其国俗事摩醯首罗天神，神常降于摩耽山①。土气恒暖，草木不落。上报以绛紫地黄碧绿纹绫各五匹。扶南人黠慧知巧，攻掠傍邑不宾之民为奴婢，货易金银彩帛。大家男子，截锦为横幅，女为（宾）〔贯〕头，贫者以布自蔽锻金环（镂）〔锢〕银食器。伐木起屋，国王居重阁，以木栅为城。海边生大箬叶，长八九尺，编其叶以覆屋，人民亦为阁居。为船八九丈，广裁六七尺，头尾似鱼。国王行乘象，妇人亦能乘象。斗鸡及豨为乐。无牢狱，有讼者，则以金指环若鸡子投沸汤中令探之，又烧锁令赤，著手上捧行七步，有罪者手皆焦烂，无罪者不伤。又令没水，直者入，即不沉；不直者，即沉也。有甘蔗、诸蔗、安石榴及橘，多槟榔，鸟兽如中国。人性善，不便战，常为林邑所侵击，不得与交州通，故其使罕至。

《梁书》：扶南国在日南郡之南，海西大湾中，去日南可七千里，在林邑西南三千余里。城去海五百里。有大江广十里，西北

---

①摩耽山，指扶南国都特牧城（在今柬埔寨波萝勉省）内建有天神庙的山。

流，东入于海。其国轮广三千余里，土地洿下而平博，气候风俗大较与林邑同。出金、银、铜、锡、沉水香、象牙、孔翠、五色鹦鹉。其南界三千余里，有顿逊①国。顿逊之外，大海洲中，有毗骞②国，去扶南八千里。传言毗骞国王身长丈二，头长三尺，子孙及国人生死如常，惟王不死。其王能作天竺书，可三千言，与扶南王相报达，说其宿命所由，与佛经相似云云。语绝怪诞。盖即秦、汉间蓬莱三岛有不死仙人之说。前史无识，载诸简册。今商舶四通，极数万里，可有此岛乎。又传扶南东界，即大涨海③，海中有大洲，洲上有诸薄国④，国东有（马五）〔五马〕洲⑤。复东行涨海千余里，至自然（大）〔火〕洲⑥，出火浣布。前有徼外人纳女王柳叶为妻，生子，分王七邑。其后王混盘况攻并之，亦遣子孙中分治诸邑，号曰小王。盘况年九十余乃死，国人共举大将范蔓为王。蔓勇健有权略，复以兵威攻伐旁国，咸服属之，自号扶南大王。乃治作大船，穷涨海，攻屈都昆⑦、九稚⑧、典孙⑨等十余国，开地五六千里。蔓遇疾死，大将范寻代立，更缮治国内，起观阁游戏之，朝旦中晡三四见客。民人以焦蔗龟鸟为礼。国法无牢狱。于城沟中养鳄鱼，门外圈猛兽，有罪者辄以喂猛兽及鳄鱼，鱼兽不食为无罪，

①顿逊，一般认为指今下缅甸的典那沙林（Tenasserim）一带。一说在泰国南部班当湾及其南部的童颂（Tung Song）。也有认为指马来半岛的。

②毗骞，故地一说在今印度尼西亚的苏门答腊岛，或以为即该岛另一名称 Pulau Percha 的音译；一说在马来西亚的彭亨州一带，或以为即彭亨河口北干（Pekan）一名的对音。还有在缅甸南岸、加里曼丹岛、菲律宾岛诸说。

③大涨海，指南中国海。

④诸薄国，梵文 Yava 的音译，指今印度尼西亚的爪哇岛或苏门答腊岛，或兼指此二岛。

⑤五马洲，指马鲁古（Maluku）群岛，"五马"为当地丁香土名 gaumedi 的音译。

⑥自然火洲，今印度尼西亚小巽他群岛的一个火山岛。

⑦屈都昆，故地可能在下缅甸的典那沙林附近。

⑧九稚，在今马来半岛北部西岸。

⑨典孙，即顿逊，见注①。

三日乃放之。其后王憍陈如，本天竺婆罗门也。有神语曰"应王扶南"，憍陈如心悦，南至盘盘①，扶南人闻之，举国欣戴，迎而立焉。复改制度，用天竺法。憍陈如死，后王持梨陁跋摩，宋文帝时奉表献方物。天监二年，跋摩复遣使送珊瑚佛像，并献方物。大同五年，又言其国有佛发长一丈二尺，诏遣沙门释云宝随使往迎之。其国人丑黑，拳发，所居不穿井，数十家共一池引汲之。俗事天神，天神以铜为像，二面者四手，四面者八手，手各有所持，或小儿，或鸟兽，或日月。其王出入乘象，嫔侍亦然。王坐则偏踞翘膝，垂左膝至地，以白氎敷前，设金盆香炉于其上。国俗居丧则剃除须发，死者有四葬：水葬则投之江流，火葬则焚为灰烬，土葬则瘗埋之，鸟葬则弃之中野。人性贪吝无礼义，男女恣其奔随。

《隋书》：赤土②国，扶南之别种也。在南海中，水行百余日而达所都。土色多赤，因以为号。东波罗剌③国，西（波）〔婆〕罗（婆）〔娑〕④ 国，南诃罗旦⑤国，北拒大海，地方数千里。其王姓瞿昙氏，不知有国近远。称其父释王位出家为道，传位于子，嗣位十六年矣。有三妻，并邻国王之女也。居僧祇城⑥，有门三重，相去各百许步，每门图画飞禽、仙人、菩萨之像，悬金花铃毦。妇女数十人，或奏乐，或捧金花。又饰四妇人，容饰如佛塔边金

① 盘盘，故地在今马来半岛北部。
② 赤土，一说为锡兰古代地名的一种称谓；一说在苏门答腊岛。
③ 波罗剌，一般认为在婆罗洲（Borneo），即今加里曼丹（Kalimantan）。
④ 婆罗娑，指今印度尼西亚苏门答腊岛西海岸的巴鲁斯（Baros），或泛指该岛西北部一带。
⑤ 诃罗旦（Karitan），在今印度尼西亚的苏门答腊岛，一说在爪哇岛。
⑥ 僧祇城，故地一说指泰国宋卡，梵文名作 Singora；一说指马来西亚的吉打州，一说指新加坡，梵文名 Singapura。还有他说。

刚力士之状，夹门而立。门外者持兵仗，门内者执白拂，夹道垂素网、缀花。王宫诸屋，悉是重阁。北户，北面而坐。其俗敬佛，尤重婆罗门。冬夏常温，雨多霁少，种植无时，特宜稻、穄、白豆、黑麻。其余物产，多同于交趾。以甘蔗、椰浆为酒。炀帝即位，募能通绝域者。大业三年，屯田主事常骏、虞部主事王君政等请行，赍物五千段以赐赤土王。其年十月，骏等自南海郡乘舟，昼夜二旬，每值便风。至焦石山而过，东南泊陵迦钵拔多洲①，西与林邑相对，上有神祠焉。又南行至师子石②，自是岛屿连接。又行二三日，西望见狼牙须国③之山，于是南达鸡笼岛④，至于赤土之界。其王遣婆罗门鸠摩罗以舶三十艘来迎，吹蠡击鼓，进金锁以缆骏船。月余至其都，王遣其子以礼见。先遣人送金盘贮香花，金合贮香油，金瓶贮香水，白叠布四条，以供使者盥洗。其日未时，又将象二头，持孔雀盖以迎使人，并致金花、金盘以藉诏函。至王宫，骏等奉诏书上阁，王以下皆（跪）〔坐〕。宣诏讫，引骏等坐，奏天竺乐。事毕还馆，又遣婆罗门就馆送食，以草叶为盘，其大方丈。后数日，请入宴，仪卫导从如初见之礼，礼遗甚厚。寻遣子贡方物，并献金芙蓉冠、龙脑香。以铸金为多罗叶，隐起成文以为表，金函封之，令婆罗门以香花奏蠡鼓而送之。既入海，见绿鱼群飞水上。浮海十余日，至林邑东南，并山而行。其海水阔千余步，色黄气腥，舟行一日不绝，云是大鱼粪也。循海北岸，达于交趾。

《新唐书》：扶南在日（本）〔南〕之南七千里，地卑洼，与

①陵迦钵拔多洲，指今越南最东端的华里拉岬（Cape Varella）。
②师子石，指今新加坡。
③狼牙须国，在今泰国南部的北大年，其国境或跨马来半岛之两岸，西达吉打地方。
④鸡笼岛，今泰国春蓬府海岸外 Ko Rang Kai 的意译。

环王同俗。有城郭宫室，王姓古龙。居重观，栅城，楷叶以覆屋。王出乘象，其人黑身、卷发，保行，俗不为寇盗。田一岁种，三岁获。国出（金刚）〔刚金〕，状类紫石英，生水底石上，没水取之，可以刻玉，扣以殺角，乃泮。人喜斗鸡。以金、珠、香为税。治特牧城①，俄为真腊所并，益南徙那弗那城②。武德、贞观时，再入朝，又献白头人二。白头者，直扶南西，人皆素首，肤理如脂，居山穴，四面峭绝，人莫得至，与参半③国接。

《水经注》：竺芝，《扶南记》曰：扶南去林邑四千〔里〕，水步道通。檀和之令军入邑浦④，据船官口⑤，城六里者也。自船官下注大浦⑥之东湖⑦，大水连行，（湖）〔潮〕上西流，（湖）〔潮〕水日夜长七八尺。从此以西，朔望并潮，一上七日，水长丈六尺。七日之后，日夜分为再潮，水长一二（丈）〔尺〕，春夏秋冬，厘然一定，高下定度，水无盈缩，是曰海运，亦曰象水⑧也，又兼象浦之名。《晋功臣表》所谓金遴⑨清径，象渚澄源者也。其川浦（堵）〔渚〕有水虫弥微，攒木食船，数十日船坏。源潭湛濑，有鲜鱼，色黑，身五丈，头如马首，伺人入水，便来为害。

《元史》：暹国当成宗元贞元年进金字表。暹人与麻里予儿⑩旧

---

①特牧城，在今柬埔寨波罗勉省的巴普农（Baphnom）与巴岚（Banam）附近。

②那弗那城，故地或即今柬埔寨茶胶省的吴哥波雷（Angkor Borei）。

③参半，故地或在今泰国清迈之北。

④邑浦，今越南武嘉（Vũ Gia）河口一带，即大占（Dai Chiêm）海口。

⑤船官口，指今越南武嘉河口一带。

⑥大浦，今越南武嘉河。

⑦东湖，今越南大占海口。

⑧象水，今越南武嘉河。

⑨金遴，一般认为在今暹罗湾附近。

⑩麻里予儿，故地一般认为在马来半岛南部一带，或指马六甲（Malaka），或指新加坡或柔佛。

相仇杀，至是皆归顺。

《明史》：暹罗在占城西南，顺风十昼夜可至，即隋、唐赤土国①。后分为罗斛、暹二国。暹土瘠，不宜稼，罗斛地平衍，种多获，暹仰给焉。元时，暹常入贡。其后罗斛强，并有暹地，遂称暹罗斛国。洪武三年，命使臣吕宗俊等赍诏谕其国。四年，其王遣使贡驯象、六足龟及方物，诏赐《大统历》及彩币。洪武五年，贡黑熊、白猴及方物。明年复来贡。其王之姊别遣使进金叶表，贡方物于中宫，凡再却之。时其王懦而不武，国人推其伯父主国事，遣使来告，贡方物，且献本国地图。洪武七年来贡，言去年舟次乌猪洋，遭风坏舟，飘至海南，赖官司救获，尚存飘余兜罗锦、降香、苏木诸物进献。广东省臣以闻。帝怪其无表，既言覆舟，而方物乃有存者，疑其为番商，命却之。谕中书及礼部臣曰："古诸侯于天子，比年一小聘，三年一大聘。九州之外，则每世一朝，所贡方物，表诚敬而已。唯高丽颇知礼（义）〔乐〕，故令三年一贡。他远国，如占城、安南、西洋琐里、瓜哇、浡泥、三佛齐、暹罗斛、真腊诸国，入贡既频，劳费太甚，今不必复尔，其移牒诸国俾知之。"然而来者不止。其世子亦遣使上笺于皇太子，贡方物。命引其使朝东宫，宴赉遣之。洪武八年，其旧明台王世子亦遣使奉表朝贡，宴赉如王使。洪武十年，世子承其父命来朝。上喜，赐以"暹罗国王之印"。自是，其国遵朝命，始称暹罗，而比年一贡，或一年两贡。至正统后，乃或数年一贡云。洪武二十年，温州民有市其沉香诸物者，所司坐以通番，当弃市。帝曰："温州乃暹罗必经之地，因其往来而市之，非通番也。"乃获宥。

①《明史》以"赤土国"在湄南河流域，故有此语；今人考证多认为赤土在今马来半岛。

洪武二十八年，世子遣使朝贡，且告其父之丧。命中官赵达等往祭，敕世子嗣王位，谕之曰："朕自即位以来，命使出疆，周于四维，足履其境者三十六，声通于耳者三十（二）〔一〕，风殊俗异。大国十有八，小国百四十九，较之于今，暹罗最近。迩者使至，知尔先王已逝。王绍先王之绪，有道于邦家，臣民欢怿。兹特遣人锡命，王其罔失法度，罔淫于乐，以光前烈。钦哉！"永乐二年九月，有番船飘至福建海岸，诘之，乃暹罗与琉球通好者。所司（藉）〔籍〕其货以闻。帝曰："二国修好，乃甚美事，不幸遭风，岂可因以为利？所司其治舟给粟，俟风便遣赴琉球。"是月，其王贡方物，乞赐《列女传》，请颁量衡为国永式。从之。先是占城贡使返，风飘其舟至彭亨，暹罗羁留不遣。苏门答剌及满剌加又诉暹罗夺所赐印诰。帝降敕责之。六年，中（宫）〔官〕郑和使其国，其王贡方物谢罪。永乐七年正月，奸民何八观等逃入暹罗，帝命使者还告其主，毋纳逋逃。其王即奉命送还，赐敕币奖之。永乐十七年，责暹罗侵满剌加，王遣使谢罪。宣德八年，其国贡舟次占城新州港，尽为其国人所掠。正统元年，贡使来京诉状。敕占城王，令尽还所掠人物。已而占城移咨礼部言："本国前岁遣使往须文达那①，亦为暹罗贼人掠去，必暹罗先还所掠，本国自不敢不还。"成化十七年，贡使还，至中途，窃买子女，且多载私盐，命遣官戒谕。先是，汀州人谢文彬，以贩盐下海，飘入其国，仕至坤岳，犹天朝学士也。后充使来朝，因贸易禁物，事觉下吏。宏治②十年，以四夷馆无暹罗译字官，诏广东访取能通彼国言语文字者赴京备用。正德四年，暹罗船有飘至广东者，市舶中官熊宣

---

①须文达那，梵文 Samutra 的音译，即苏门答腊。最初仅指该岛的北部古国或专指其港口（位今洛克肖马韦 Lhoseumawe 一带）。明代中期后才逐渐成为全岛名。
②本作"弘治"，因避弘历讳，改"弘"为"宏"。

与守臣议，税其物供军需。事闻，诏斥宣妄揽事柄，撤还南京。十年，进金叶表朝贡，馆中无识其字者。诏选留其使一二人入馆肄习。嘉靖元年，暹罗、占城货船至广东。市舶中官牛荣纵家人私市，论死如律。三十二年，遣使贡白象及方物，白象死于途，其使者以珠宝饰其牙，盛以金盘，并献白象尾毛为信。帝嘉其意，厚遣之。隆庆中，其邻国东蛮牛①求婚不得，《东西洋考》曰：东蛮牛俗名放沙。惭怒，大发兵攻破其国。王自经，虏其世子以归。次子嗣位，励志复仇。万历间，东蛮牛兵复至，王整兵奋击，大破之，暹罗由是雄海上。移兵攻破真腊，降其王。从此岁岁用兵，遂霸诸国。万历（三）〔二〕十年，日本破朝鲜，暹罗请潜师直捣日本，牵其后。中枢石星议从之，两广督臣萧彦持不可，乃已。迄崇祯十六年三月，犹入贡。其国周千里，风俗劲悍，习于水战。大将用圣铁裹身，刀矢不能入。圣铁者，人脑骨也。王，琐里人。官分十等。自王至庶民，有事皆决于其妇。其妇人志量，实出男子上。妇私华人，则夫置酒同饮，恬不为怪，曰："我妇美，为华人所悦也。"崇信释教，男女多为僧尼，亦居庵寺，持斋受戒。衣服颇类中国。富贵者尤敬佛，百金之产，即施其半。气候〔不正〕，或寒或热，地卑湿，人皆楼居。男女椎髻，以白布裹首。富贵者死，用水银灌其口而葬之。贫者则移置海滨，听群鸟飞啄，谓之鸟葬。交易用海贼。是年不用贼，则国必大疫。其贡物有象、象牙、犀角、孔雀（毛）〔尾〕、翠羽、龟（及）〔筒〕、六足龟、宝石、珊瑚、片脑、米脑、糠脑、脑油、脑柴、蔷薇水、碗石、丁皮、阿魏、紫梗、藤竭、藤黄、硫黄、没药、乌爹（香）〔泥〕、

①东蛮牛，或谓应作蛮东牛，为泰语 Muang Tongu 的音译。其地在今缅甸勃固以北锡唐河（Sittaung R.）右岸，今称东吁（Taungngu）。

安息香、罗斛香、速香、檀香、黄熟香、降真香、乳香、树香、木香、丁香、乌香、胡椒、苏木、肉豆蔻、白豆蔻、荜茇、乌木、大枫子及撒哈刺、西洋诸布。其国有三宝庙，祀中官郑和。

《瀛涯胜览》：暹罗地方千里，环国皆山，峭拔崎岖。地下湿，气候不常，或岚或热。自占城西南舟行七昼夜，方至新门〔台〕①海口入港，方达其国。王居宫室壮丽。民楼居，其楼密联槟榔片藤，系之甚固。藉以藤席竹簟，寝处于中。王乃琐里人也，白布缠首，无衣，腰束嵌丝系，加以绵绮压腰。跨象行，或肩舆。金柄伞盖茭葦叶为之。尚释教，国人皆然，僧尼甚多。其服类中国，言语与广东同。俗浇浮，习水战，常征伐邻邦。市用海贝，一如钱价。厥产红马肯的石，次于红雅忽，明莹如石榴子。国西北二百余里有市镇曰上水②，通（安）〔云〕南，各种番货俱有。

明黄衷《海语》曰：暹罗国在南海中，自东莞之南亭门放洋，南至乌潴、独潴、七洲，星盘坤未针至外罗，坤申针四十五程至占城旧港，经大佛灵山③。其上（峰）〔烽〕墩④则交趾属也。又未针至昆屯山⑤，又坤未针至玳瑁洲、玳瑁〔额〕⑥及于龟山⑦。西针入暹罗港，水中长洲隐隆如坝，船出入如中国车坝然，其国之一控扼也。少进为一关，（少）〔守〕以夷酋；又少进为二关，

①新门台，指今泰国湄南河口的北榄一带；但《瀛涯》国朝典故本，"新门台"作"龙门屋"，似又指今泰国的龙仔厝（Samut Sakhon）。
②上水，或为上水速孤底的省称，指今泰国素可泰。一说指华富里。
③大佛灵山，在今越南富庆省东岸的华列拉角（Cap Varella）一带。
④烽墩，在今越南华列拉角的北面。
⑤昆屯山，指今越南昆仑岛（Pulou Condore）。
⑥玳瑁额，在今泰国洛坤港外的克拉（Krah）岛附近。
⑦龟山，在今曼谷湾北部，或位梭桃邑（Satahip）东南面的萨梅散（Same Sarn）角或萨梅散一带。

即国都也。其地沮洳，无城郭。王居据大屿①，稍如中国殿宇之制，覆以锡板。辟东壁为巨扉，是为王门。治内分十二塘坝，酋长主焉，犹华之有衙门也。其要害为龟山、为陆昆②，〔主以阿昆。〕猛斋，犹华言总兵，甲兵属焉。有奶街③，为华人流寓者之居。土夷乃散处水栅板阁，荫以荄草，无陶瓦也。其国右僧，谓王前世皆僧，僧来世作王。其贵僧亦称僧王，国有号令决焉。凡国人谒王，必合掌跪而抚王足者三，自抚其首者三，谓之顶礼。凡王子始长习梵字梵礼，若术数之类，皆从贵僧，故贵僧之权侔于王。国无姓氏，华人流寓者始从本姓，一再传亦亡矣。人皆髡首，耻为窃盗。其监狱则穴地为重楼三级，谓之天牢。轻罪置上级，差重置中级，殊死者置下级。其轻刑以皮鞭，差重断足十指，差重断手十指，罪至殊死者腰斩，或以象踩之。贵僧为请于王，王乃宥之，没为僧奴，谓之奴囝。赋役省薄，惟给象为最重。故殊死获免者，不为奴囝，则以给象终身焉。国无占候，凡日薄蚀，国人见者则奔告于王，首至者赏。建寅之月，王乃命巫占方，命力者由胜方所向，掠人而剔其胆，杂诸药为汤，王濡足，象濡首，以作猛气。凡用胆，华人为上，僧不剔，孕妇不剔，疮痏不剔，是故用胆视岁甲子为多寡也。建辰之月，是为岁首；建巳之月，始作农事；建午之月，潦始涨；建酉之月，潦退。王乃御龙舟，乃祀土谷。禾乃登，始获。凡稼之长茂，视潦之浅深。秆长丈有三尺，穟八尺有咫，稻长盈寸。田亩赡数口，少歉岁也。妇女多慧巧，刺绣织衽，工于中国，尤善酝酿，故逻酒甲于诸夷。妇饰必以诸香泽其体发，日夕三四浴，戏狎不禁。虽王之妻妾，皆盛

①大屿，在今泰国大城府，因其地处湄南河中，故名大屿。
②陆昆，指今泰国的那空是贪玛叻（Nakhon Srithamarat）府及其附近一带。
③奶街，或在今泰国的大城府。

饰倚市，与汉儿相贸易，不讶亦不敢乱。居父母若夫之丧，则削发如比丘尼。经旬，乃蓄鬓如旧。凡死丧，富者火尸，而葬，贫者举尸筏而浮诸海，丧属跪伏海滨，迎僧而咒，群大鸟啄食，顷刻而尽，谓之鸟葬。凡有鳄患，则奔赴于王。王诏贵僧咒饭而投诸鳄所，乃以贝多叶书数符，佩以奴囝，没水牵数鳄出。贵僧稽其孽迹多者戮之，刳其腹，有得铅珠二升者；迹少，乃黥符其背，咒而纵之。国人凡有仇怨，皆谒僧求咒。其咒土夷遭者，非死即病。然不能验于华人也。凡饭僧少具十品食，麦糯粳牛羊豕鹅鸭鸡鱼，皆熟而荐之。僧咒而后举，举必尽数器。不足十品，不以供。其产多苏方木、槟榔、椰子、波罗蜜、片脑、诸香、杂果、象齿、犀角、金宝、玳瑁之属。贸易用钿，故其民饶富。豪酋各据别岛而居，奴囝数百口，蓄赀每巨万。不盖藏，不虞寇。西洋诸国异产奇货辐辏其地。匠艺工致。嵌宝指环，时至中国，一枚值数千金。地广兵强，尝并有占腊，<small>本扶南属国。</small>而私其贡赋。以不系中国利害，置不问也。

谢清高《海录》曰：暹罗国在柬埔寨之西，纵横数千里，西北与缅甸接壤，国大而民富庶。船由港口入内河，（西）〔北〕行至国都，约（千）〔十〕余里。夹岸林木葱茏，田畴互错，时有楼台，下临水际，猿鸟号鸣，相续不绝。男女俱上裸，男以幅布围下体，女则被裙。官长衣制，与中国雨衣略同，以色辨贵贱，红者为上。右臂俱刺文。王则衣文彩，绣佛像其上，飞金贴身首。器皆以金。陆乘象辇，水乘龙舟。凡下见上，偏袒跣足，屈腰蹲身。国无城郭，民皆板屋。王则瓦覆其上，临水为之。土人多力农，时至则播种，熟则收获，无事耘锄，故称乐土。商贾多中国人。其酿酒、贩鸦片烟、开场聚赌三者，榷税甚重。俗尊佛教，每日早饭，寺僧被袈裟沿门托钵，家家必以精饭肴蔬，合掌拜献。

僧回寺奉佛外，又三分之，僧食其一，鸟雀食其一，以其一饲虫鼠。终岁如是，僧无自举火者。出家为僧，谓之学礼，虽富贵家子弟亦多为之，弱冠后听其还俗。其婚嫁，俱至僧寺拜佛，然后归合卺焉。颇重中国文字，客有能诗文者，国王多罗致之，而供其饮食。国有军旅，则取民为兵。一月之内，其糇粮皆兵自备，越月然后王家颁发。四邻小国多属焉。土产金、银、铁、锡、鱼翅、海参、鳆鱼、玳瑁、白糖、落花生、槟榔、胡椒、豆蔻、砂仁、木兰、椰子、速香、沉香、降香、伽楠香、象牙、犀角、孔雀、翡翠、象、熊、鹿、水鹿、山马。水鹿形似鹿而无角，色青，其大者如牛。山马形似鹿而大，商贾常取其角，假充鹿茸。犀角有二种，色黑而大者为鼠角，价贱，极大者重二三斤，小者亦重斤余，其色稍白，而旁有一涧直上者，为天曹角；其涧直上至顶者，亦不贵；若顶上二三分无涧而圆满，色润而微者，则贵矣。椰木如棕，直干无枝，其大合抱，高者五六丈，种七八年然后结子，每岁止开花四枝，花茎傍叶而生，长数尺。花极细碎，一枝止结椰子数颗。四花分四季采之。欲酿酒者，则于花茎长尽花未及开时，用蕉叶裹其茎，勿令花开，再以绳密束之，砍茎末数寸，取瓦罐承之，其液滴于罐中，每日清晨及午、酉、亥三时，则收其液。清晨所收味清酣，日出后则微酸，俱微有酒味，再酿之则成酒矣。所砍处稍干则又削之，花茎尽而止。椰肉可以榨油，壳可为器，衣可为船缆，故番人多种之。岁以土物贡中国。

暹罗属国沿革二 今柬埔寨，古真腊。

原无，今补。

《隋书》：真腊国在林邑西南，本扶南之属国也。去日南郡舟行六十日而至。南接车渠国①，西有朱江国②，其王姓刹利氏，自其祖渐已强盛，遂兼扶南而有之。居伊奢那城③，郭下二万家。城中有一大堂，是王听政之所。总大城三十，城有数千家，各有部帅，官名与林邑同。其王三日一听朝，坐五香七宝床，上施宝帐。其帐以文木为竿，象牙、金钿为壁，状如小屋，悬金光焰，有同于赤土。前有金香炉，二人侍侧。王着朝霞古贝，缦络腰腹，下垂至胫，头戴金宝花冠，被真珠璎珞，足履革屣，耳悬金珰。常服白毡，以象牙为屧。若露发，则不加璎珞。臣人服制，大抵相类。有五大臣：一曰孤落支，二曰（相高）〔高相〕凭，三曰婆何多陵，四曰舍摩陵，五曰髯多娄。阶庭门阁侍卫有千余人，被甲持仗。其国与参半、朱江二国和亲，数与林邑、陀洹④二国战争。其人行止皆持甲仗，若有征伐，因而用之。其俗非王正妻子不得为嗣。王初立之日，所有兄弟并刑残之，或去一指，或劓其鼻，别处供给，不得仕进。人形小而色黑，妇人亦有白者，悉拳发垂耳，性气捷劲。居处器物，颇类赤土。以右手为净，以左手为秽。每旦澡洗，以杨枝净齿，诵经咒。其国北多山阜，南有水泽，地气尤热，无霜雪，饶瘴疠毒蠚。土宜稻粱，少黍粟，果菜与日南、九真相类。异者，有婆那（婆）〔娑〕树、毗野树、婆田罗树、歌毕佗树，自余多同九真。近都有陵伽钵（裟）〔婆〕山⑤，上有神祠，每以兵五千人守卫之。城东有神，名婆多利，祭用人肉。其

---

①车渠国，一般认为在丹那沙林或马来半岛北部。
②朱江国，即骠（Pyu）国，八世纪时其疆域包括缅甸整个伊洛瓦底江流域，后为缅人所建的蒲甘王国所取代，骠人亦逐渐同化于缅人。
③伊奢那城，故地在今柬埔寨磅同（Kampong Thom）城北的三坡波雷库（Sambor Prei Kuk）。
④陀洹，在今缅甸南部的土瓦（Tavoy）一带。
⑤陵伽钵婆山（Linga Parvata），在今柬埔寨吴哥波雷（Angkor Borei）附近。

王年别杀人以夜祀祷，亦有守卫者千人。其敬鬼如此。多奉佛法，尤信道士，佛及道士并立像于馆。大业十（三）〔二〕年，遣使贡献，帝礼之甚厚。其后亦绝。

《唐书》：真腊一曰吉篾①，本扶南属国，去京师二万七百里。东距车渠，西属骠，南濒海，北与道明②接，东北抵驩州。其王刹利（氏）〔伊金那〕，贞观初，并扶南有其地。户皆东向，坐上东。客至，屑槟榔、龙脑、香蛤以进。不饮酒，惟与妻饮房中，避尊属。有战象五千，良者饲以肉。世与参半、骠通好，与环王干陀洹数相攻。自武德至圣历，凡四来朝。神龙后，分为二：半北多山阜，号陆真腊，半南际海，饶陂泽，号水真腊。水真腊地八百里，王居婆罗提拔城③。陆真腊或曰文单④，曰婆镂⑤，地七百里，王号"笪屈"。开元、天宝时，王子率其属二十六来朝，拜果毅都尉。大历中，副王婆弥及妻来朝，献驯象十一，擢婆弥试殿中监，赐名宝汉。是时德宗初即位，珍禽奇兽悉纵之，蛮夷所献驯象畜苑中，元会充庭实者凡三十二，悉放荆山之阳。元和中，水真腊亦遣使入贡。

《宋史》：真腊国亦名占腊。其国在占城之南，东际海，西接蒲甘⑥，南抵加罗希⑦，其县镇风俗同占城。地方七千余里，有铜台，列铜塔二十有四、铜象八，以镇其上，象各重四千斤。其国有战象几二十万，马多而小。政和、宣和皆来朝贡，封其王与占

---

①吉篾，Khmer（高棉），为柬埔寨民族名称。此处盖以种族之名称其国。
②道明，在今老挝的北部。
③婆罗提拔城，故地在今柬埔寨波罗勉省巴普农与巴岚附近。
④文单，指今老挝的万象（Vientiane）。
⑤婆镂，其地亦指老挝的万象。
⑥蒲甘（Pagan），一般指缅甸九至十三世纪的蒲甘王朝；作为城名，则指其国都蒲甘。
⑦加罗希（Grahi），故地在今泰国万伦湾西岸的柴亚（Chaiya）一带。

城等。

《明史》：真腊在占城南，顺风三昼夜可至。隋、唐及宋皆朝贡。宋庆元中，灭占城而并其地，因改国名曰占腊。元时仍称真腊。洪武三年八月，遣使臣郭征等赍诏抚谕其国。四年，其国巴山王使使进表贡。洪武十六年，遣使赍勘合文册赐其王。凡（中国）〔国中〕使至，而勘合不符者，即属矫伪，许縶缚以闻。复赐织金文绮三十二、磁器万九千。其王即使使来贡。洪武十九年，复遣行人刘敏、唐敬偕中官赍磁器往赐。洪武二十年，唐敬等还，其王使使贡象五十九匹，香六万斤。寻遣使赐其王镀金银印。永乐中屡入贡。使者以其国数被占城侵扰，久留不去。帝遣中官送之还，并敕占城王罢兵修好。景泰后不常至。其国城隍周七十余里①，幅员广数千里。国中有金塔、金桥、殿宇三十余所。王岁时一会，罗列玉猿、孔雀、白象、犀牛②于前，名曰百塔洲③。盛食以金盘、金碗，故有"富贵真腊"之谚。民俗富饶，天时常热，不识霜雪，禾一岁数稔。男女椎髻，穿短衫，围梢布。刑有劓、刖、刺配，盗则去手足。番人杀唐人罪死，唐人杀番人则罚金，无金则鬻身赎罪。唐人者，诸番呼华人之称也，凡海外诸国尽然。文字以麂鹿杂皮染黑，用粉为小条画于上，永不脱落。以十月为岁首，闰悉用九月。夜分四更，亦有晓天文者，能算日月薄蚀。其地谓儒为班诘，僧为苎姑，道为八思，由班诘入仕者为华贯。先时项挂一白线以自别，既贵曳白如故。俗尚释教，僧皆食鱼、肉，或以供佛，惟不饮酒。其国自称甘字智，后讹为甘破蔗，万历后又改为柬埔寨。

①吴哥城没那么大，《真腊风土记》作"州城周围可二十里"。
②《岛夷志略》作"玉猿、金孔雀、六牙白象、三角银蹄牛"。
③百塔洲，故地在今柬埔寨西北部，即暹粒（Siemreap）城北的吴哥城。

《东西洋考》：柬埔寨，即古真腊国也。其国自呼甘孛智，后讹为澉浦只，今云柬埔寨者，又澉浦只之讹也。先为扶南属国，王姓刹利氏，至质斯多那兼扶南而有之，遂雄诸夷。隋大业十三年，遣使贡献，帝礼之甚厚。至唐，疆土寖辟。神龙以来，国分为二，北多山阜，号陆真腊，南近海，号水真腊。久之，仍合为一。今贾舶所至，大都水真腊地也。宋时屡入贡，建炎间，其国屡与占城战，失利。至建元时，大（兴）〔举〕复仇，破占城，遂王其地，改国号占腊。于是地方七千余里。元之置省占城也，尝遣虎符、金牌同往真腊，为所拘执。元贞中，始招谕宾服之。明兴，职贡不绝。今贾舶未有到王城者，只到海隅一属国耳，故不见其靡丽。或云即蒲甘也。按《宋史》蒲甘入贡，朝议欲待以交阯之礼。乃本朝贡夷，独无蒲甘，应是为真腊所并无疑矣[1]。

源案：蒲甘即今港口夷，一作龙奈[2]。

《皇清通考·四裔门》：柬埔寨在西南海中，海岸多泥，名烂泥尾。北枕大山，国中无城池。王即山而建府，架竹木为之，覆以茅叶，民居亦然。其尤近海滨者，潮汐至，则屋为之浮而上，沉而下。天时暖而不寒，常若春夏。衣不以钮扣，披于其身，若（尸）〔已〕解者；下则围以裙，名曰水幔。首蓄发，蒙以花帕，自王至于国人无异。制惟贵者始得服绸缎，国人皆布，以是为等差。人柔弱，喜饲象，教之操演御敌。饮食咸用手搏。以渔猎耕种为业，带剑入山，寻犀角献尊长以为礼。父母丧则剃发，以黑色为居丧之服。土产苏木、象牙、白豆蔻、滕黄、獐皮、槟榔子、黄蜡。每冬春间，浙、闽、粤商人往彼互市，近则兼市丝斤，及

---

①蒲甘不是为真腊所并。

②蒲甘、港口、龙奈是三个不同地方，魏源这条按语误。蒲甘在缅甸，港口即今越柬交界处的河仙，龙奈即今越南胡志明市。

夏秋乃归。粤人之归也，舟必经七洲大洋，到鲁万山，由虎门入，计程七千二百里；距厦门水程一百七十更。国王名辣，王丹女之子纂之，不知其姓名。安南、暹罗属国也。其旁有尹代吗①国，距厦门水程一百四十更，亦属安南、暹罗。风俗略与港口、柬埔寨同。

《海国闻见录》曰：广南沿山海至占城、禄赖，绕西而至柬埔寨。厦门至占城水程一百更，至柬埔寨水程一百一十三更。柬埔寨虽另自一国，介在广、暹二国之间。东贡广南，西贡暹罗，稍有（一）〔不〕逊，水陆各得并进而征之。番系白头无来由，多裸体，以布幅围下身，名曰水幔。地产铅、锡、象牙、翠毛、孔雀、洋布、苏木、降香、沉速诸香、燕窝、海菜、藤。

案：《海录》禄赖作龙奈，柬埔寨作本底国。

《皇清通考·四裔门》：港口国濒西南海中，安南、暹罗属国也。王（郑）〔鄭〕姓，今王名天赐，其沿革世次不可考。国中多崇山，所辖地才数百里。有城，以木为之。宫室与中国无异，自王居以下，皆用砖瓦。服物制度，仿佛前代。王蓄发，戴网巾纱帽，身衣蟒袍，腰围角带，以靴为履。民衣长领广袖，有丧皆衣白，平居以杂色为之。其地常暖，虽秋冬亦不寒。人多裸，而以裳围其下。相见以合掌拱上为礼。重文学，好诗书，国中建有孔子庙。汉人流寓其地，有能句读晓文义者，则延以为师，子弟皆彬彬如也。土产海参、鱼干、虾米、牛脯。雍正七年后，通市不绝。经七州大洋，到鲁万山，由虎门入口，达广东界，计程七千二百里，距厦门水程一百六十更。

源案：港口地方与柬埔寨相连，非海岛也，亦真腊旧境。疑即

①尹代吗（Pontiamo，Pontameas），今越南南部河仙一带。

《宋史》所谓蒲甘国，而阮王福映之农耐旧国，一作龙奈者也。《通考》修于乾隆末，而阮福映借暹兵克复安南，则在嘉庆初云。

元周达观《真腊风土记》：真腊国或称占腊，其国自称曰甘孛智，今我元按西番经名其国曰澉浦只，盖亦甘孛智之近音也。自温州开洋，行丁未针，历闽、广海外诸州港口，过七州洋，经交趾洋，到占城。又自占城顺风可半月到真蒲[1]，乃其境也。又自真蒲行坤申针，过昆仑洋[2]入港。港凡数十，惟第四港[3]可入，其余悉以沙浅，故不通巨舟。然弥望皆修藤古木，黄沙白苇，仓卒未易辨认，故舟人以寻港为难〔事〕。自港口北行，顺水可半月，抵其地，曰查南[4]，乃其属郡也。又自查南换小舟，顺水可十余日，过半路村[5]、佛村[6]，渡淡洋[7]，可抵其地，曰干傍[8]，取城五十里。按《诸番志》称其地广七千里，其国北抵占城半月路，西南距暹罗半月程，南距番禺[9]十日程，其东则大海也。旧为通商往来之国。本朝唆都元帅之置省占城也，尝遣一虎符（百）〔万〕户、一金牌千户同到本国，竟为拘执不返。元贞乙未，遣使招谕，以次年二月离明州，二十日自温州港口开洋，三月十五日抵占城。中途逆风不顺，〔秋〕七（日）〔月〕始至。大德丁酉六月回舟，八月十二日抵四明。

---

①真蒲，在今越南巴地（Baria）或头顿（Cap Saint Jacques 圣雅克角）一带。

②昆仑洋，指今越南南部昆仑岛附近的海域。

③第四港，在今越南湄公河口，指美荻（My Tho）或茶荣（Tra Vinh）一带。

④查南（Kampong Chhnang），今柬埔寨磅清扬。

⑤半路村（Ponley），即今柬埔寨之奔雷，在洞里萨湖南面。

⑥佛村，在今柬埔寨洞里萨湖的南面或西南面，一般认为指菩萨（Porsat），佛村是意译。

⑦淡洋，指今柬埔寨的洞里萨湖（Tonle Sap）。

⑧干傍，Kompong 的音译，义为码头，即今暹粒河入湖口处。

⑨"番禺"二字疑为"加罗希"之讹。加罗希即今马来半岛东北岸之柴亚（Chaiya）。

又曰：天时耕种，岁可三四熟，盖四时常如夏，不识霜雪也。其地半年有雨，半年无雨。自四月至九月，每日午后必雨，淡水洋中，水痕渐高至七八丈，巨树尽没，惟留一杪。人家滨水而居者，皆移入山。至十月后，点雨绝无，洋中仅可通小舟，深处不过三五尺，人家又复移下矣。耕种者计何时稻熟，是时水可淹至何处，随其地而播种之。又有一等（下）〔野〕田，不种常生，水高至一丈，而稻亦与之俱高。凡稻田蔬圃皆不用粪。唐人到彼，皆不与言及中国粪壅之事，恐为所鄙也。

又曰：山川自入（数）真蒲以来，平林夹岸，长江巨港，绵亘〔数〕百里，古树修藤，禽声杂遝。至半港始见旷田，则又绝无寸（水）〔木〕，弥望禾黍芄芄而已。野牛千百成群，游聚其间。又有竹坡，亦绵亘数百里。其（间）竹节（相）间生刺，笋味至苦。四畔皆有高山。

又曰：属郡九十余，曰真蒲、曰查南、曰巴涧①、曰莫良②、曰八薛③、曰蒲买④、曰雉棍⑤、曰木津波⑥、曰赖敢坑⑦、曰八厮里⑧，其余不能悉记。各置官属，皆以木栅为城。

又曰：每一村，或有寺，或有塔。人家稍密，自有镇守之官。大路旁亦有邮亭之类。近与暹人交兵，遂皆荒旷。

又曰：风俗，前此有八月取胆之俗，因占城王每年索人胆一

---

①巴涧（Ba Xuyen），巴川，今越南朔庄、北辽一带。
②莫良，今柬埔寨马德望省拜村。
③八薛，或即老挝占巴塞省的巴沙。
④蒲买，今泰国呵叻附近的披迈（Phimai）。
⑤雉棍（Saigon），柴棍，今越南胡志明市。
⑥木津波，或即今柬埔寨马德望（Battambang）省。
⑦赖敢坑，指今柬埔寨金边北面的罗卡孔（Rocakong）。
⑧八厮里，或即今柬埔寨嗊吥省的班塞拉（Bansala）。

瓮，〔可〕千（万）余枚。遇夜则多方令人于城中及村落取之，俟数足以馈占城王。近年已除此恶俗。

又曰：国人交易皆妇人，所以唐人到彼，必先纳一妇以司贸易。濒海山野之人，炎日蒸炙，面黳首黔。至王宫贵室之妇女，不亲风日，仍莹洁如玉。惟女甫及七八九岁，即必延僧先开其童身，十一二即嫁。先天不完，故甫及二十，即如四十岁人。其俗小儿入学者，皆先就僧家教习；暨长而还俗，其故莫能考也。

又曰：地苦炎热，每日非数次澡浴则不可耐，入夜亦不免一二次。初无浴室盆匜，但每家各有一池，否则两三家合一池。不分男女，皆裸浴其间。惟父母尊长与子女卑幼，先后尚相回避，如行辈则无拘也。〔妇女澡洗，〕城外大河，无日无之。水常温如汤，惟五更则微凉，至日出则复温矣。唐人之为水手者，利其国中不著衣裳，且米粮易给，妇女易得，屋室易（辨）〔办〕，器用易足，贸贩易获利，往往逋留不返。

又曰：军卒亦多裸跣，右执标枪，左执战牌，无弓箭炮石甲胄。传闻与暹人相攻，皆驱百姓使战，别无谋画。

又曰：国王乃故国主之婿，原以典兵为职，使女窃其金剑，遂据其国。身嵌圣铁，刀箭不能伤，恃此出游无忌。凡出时，诸军马拥其前，旗帜鼓乐踵其后。宫女三五百，花布花髻，手执巨烛，自成一队，虽白日亦（照）〔点〕烛。又有宫女皆执内中金银器皿及文饰之具，制度迥别，不知何用。又有宫女执标枪、标牌为内兵，又成一队。又有羊车、马车，皆金饰之。臣僚国戚皆骑象在前，远望红凉伞不计其数。又其次，则国（王）〔主〕之妻及妾媵，或轿或车，或马或象，其销金凉伞，何止百余？其后则是国主，立于象上，手持〔金〕宝剑，象〔之〕牙亦以金饰之，张销金白凉伞凡二十余柄，其伞柄皆金为之。其四围拥簇之象甚多，又有军马护之。若游近处，止用金轿，皆以宫女舁之。大凡出入，必（奉）〔迎〕小金塔、金佛在其前，观者皆跪地顶礼。国（王）〔主〕日两次坐衙治事，凡臣民欲见国（王）〔主〕者，皆先列坐地上以俟。少顷内中隐隐有乐声，在外方吹螺以迎之。须臾，见二宫女纤手卷帘，而国主乃仗剑立于金窗之中矣。臣僚以下，皆合掌叩头。螺声方绝，王坐狮子皮听事。既毕，寻即入内，二宫女复垂其帘，诸人各起〔身〕散矣。

海国图志卷九邵阳魏源撰

东南洋四海岸之国

暹罗东南属国今为英吉利新嘉坡沿

革三即满剌加、旧柔佛等国。新嘉坡一作新州府，一作星忌利坡，皆字音相近。原无，今补。

《明史》：满剌加在占城南，顺风八日至龙牙门①，又西行二日即至。或云即古顿逊国，唐曰哥罗富（沙）〔罗〕②。《梁书·海南诸国传》：顿逊国在海崎上，地方千里，城去海十里，有五王，并羁属扶南。杜氏《通典》：顿逊国，梁时闻焉，在海崎山上，北去扶南可三千里。其国之东界通交州，其西界接天竺，诸国贾人多至其国而互市焉。顿逊回入海中千余（国）〔里〕，涨海无涯岸，舶未曾得径过也。其市东西交会，日有万余人。珍宝物货，无种不有。又哥罗富（沙）〔罗〕国，亦见《通典》。其地无王，亦不称国，服属暹罗，岁输金四十两为赋。永乐元年，遣使赐以织金文绮，宣示威德招来之。其酋大喜，遣使随入朝贡，永乐三年九月至京师，诏封为满剌加国王。请封其山为一国之镇，帝制碑文勒山上。永乐九年，王率妻子陪臣五百四十余人来朝。抵近郊，命中官有司宴劳，供张会同馆。入朝奉天殿，帝亲宴之，锡赍甚厚。永乐、宣德中，王屡率妻子

---

① 龙牙门，指今新加坡岛（Singapore）及其以南的新加坡海峡（Strait of Singapore）。龙牙门一名本指海峡的石叻门（Selat Panikam），今名克佩尔港（Keppel Harbour），因其地有山挺立如龙牙。现华人仍有称新加坡为石叻的。

② 哥罗富罗，指今马来半岛北部的克拉（Kra）地峡一带。

陪臣来朝，并诉暹罗见侵状。朝廷屡敕暹罗，暹罗乃奉诏。成化十七年九月，贡使言："成化五年，贡使还，飘抵安南境，多被杀，余黥为奴。今已据占城地，又欲吞本国。"帝乃因安南使还，敕责其王。后佛郎机强，举兵侵夺其地，国王出奔，遣使告难。时世宗已嗣位，敕责佛郎机，令还其故土。而谕暹罗国诸王救灾恤邻，迄无应者，满剌加竟为所灭。时佛郎机亦遣使朝贡请封，抵广东，守臣以其国素不列王会，羁其使以闻。诏予方物之直遣归，后改名麻八甲云。所贡物有坞瑙、珍珠、玳瑁、珊瑚树、鹤顶、金母鹤顶、琐服、白芯布、西洋布、撒哈剌、犀角、象牙、黑熊、黑猿、白鹿、火鸡、鹦鹉、片脑、蔷薇露、苏合油、栀子花、乌爹泥、沉香、速香、金〔银〕香、阿魏之属。

有溪可淘沙取锡，田瘠少收，民皆淘锡捕鱼为业。气候朝热暮（塞）〔寒〕。男女椎髻黝黑，间有白者，唐人种也。俗淳厚，市道颇平。自为佛郎机所破，其风顿殊。商舶希至，多直诣苏门答剌。然必取道其国，率被邀劫，〔海〕路几断。其自贩于中国者，则直达广东香山澳，接迹不绝云。

明黄衷《海语》：满剌加在南海中，始为暹罗属国，厥后守土酋长叛其主而自立。自东莞县南亭门放洋，星盘与暹罗同道。至昆岯洋，直子午，收龙牙门港，二日程至其国。为诸夷辐辏之地，亦海上一小都会也。王居前屋用瓦，乃永乐中太监郑和所遗者。余屋皆锡箔为饰。遇制使若列国互市，王即盛陈仪卫以自徼备。民皆居土室。其尊官称姑郎伽邪，巨室称南和达。民多饶裕，富家胡椒有至数千斛，象牙、犀角、西洋布、珠贝、香品，所蓄无算。文字皆梵书。贸易以锡行，大都锡三斤当银一钱。牙侩交易，搦指节以示，数千金贸易不立文字，指天为约，卒无敢负者。不产五谷，米稻皆贩自〔暹〕罗崛宠①、陂堤里②。俗奉回教，禁豕肉，以酥酪和饭而啖。鸡犬鹅鹜，常仰贩他国，价五倍于华。民性犷暴而重然诺，刃不离顷刻，语不合，辄揕刃其胸，逃匿山谷，逾时乃出。死者家不复寻仇，姑郎伽邪亦不复追论矣。地多崇山大谷，陆行可达暹罗，尝并有瓜哇之国。古阇婆国。然瓜哇夷素凶狡，凡受佣其地而戕害其主者十八九。惟善制药筒，中其矢者无不立死。正德间，西洋佛郎机之船，互市争利而哄，夷王执其那达而囚之，佛郎机人归诉于其主，乃治八大艘，精兵及万，乘风突袭，其国大被杀掠。满剌加王退保陂堤里，佛郎机将以其地索赂于暹罗而归之，暹罗辞焉。佛郎机满载而归，王乃复所。《瀛涯胜览》：满剌加，旧名五屿③，以海有此山也。东南距海，西北皆岸，岸连山。地瘠卤，收获殊寡，故未称国，隶暹罗。岁输金五十两，否则被伐。永乐七年己丑，上命太监郑和册为国王。王自是不役属暹罗，携妻子赴京谢，愿修职贡。上赐舶还。其境有大溪灌王宫入海，跨溪桥之，构亭于上，约二十余楹，交易者来集。俗尚回回教，持斋受戒。王以白缠头，风俗淳朴。民舍如暹罗，联拓（趺）〔趺〕坐。业渔，刳木为舟，泛海而渔。婚丧类瓜哇。中国舶亦至其地。栫木为栅，辟四门鼓楼，夜巡以铃。内设重栅，有仓库可贮货。五月中方发舶，厥产黄连香、乌木、打魔香，此香乃树脂堕地成，遇火即燃。国人以当灯及涂舟，水不能入，明莹者若金箔，名水珀是已。南怀仁《坤舆图说》：满剌加国，地不甚广，为海商辐辏，正在赤道下，春秋二分，气候极热，赖无日不雨，故可居。产象及胡椒、佳果木，终岁不绝。人良善，不事生业，或弹琵琶闲游。

谢清高《海录》：宋卡国在暹罗南少东，由暹罗陆路十七八日，水路东南行顺风五六日可到。疆域数百里。或作宋脚，或作宋腒朥，土番名无来由。地旷民稀，俗不食猪，与回回同。须止

---

①崛宠，又作崛头陇，在今马来半岛东北岸一带，位于泰国的宋卡附近。崛头陇可能是高头廊府名或湾名的音译。

②陂堤里（Pedir），在今印度尼西亚苏门答腊岛东岸北部实格里（Sigli）一带。

③五屿，指今马来西亚的马六甲。或即瓦特群岛中较大的 Pulo Besar、Dodol、Hanyat、Nangka、Undan 等五岛。

留下颔，出入怀短剑自卫。娶妻无限多寡，男女将婚，男必（先损其童身）〔少割其势，女必少割其阴〕。女年十一二即嫁，十三四便能生产；男多赘于女家。俗以生女为喜，以其可以赘婿养老也。若男则赘于妇家，不获同居矣。其资财则男女各半，凡无来由种类皆然。死无棺椁，葬椰树下，以湿为佳，不封土，不墓祭。王传位必以嫡室子，庶子不得立。君臣之分甚严，王虽无道，无敢觊觎者。即宗室子弟，国人无敢轻慢。妇人穿衣裤，男子唯穿短裤，裸其上。有事则用宽幅布数尺，缝两端，袭于右肩，名沙郎。民见王及官长俯而进，至前蹲踞，〔不敢立。见父兄则蹂踞〕合掌于额，立而言。平等相见，唯合掌于额。余与暹罗略同。山多古木，土产孔雀、翡翠、玳瑁、象牙、胡椒、槟榔、椰子、银、铁、沉香、降香、速香、伽楠香、海参、鱼翅。岁贡于暹罗。《皇清通考·四裔门》：宋脵胜，在西南海中，属暹罗。俗佞佛，以手团食。男蓄发，削其髭；著衣裤，无鞋袜；首插雉尾，腰系匹帛；事耕渔，常佩刀。女椎髻跣足，短衣长裙，披锦于肩；能纺织，土产牛鹿肉、虾米、燕窝、海参、番锡之属。本朝雍正七年后，通市不绝。其国距厦门水程一百八十更。旁有竦仔①、六昆②、大呢诸国。竦仔在西南海中，东北与宋脵胜接。风俗：男子服短衣布幔，跣足持刀；女穿花色衣，被丝幔，足曳浅拖鞋。土产燕窝、番锡、象牙、棉花。其国距厦门水程一百八十更，西与六昆国接。六昆风俗物产同竦仔，距厦门水程一百五十更。大呢一名大年，在西南海中，东北与六昆接。男女短衣跣足，佩刀执枪。土产胡椒、虾米、燕窝、黄蜡、牛鹿脯。其国距厦门水程一百五十更。三国自雍正七年后通市不绝，与宋脵胜俱暹罗属国。

《海录》又曰：太呢国在宋卡东南，由宋卡陆路五六日，水路顺风约日余可到。连山相属，疆域亦数百里。风俗土产均与宋卡略同。民稀少而性凶暴。海舶所泊处谓之淡水港③。其山多金，山

①竦仔，今泰国柴亚（Chaiya）。
②六昆，今泰国洛坤。
③淡水港，指今泰国的北大年（Patani）港口。

顶产金处名阿罗帅①，由淡水港至此，须陆行十余日；由吉兰丹港口②入，则三四日可至，故中华人到此淘金者，船多泊吉兰丹港门，以其易于往来也。国属暹罗，岁贡金三十斤。明张（奕）〔燮〕《东西洋考》：太呢国，华人流寓甚多，趾相踵也。舶至，献果币，如他国。初必设食待华人，后来此礼渐废矣。货卖彼国，不敢征税。惟与红毛售货，则湖丝百斤，税红毛五斤，华人银钱三枚，他税称是。若华人买彼出货下船，则税如故。

又曰：吉兰丹国在太呢东南，由太呢沿海顺风约日余可到。疆域风俗土产略同太呢，亦无来由种类，为暹罗属国。王居在埔头。埔头者，朝市之处，而洋船所湾泊也。周围种笋竹为城，加以木板，仅一门，民居环竹外。王及官长俱席地而坐，裸体跣足，无异居民。出则有勇壮数十拥护而行，各持标枪，见者咸蹲身合掌，王过然后起。政简易，王日坐堂。酋长有称"万"者，有称"断"者，咸入朝环坐议政事。有争讼者，不用呈状，但取蜡烛一对俯捧而进。王见烛则问何事？讼者陈诉。王则命宣所讼者进质，王以片言决（无）〔其〕曲直，无敢不遵者。或是非难辨，则令没水。没水者，令再造出外，遇道路童子，各执一人至水旁，延番僧诵咒。以一竹竿令两童各执一端同没水中，番僧在岸咒之。所执童先浮者，则为曲，无敢复争。童子父母习惯，亦不以为异也。又其甚者，则有探油锅法。盛热油满锅，番僧诵咒，取一铁块置锅中，令两造探而出之。其理直者则毫无损伤，否则鼎沸伤人，终不能取。非自度无愧者，鲜不临锅而服罪。故讼者无大崛强，而君民俱奉佛甚虔。王薨，或子继，或弟及。虽有遗命，然必待民心之所归，而后即位。若民不奉命，而兄弟叔侄中有为民所戴者，则让之而退处其下。不然，虽居尊位而号令亦不行也。土番居埔头者，多以捕鱼为生。

①阿罗帅，位于北大年河上游一带，或指泰国、马来西亚交界的乌鲁默拉（Ulu Merah）山。

②吉兰丹港口（Kota Bahru），哥打巴鲁，今马来西亚吉兰丹州首府。

每日上午各操小舟乘南风出港，下午则乘北风返棹。南风谓之出港风，北风谓之入港风。日日如此，从无变易，殆天所以养斯民也。其居山中者，或耕种，或樵采，上无衣，下无裤，唯剥大树皮围其下体。亦无屋宇，穴居巢处。凡土番俱善标枪，能掷杀人于数十步外。乘便行劫，避匿老林。故山谷僻处，鲜有行人。争讼有不能决者，常自请于王，愿互用标枪死无悔。王亦听之，但酌令理直者先标。中而死，则彼家自以尸归；不中则听彼反标，顾鲜有不中者。妇女淫乱，而禁嫁华人。故闽、粤人至此鲜娶者，有妻皆暹罗女也。犯奸者事发，执而囚之，度其身家厚薄而罚其金。凡犯令者亦然，少笞杖之刑。国有大庆，王先示令择地为场。至期，于场中饮酒、演戏，国人各以土物贡献，王受其仪，于场中赐之饮食。四方来观之华夷杂沓，奸赌无禁，越月而后散。凡献馈仪物，皆以铜盘盛之，戴于首而进。饮食不用箸，多以右手抟取，故重右而轻左。人若以左手取食物相赠遗，则怒为大不敬云。地多瘴厉，华人至此，必入浴溪中，以水灌顶，多至数十桶，俟顶上热气腾出然后止。日二三次，不浴则疾发。居久则可少减，然亦必日澡洗。即土番婴疾，其伤于风热者，多淋水即瘳，无庸药石，凡南洋诸国皆然。其地有双戈①及呀喇顶②等处，皆产金。由吉兰丹埔头③入内河，南行二日许，西有小川通太呢阿罗帅；又南行日余，双戈水④会之；又南行十余日，则至呀喇顶，与彭亨后山麻姑⑤产金处相连。河中巨石丛杂，水势峻厉，用小舟逆挽而

①双戈，在今马来西亚吉兰丹州西南部，或指 So Gual。
②呀喇顶，在今马来西亚吉兰丹河上游地区，或指加拉斯（Galas）。
③吉兰丹埔头（Kota Bahru），指马来半岛吉兰丹河下游的哥打巴鲁。
④双戈水，指马来西亚吉兰丹州西南部的吉兰丹河支流。
⑤麻姑，指马来西亚彭亨州产金较有名的劳勿（Raub），或谓即 Semangko 的省称。

上，行者甚艰。中国至此者岁数百，闽人多居埠头，粤人多居山顶。山顶则淘取金砂，埠头则贩卖货物及种植胡椒。凡洋船到各国，王家度其船之大小、载之轻重而榷其税。船大而载重者纳洋银五六百枚，小者二三百不等，谓之凳头金。客人初到埠头，纳洋银一枚，居浃岁，又纳丁口银一枚。居吉兰丹山顶淘金欲回中国者，至埠头，必先见王，纳黄金一两，然后许；年老不复能营生者减半；若甲必丹知其贫而为之请，则免。甲必丹者，华人头目也。凡洋船造船出赁者，谓之板主；（遥）〔看〕罗盘指示方向者，谓之伙长；看柁者，谓之太工；管理银钱出入者，谓之财库；舱口登记收发货物者，谓之清丁，而出资赁船置贸易则为船主。船中水手悉听指麾，故有事亦唯船主是问。其酿酒、贩鸦片、开赌场者，税亦特重。私家逋负，酋长尝置若罔闻；而赌账则追捕甚力，各国多如此。食鸦片烟，则吉兰丹为甚，客商鲜不效尤者。其土产唯槟榔、胡椒为多，亦以三十斤金为暹罗岁贡。

源案：吉兰丹，即大呢之马头①也。风俗俱同大呢。嘉靖末，海寇余众遁归于此，生聚至二千余人，行劫海中，商舶苦之。或谓吉兰丹即小葛兰国。按：小葛兰与柯枝接境，而吉兰丹与大呢相连，去彼远甚。但大呢、吉兰丹俱铸金为钱，而柯枝与小葛兰亦俱用金钱，以此相同，影响之所自起也。姑载之以破疑。

又曰：丁加罗国，一作丁葛奴，疑即丁机宜②也，源案：此语误甚。丁机宜别自一岛，在苏门答剌之东，非暹罗相连之地。在吉兰丹东南。由吉兰丹沿海约日余可到。疆域风俗与上数国略同，而富强胜之。各国王俱喜养象，闻山中有野象，王家则令人砍大木，于十里外周围栅环之，旬日渐移而前；如此者数次，栅益狭，象不得食；俟

---

① 误。大呢的马头是北大年，不是吉兰丹，也不是吉兰丹的马头哥打巴鲁。
② 丁机宜，其地在马来半岛，即今马来西亚的丁加奴（Trengganu）。

其羸弱，再放驯象与斗，伏则随驯象出，自听象奴驱遣。土产胡椒、槟榔、椰子、沙藤、冰片、燕窝、鱼翅、海参、油鱼、鲍鱼、螺头、带子、紫菜、孔雀、翡翠、速香、降香、伽楠香。带子，角带也，形若江瑶柱。胡椒最佳，甲于诸番。岁贡暹罗、安南及镇守葛剌巴之荷兰。陈伦炯《海国闻见录》：由暹罗（西）〔而〕南，斜仔、六坤、宋脚，皆暹罗属国。大呢、吉兰丹、丁葛奴、彭亨诸国，沿山相续，俱由小真屿向西分往，水程均一百五六十更不等。土产铅、锡、翠毛、佳文席、燕窝、海参、料藤、冰片等类相同。惟丁葛奴胡椒甲于诸番。番皆无来由族类，不识义理，裸体挟刀，下围幅幔，槟榔夹烟嚼，生米和水吞。贸易难容多艘。

又曰：彭亨在丁加罗南，音近邦项，本无正字也。此由丁加罗陆路约二日可到。疆域风俗民情均与上数国同。亦产金，而麻姑所产为最。土产胡椒、冰片、沙谷米。胡椒藤木，初种时长尺余，年余长至数尺，则卷成圈。复取土掩之，俟再生，然后开花结子。十余年藤渐弱，则取其旁旧土或有杂木叶霉败其中者，粪之复茂。不可以他物粪。至三十余年，则不复结子，须择地另种。旧地非百年后不能复种。自安南至麻伦呢[1]诸国皆有，唯丁加罗所产为最。冰片，木液也。周流木内，夜则上于树杪，明则下于树根。土番夜听其树而知其上下老嫩。俟其老时，四鼓潜往，以刀削其根数处，如中国之取松脂然。天明其液流从砍处落地，滴滴成片。若未老，则出水而已。沙谷米亦以木液为之。其木大者合抱，砍伐破碎，舂之成屑，则以水洗之，去其浑。俟其水澄，（即）〔取〕其下凝者暴干成粉。复以水洒之，则累累如颗珠。煮食之可以疗饥。以上数国，闽、粤人多来往贸易者。内港船往各国，俱经外罗山南行，顺风约一日过烟筒[2]、大佛山[3]，又日余经龙奈口，过昆仑海[4]，日余见昆仑山。至此然后分途而行，往宋卡、暹罗、大呢、吉兰丹各国，则用庚申针，转

①麻伦呢，今印度西海岸果河（Goa）西北岸的马尔范（Malvan）。
②烟筒，即烟筒山，在今越南中部华列拉角（Cap Varella）以北，或指今富庆省涌桥（Song Cau）东面的春大（Xuân Dại）岬一带。
③大佛山，又作灵山，位于越南富庆省东岸的华列拉（Varella）角。
④昆仑海，指今越南昆仑岛附近的海域。

而西行矣。由彭亨东南行，约日余，复转西，入白石口①。顺东南风，约日余则到旧柔佛。《明史》：彭亨在暹罗之西。洪武十一年，其王表贡。永乐十年，遣中官郑和使焉。其国土田沃，气候常温，米粟饶足，煮海为盐，酿椰浆为酒。上下亲狎，无寇贼。然惑于鬼神，刻香木为像，杀人祭赛，以禳灾祈福。所贡有象牙、片脑、乳香、速香、檀香、胡椒、苏木之属。

又曰：旧柔佛在彭亨之后，陆路约四五日可到。疆域亦数百里。民情风俗略与上同。土番为无来由种类，本柔佛旧都，后徙去，故名旧柔佛。嘉庆间，英吉利以此为海道四达之区，垦辟土地，招集商民贸易耕种，而薄其赋税。数年来，舟船辐辏，楼阁连亘，遂为胜地。番人称其地为息辣②，闽、粤人谓之新州府，亦或作新嘉坡。土产胡椒、槟榔膏、沙藤、紫菜。槟榔膏即甘沥，可入药。《明史》：柔佛近彭亨，一名乌丁礁林。永乐中，郑和遍历西洋，无柔佛名。或言和曾经东西竺山，今此山正在其地，疑即东西竺。万历间，其酋好构兵，邻国丁机宜、彭亨屡被其患。华人贩他国者，其人多就之贸易，时或邀至其国。国中覆茅为屋，列木为城，环以池。无事通商于外，有警则召募为兵，称强国焉。地不产谷，常易米于邻壤。字用菱蕉叶，以刀刺之。见星方食。节序以四月为岁首，居丧，妇人剃发，男子则重剃。死者皆火葬。所产有犀、象、玳瑁、片脑、没药、血竭、锡、蜡、嘉文簟、木棉花、槟榔、海菜、燕窝、西国米、（冰片）〔萆〕吉柿之属。《皇清通考·四裔门》：柔佛在西南海中，背山而国，前临大海。历海洋九千里达广东界，经七洲大洋，到鲁万山，由虎门入口。国中无城郭宫室，王府即建于海滨，支以竹木，盖以茅叶。民皆环山而居。崇山峻岭，树木丛杂，野兽纵横。天时虽秋冬亦暖。王以柳叶为衣，左衽下裳，密缀小花为之。佩刀，首蓄发长二三寸，蒙以金花帕，跣足。民人冠用铜线为胎，幔以白布，衣短衫，或裸而以裳围其下体。妇女织席，挽椎髻，肩披锦。父母丧，则剃发，衣黑衣为丧服。夫皆赘于妇。相见以合掌拱上为礼。俗轻生好杀。尚佛教。喜斗鸡。伐乌木，拾海菜。时出海劫掠。饮食用手，忌猪肉，嗜烟。岁斋一月，举国绝食，见星乃食，历三十日始止。土产降香、乌木、西国米、冰片、海参、胡椒、燕窝之属。亦产沙

---

①白石口，指新加坡海峡东口。
②息辣，又作息力、实叻、石叻等，皆马来语 Selat 的音译，意为海峡，指新加坡海峡。

金，铸花小金钱为币。康熙初，严南洋诸国商贩之禁，故闽、粤无柔佛之船。而内地商船亦无往其国者，迨雍正七年弛禁后，其国通市不绝。距厦门水程一百八十更。七洲洋中，有神鸟，状如海雁而小，长喙色红，脚短而绿，尾羽如箭，长二尺许。能导人水程，呼是则飞去，曰否则仍飞而来。献纸谢神，翱翔不知所之矣。柔佛属国有丁葛奴、单（胆）〔咀〕①、彭亨，皆雍正七年后通市。丁葛奴亦濒南海，四时皆暖，无霜雪。崇山峻岭，蜿蜒相望。风俗略同柔佛。土产胡椒之美，甲于他番。余则沙金、冰片、沙藤、速香等物。其国人终身不出境，无航海而来中国者。每岁冬春间，粤东本港商人以茶叶、瓷器、色纸诸物，往其国互市。乾隆二十九年，以两广总督苏昌奏准带土丝及二蚕湖丝。浙、闽人亦间有往者。及夏秋乃归，必经七洲大洋，至鲁万山，由虎门入口，达广东界，计程九千里。单咀距厦门水程一百三十更。风俗、衣服、饮食、土产与柔佛同。彭亨国与柔佛连山相枕，内地商民往柔佛国，有转附番舶至其地贸易者。陈伦炯《海国闻见录》：柔佛国山虽联于彭亨，其势在下，水路应到昆仑②，用未针取茶盘③，转西至柔佛，计厦门水程一百七十三更。番情与上诸国相似，所产亦相同，惟较之略美而倍多。每年经商，可容三四舶就舟交易。产沙金，国以铸花小金钱为币，重四五分，银币不行。

又曰：麻六甲，一作满剌加，在旧柔佛西少北，东北与彭亨后山毗连，陆路通行。由旧柔佛水路顺东南风半日过琴山径口④，又日余到此。土番亦无来由种类。疆域数百里，崇山峻岭，树木丛杂。民情凶恶，风俗诡异。属荷兰管辖。初小西洋⑤各国番舶往来中国，经此必停泊，采买货物，本为繁庶之区。自英吉利开新嘉坡，而此处浸衰息矣。土产锡、金、冰片、沙藤、胡椒、沙谷米、槟榔、燕窝、犀角、水鹿、玳瑁、翡翠、降、速、伽楠各香，闽、粤人至此采锡及贸易者甚众。陈伦炯《海国闻见录》：由柔佛而西，麻喇甲亦无来由族类，官属名曰恶耶。国王仿暹罗，用汉人理国事，掌财赋。产金、银、

①单咀，今马来西亚的吉兰丹（Kelantan）州。
②昆仑，今越南昆仑岛。
③茶盘，今马来半岛东岸外的潮满（Tioman）岛。
④琴山径口，指新加坡海峡（Strait of Singapore），尤其指西口。
⑤小西洋，此小西洋指印度果阿（Goa）。

西洋布、犀角、象牙、铅、锡、胡椒、降香、苏木、燕窝、翠毛、佳文席等类。金钱银币皆互用。中国洋艘，到此而止。距厦门水程二百六十更。《海录》又曰：沙剌我①国在麻六甲西北，由麻六甲海道顺东南风二三日，经红毛浅②下有浮沙，其水不深。此国在红毛浅东北岸，疆域数百里。民颇稠密，性情凶犷。后山与丁加罗、吉兰丹相连，山中土番名獠。读力麻切。子裸体跣足，鸠形鹄面，自为一类，亦服国王管辖。但与无来由不相为婚。尝取蜜蜡、沙藤、沉香、速香、降香、犀角、山马、鹿脯、虎皮等物，出与国人交易。闽、粤人亦有到此者。其产锡、冰片、椰子、沙藤。又曰：吉德③国在新埠西北，又名计达④，由新埠顺东南风日余可到。后山与宋卡相连，疆域风俗亦与宋卡略同。土旷民稀，米价平减。土产锡、胡椒、椰子。闽、粤人亦有至此贸易者。由此陆路西北行二三日，海道日余，到养西岭⑤；陆路又行三四日，水路约一日，到蓬呀⑥，俱逻罗所辖地。自宋卡至此，皆无来由种类，性多凶暴，出入必怀短刀，以花铁为之，长六寸有奇，镶以金，海马牙为柄。其刀末有花纹者，持以相斗；刀头有纹者，则佩之以为吉庆。王及酋长皆然。

《每月统纪传》曰：麻剌甲地方毗连于柔佛、丁葛奴、大年、吉连丹⑦、宋脚诸国，沿大山相续。土番为无来由族类，不识义理，裸体挟刀，下围幅幔。槟榔夹烟嚼，贸易难容多艘。土产铅、锡、翠毛、佳纹席、燕窝、海参、藤、胡椒等货。诸国相似，所产相同。麻剌甲在明朝时，有马莱由之王。马莱由，一作无来由。因暹罗侵地，麻剌甲遣贡使至北京控诉。永乐三年，诏暹罗国王勿开兵隙。暹罗王遣使谢罪，然阳遵阴违，竟侵服之。嘉靖年间，葡萄牙兵船往麻剌甲，尽力征服，设官治之。天启、崇祯年间，荷

---

①沙喇我（Salangor），今马来西亚雪兰莪州。

②红毛浅，指今马六甲海峡（Strait of Malacca）中的南沙（South Sands）。

③吉德（Kedah），今马来西亚吉打州一带。

④计达，即马来西亚吉打州。

⑤养西岭，指泰国的普吉（Puket）府一带。该地旧称 Junk Seylon，马来语作 Ujong Salang。

⑥蓬呀，在今泰国攀牙（Phang Nga）府一带。

⑦吉连丹，即吉兰丹。

兰又战胜葡（匐）〔萄〕牙而有其地。至嘉庆年间，英吉利以万古累①易之，于是麻剌甲为英吉利新藩。开英华院以教唐人与土人，且义学甚多，男女不论，土番汉人皆知读书。故广东与福建人居此种园耕田，与实力屿②、槟榔屿贸易。柔佛为阿细亚大山，诸国极南入海之山，副马莱酋王管之。彭亨有金沙，锡甚盛。福建船希往彼，以柔佛、彭亨王性悍好斗，正是马莱酉族类之习。此外，海滨国属于暹罗者，皆地小不足比数。

颜斯综《南洋蠡测》曰：南洋之间有万里石塘，俗名万里长沙，向无人居。塘之南为外大洋，塘之东为闽洋。夷船由外大洋向东，望见台湾山，转而北，入粤洋，历老万山，由澳门入虎门，皆以此塘分华夷中外之界。唐船单薄，舵工不谙天文，惟凭吊铊验海底泥色定为何地，故不能走外大洋。塘之北为七洲洋，夷人知七洲多暗石，虽小船亦不乐走。塘之西为白石口，附近有一埠，四面皆山，一峡通进。平原旷野，颇有土人，并无酋长。产胡椒、沙藤。有唐人坟墓碑记，梁朝年号及宋代咸淳。或云此暹罗极东边境。十余年前，英吉利据此岛，名之曰星忌利坡，召募开垦。近闻已聚唐人杂番数万，闽、粤之轻生往海外者，冒风涛、蹈覆溺而不顾，良由生齿日众，地狭民稠，故无室无家之人，一往海外，鲜回乡者。此岛由外洋至粤十余日，由七洲洋至粤仅七八日。近来英吉利甘心留粤，一则恃南洋、港脚诸番沿途俱有停泊，二则恃星忌利坡离粤不远，彼国虽隔数万里之遥，今则无异邻境。

---

①万古累，今印度尼西亚苏门答腊岛的明古鲁（Bengklu），或泛指巴里散（Barisen）山脉。
②实力屿（Selat），今新加坡。

此外海岸，土瘠产稀，如飞头蛮①等处，虽常到，不屑顾。其志盖欲扼此东西要津，独擅中华之利，而制诸国之咽喉。古今以兵力行商贾，以割据为垄断，未有如英夷之甚者。

《贸易通志》：东南洋贸易之盛者，莫如暹罗及新嘉坡。暹罗与安南、缅甸相接，而通商最广。中国买米买货之船赴其国者，岁百余号，所驻中国人五万有余。英吉利、亚默利加等国互市，每年货价约银五百万余员。新嘉坡本非国，乃斗入南海中一大峡，地方二千里，距澳门水程十更。向为闽、广客民流寓，约二万余人。英吉利屡以兵船争夺，嘉庆二十三年袭而据之，置城戍兵营，肆货招商贾，设英华书院，凡国中书籍，皆镂板翻译。延华人教其子弟，屹然为巨镇。计闽、广船岁往者八九十艘，安南三十六艘，暹罗四十艘，各南洋小船千三百余艘，夹板船四百七十四艘，货物出入约计银各八百余万员。其地近中国，故凡红毛船之自澳门归与自西洋至者，均以此为总汇。此外，麻剌甲、槟榔屿等处，亦英吉利公司所据，而贸易有限，不及新嘉坡三分之一。

《梁书·南夷传》：扶南国在日南郡之南，海西大湾中，去日南可七千里，在林邑西南三千余里，城去海五百里。有大江广十里，西北流，东入于海。其国轮广三千余里，土地洿下而平博，气（厚）〔候〕风俗大较与林邑同。出金、银、铜、锡、（沈水）〔沉木〕香、象牙、孔翠、五色鹦鹉。其南界三千余里，有顿逊国，在海崎上，地方千里，城去海十里。有五王，并羁属扶南。顿逊之东界通交州，其西界接天竺、安息徼外诸国，往还交市。所以然者，顿逊回入海中千余里，涨海无崖岸，船舶未曾得径过

―――――――――――――

①飞头蛮，指越南的旧占城宾童龙一带。但古籍中的"飞头蛮"传说极其荒唐，不应作为地名。

也。其市东西交会，日有万余人。珍物宝货，无所不有。又有酒树，似安石榴，采其花汁停瓮中，数日成酒。顿逊之外，大海洲中，又有毗骞国，去扶南八千里。传其王身长丈二，（头）〔颈〕长三尺，自古来不死，莫知其年。王神圣，国中人善恶及将来事，王皆知之，是以无敢欺者，南方号曰长颈王。国俗有室屋、衣服、啖粳米。其人言语小异扶南。有山出金，金露生石上，无所限也。国法刑罪人，并于王前啖其肉。国内不受估客，有往者亦杀而啖之，是以商旅不敢至。工长楼居，不血食，不事鬼神。其子孙生死如常人，唯王不死。扶南王数遣使与书相报（达）〔答〕，常遗扶南王纯金五十人食器，形如圆盘，又如（尾）〔瓦〕坯，名为多罗，受五升；又如碗者，受一升。王亦能作天竺书，书可三千言，说其宿命所由，与佛经相似，并论善事。又传扶南东界即大涨海，海中有大洲，洲上有诸薄国，国东有（马五）〔五马〕洲。复东行涨海千余里，至自然（大）〔火〕洲。其上有树生火中，洲左近人剥取其皮，纺绩作布，极得数尺以为手巾，曾与焦麻无异而色微青黑。若小垢涴，则投火中，复更精洁。或作灯炷，用之不知尽。

案：扶南为今暹罗国，其南界三千余里，有顿逊国；在海崎上，斗入海中三千余里，则今之柔佛、新甲埔①也。顿逊之外，大海州中，又有毗骞国，去扶南八千里，则未知为今之婆罗（小）〔大〕瓜哇岛欤，抑小瓜〔哇〕岛欤？至其东方连涨海中，有诸薄州，再东有自然（大）〔火〕洲，则南洋诸峤丛峙，固难一一指实之矣。

《每月统纪传》曰：广南沿山海至占城、禄赖，绕西而至柬埔寨。柬埔寨虽别自一国，界在越、暹二国之间，东贡越南，西贡

①新甲埔，即新加坡（Singapore）。顿逊不是柔佛、新加坡；古扶南亦非即当时的暹罗。

暹罗。土番为马莱酉，裸体居多，以布幅帷下身。自柬埔寨大山绕至西南为暹罗，沿山海而南为斜仔邑、六坤邑。麻剌甲地方与柔佛、丁机宜或丁葛奴、大年、吉连丹、宋脚诸国，沿大山相续，土番为马莱酉族类，不识义理，裸体挟刀，下围幅幔，槟榔夹烟嚼。贸易难容多艘，土产铅、锡、翠毛、佳纹席、燕窝、海参、藤、胡椒等货。麻剌甲向来有马莱酉土君，因暹罗王于明朝时侵伐其国，服之。嘉靖年间，（葡）〔葡〕萄牙人往麻剌甲，尽力征服，设官治之。天启、崇祯时，为荷兰所夺，自是荷兰管其国。至道光年间，英吉利以万古累岛易之，英人因于麻剌甲开新藩，立英华院，教唐人在其土所生之子兼通中西文艺，且多设义学，无论男女土番汉人，皆令读书。故闽、广人居此种耕，与息力、槟榔屿生理甚旺。柔佛为亚西亚诸国极南入海之大山，马莱酉王管之。又彭亨有金沙、锡矿，福建船希往彼。永乐年间，二王遣公使朝贡。盖柔佛与彭亨王两国好斗，正是马莱酉各族之性情也。此外各岛，在东海滨，朝贡暹罗王，奉金叶表诸方物，都是小地方，居民甚懒惰。

又曰：新甲埔，一名息力，此小岛旧是马莱酉土君所辖，为海贼之薮，近归英国所管。地虽极小，其生理为南海至盛。不但西洋夹板断续往来，且武吉①及马莱酉之船，安南、暹罗各国之船，皆无数出入。英国之官，不纳饷税，任人贸易，商贾辐辏。福建、广东人住此为商匠士农者无数。英吉利有营汛炮台。

《地理备考》曰：马拉加国在亚细亚州之南，北极出地一度二十二分起至九度三十分止，经线自东九十六度二十分起至一百零二度止，东西南三面枕海，北界暹罗国。长约二千余里，宽约五

---

① 武吉，指布吉斯（Bugis）人。

百里，地面积方约十万里。人烟希疏，地势崃岩，冈陵绵亘，丛林广布，水泽瘴疠；岛屿充斥，树木蔚茂，湖河稀小，贯彻其地。田土颇瘠，果实略多。禽兽蕃衍，鱼盐丰盈。土产金、铁、锡、蜜蜡〔藤〕、（珠珍）〔珍珠〕、燕窝、豆蔻、槟榔、血竭、儿茶、象牙、牛皮、甘蔗、木料、沙谷米、巴马藤油各等物。地气温和。王位世袭。所奉之教，乃回教也。贸易兴隆，商贾辐辏。国内地方里哥尔等处，现归暹罗国兼摄。一北剌克部①，一萨灵哥尔部②，一惹何尔部③，一巴杭部④，一隆波部⑤，各处自为立主，不相统属。国人号曰马来由，然犹有萨忙、的公、北奴之目焉。

又，新埠岛一名布路槟榔⑥，在马拉加海峡之间，长六十里，宽三十里。地多肥饶，果木茂盛。

又，息辣岛一名新嘉坡，在马拉加海峡口。田土朊腴，果木丰茂，贸易昌盛，商贾云集。其马拉加旧国，近日人烟反少，贸易萧疏。以上各处，于道光十年皆受驻榜加剌之兵帅节制。

《外国史略》曰：亚西亚地嘴⑦西出苏门⑧、马六加⑨二地中间，为海峡。各岛散布如星棋，最大者槟榔屿，在西边，距对面贵他大山⑩不远。北极出地五度二十五分，偏东一百度九分，广袤

①北剌克部（Perak），今马来西亚霹雳州。
②萨灵哥尔部（Selangor），今马来西亚雪兰莪州。
③惹何尔部（Johore），今马来西亚柔佛州。
④巴杭部（Pahang），今马来西亚彭亨州。
⑤隆波部（Kuala Lumpur），今马来西亚首都吉隆坡。
⑥布路槟榔（Palau Pinang），今马来西亚槟榔屿。
⑦亚西亚地嘴，马来语 Ujong Tanah，意为大地尽头，指马来半岛最南端，今马来西亚的柔佛（Johore）州。
⑧苏门（Sumatera），今印度尼西亚苏门答腊岛。
⑨马六加（Melaka），今马来西亚马六甲州。
⑩贵他大山（Burit Mertajam），大山脚，接近吉打（Kedah）州的西南部。

方圆五百里，居民五万一千。屿有高山有溪，地气和暖，山水甚美。前本荒岛，乾隆五十年，英国公班牙买为船厂，开垦丰盛，每年出胡椒二万石，丁香豆蔻价值银十万员。对面之贵他岛①亦种甘蔗，产物三万石。日增月盛，四方云集。福建人尤多，居然都会。国家所费有限，而收饷过之。新嘉坡或称新实力坡，或称新埠头，海峡中之屿。北极出地一度十五分，偏东一百零四度。土甚硗，大林多虎。出胡椒、槟榔膏。（为）印度绕至中国之（路海）〔海路〕，由西转东，此峡为所必经。故英国公班衙于嘉庆二十三年买以开埠，其始居民仅百五十口，顿增至二万余，中多唐人，尽免税饷。道光十四年，各西国及他国之甲板四百七十二船，中国之商二十七船，越南四十九船，暹罗二十四船，芜来由七十二船，婆罗岛一百三十八船，西里白岛②五十五船，巴里屿③六十三船，牙瓦岛④七十二船，苏门他拉岛⑤五百一十四船，槟榔屿八船，马六加六十船，西边芜来由族类四十六船，料屿⑥二百五十一船，附近之列屿二百二十船，各国所运入货物约共一千万员，而运出之物有加于此。各方云集，遂为亚西亚之大市。新嘉坡宾当岛⑦，荷兰在此筑炮台开市，称曰料屿。出胡椒、槟榔膏。土民所食者，参蒌叶、槟榔子。制造物件，多潮州人，通商不广，收饷甚微。设兵守岛，有巡船捕海盗，有芜来由土酋代办岛务。宾当

①贵他岛，疑指吉打（Kedah）西南面的沿海一带。
②西里白岛（Celebes），今印度尼西亚苏拉威西（Sulawesi）岛。
③巴里屿（Bali），今印度尼西亚巴厘岛。
④牙瓦岛，今印度尼西亚爪哇（Java）岛。
⑤苏门他拉岛，今印度尼西亚苏门答腊岛。
⑥料屿（Bintan），今印度尼西亚宾坦岛。
⑦宾当岛（Bintan），今印度尼西亚宾坦岛。

岛所属令音屿①，芜来由以劫盗为务，荷兰与约，给俸禄令其毋为
海贼，有犯即刑。其地硗，出锡，无他产，亦不出五谷。此岛之
北向，有亚南巴②、（邦）〔那〕土那③等荒岛，为海贼所潜匿。

《外国史略》曰：马六加，古国也。北极出地二度及十度，长
二百六十五里，阔四十里。其地半芜来由族类，中间黑山④遍延，
内多支溪，下流入海。有沙线入海口，居民甚罕，惟伐木搭棚而
已。山内尽黑面人，无衣服居处。旧属暹罗管辖，其马六加之君，
于宋德祐（二）〔三〕年始创立国。明武宗正德五年，暹罗大军攻
其城败退。葡萄亚水师攻陷其地，自后归葡萄亚。顺治元年，荷
兰又降其城邑。嘉庆间，英人又破之。是时，有耶稣门徒开学馆，
教化其俗。当此际，有英官管理埠头，但通商甚微，物产不多，
如金沙、锡、南果、胡椒、五谷，悉由外国运入。天气清爽，无
瘴气。居民罕少，亦有芜来由并印度人。其山水特美丽。

又曰：芜来由列国沿南洋海斗出甚长，其中多山，草木茂盛，
多檀香、沉香、沙藤。山多锡矿，溪有金沙，海边多（椰）〔椰〕
子。民惰地荒，独海边有数屋，皆竹葵为之。附近种蕉树，食其
果，终日嚼槟榔青烟，以水和饭，日用不多，故颇自足。每日多
眠睡。间出为海盗，乃尽力劫掠，体矮，（而）〔面〕带喜色，若
激其怒，则愤烈如虎。然无胆略，易奔溃。沿海各处有土酋，皆
甚贫乏，赖中国人代理其贸易，最多者厦门等处之人。其余若芜
来由之列地，由暹罗而南，斜（行）〔仔〕⑤到六坤、宋脚。此地

①令音屿（Kepulauan Lingga），今印度尼西亚林加群岛。
②亚南巴（Kepulauan Anambas），亚南巴斯群岛。
③那土那（Kepulauan Natuna），纳土纳群岛。
④黑山，武弄山脉（Benon Range）末端。
⑤斜仔（Chaiya），泰国柴也。

之民，半暹罗语音，喜拜佛像，半芜来由各类并回回人，拜天地真主。暹罗之官在此者，每酷虐芜族。其大尼、（车）〔单〕丹[1]、丁葛奴等地，沿山陆续，皆以金银树贡暹罗，且准贡使买五谷而回。南连此地者曰彭亨，南方之极南者为柔佛。另有微地，难细述。风俗多相似，所产亦相同。中国闽、广人至此贸易，每获厚利。民以金钱为币，重四五分，不用银。惟用番头以为通行之宝。经商每年仅可容三四舶，所市者金沙、胡椒、沙藤、冰片、海参、燕窝、翠毛、佳文席。亦以鸦片、布匹易胡椒等物。

《万国地理全图集》曰：麻海（陕）〔峡〕[2]之东口，有新嘉坡埠。北极出地一度十五分，偏东一百零四度。屿地不大，独出胡椒、槟榔膏。嘉庆二十三年，英国官宪买其屿以后，广开商路，不论何国船只赴市，概免税饷，遂为南海各岛贸易之中市。中国船只每年几十巨舰，常驾闽、粤客数（十）〔千〕人到此买卖耕作，所居汉人共一万有余丁。此外列西国夹板，每年几百只，运进布帛器皿，以南洋物产易之。居民早夜奔驰，日无宁晷。芜吉、芜来由等人住其海滨，皆属英人管辖。每年运进载出之货价，共计银八千九百万员。

又曰：槟榔屿在西北，有高峰。其土种植玉果、胡椒，所出不少。山水甚美。居民五万四千丁，其中有一万系汉人。对面沿海地方又归英国辖，故立总文官兼摄槟、马、新等处。又曰：南洋岛之沿海，芜来由族居之。身体弱矮，面紫，发黎甚长，缠头赤脚，腰围纹布，穿裈。各带短刀，怒即刺人。时吃槟榔游玩，并不务工。驾船捕鱼，为海贼。奉回回教，往其教主葬处烧香归，

---

①单丹（Kelantan），今马来西亚吉兰丹州一带。
②麻海峡（Strait of Malacca），马六甲海峡。

则庶民敬仰其人。内地居民不同面，有紫黑二类。黑面者，寓山穴丛林，为其原土人，智量有限，是以中国人乘机取利。广州府与嘉应州人为工，潮州府人为农，福建人为商。最获利者，乃厦门、漳州之商，大半留住不归，每年一次寄信及银以补亲戚之用。一归故乡，尽皆耗费，仍返棹寻利矣。凡出外国之人，多系内地棍徒，离家庭，走绝域，但不带妇女，与土女结亲生子，而自新者鲜。遍地吃鸦片、赌钱，浇风日炽。至西国之人，荷兰操权尤广。此国之商贾少，皆属文武。与土人来往，温良不骄。是班牙国人好逸避劳，土人但崇天主教，有大权者乃僧也。其商贾甚少，并不出其本属之岛。英人惟据三岛，以通商为重，故开港免饷，以招四方之商贾，然与土人仍无往来之理，盖教门、语言、嗜尚各不相通也。

魏源曰：英夷开辟新嘉坡，富庶闻于中国已数十年，皆不知为古时何国。阅《海录》及英夷海图，始知即柔佛、满剌加故墟。盖明以前，满剌加为南洋之都会，英夷始移其贸易于柔佛，新嘉坡有坚夏书院，弥利坚国人所建；麻六甲有英华书院，英吉利所建。皆外夷习学汉文及翻刻汉字书籍之所。故所刻书皆署此两书院藏板。皆暹罗之东南境，海岸相连，并非岛屿。距大屿山仅五六日程，平衍数百里，斗出海中，形如箕舌，扼南洋之要冲。乾隆以前，多为闽、粤人流寓。自英夷以兵夺据，建洋楼，广衢市，又多选国中良工技艺，徙实其中。有铸炮之局，有造船之厂，并建英华书院，延华人为师，教汉文汉语，刊中国经史子集图经地志，更无语言文字之隔。故洞悉中国情形虚实，而中国反无一人了彼情伪，无一事师彼长技。喟矣哉！方康熙初定台湾时，廷议欲迁其人，弃其地，专守彭湖，独施琅力争之，谓不归中国必归于荷兰。圣祖从之，设官置戍，海外有截。使当日执捐珠厓之议，台湾今日不为新嘉坡者几希！使后世有人焉，日翻夷书，刺夷事，筹夷情，如外夷之侦我虚实，其不转罪以多事，甚坐以通番者几希！彭亨、柔佛等国，明以前不见于史，盖即《梁书》之丹丹①，《（广）〔唐〕书》作单单，在振州东南。而《隋》、《唐书》并言往婆利州②者，先由赤土、丹丹而至其国。赤土为扶南，则丹丹必其相连之东南境，故有唐人墓及梁、宋碑记云。

---

①丹丹（Kelantan），又作单单，今马来西亚吉兰丹州，不是彭亨、柔佛。
②婆利州（Puri），在加里曼丹岛西部。

海国图志卷十 欧罗巴人原撰　侯官林则徐译

邵阳魏源重辑

东南洋五 海岸之国

缅甸

　　缅甸与暹罗、安南三国在阿细亚洲南，欧罗巴人以其与印度交界，统谓之为印度外。前代欧罗巴人罕至其地，所知者不过孟阿腊①安治市河②之东岸而已，伊揖画师比多里弥③所绘《地理图》，其图内大海湾之西岸，有梯泥城，即缅甸之底泥色领城也④。意大里亚人曾至中国海岸，而所绘之国亦未详确。佛兰西⑤国当日攻取麻六甲地，所考察者仅附近一隅。佛兰西（又）曾遣罗比里

---

①孟阿腊，指今孟加拉国和印度的西孟加拉邦。

②安治市河（Ganges River），恒河。

③比多里弥（Plolemy），即托勒密，古希腊天文学家、地理学家，出生于埃及。

④以上几句，《四洲志》的译文误。原著意为"古代关于亚洲远方的知识很不准确，勉强知道恒河东岸而已。托勒密揭示了 the Great Bay, the cost of Sinae, and the city of Thinae；戈塞林（Gosselin）提供了 the city of Tenasserim 的概貌。别的人估计 Sinae 是中国，并推论罗马人已知道这个著名帝国的海岸"。译者不但没有把 the coast of Sinae 译为中国海岸，反而把 the Great Bay, the coast of Sinae 误译为"大海湾之西岸"；应译中国城的 the city of Thinae 不但仅作音译，反而误译为缅甸的底泥色领（即今丹那沙林城）。

⑤佛兰西，此"佛兰西"，原著作 Portuguese，即葡萄牙，可如下文译"西洋国"，或如其他古籍译"佛郎机"；译为"法兰西"，是完全错误的。

至暹罗国，欲行教化，始略知暹罗国大概。近日英吉利已得印度之地，多与三国交界，故所说此方之事虽不详备，较前代欧罗巴人则所得为多。缅甸国建都阿瓦，又谓之马腊麻。原是三国：一曰阿瓦，一曰阿腊干①，一曰秘古②。各不相统，恒相争夺，惟缅甸当冲，受害尤重。千有六百年，明万历二十八年。缅甸兴兵攻服秘古。迨千有七百年，康熙三十九年。秘古复约荷兰、西洋③两国之兵同攻缅甸，屡战屡胜，直抵阿瓦，禽获缅甸之底布里王，维时缅甸反属于秘古。然缅人强悍，突有阿罗般④部落招集土兵恢复阿瓦国都，自立为王，尽收缅甸旧地，遂出师攻灭秘古国。其子山巴领嗣位后，秘古复叛，山巴领又攻胜之，遂乘胜并取暹罗。久仍为暹罗所败，仅存麻六甲以西沿海之麻尔古⑤、底呢色领等城耳。山巴领殁，其弟皿底腊疑勃老嗣位，又并合阿腊干为一国，此外尚有攻取加渣尔⑥、加色⑦等处，军威可谓劲矣。然以（麻尔古）〔加渣尔〕之地皆与孟阿腊接壤，孟阿腊属于英吉利，两国接壤日久，复起兵争。千有八百二十六年，道光六年。英吉利遂起印度之兵攻缅，缅恃其习战，视英寇蔑如也。然缅军纪律不严，进锐退速，以此为英军所挫。英军亦不习其水土，地险饷艰，瘴恶多疾，难以深入。本欲退师，反声言直取阿瓦，长驱而进。缅军屡衄气阻，遂卑辞求和，乃割阿腊干、麻尔古、达阿依⑧、底尼色领沿海之

---

①阿腊干（Arracan，Arakan），今缅甸若开邦。

②秘古（Pegu），今缅甸勃固省一带。

③西洋，指葡萄牙。

④阿罗般（Alompra），即 Alaungpaya，亦即 Aungzeya，通译雍籍牙，缅甸国王。

⑤麻尔古（Mergue），今缅甸丹老（墨吉）。

⑥加渣尔（Cachar），今印度卡恰尔。

⑦加色（Cassay，Mechley），卡赛（梅切莱）。

⑧达阿依（Tavoy），今缅甸土瓦。

地，复偿英吉利兵饷，始罢兵。然缅甸陆战，全恃坚锐木栅，环绕重濠，有时英吉利兵马亦为其所拒。其国赋税，如东方中国之法，以田地钱粮为正供。此外，征收外国贸易税饷，不作正项，别贮内库。缅甸、暹罗、安南皆然。传闻缅甸国王与（西洋）〔英国〕构衅讲和，津贴英军兵饷，咄嗟立办，可见其国之富。缅甸、暹罗、安南政事大略与东方各国相同，权柄专制于王，百官不得专擅。所用律例，皆合中国、印度两国之律，参酌损益而行。如缅甸之职官，若"翁疑士"，若（敬）"翁多士"，若"阿达翁士"，皆在国都助王理政，并有律官出外分辖各部，征收赋税，解都供饷。部民有事，先赴诉麦翁衙门，次始上控于罗都衙门，由罗都而达于王，以判断之。有烙铁之刑，有咒诅之法，斟酌施用，与印度略同。印度外咸知文字，惟缅甸语音庞杂，有用佛语，有用鞑鞑里音语，有用中国音语，参杂而成。欧罗巴人不能分其句读，望之如一长句，说写俱难。书籍皆编贝叶，国王则以象牙为篇页，以金饰边，贮以描金盒，并有雕刻成字而金饰之者。藏书虽富，专以讲论神明为主，而史记、音乐、医学、画谱，谓之杂说小书。惟安南文学独遵中国，较缅甸、暹罗为深奥。缅甸屋舍最陋，以竹插地，用藤系架，用席作墙，而苫覆之，即谓落成。大者不日可完，小者顷刻立就。虽潦草而便易，风雨坍塌，既无推压之虞。回禄偶遭，亦无荡赀之戚。伊底河①发源西藏，南流经缅甸之麻罗城②而入海。案：伊底河，谓雅鲁藏布江③，即大金沙江也。

　　缅甸国东界南掌、暹罗，西界孟阿腊，南界海，北界西藏、云南，以阿瓦为国都，领部落四十有八，户口约四百万名。原本。

①伊底河（Irrawaddy River），又作大金沙江，即伊洛瓦底江。
②麻罗城（Maro），今缅甸西南部毛淡棉遵（Moulmeingyum）。
③伊洛瓦底江不接雅鲁藏布江。

阿瓦 国都　　　　　门额尔①

西糜②　　　　　　哥里布③

江墩④　　　　　　冻米〔数〕⑤

拉比那古⑥　　　　巴尔麻⑦

芝补⑧　　　　　　穷皿⑨

打梗⑩　　　　　　翁蔑拉布拉⑪

光墩⑫　　　　　　邦布⑬

磨观⑭　　　　　　边定⑮

拉公厘⑯　　　　　高梗⑰

蒙厘布⑱　　　　　郎欲河⑲

---

①门额尔（Monglier），孟邻（Monglin）。

②西糜（Zemee），今泰国清迈（Chiany Mai）一带。

③哥里布（Conickpoor），在今印度 Cachar 地区东部。

④江墩（Kiaintoun），今缅甸东部景栋（Keng Tong）。

⑤冻米〔数〕（Tumezoo），今缅甸西部达木（Tamu）一带。

⑥拉比那古（Labenagoo），在今缅甸北部的大贡（Tagaung）和伊洛瓦底江之西。

⑦巴尔麻（Birma），在今缅甸西北部的莫莱（Mawlaik）和亲敦（Chindwin）江之西。

⑧芝补（Chibo），在今缅甸东部的景栋和萨尔温江之西。

⑨穷皿（Keoummeoun），今缅甸中部的皎渺（Kyaukmyaung）。

⑩打梗（Tagoung），今缅甸北部的大贡。

⑪翁蔑拉布拉（Ummerapura），今缅甸阿马拉普拉（Amarapura）。

⑫光墩（Quantong, Kaungton），恭屯，在缅甸八莫附近。

⑬邦布（Bampoo, Bhamo），八莫。

⑭磨观（Moguang, Mogaung），孟拱。

⑮边定（Paienduaen），原图绘于恩梅开江（Me Hka）西岸。

⑯拉公厘（Luckhumry），今印度曼尼坡（Manipur）邦的勒坎比（Lukhambi）。

⑰高梗（Gougong），在今印度曼尼坡邦西部。

⑱蒙厘布（Munnypoor, Manipur），今印度曼尼坡邦。

⑲郎欲河（Lawnyooach），今缅甸中西部的兰约（Lanywa）。

班沙①   巴宕谬②

麻拉③   西格呀都④

麻渣布⑤   阿拉干⑥

渣岩⑦   特曩休⑧

蔑都⑨   皿特⑩

新达⑪   比衣谬⑫

呢特⑬   济骚⑭

（麻欲）〔欲麻〕疏⑮   兰梗⑯

皿巴⑰   麻尔打曼⑱

东俄⑲   底奴彪⑳

————————

①班沙（Pansha），今缅甸实皆省的班达（Pantha）。
②巴宕谬（Pagahm Mew），今缅甸曼德勒省的蒲甘（Pagam）。
③麻拉（Malac，Mawlaik），莫莱（在今缅甸实皆省）。
④西格呀都（Sekaygahdo，Myingyan），敏建（在曼德勒省）。
⑤麻渣布（Mouchaboo，Shwebo），瑞波（在实皆省）。
⑥阿拉干，亦作"阿剌干"，今缅甸若开邦首府实兑（Sittwe）。
⑦渣岩（Chaguing，Sagaing），今缅甸实皆。
⑧特曩休（Taynangheou，Yenangyaung），今缅甸仁安羌。
⑨蔑都（Maydooh），原图绘于瑞波之西，模（Mu）河之东。
⑩皿特（Meeaday），今缅甸马圭（Magwe）。
⑪新达（Sendaht，Ngazun），今缅甸雅桑。
⑫比衣谬（Peeaye Mew，Prome），今缅甸卑谬。
⑬呢特（Neday，Pakokku），缅甸帕库科（木谷具）。
⑭济骚（Tzeezau，Chinyakyun），缅甸钦亚建。
⑮欲麻疏（Waymazoo），今缅甸马圭省敏丕（Minbu）一带。
⑯兰梗（Rangoon），仰光。
⑰皿巴（Menlah，Minhla），今缅甸马圭省的缅拉，在敏丕西北，不是在它的东南。
⑱麻尔打曼（Martaban，Moktama），今缅甸莫塔马。
⑲东俄（Tongho，Toungoo），今缅甸东吁（东瓜）。
⑳底奴彪（Denoobew，Danubyu），今缅甸伊洛瓦底省的达柳漂。

波丹谬①　　　　　　　哥士皿②

衣岩③　　　　　　　　知那麻几尔④

巴三⑤　　　　　　　　西利嗳⑥

麻罗_{大金沙江由此城西入东印度}⑦。　　母哇⑧_{原本止此。}

沿革_{原无，今补。止取其涉海国者。}

《新唐书》：骠，古朱波也，自号突罗朱⑨，阇婆国人曰徒里
拙。在永昌南二千里，去京师万四百里。东陆真腊，西接东天竺，
西南堕和罗⑩，南属海，北南诏。地长三千里，广五千里。东北衺
长，属羊苴咩城。凡属国十八，曰迦罗婆提⑪，曰摩礼乌特⑫，曰

---

①波丹谬（Podangmew，Paduang），今缅甸帕东。

②哥士皿（Cosmin，Myaungmya），今缅甸渺名。

③衣岩（Yeagaun，Kyithe），今缅甸枝蒂。

④知那麻几尔（Chinabuckeer），指今缅甸伊洛瓦底省的博加累（Bogale）或吉叻
（Kyaiklat）。

⑤巴三（Persaim，Bassein），今缅甸勃生。

⑥西利嗳（Syriam），今缅甸锡里安（在仰光东南）。

⑦伊洛瓦底江在缅甸西南部的毛淡棉遵一带注入安达曼海（Andaman Sea），不流进"东
印度"。

⑧母哇，Moowah 音似梦内瓦（Monywa），在伊洛瓦底江东岸，但原图绘于其东南的模河
东岸。

⑨突罗朱，梵名 Sri Ksetra，缅语 Thayekhettya 的音译，今缅甸卑谬。

⑩堕和罗（Dvāravati），泰国古都 Ayuthaya（大城）的梵文名称。在缅甸东南，不是
"西南"。

⑪迦罗婆提，"堕和罗"、"堕罗钵底"的异译，今泰国大城府。

⑫摩礼乌特，或谓在今缅甸，待考。

迦黎迦①，曰半地②，曰（尔巨）〔弥臣〕③，曰坤朗④，曰偈奴⑤，曰罗聿⑥，曰佛代⑦，曰渠论⑧，曰婆梨⑨，曰偈陀⑩，曰多归⑪，曰摩曳⑫，余即舍卫、瞻婆⑬、阇婆也。〔由〕弥臣至坤朗，又有小昆仑⑭部，王名茫悉越，俗与弥臣同。由坤朗至禄羽⑮，有大昆仑⑯王〔国，川原〕大于弥臣。由昆仑小王所居，半日行至磨地勃⑰栅，海行五月至佛代国，有江支流三百六十，案：此当即大金沙江。有川名思〔利〕毗离芮⑱。土（名）〔多〕异香，北有市，诸国估舶所凑，越海即阇婆也。十五日行逾二大山，一曰止迷⑲，一曰射

511

---

①迦黎迦，或谓在今缅甸，待考。

②半地，或谓在今缅甸，待考。

③弥臣（Macchagiri），今缅甸阿拉干（Arakan）地区。

④坤朗，在今缅甸南部的勃固（Pegu）至达通（Thaton）一带。

⑤偈奴，或谓在今缅甸，今名不详。

⑥罗聿，或谓在今缅甸，或谓在马来半岛南部，待考。

⑦佛代，或谓即亚齐古名 Udyana 的音译，在苏门答腊岛北部；或谓指该岛东南部的巨港（Palembang）；或谓指今印度西孟加拉邦的塔姆卢克（Tamluk）。待考。

⑧渠论，或在今缅甸，今地不详。

⑨婆梨，或指今印度尼西亚的巴厘岛；也有认为在加里曼丹或苏门答腊的。

⑩偈陀，或谓在今缅甸；或谓即今马来西亚的吉打州。

⑪多归，或谓在今缅甸，今名不详。

⑫摩曳，或在今缅甸，今地不详。

⑬瞻婆（Champa），占婆。

⑭小昆仑，在今缅甸萨尔温江下游的达通一带；或谓在勃固或勃生附近。

⑮禄羽，在今缅甸南部伊洛瓦底江下游。具体地点待考。

⑯大昆仑，一般认为即大古剌，在缅甸伊洛瓦底江下游的勃固一带。

⑰磨地勃（Martaban, Mektama），今缅甸的莫塔马一带。

⑱思利毗离芮，今地不详。有在爪哇岛、苏门答腊岛及马来半岛数说，也有认为指印度恒河的。

⑲正迷，今地不详。有在今印度尼西亚的爪哇岛或苏门答腊岛、马来半岛、印度诸说。

羁①，有国俗与佛代同。经多茸补逻川②至阇婆，八日行至婆贿伽卢国③，土热，衢路植椰子槟榔，仰不见日。王居以金为甓，厨覆银瓦，爨香木，堂饰明珠。有二池，以金为堤，舟楫皆饰金宝。骠王出，舆以金绳床，远则乘象，嫔史数百人。青甓为圜城，周百六十里，有十二门，四隅作浮图。民居皆铅、锡为瓦，荔支为材。俗恶杀，拜以手抱臂、稽颡为恭。明天文，喜佛法。有百寺，琉璃为甓，错以金银丹彩，紫矿涂地，覆以锦罽。王居亦如之。民七岁祝发至寺；至二十，有不达其法，复为民。衣用白氎朝霞，以蚕帛伤生不敢衣。戴金花冠，翠冒，络以杂珠。王宫设金银二钟，寇至，焚香击之以占吉凶。有巨白象，高百尺，讼者焚香置象前，自思是非而退。有灾疫，王亦焚香对象踧自咎。无桎梏，有罪者策五竹捶背，重者五，轻者三，杀人则死。土宜菽、粟、稻、粱、蔗大若胫，无麻麦。以金银为钱，形如半月，号登伽佗，亦曰足弹佗。无油，以腊杂香代炷。与诸蛮市，以江猪、白氎、琉璃、（甖）〔罂〕缶相易。妇人当顶作高髻，饰金珠琲，衣青（婆）〔娑罗〕裙，披罗段。行持扇，贵家者傍至五六。近城有沙山不毛地，亦与波斯④、〔婆〕罗门⑤接，距西舍利城⑥二十日行。西舍利者，（中）〔东〕天竺也。南诏以兵强地接，常羁制之。案：缅甸与东印度接壤，惟《唐书》略见端倪，故节录之。元、明与中国构兵，皆于海国印度无涉，故不录。

---

①射羁，今地不详。有在今爪哇岛、苏门答腊、马来半岛、印度诸说。

②多茸补逻川，一说即 Tanjong-Pura 的音译，在今印度尼西亚苏门答腊岛或爪哇岛；一说在马来半岛；一说为印度恒河支流。

③婆贿伽卢国，或为婆赂伽卢之误，即婆露伽斯，在印度尼西亚爪哇岛的锦石（Gresik）一带；一说在马来半岛；一说谓即今缅甸阿拉干地区的古都 Barakura。

④波斯，指今缅甸勃生（Bassein）一带。

⑤婆罗门，指今印度及孟加拉国。

⑥西舍利城，在今孟加拉国拉杰沙希（Rajshahi）及博格拉（Bogra）一带。

谢清高《海录》曰：乌土国在暹罗蓬牙①西北，疆域较暹罗更大。由蓬牙陆路行四五日，水路顺风约二日到（佗歪）〔媚丽居〕②，为乌土属邑，广州人有客于此者。又北行百余里到（媚丽居）〔佗歪〕③，又西北行二百余里到（营工）〔备姑〕④，又西行二百余里到（备姑）〔营工〕⑤，俱乌土属邑。王都在盎画。盎画即阿瓦之音转。由备姑入内河，水行约四十日方至。国都有城郭宫室。备姑乡中有孔明城，周围皆女墙，参伍错综，莫知其数，相传为武侯南征时所筑，入者往往迷路不知所出云。北境与云南接壤，云南人多在此贸易。衣服饮食大略与暹罗同，而朴实仁厚，独有太古风。民居多板屋，夜不闭户，无盗贼争斗。由（备姑）〔营工〕西北行，沿海数千里，重山复岭，并无居人。奇禽怪兽出没号叫，崇岩峭壁间，多古木奇花，所未经睹。舟行约半月方尽，亦海外奇观也。彻第缸⑥在乌土国大山之北，数十年来英吉利新辟土地，未有商贾。其风俗土产未详。

国史馆《郭世勋传》：乾隆五十五年，暹罗国王郑华表称：乾隆三十六年，被乌土国构兵围城，国（君）〔都〕被陷。其父郑昭克复旧基，仅十分之六。其旧地丹（著）〔茗〕氏⑦、麻叨⑧、涂

①蓬牙，即蓬呀，今泰国攀牙府一带。
②媚丽居（Mergui），缅甸的丹老（墨吉）。本句"广州人有客于此者"，虽指土瓦，但"佗歪"与下句的"媚丽居"显然倒置。媚丽居不可能在土瓦之北。
③佗歪，今缅甸土瓦。
④备姑（Pegu），今缅甸勃固。勃固在仰光的东北，不是在它的西面。《海录》备姑、营工二地名亦倒置。
⑤营工（Rangoon），仰光。
⑥彻第缸（Chittagon），今孟加拉国吉大港。
⑦丹茗氏（Danaos，Mergui），丹老（墨吉）。
⑧麻叨（Martaban，Moktama），今缅甸莫塔马。

怀①三城尚被占踞，请诏敕令乌土国割回三城。诏以乌土国即缅甸别名，前此缅酋孟驳与暹罗绍氏构兵，非新酋孟陨之事。今缅国已易姓，何得上烦中朝，追索侵地？命两广总督郭世勋檄谕止之。

按：暹罗国别号赤土国，则缅之号乌土，均以坟壤异色得名。

《地球图说》曰：阿瓦国东界暹罗，南界旁葛剌海并印度洋，西界天竺国并旁（剌葛）〔葛剌〕海，北界西藏国②。又内有三小国，即阿瓦、皮球③、马搭班④是也。其百姓约有二百七十万数，都城名阿瓦，城内民五万。民矮小而健，不辞劳瘁，善经营，巧胜暹民。但贪心太重，一若以天下与之而犹未足也。首不戴帽，身穿夏布，女裙而不裤，廉耻全无。好佛教，日以花果食物供养其僧，僧皆黄衣游食。近有耶苏门徒传授圣教焉。刑政与他国迥异，君之名固不敢呼，君之姓亦毋题说，有触即加大辟。又男至二十岁以上者，三年内必以一年供王事，或佃或兵。有至大之江名伊犁瓦，地产金、宝石、大树、土油、盐、硝、象、鹿、牛、马等。所货物茶叶、布帛等。

《地理备考》曰：阿瓦国在亚细亚州之南，北极出地六度至二十七度十分止，经线自东八十九度四十五分起至九十八度五十分止。东至中国云南暨暹罗国，西连印度国，南接榜加剌海湾，北界亚桑国⑤。南北相距五千五百里，东西相去二千里，地面积方约四十万零五千里，烟户七兆余口。本国地势，北方则冈岭层叠，

①涂怀，即土瓦。
②西藏是中国领土的一部分，魏源漏删这个"国"字。
③皮球（Pegu），今缅甸勃固。
④马搭班（Martaban），今缅甸孟邦（Mon State）一带。当时是缅甸的雍籍牙王朝时期，说它"内分三小国"是不对的。反之，在那时候的缅甸历史中，最重要的就是第一次英缅战争，《图说》却对英国的侵略只字不提。
⑤亚桑国（Assam），今印度阿萨姆邦。

迤逦绵亘；中央则丘陵稀疏，峻峭无几；南方则平原坦阔，恒遭淹浸。其伊拉瓦的①、西当②、萨峦③、德那塞灵④、亚剌干等，乃本国最长之河，纵横贯彻。田亩甚腴，谷果极丰，禽兽草木，靡弗繁衍。土产金、银、铜、铁、锡、铅、钻石、琥珀、红玉、窝宅、碧玉、琉璜、花石、信石、棉花、烟叶、甘蔗、蓝靛、木料等物。地气温和，非雨则热，每岁如常。王位世袭。所奉之教，乃释教也。其贸易通市，与印度、中华居多。本国初为北古国⑤管辖，迨既自异，别为一国。乾隆五年，国〔中〕变乱，贼寇猖獗。越十二载，北古国人复行攻夺。时本国人亚隆巴拉⑥率众逐之，大获全胜，兴国立业，践祚为君。其后历代嗣君开辟疆域，将国内外为十有一部：一名阿瓦，乃本国都也，建于伊拉瓦的河左，茅舍居多，木室亦有，至若砖瓦屋宇，为数无几；一名亚拉干部⑦，一名加赛部⑧，一名仍塞兰部⑨，一名马尔达般部⑩，一名美尔固宜部⑪，一名北古部，一名达歪部⑫，一名德那塞灵部⑬，一名云

①伊拉瓦的，即伊洛瓦底江。
②西当（Sittong R.），锡当河。
③萨峦（Salween R.），萨尔温江。
④德那塞灵（Tenasserim R.），丹那沙林河。
⑤北古国（Pegu），今缅甸勃固省一带。
⑥亚隆巴拉，即雍籍牙。
⑦亚拉干部（Arakan），今缅甸若开邦。
⑧加赛部（Kassaï，Manipur），今印度曼尼坡邦。
⑨仍塞兰部（Junkseylon），今泰国普吉（Puket）府一带。
⑩马尔达般部（Martaban），今缅甸孟（Mon）邦一带。
⑪美尔固宜部（Mergui），今缅甸丹老（墨吉）一带。
⑫达歪部（Tavoy），今缅甸土瓦一带。
⑬德那塞灵部（Tenasserim），今缅甸德林达依（Taninthari）省一带。

山部①。其通商冲繁之地，曰郎昆②，曰波罗美③，曰业能军④。此外又有进贡属地，一名加（星）〔里〕安，一名萨巴音，一名见，一名达翁苏，一名遥，一名巴刺安，一名〔林〕森，一名拉袜，一名达挠，一名萨拉翁。

《外国史略》曰：缅甸国北极出地自十五度四十五分及二十七度二十分，长二百六十里，阔一百里。北连云南，南连暹罗并马他班海隅⑤，东连老掌并云南，西连英吉利藩属及旁甲拉海隅。海滨甚低，余皆山。产铁、铜、锡、红铜、铅、金、银、石油、火硝、食盐，红蓝宝石最多，石油由深井汲出，色青厚，烧之出黑烟。林有坚木，宜造船。亦出漆油并紫梗（禾）〔木〕、甘蔗、粟米、豆、烟、棉花、青黛。内多象、虎、豹、熊、野猫、野鸡、鹌鹑、金鸡、沙佳鷭。居民约八百万。地多荒芜，罕耕种。其人身高体健，颜色黑紫，雕题文皮。男女多裸身，耳穿孔，挂金银饰。性贪不喜笑，性诈而傲。崇佛养僧，其僧黄衣髡首，乞食居寺。多造塔，以金镶佛像。民贫官富，语多异音。中多老掌、文莱⑥之民，皆拜佛。山内有野民，族类愈不一。缅甸人能织文花布，亦能刻花木，造奇巧金饰，惟不知天主教。人好武勇，性酷虐，寡欲而惰。男逸女勤，不滥饮食，每饭恒嚼槟榔老叶。好饮酒，不好杀兽，不食牛肉、牛奶。男女均以黑色染指甲口唇，若

①云山部（Yunchan, Yangoma, Zime, Chiang Mai），今泰国清迈府一带。

②郎昆（Rangoon），仰光。

③波罗美（Prome），今缅甸卑谬。

④业能军（Yenangyaung），今缅甸仁安羌。

⑤马他班海隅（Gulf of Martaban），莫塔马湾。

⑥文莱，《史略》此名及下文"文莱岛"均指缅甸的勃固域（Pegu），此地古名霍沙瓦底（Homsavati, Honthawati），意为婆罗门（天竺）鸳鸯栖息过的地方，传说此地原是沙滩，后变成大岛，与大陆连接。此名与 Barheo（婆罗洲，即加里曼丹岛）及今文莱国（Brunei）二名无关。

敬人则坐不立。男女往来，不以苟合为辱。所立规矩法律，俱由
印度来，亦多与中国合。其始在周景王时，距今二千三百九十一
年前，由印度迁至。一千七百四十年前，迁都于他处，今日尚存
其庙古迹。于元顺帝三十一年，始建今之阿瓦都城，历传三百六
十九年，有文莱岛之民兴师败缅，后再战败，而文莱反归缅。乾
隆十四年，文莱买西洋火器，并募荷兰、葡萄亚各国人，协力攻
缅，陷其都，逐其王，据其国。有一小官起义兵百人抗拒，既而
国民云集，尽力恢复。后中国兵两侵其地，多病瘴疠退师。缅人
掠其军以配土女，别居新城，故今缅地尚有汉人苗裔。又与暹罗
屡交战，夺暹全境，兵气益骄。后缅遂以兵侵印度，英人击退之。

道光四年，国王再侵英之印度界①，时缅已东盟越南，南服暹罗，
觊觎印度之富，遂倾国而来。英军两年鏖战于东界，不服水土，
毙者甚众。英终不退兵，复添新军，水陆并进，声言将捣其国都。
缅王畏惧，乃求会于南海边地。前时战费，至九百万两。后彼此
息兵，亦无侵暹罗之事，但尚时与英人肇衅。道光二十六年更立
之君，亦被其世子废逐失位。居民各族类共约八百万，地分四千
六百土司。民贪财，不善通商，贸易皆在内河，若米、若鱼盐。
运出者若石油、白糖、蒜、纸、儿茶、黄铜、金等器。其漆器、
绸缎，皆由中国来，由以拉瓦的江达班摩②，与云南通商琥珀、宝
玉、象牙、槟榔、燕窝等物；所买者绸缎、布匹、金箔、糖果、
纸等货。缅人亦与老掌交易。老掌族类最朴实，山内多宝玉、虎、
象，随时进贡，战亦出助阵焉。缅都曰阿瓦城，瓦垣而竹屋，街
衢甚广，庙耀宫宏，居民三万。北极出地自二十一度五十分，偏

---

①分明是英国侵略缅甸，才发生第一次英缅战争；马礼逊等人却反过来说是缅甸侵略印
　度，蓄意歪曲历史为英国的侵略罪行辩护。魏源失察，原文照录。
②班摩（Bhamo），今缅甸八莫。

东七十六度。道光十九年地震。安拉补腊为唐人所居大镇，国之旧居也，居民二万。兰云、马他万、巴心①三城皆海口。兰云城与印度贸易，产坚木，多运出造船，每年价银十五万两；运入者多布匹。附近城有大庙高塔，愚民随时赴之，烧香拜佛，用重金镶塑木像。前时之都，属文莱国②者，称曰破米，多古迹。王操全权，办事不以律，国中产业随意夺给，有事则征饷，纳税无定则。王所乘白象以金镶厥，嵌以宝玉，与宫无异；履花毡，食珍羞，人敬象如大臣。王户俱会同操权，有亲政大臣一位，辅政官一位，副理政事通事官一位。各部立帅，各郡置官，有土司、调司，皆世袭无俸禄，故勒索为常。

《地理备考》曰：英吉利在亚悉亚兼摄之地在印度、缅甸之间者一，曰亚桑，纬度自北二十五度三十分起至二十七度四十五分止，经度自东八十八度二十四分起至九十三度三十分止。东北界西藏，西连印度国，南接阿瓦国。长约一千一百余里，宽约五百里。烟户一兆余口。境内冈岭络绎，河之长者曰的各隆，曰（矮）〔稜〕斯③，曰的索也，曰登塞里亚。田土肤腴，谷果丰茂。土产金、银、铜、铁、茶、烟、棉花、甘蔗、胡椒、香料、材木、煤炭等物。地气湿热，技艺精良，贸易昌盛。首郡名若尔合德④，昔自为一国，今为英吉利所兼摄。

阿剌干部：在阿瓦国之西，长约一千八百里，宽约二百里。烟户二兆六亿口。境内冈陵平原两相间隔，田土肥饶，谷果丰稔，

---

①巴心城（Bassein），今缅甸勃生。
②文莱国，即古骠国（Ancient Pyu），与婆罗洲（加里曼丹）的文莱国无关。其都城卑谬（Prome）之意，据称是"婆罗门之城"；亦与婆罗洲文莱国无关。
③稜斯（Jhanzi River），占西河。
④若尔合德（Jorhat），印度焦哈特。

鸟兽草木，靡弗充斥。土产金、银、盐、蜡、象牙等物。地气湿热，技艺寥寥，贸易兴隆。首郡亦名阿剌干。昔自为一国，今为英吉利所兼撮。

马尔达般部：东连暹罗国，西枕大海，南接业①地，北界北古地。统计地面积方约一万三千五百里，烟户五万余口。境内冈陵络绎，田土肰厚，谷果丰登。土产米、盐、蓝靛、棉花、豆蔻、烟叶、象牙、木料等物，地气温和。昔本阿瓦国一部，今为英吉利兼撮之地。

达威部②：东接暹罗山③，西枕海，南界巴展河，北连马尔达般部。长一千一百五十里，宽一百五十里，地面积方约一万七千里，烟户三万口。境内冈陵延袤，田土膏腴，谷果丰稔，鸟兽草木靡弗蕃衍。土产锡、蜜、盐、靛、象牙、燕窝、沙藤、材木、豆蔻、香料等物。地气温和，人安物阜。其地分为三大部：一名业，一名达威，一名德那塞灵。昔本阿瓦国之部，今为英吉利兼撮之地。以上皆受东印度榜加剌兵帅节制。

《外国史略》曰：缅甸内英吉利属地，皆缅甸让出海边地，在缅南。北极出地十一度及十八度，长一百六十里，阔十四里。海边别有多岛，或居民，或荒芜。东界皆山，高约三四百丈。地亦丰盛，林多坚木，可建船屋。所出之物，如蜡、象牙、兕角、鹿肉、燕窝、海参、胡椒、槟榔、蚝、鳖，山内出红铅、锡。居民多缅人，时英人据其地，共十一万二千四百口。因与暹罗交战，大半荒芜。英人招百姓以保护其地，民数顿增。民多文莱人流徙至海边者。山内有加连土蛮，未向化，却喜听耶稣之教。别有英

①业（Ye），今缅甸孟邦南部的耶城地区。
②达威部（Tavoy, Taninthari），今缅甸德林达依省及孟邦南部。
③暹罗山（Blauk Taungdan），克劳克东山。

国所据之地曰马他班①，在三支河②间，地丰盛。北方归缅甸，天气清爽，不苦热，地荒芜，盖缅甸、暹罗两国战场也。现已平靖，而民未兴复。惟邻国之民及汉人咸迁其地为氓。英人筑新城在港口，曰安黑③。其土产木料、胡椒、绵花、青黛、烟、象牙、槟榔、豆蔻、颜色等物。多奉耶稣教，敬事教主。

他威部④：北极出地自十度三十五分及十五度三十分，长百一十里，阔十里，沿海，东连暹罗，广延皆山，高四百丈。其海边多港汊，其洲低，其岛皆石。产锡，多象牙、木油、红木、燕窝、海参、木料、槟榔。民性愚野，奉天主教。前缅甸官勒索居民，有赀即夺，故百姓偷惰；今则各安其分，又汉人多迁居之。每年国所费银五万五千两，其护守兵千五百丁，水师船三只。

地那悉林部⑤：地最窄，在海边，南及芜来由地⑥，皆密林，难通路。其岛繁多，地甚硗瘠。产檀香、巴马油、紫梗树脂、乳香，南果尤香美。在海边，燕窝、海参、珍珠，皆敛之民。其民无居处，惟浮海面，绝不耕田，止以海味为食。其都会曰墨危，英军士常攻击此地，盖阿瓦国都恃地险瘴恶为负固，其濒海之地，则暹罗、英吉利常吞并之焉。

附入缅路程 见师范《滇系》。

由腾越州城南六十里为曩宋，为南甸土司，故为府。由南甸

---

①马他班（Martaban），今缅甸孟邦一带。
②三支河，指萨尔温江、吉英河（Gyaing）、阿塔兰河（Ataran）在莫塔马、毛淡棉一带汇流出海。
③安黑（Amherst），今缅甸孟邦吉坎湄。
④他威部，今缅甸德林达依省土瓦地区。
⑤地那悉林部，今缅甸德林达依省南部的丹那沙林地区。
⑥芜来由地，指马来半岛（Malay Pen.）。

左行六十里为龙（拘）〔抱〕树，又五十里为杉木笼山，山之险者
也。又三十里为蛮陇，又六十里为陇川土司，又四十里为邦中山，
又一百里为猛卯土司，凡四百五十里。自南甸右行二十里至沙冲，
二十里至猛宋，五十里至黄陵冈，五十里至干崖土司，八十里至
盏达土司，三十里至太平街，又自翁输三十里至铜壁关，凡三百
五十里。此自腾越州南分左右之里数也。自陇川八十里至腊撒土
司，户撒在其北三十里。自腊撒至铁壁关八十里，由铁壁而左，
二十里至蛮等，七十里至虎踞关①，又五十里至南喜②，三十里至
等拐，又十里至天马关③，此境内南行之里数也。至于临夷之路则
有五：一自腾北道四程至茶山④界，自腾西道八程至里麻⑤界，十
程抵孟养⑥境。一自州南一程至南甸，二程至干崖，四程盏达蛮哈
山，十程由蛮暮⑦至猛密⑧，二十七程至缅甸，三千里有奇至南海；
一自腾南一程至南甸，四程至陇川西南，又十程至猛密转达缅；
自陇川东道又十程至木邦，转达景线⑨国；一自腾东南道二程至蒲
窝，二程至芒市，转达镇康。旧谓古临夷之路，皆抚剿所必由，
惟茶山而西号"野人境"，峭壁不可梯绳，弱水难于舟筏。而茶
山、里麻，前明设有两长官司，明季时为野人所驱，奔入内地，
今尚有旱土司后裔，已为齐民，其地闭塞不通久矣。至阿瓦之道，
出铜壁、铁壁、虎踞三关，皆可乘船赴缅。惟猛卯出天马关，陆

①虎踞关，故址在今云南陇川县西边界外，清季中英勘定滇缅边界时划属缅甸。
②南喜，在云南南碗河边界处，天马关故址东北。
③天马关，故址在今云南瑞丽市西边界外，清季中英勘定滇缅边界时划属缅甸。
④茶山，在今缅甸思梅开江（Nmai Hka，Me Hka）流域一带。
⑤里麻，在今缅甸迈立开江（Mali Hka）流域一带。
⑥孟养（Monhnyin），莫罕，在今缅甸克钦（Kachin）邦西南部一带。
⑦蛮暮（Old Bhamo），今缅甸克钦邦东南的曼昌一带。
⑧猛密（Möng Mit），今缅甸掸邦的蒙米特。
⑨景线（Chiang Sen），今泰国西北部的昌盛及其附近一带。

路多于水道。前用兵时，密探其路。自天马关五十里而小滥①，又五十里而叜布②，三十里而猛卡③，四十里而蛮空④，四十五里而猛老⑤，四十里而猛勒⑥，四十五里而蛮黑⑦，六十里而猛密土司，三十里而（布）〔不〕亚，七十里而章谷洞，三十里而尼孤，凡五百九十五里然后下船，两日即抵阿瓦。历彦得、上浆谬、直埂至阿瓦，约三百里。计天马关至阿瓦，水陆兼行不过九百里耳。而明将军征缅，由木邦出天生桥，取宋寨。其地散漫，小径丛出，深入无继，必至溃散。传经略由万仞关四十里历猛弄、蛮埋，止丹来戛、南盏河，又三十里出戞鸠⑧，渡江十里蛮乃⑨，三十里蛮粄⑩，又三十里麻里⑪，而至猛拱⑫，百五十里南乌赖⑬，三十五里沙河⑭，三十里深沟⑮，又六十里而至孟养。其地至阿瓦甚远，且路径不熟，炎天瘴盛，因回师而驻老官屯⑯。其路则出铁壁关⑰五十里而至猛卡，又五十里而至楞木，又十里而至洗帕河，历猛允、

①小滥，在天马关故址西南。
②叜布，在天马关故址西南。
③猛卡，在今缅甸掸邦曼纳（Man Na）一带。
④蛮空，在今曼纳西。
⑤猛老，约在今缅甸掸邦的莫洛（Molo）东面。
⑥猛勒，今莫洛一带。
⑦蛮黑，在今缅甸蒙米特与莫洛之间。
⑧戞鸠（Talawayi），今缅甸克钦邦达罗基一带。
⑨蛮乃，约在达罗基西北面。
⑩蛮粄，约在达罗基西北面。
⑪麻里，在孟拱东南。
⑫猛拱（Moguang），孟拱，在今缅甸克钦邦。
⑬南乌赖，约在今缅甸克钦邦和平（Hopin）、南马（Nam Ma）一带。
⑭沙河，约在南马南。
⑮深沟，约在莫罕北。
⑯老官屯（Koungton），恭屯，在今缅甸八莫附近。
⑰铁壁关，故址在今云南陇川县西边界外，清季中英勘定滇缅边界时，划属缅甸。

猛映而至新街①，赵宏榜所败绩处也。南行即为老官屯，临大金沙江，贼分扼江之东西，我军逼其东寨而驻。故造船之议，谓元人征缅以此取胜也。要在熟悉地势，多集兵力，出其不意耳。缅人善于操舟，舟之头尾多置西洋大炮，旋转如飞。赵宏榜新街之败，为其炮所击溃。又提督常青言，三十四年驻兵江岸时，月夜见江中出数象，象背载十人，逆流起伏甚捷。水中用象载兵，古所未闻，并志之以念知兵者。

附大金沙江考②魏源

缅甸之西与五印度国分壤，以大金沙江为界③，其源出于西藏，即雅鲁藏布江也④。源出后藏西界之阿里达木楚克喀巴布山，会诸水东流二千五百余里入中藏，复会木伦江东南流千二百余里，经中藏之南界过缅甸之阿瓦都城，转西南流至东印度，会恒河注南海⑤，其源流皆不入云南境。滇人谓之大金沙江，对岷江所会之小金沙江而言。小金沙江入东海，大金沙由缅甸入南海，故黄贞元谓此即《禹贡》之黑水。其说曰大金沙江、澜、潞三水虽同出吐番，同入南海⑥，然大小远近迥殊，潞四倍于澜，大金沙十倍于潞。澜、潞所出源近而狭，大金沙江上源相传近于阗国⑦。自里

①新街，即今缅甸八莫（Bhamo）。
②此文的原作者为明代的张机，原题《图书集成》本作《大金沙江源流考》，《滇系》作《南金沙江源流考》，魏源把它收入《图志》时，作了较多增删。
③魏源误以伊洛瓦底江为缅甸、印度分界。
④伊洛瓦底江不接雅鲁藏布江。
⑤伊洛瓦底江不流至"东印度"，亦不会恒河注孟加拉湾。
⑥澜沧江下游湄公河注入南中国海；怒江下游萨尔温江注入莫塔马湾，其南为安达曼海；伊洛瓦底江注入安达曼海。把孟加拉湾、安达曼海、南中国海皆称"南海"，似太笼统。
⑦伊洛瓦底江的上源为大居江和槟榔江，距我国新疆于阗远甚。

麻、茶山至孟养极北，号赤发野人境，峭壁不可梯绳，弱水不任舟筏。土人惟远见川外隐隐有人马形，皆生番之域也。今姑略其源，惟自经流支流入海可见者言之。水流至孟养陆阻地，合大居江①、槟榔江②二水，方名大金沙江，盖以别丽江、北胜、武定、马湖之小金沙江耳。自此南流至猛掌③，有一江西来入之。又南下经蛮莫④，有大盈江，自腾越经镇夷、南甸、干崖，受（展）〔盏〕西、茶山、古涌诸水，伏流南牙山麓，出蛮莫来入之。又经蛮法、鲁勒、孟拱、遮鳌、（管）〔官〕屯、大小菖蒲峡⑤，至戞（撤）〔撒〕。昔年缅人攻孟养，以船运〔兵〕饷到戞（撤）〔撒〕，为孟养所败者，此江也；正统中，蒋雄率兵追思机法，为缅人所压杀于江中，亦此江也。江自蛮莫以上，山耸水陡。正统中，郭登自贡章顺流，不十日至缅甸者，亦此江也。下流经温板，有龙川江自腾越经界尾、高黎共山、陇川、猛乃、猛密所部来入之；下流又经猛吉、准古、温板、猛戞、马达剌⑥至江头⑦，江中有大山极秀耸，山有大寺。又有一江，自猛（辨）〔办〕、洗（戞母）〔母戞〕南来入之，又经止（即）〔郎〕龙⑧、大马革⑨、底马（撤）〔撒〕、踦马入南海，其江自蛮莫以下，地势平衍，阔可十五里有奇，益南，江益宽，流益缓，缅人操舟如涉平地，至是江海之水潴为一色矣。按：此说所指大金沙江，其上流即今雅鲁藏布

①大居江，今缅甸北部的恩梅开江（Nmai Hka, Me Hka）。
②槟榔江，今缅甸北部的迈立开江（Mali Hka）。
③猛掌，今缅甸达罗基附近。
④蛮莫，今缅甸八莫。
⑤蛮法、鲁勒、遮鳌、大小菖蒲峡，均在八莫以西、西南一带。
⑥马达剌（Mandalay），曼德勒，该地未建城前已有此名。
⑦江头（Chaung U，缅语意为江头），今缅甸实皆省昌宇。
⑧止郎龙（Yenangyuang），今缅甸马圭省仁安羌。
⑨大马革（Magwe），今缅甸马圭。

江，在西南荒徼外①，其下流又径缅甸，始终不入云南，去《禹贡》雍、梁二州甚远，因难指为禹迹所导之黑水。然此江中段则为缅甸与东印度分界，下游则〔大〕金沙江会冈噶江②，全由东印度入海。冈噶江即《佛经》之恒河，其与〔大〕金沙江会以后谓之安日得河，又曰安治市河，又作澉治斯河。故《坤舆全图》无大金沙江，盖统归于安日得河也。英夷所绘《大清国图》有雅鲁藏布江会恒河入海，所绘《印度图》则有蒲兰蒲达江③，自东而西，会澉治斯河入海，即大金沙江西会恒河之异名。盖图中国则用中国之名，图外国则用外国名也。榜葛剌跨恒河之东西两岸，惟以东距大金沙江与缅甸、廓〔尔〕喀等国分界，英吉利曾攻印度，乘舟溯流，直向阿瓦④，而澳夷《新闻录》中，又尝恐中国兵假道缅甸攻东印度，皆以此江下游直抵孟加腊之故。《一统志》谓其西南流入厄讷特珂国⑤，亦指其下游入东印度之恒河而言，第语之不详。故于《坤舆图说》之安日得河，欲指为恒河则无大金沙〔江〕，指为大金沙〔江〕则无恒河，不知二大水下游汇合为一也。大金〔沙〕江未会安日得河以前，其东岸为缅甸，西岸为廓尔喀诸国；及会安日得河以后，东南岸下游为英夷所夺缅地，西南岸为榜葛剌⑥。盖古里⑦地介〔大〕金沙江及恒河之间，而榜葛剌则在恒河

①"在西南荒徼外"六字是对伊洛瓦底江的位置说明。但此六字写在"雅鲁藏布江"五字之后，易致误会。

②冈噶江（Ganges），恒河异译。

③蒲兰蒲达江（Brahmaputra River），布拉马普特拉河。魏源既误布拉马普特拉河为伊洛瓦底江的"异名"，无怪乎讲得离奇，难以索解。

④东印度没有河道通阿瓦。英国要从东印度溯伊洛瓦底江而攻阿瓦，只有经孟加拉湾及安达曼海，但这是海道而不是河道。

⑤伊洛瓦底江既不流经孟加拉或莫卧儿（Mughal）帝国，也不与恒河汇合。

⑥实际情况并非如此。

⑦古里，古里葛达之讹，脱"葛达"二字。古里葛达即印度加尔各答（Calcutta）。

入海口岸，皆东印度境。其缅甸、云南间，尚有南掌、胡卢、景线、景迈等国，皆入贡中朝。以非滨海，不入是志。

魏源曰：乾隆三十四年，缅甸老官屯之役，贼树栅固守，官兵鏖战弥月，坚不可拔，即《四洲志》所谓，缅甸兵法专以大木立栅自环，为不可败，有时英吉利兵亦为所遏。盖缅甸南濒海，尝与英夷之印度交兵，故英夷知其长技也。又考刘健《庭闻录》，顺治十八年二月，李定国、白文选攻缅于阿瓦。阿瓦城甚高大，城外二江，大曰兰鸠，小曰南葛腊，环城三面皆水，惟一面通陆。自白文选师旋后并凿之，引水为湖，留堤三道，置木城其上，距城四里；定国遣人索永历，不应，而于木城之外更立木城，出兵守之；有间，木城前复立一城，步步前进，既逼定国营，始出兵大战。前队皆象，中有花象，善突阵，为群象先。定国视战地，当象来处有石桥，自持长刃迎待。象鼻卷刃立断，负痛反奔，群象皆奔。文选、定国鼓噪乘之，斩其大将边牙猓，杀其兵万，缅收余兵保栅固守，此即树栅自固，步步为营之证。其失在于出栅野战，反以象阵自挫前锋，故为白、李所败；惟败后而木栅尚存，退可以守，故阿瓦终不得破。所谓善战者不败，善败者不亡也。明瑞、哈国兴皆尝登山俯瞰，破其一二栅，而十余栅皆溃。及老官屯之役，贼惩前失，先据高立栅，又固守不出战，我兵百计攻之，终不能拔。是缅兵短于野战，长于凭栅，具征《四洲志》所言之不妄。故上兵之纪律敌莫能御，中兵之纪律敌莫能侮。观于缅栅之足拒夷兵，而知我之所以守，观于安南札船之足慑夷艇，则知我之所以攻。

海国图志卷十一_{邵阳魏源辑}

东南洋_{海岛之国。原本无，皆今补。}

吕宋夷^①所属岛一_{原名蛮里剌^②岛，}
明季改名小吕宋。

《明史》：吕宋岛^③居南海中，去漳州甚近。洪武五年正月，使使偕琐里^④诸国来贡。永乐三年十月，遣官赍诏，抚谕其国。八年，与冯嘉施兰^⑤入贡，自后久不至。万历四年，官军追海寇林道

---

①魏源受某些不正确的记载影响，误以为"吕宋"是西班牙（Spain）本名，反认为吕宋岛或吕宋群岛是因为成了西班牙的殖民地之后才有其名。本卷的篇名就是在这种颠倒的概念下写出来的。
②蛮里剌（Manila），又称蛮里喇、小吕宋，即马尼拉，今菲律宾首都。吕宋岛一名早已有之，无"原名蛮里剌岛"一事，"小吕宋"是马尼拉别称。《海录》所记不确。
③此一"岛"字为魏源所加，《明史·吕宋传》无此"岛"字。魏源在篇名中既以"吕宋"为西班牙，紧接着即引《明史》，第一句就是"吕宋居南海中"，只好加字；后面还要多次写错误的按语。《明史·吕宋传》主要写吕宋沦为西班牙殖民地以后的历史，也提到它未被西班牙占据以前的情况；魏源却误以为吕宋一名只应称欧洲的西班牙，故矛盾重重。
④琐里，此地应近吕宋，今名待考。此地既非西洋琐里（印度的Cola），亦不是"近西洋琐里"。
⑤冯嘉施兰（Pangasinan），今菲律宾的邦阿西楠（班丝兰）省。

乾①至其国，国人②助讨有功，复③朝贡。时佛郎机④强，与吕宋互市。源案：吕宋岛，本名蛮里喇，明季为西洋吕宋夷船所据，中国人因呼曰小吕宋，盖对其本国而称之，犹瓜哇岛之称，改新荷兰⑤也。《明史》误以吕宋为此岛本名，因妄谓吕宋岛灭于佛郎机，误甚。至今此岛尚有吕宋镇守之兵，无佛郎机之兵。久之，见其国弱可取，乃奉厚贿遗王，乞地如牛皮大，建屋以居。王不虞其诈而许之，其人乃裂牛皮，联属至数（百）〔千〕丈，围吕宋地，乞如约。案：当云围蛮里喇地，乞如约。王大骇，然业已许诺，无可奈何，遂听之，而稍征其税如国法。其人既得地，即营室筑城，列火器，设守御具，为窥伺计。已，竟乘其无备，袭杀其王，逐其人民，而据其国，名仍吕宋，实佛郎机也。案：当云改名吕宋。其实吕宋国自在西洋也。先是，闽人以其地近且饶富，商贩者至数万人，往往久居不返，至长子孙。佛郎机既夺其国，案：以后佛郎机字均当作吕宋。其王遣一酋来镇，虑华人为变，多逐之归，留者悉被其侵夺。万历二十一年八月，酋郎雷敝里系朥侵美洛居，役华人二百五十助战。有潘和五者为其哨官，蛮人日酣卧，而令华人操舟，稍怠，辄鞭（打）〔挞〕，有至死者。和五曰："叛死、棰死，等死耳，否亦且战死，曷若刺杀此酋以救死？胜则扬帆归，不胜而见缚，

---

①林凤之讹。
②指当时已占据吕宋的西班牙殖民者。《明史》误叙林凤船队到吕宋一事于西班牙殖民者占据吕宋之前，遂使"国人"二字何所指成了问题。应据史实视为西班牙殖民者。
③"复"字不当。当时的"使者"已不是原来吕宋国的使者，而是西班牙殖民者派遣的。
④波斯文 Frankī，原泛指欧洲基督徒。《明史·吕宋传》则以"佛郎机"一名混称西班牙及葡萄牙。但魏源在《图志》本卷及他卷中，认为"佛郎机"一名只能称葡萄牙或法国，因而斥此传所说的吕宋灭于佛郎机（指西班牙）为"误甚"；甚至认为此传的"佛郎机字均当作吕宋"。但他忽略了此传最后一段所说"并满剌加"、"据香山澳"的佛郎机却正是葡萄牙，弄得自相矛盾。
⑤澳大利亚别称 New Holland。说瓜哇岛被荷兰占据后也改称新荷兰，没有根据。

死未晚也。"众然之，乃夜刺杀其酋，持酋首大呼，诸蛮惊起，不知所为，悉被刃，或落水死。和五等尽（取）〔收〕其金宝、甲仗，驾舟以归。失路之安南①，为其国人所掠，惟郭惟太等三十二人附他舟获返。时酋子郎雷猫吝驻朔雾②，闻之，率众驰至，遣僧陈父冤，乞还其战舰、金宝，戮仇人以偿父命。巡抚许孚远闻于朝，檄两广督抚以礼遣僧，置惟太于理，和五竟留安南不敢返。初，酋之被戮也，其部下居吕宋者，尽逐华人于城外，毁其庐。及猫吝归，即令城外筑室以居。会有传日本来寇者，猫吝惧交通为患，复议驱逐。而孚远适遣人招还。蛮乃给行粮遣之。然华商嗜利，趋死不顾，久之复成聚。其时矿税使者四出，奸宄蜂起言利，有阎应龙、张嶷者，言吕宋机易山③素产金银，采之，岁可得金十万两、银三十万两。（万历）〔以〕三十年七月诣阙奏闻，帝即纳之。命下，举朝骇异。言官金忠士、曹于汴、朱吾弼等连章力争，皆不听。事下福建守臣，迫于朝命，乃遣海澄〔丞〕王时和、百户于一成偕嶷往勘。吕宋人闻之大骇，华人流寓者谓之曰："天朝无他意，特〔是〕奸徒横生事端，今遣使者按验，俾奸徒自穷，便于还报耳。"其酋意稍解，命诸僧散花道旁，若敬朝使，而盛陈兵卫迓之。时和等入，酋为置宴，问曰："天朝欲遣人开山，山各有主，安得开？譬中华有山，可容我国开耶？且言'树生金豆'是何树所生？"时和不能对，数视嶷。嶷曰："此地皆金，何必问豆所自？"其上下皆大笑，留嶷，欲杀之。诸华人共解，乃获释归。时和还任，即病悸死。守臣以闻，请治嶷妄言罪。事已止矣，而吕宋人终自疑，谓天朝将袭取其国，诸流寓者为内应，潜

①《东西洋考》作广南。
②朔雾（Cebu），今菲律宾宿务岛。
③机易山（Cavite），今菲律宾马尼拉西南的甲米地。

谋杀之。明年，声言发兵侵旁国，厚价市铁器。华人贪利尽（出而）鬻之，于是家无寸铁。酋乃下令录华人姓名，分三百人为一院，入即歼之。事稍露，华人（乃）群走菜园①。酋发兵攻，众无兵仗，死无算，奔大仑山②。蛮人复来攻，众殊死斗，蛮兵少挫。酋旋悔，遣使议和。众疑其伪，扑杀之。酋大怒，敛众入城，设伏城旁。众饥甚，悉下山攻城。伏发，众大败，先后死者二万五千人。酋寻出令，诸所掠华人赀，悉封识贮库。移书闽中守臣，言华人将谋乱，不得已先之，请令死者家属往取其孥与（贿）〔帑〕。巡抚徐学聚等亟告变于朝，（京师）〔帝〕惊悼，下法司议奸徒罪。（万历）三十二年十二月议上，帝曰："嶷等欺诳朝廷，生衅海外，致二万商民尽膏锋刃，损威辱国，死有余辜，即枭首传示海上。"并移檄吕宋，数以擅杀罪，令送死者妻子归，竟不能〔讨〕也。其后，华人复稍稍往，而蛮人利中国互（易）〔市〕，亦不拒，久之复成聚。时佛郎机已并满剌加，益以吕宋，势愈强，横行海外。遂（聚）〔据〕广东香山澳筑城以居，与民互市，而患复中于粤矣。

《明史》：沙瑶③与呐（啴哗）〔哗啴〕④连壤，皆与吕宋近。男女蓄发椎结，男子用履，女子跣足。以板为城，竖木覆茅为室。崇释教⑤，多建礼拜寺。男女之禁甚严。盗不问大小，辄论死。孕妇将产，以水灌之，且以水涤其子，置水中，生而与水习矣。物产甚薄，华人商其地，所携仅磁器、锅釜之类，重者至布而止。

①菜园，指菲律宾巴石河北岸溪亚婆（Quiapo）等地，在马尼拉东北及北面一带。
②大仑山，今菲律宾马尼拉南部的圣巴勃罗（San Pablo）山。
③沙瑶，故地在今菲律宾棉兰老岛北部的 Sayao 一带。
④呐哗啴，故地在今菲律宾棉兰老岛北部的 Dapitan 一带。
⑤这两个古国不是崇释教，而是崇伊斯兰教。

后佛郎机据吕宋，多侵夺邻境，惟二国号令不能及。

《皇清通考·四裔门》：吕宋居南海中，在台湾凤山、沙马崎东南。本朝崇德中，吕宋遣使进贡于明，使臣留闽未还。顺治三年，福建平，守臣送其使入（都）〔京师〕。四年六月，遣归本国。康熙五十六年，以吕宋等国口岸多聚汉人，禁止商船往南洋贸易。雍正五年后通市如故。十三年正月，吕宋以麦收歉薄，附洋船载谷二千石、银二千两、海参七百斤来厦门，欲易麦二三千石。时提臣王（群）〔郡〕以例禁五谷出洋，奏请。（诏曰）〔得旨〕：国家严禁五谷出洋者，乃杜奸商匪类暗生事端；若（各）〔该〕国米粮缺少，随时奏闻，朕尚酌量丰余以济之。今载谷易麦，更近情理，著均平粜籴，以济其用。

又曰：干丝腊在西北海中，与英吉利相近，风俗与英吉利同。其国王姓名、传国世次无考。每岁驾夹板船来广东互市，据吕宋、速巫[1]等处为贸易之处。干丝腊国常分遣小王镇守吕宋云。考佛郎机在明时既袭据吕宋，今干丝腊亦分守吕宋。盖旧国已空，岛夷互踞，难以实稽也。

源案：干丝腊即大吕宋之属国[2]，明时佛郎机亦无袭取吕宋岛之事。此沿《明史》之误。

漳州黄可垂《吕宋纪略》曰：吕宋岛为干丝腊属国。干丝腊者，西洋番国名也，与和兰、勃兰西、红毛相鼎峙，俗呼为宋仔[3]，又曰实斑牙，一作是班牙。闽、广中所用银饼，肖其国主之（貌）〔面〕而铸者也。〔闽〕海之东南数千里外，即吕宋岛焉。

531

---

①速巫，即宿务岛。
②1479 年卡斯蒂利亚王国与阿拉贡（Aragan）王国合并，基本上完成了西班牙的统一。
　一般利卡斯蒂利亚为西班牙历史地区，魏源误作西班牙"属国"。
③宋仔，指今西班牙。

东界万兰涧仔低大海①，西界闽、广大海，南界苏禄大海②，北界万水朝东大海③，计其地三千里有奇，南北东西相去各千余里，与海相距亦数千里。形势负东向西，内、外、中三湖④，各广三百余里。土番户口，不下数〔十〕万余。金、珠、玳瑁、冰片、燕窝、海参、乌红木、鱼、盐之利，甲于海外。前明时，干丝腊据其国，建龟豆城⑤于外湖西海⑥之滨，镇庚逸屿⑦于城之西左角，以控制遐迩。土风最重番僧，设巴礼⑧院，行礼拜之教。巴礼者，番僧也。以濂水为令，将昼作夜。院各击钟以定时，子午为中天初点，未⑨亥各十二点〔钟〕。重高聿。不祀先祖，所奉之神，惟唥氏⑩而已。尤可怪者，巴礼为人改罪，人俱以为荣。濂水者，以巴礼王之尸煎为膏脂，有教父掌之。将奉教之时，令人自誓其身为唥氏所出。誓毕，巴礼将尸水滴其头，故曰濂水。有女尼院专司财贿，以供国用。其院封锁极严，男子绝迹，威望甚尊。干丝腊所造甲板船极大，帆樯甚固，枪炮毕备，洋寇不得近。往来吕宋间，皆用量天尺、照水镜，浅石沉礁，无不洞悉，其法更妙于指南车。

---

①万兰涧仔低大海，指今菲律宾棉兰老（Mindanao）岛以东海域及今印度尼西亚德那第（Ternate）以北海面，即后来测定的菲律宾海沟（Trench of Philippines）一带。

②苏禄大海（Sulu Sea），苏禄海。

③万水朝东大海，指吕宋（Luzon）岛以北的海域，即巴布延海峡（Babuyan Channel）到巴士海峡（Bashi Channel）一带。

④内、外、中三湖，指 Laguna de Bay（内湖）、Manila Bay（马尼拉湾，外湖）、Taal Lake（塔尔湖，中湖）。

⑤龟豆城，今甲米地（Cavite）城。

⑥西海，指马尼拉湾（Manila Bay）。

⑦庚逸屿，指甲米地附近的桑莱岬（Sangley Pt.）；或指马尼拉湾口的鸡屿（Corregidor），今译科雷吉多尔岛。

⑧巴礼，是西班牙文 Padre 的音译，意为神父。

⑨未，疑当作巳。

⑩唥氏，西班牙文 Dios 的闽南语音译，义为上帝。

华人之客吕宋者，恒乐其舟楫之利，而喜其制度之巧焉。其甲板船来吕宋，计程行三月。迨其船回本国，水性不同，行须五月。华人贸易往来相安数百年矣。国朝乾隆年间，西北海之红毛英圭黎①（番）猝（造甲板）〔遣〕船十余，直逼吕宋，欲踞其地，化人巴礼愿纳币请解，英圭黎遂返。余因经商吕宋，爱纪其略。

陈伦炯《海国闻见录》曰：东南诸洋，自台湾而南。台湾居辰巽方，北自鸡笼山至南沙马崎，延袤二千八百里，与福、兴、泉、漳对峙，隔澎湖，水程四更；隔厦门，水程丨有一更。四面一带沃野，东面俯临大海。崇祯间，为红毛荷兰人所据，郑成功夺之。康熙二十二年，郑克塽归顺，方入版图，惟吕宋岛至今为西洋人所据。其岛在凤山沙马崎之东南，居巽方。距厦门水程七十二更。北面高山一带，远视若踞齿，俗名宰牛坑②。山有土番，属于吕宋与沙马崎西北东南远拱。中有数岛，·惟一岛与台湾稍近者名曰红头屿，有土番居住，无舟楫往来，语言不通，食薯芋、海族之类，产沙金，台湾曾有舟到其处。吕宋大山③北从宰牛坑延绕东南，昔为大西洋干丝腊是班亚所据。是班亚国亦名吕宋国，故以名此岛。地宜粟米，长者五六分，漳、泉人耕种营运者甚盛，年输丁票银五六金，方许居住。经商惟守一隅，四方分定不许越界。地原系土番，今为吕宋据辖，为东南洋贸易最盛之地。因大西洋干丝腊是班亚番舶所聚，立教寺，建城池，聚夷族。汉人娶番妇者，必入其教，礼天主堂。晨鸣钟为（旦）〔日〕，方许开市；午鸣钟为夜，阖市不敢往来；昏鸣钟为日，灯烛辉煌，如昼营生；夜半鸣钟为夜，以闭市肆。昼夜各以三时辰为日、为夜。傍午捉

---

①红毛英圭黎，按史实应指荷兰。
②宰牛坑，指吕宋岛北部的阿帕里（Aparri）港。
③吕宋大山，即吕宋岛。

夜禁．闾地皆鬼市。

谢清高《海录》：小吕宋岛本名蛮里喇，在苏禄尖笔兰①之北，亦海中大岛也。周围数千里。今为西洋吕宋国所辖，故改名小吕宋②。地宜五谷，土番为英酉鬼，与西洋同俗，性情强悍，乐于战斗。吕宋在此镇守者有万余人，中华亦多贸易于此者，但各寓一方，不能逾境，欲通往来，必请路票。岁输丁口银甚重。土产金及乌木、苏木、海参。所属地有名伊禄古③者，小吕宋一大市镇也，米谷尤富。其东北海中，别峙一山，名耶黎④，亦属吕宋，其人形似中国，其地产海参。千里石塘在是（岛）〔国〕西。船由吕宋北行，四五日可至台湾；若西北行，五六日经东沙，又日余见担干山，又数十里，即入万山，到广州矣。东沙者，海中浮沙也，在万山东，故呼为东沙，往吕宋、苏禄者所必经。其沙有二，一东一西，中有小港可以通行。西沙稍高，然浮于水面者亦仅有丈许，故海（船）〔舶〕至此遇风雨，往往迷离至于破坏〔也〕。凡往潮、闽、江、浙、天津各船，亦往往被风至此，泊入港内，可以避风。掘井西沙，亦可得水。沙之正南，是为石塘。

《万国地理全图集》曰：小吕宋岛在中国东南，北极出地自十二度至十九度，偏东自一百二十四度至一百二十八度，长一千二百里，阔三百四十五里，居民六十万丁。其内地甚高，树林稠丛，有火山，往往地震。出白糖、棉花、麻、加非、烟、柯柯子，即外国人等所用烹为饮也。泉州人年年驾船至吕宋港⑤，称为马尼

---

①苏禄尖笔兰（Jamparan），坦帕兰，在苏禄海西岸巴拉望（Palawan）岛南部圣安东尼奥湾（San Antonio Bay）内。

②此说不确。

③伊禄古，今菲律宾伊罗戈（Ilocos）省首府维甘（Vigan）。

④耶黎（Culebra），今基罗斯岛（I. Jros），是菲律宾北伊罗戈省东北的一个小岛。

⑤吕宋港，又作马尼剌（Manila），即今马尼拉。

刺，古时未属是班牙国，土蛮居之。山内黑面之族卷发，服树皮，栖茅屋。土虽膏腴，却惮劳，宁饿死不工作。明永乐间，国王遣臣进贡，往往招汉人来居其国。隆庆（四）〔五〕年，是班牙兵船取其地为本国之藩属，开垦勤劳，与澳门、英吉利、亚默利加各国通商。马尼剌城，晨时鸣钟为日，方许开市肆经营；午亦鸣钟，夜时阖市。其风俗与澳门西洋差不多。父母已聘，僧决婚姻，世务亦是僧所料理。人死贮以布囊，富者纳资较多寡，埋堂上基内，贫者埋墙外。三年一清，弃骸骨于深涧。其民大半奉天主教，余尚固执己见，不肯向化。其僧理其内地如官宪，且百姓拜之如菩萨然。

　　谢占壬宁波海商，道光六年，江苏海运出力，保奏巡检。曰：吕宋距关最近，其疏浚海口之法，中国似可仿行。盖二十年前，吕宋内河入海之鸡峙口①洋面，计长三百六十里，阔二百余里。因内河流沙入海，口门淤浅，舟行阻滞。而汪洋一望，难从水底施工，会英吉利番船至彼，不能进口。英吉利人固多巧技，精于枢纽转旋之法，遂置转盘器具，设法疏浚。纵横数百里浅沙，不半年悉皆通畅，从此大船扬帆直入，均无阻碍。其法皆借转轮之力，以代人工。所用器具，以长方式船若干只，自船腰以至船头，分开两叉如凹，叉中横插车盘一，如水车式。车边离水底数寸，深浅仍可伸缩。船面横眠转轮一道，若干人踏之，使车盘转动。再用大播箕一，可装土数千斤，箕底设车轮两道，箕口镶铁，如耕田之犁。再用两铁索长数丈，一头系于车盘，一头缚于箕口，车轮转动，则播箕拉近船边，铁犁耕过，则沙土卷入箕内。面上别设莺架车起播箕，将沙倾入小船，剥往他处。其船四面抛定锚缆不令移动，专

――――――――――

①鸡峙口，即马尼拉湾口的科雷吉多尔（Corregidor）岛一带。

在中洪逐节挑深，使河溜奔激中洪，自能逐渐深阔，既省人力，又易成功。此某昔游闽中与吕宋舵工交好，览其所记海道针谱内附此法，惜未目睹一切器具为（恨）〔憾〕。近在天津，偶与海船舵工谈及，方知有镇海王思高者，昔为吕宋舵工，今因年老退归，曾亲见此项工程，言之尤备。近闻南河旧有混江龙铁篦箕，用以疏刷河底，迄今用之不效。其故由于黄河屡次决口，分泄河流，溜缓沙停，以致海口河身一例平坦，河面尚有溜势，河底却同平水，虽用铁篦箕挑刷，无奈随刷随停，非如昔年河身高下悬殊，溜势彻底奔腾，河底积沙稍为挑动，即能挟溜远行也。因忆昔年航海，常遇泊船锚缆并无风浪忽然移动，舟人亦不解其故。今始悟及海口潮溜小，则面溜底平，大潮则彻底奔流。要知锚齿插入沙中，则锚柄锚缆皆能布水下趋，冲开海底泥沙，无怪锚齿露出，因而移动，势使然也。窃复进而思之，方今河底溜势平缓，不能挟沙入海，可否即仿布水冲沙之意，用船千数只，舵尾皆挂一披水板，两边再加镶板，阔数尺，长数丈，以外洋硬木为之，加以石坠，使一头沉入水中，其式如削瓜之刨。其板下置车轮一道，使板离水一二尺，轮在河底转动，水从板下布出，（涯）〔注〕冲河底；再挂铁篦箕于船腰，且篦且冲，自下而上，逐节疏通。船只众多，乘风而上，顺流而下，使河底沙水，刻不停缓，冀可挟沙入海，或亦节省人工之一法欤！布水冲沙之法，如果试有成效，可至浙江宁、台两府，雇募钓船一二千只，航海入淮。其船尖头阔尾，河海并行，善于掉戗，但非顶头逆风，稍得傍风，便能逆流而上，乘春夏东南风〔最为〕顺利。大小统计每船五人，足以应用。每日给与工食并船价银二两之数，所费尚属有限。事非经验，不敢自信。惟值当事大人，念切河漕，不揣鄙陋，谨述所闻，参以臆见，用备刍采。

源案：此说疏浚海口法，专在中洪逐节浚深，使河流奔激中洪，自能逐渐深阔，盖先仿河工混江龙铁扫帚之法以引水归槽，继即用对坝逼溜之意以水力攻沙。非全恃船轮，人力即能浚深数百里海口于半载之中也。其船四面抛定锚缆，不令移动，亦非梭船来往梭织之谓。

《贸易通志》曰：西班牙所据之新地为吕宋岛，近闽、粤，产米及白糖、椰油、珈琲、麻、烟等。道光十二年，甲板船百三十六只，入口、出口货各百三四十万员，居民二百余万。纳税甚重，然商贾趋之如鹜也。其余南海各洲，若芜莱酉①，若丁葛卢②，若彭亨，各为番君所自治者，税饷皆苛，故贸易不盛。

《地理备考》曰：吕宋岛原名非里比纳斯③，又名桑拉萨罗④，在南洋之西⑤，纬度自北五度起至二十度止，经度自东一百十四度起至一百二十五度止。统计千岛，大者名曰吕宋，其明达挠⑥、苏录⑦、巴拉弯⑧等则次之。冈陵巍峨，火山纷繁，地震时作。地气

---

①芜莱酉，泛指除下文特别提到的丁加奴、彭亨二州外的马来亚地区各州。

②丁葛卢（Trengganu），今马来西亚丁加奴州。

③非里比纳斯（Filipinas，Philippines），菲律宾。吕宋岛原名 Luzon，菲律宾不是它的原名。1543 年西班牙殖民者才将吕宋群岛的莱特（Leyte）岛附近一带命名为菲律宾。到 1571 年西班牙远征队占吕宋岛，菲律宾一名才扩展至整个群岛，并成为国名。

④桑拉萨罗，1521 年麦哲伦率船队航至吕宋群岛南部时，适逢桑拉萨罗节，遂名其地为桑拉撒路群岛（St. Lazarus Is.）。

⑤《备考》的原文是"吕宋岛……在阿塞亚尼亚州之西"，魏源改"阿塞亚尼亚州"（Oceania）为"南洋"，这句便成了"吕宋岛……在南洋之西"。《备考》把东南亚的许多海岛都划进大洋洲范围，是许多地理学者都不同意的；但除此而外，它所说的大洋洲范围却是今天的地理学界也承认的。如果魏源只反对把东南亚的地方划进大洋洲，那就对了；但他却把《备考》所说的"阿塞亚尼亚州"地方全部改为"南洋"，那也不对。既要把《备考》所说的大洋洲地方全改为"南洋"，吕宋岛便只好"在南洋之西"了。

⑥明达挠（Mindanao），棉兰老岛。

⑦苏录（Sulu Archipelago），苏禄群岛。

⑧巴拉弯（Palawan Island），巴拉望岛。

炎热，飘风暴雨，不时交作。田土极腴，谷果最丰。丛林稠密，木多上品。土产金、铁、铅、麻、水银、硫磺、朱砂、宝石、甘蔗、桂皮、加非、胡椒等物。各种禽兽，靡弗蕃衍。岛列四名：一名非里比纳斯，一名明达挠，一名苏录，一名巴拉弯。序列于左：一非里比纳斯。内岛纷繁，吕宋乃其大者也。长约一千四百里，宽约四百里。境土两属，一属大吕宋国兼摄，一自设酋长管辖。其属大吕宋兼摄者，十有五部：曰敦多①部，首郡名马尼辣②，人烟稠密，五方辐辏，泊所稳阔，帆樯如林。曰加维德③，首郡亦名加维德。曰瓦棱加斯④，首郡亦名瓦棱加斯。曰不拉干⑤，首郡亦名不拉干。曰拉古纳⑥，首郡名巴萨尼亚斯⑦。曰巴当阿⑧，首郡亦名巴当阿。曰达亚巴⑨，首郡亦名达亚巴。曰邦邦阿⑩，首郡波哥罗尔⑪。曰桑巴勒⑫，首郡名黎昆⑬。曰邦加西囊⑭，首郡名灵

①敦多（Tando），原为一省，后撤销建制，故地大多并入今黎萨省，部分划属今马尼拉市。

②马尼辣（Manila），今马尼拉。

③加维德（Cavite），甲米地。

④瓦棱加斯（Bantangas），八打雁。

⑤不拉干（Bulacan），布拉干省，其前首府不拉干在今省会马洛洛（Malolos）东南约十公里。

⑥拉古纳（Laguna），今译内湖省。

⑦巴萨尼亚斯（Pagsanianes，Pagsanjan），今译帕桑汉。

⑧巴当阿（Bataan），今巴丹省，其首府巴当阿即今 Balanga（巴朗牙）。

⑨达亚巴（Tayabas），塔亚巴斯。该省已改名奎松（Quezon），省会卢塞纳（Lucena）。

⑩邦邦阿（Pampanga），今译邦板牙省。

⑪波哥罗尔（Bacolor），今译巴科洛尔。

⑫桑巴勒（Zambales），今译三描礼士省。

⑬黎昆（Masinloc），通译马辛洛克，华侨旧称此地为"里银"。

⑭邦加西囊（Pangasinan），邦阿西楠省，亦译班西兰省。

加言①。曰义罗各斯②，首郡名维安③。曰加加言④，首郡名义拉安⑤。曰新厄西乍⑥，首郡名巴勒尔德⑦。曰加马里内斯⑧，首郡名那加⑨。曰阿尔白⑩，首郡亦名阿尔白。其自设酋长管辖者，东方海滨暨岛中一带地方，皆各立酋长管理。其桑马尔岛⑪，外属大吕宋国兼摄，中属酋长管辖。其勒德岛⑫西方海滨属大吕宋国兼摄，余皆酋长管属。曰塞布⑬、曰波和⑭，皆属大吕〔宋〕国兼摄。曰内哥罗斯⑮，其海滨系大吕宋国兼摄，余皆酋长管辖。曰巴乃⑯，其海滨系大吕宋国兼摄，内地为酋长管辖。曰加拉米亚那⑰，属大吕宋国兼摄。曰明多罗⑱，大吕宋国兼摄无几，酋长管辖居多。一明达挠岛，又名马仁达挠⑲，长约一千里，宽约五百里，回环约二千八百里。地分三属：一属大吕宋国兼摄，一属明达挠王统辖，

---

①灵加言（Lingayen），今译仁牙因。

②义罗各斯（Ilocos），伊罗戈省。

③维安（Vigan），今译维甘。

④加加言（Cagayen），卡加延省。

⑤义拉安（Ilagan），伊拉甘。

⑥新厄西乍（Nueva Ecija），新怡诗夏省。

⑦巴勒尔德（Baler），巴莱尔，原属新怡诗夏，今属奎松省。

⑧加马里内斯（Camarines），今译甘马磷。

⑨那加（Naga），今译那牙。

⑩阿尔白（Albay），亚眉省，其首郡阿尔白，即今黎牙实比（Legaspi）。

⑪桑马尔岛（Samar I.），萨马岛（三描岛）。

⑫勒德岛（Leyte），莱特岛。

⑬塞布（Cebu Island），宿务岛。

⑭波和（Bohol Island），保和岛。

⑮内哥罗斯（Negros Island），内格罗斯岛。

⑯巴乃（Panay Island），班乃岛。

⑰加拉米亚那（Calamian Group），卡拉棉群岛。

⑱明多罗（Mindoro Island），民都洛岛。

⑲马仁达挠（Maguindanao），马京达瑙省。

一系酋长自为管属。其属大吕宋国者分为三部：首郡曰桑波昂安①，在西南方；曰迷萨米斯②，在北海滨；曰加拉加③，在东海滨。其属明达挠王者，境土广阔，首郡名塞兰安④，建于北兰日河⑤滨，乃本国〔京〕都也。其酋长管属者在西方，内设三十三酋，各霸一方，互相结盟。一、苏录岛，小岛纷繁，大者有三：曰苏录⑥，曰达维⑦，曰巴黎兰⑧，皆属苏录王统摄，首郡名北弯⑨，乃国都也。土人多务劫掠，海面尤为滋扰。一、巴拉弯岛，又名巴拉瓜⑩，长约九百五十里，宽约一百二十里。内地土人自理，海滨大半为苏录王兼摄，东北海滨为大吕宋国兼摄。

《万国地理全图集》曰：南海各岛出北极自十二度至南极十度，偏东自八十五度至一百三十五度，各出南地物产。天气虽热，然海风常吹，霖雨时沛，草木畅茂，四时之景，各极其佳。

又曰：南海各小岛，在小吕宋之南者，有撒马岛⑪、马邻得

①桑波昂安（Zamboanga），三宝颜。
②迷萨米斯（Misamis），米萨米斯。
③加拉加（Caraga），苏里高（卡拉加）。
④塞兰安（Salangan），本在马京达瑙省首府哥达巴都（Catabato）对岸，疑今已为该市一部分。
⑤北兰日河（Palangi River），合流后称棉兰老河（Mindanao R.）或哥达巴都（Cotabato R.）。
⑥苏录，此"苏录"特指苏禄群岛中的 Sulu Island（Jolo Island），今译和乐岛。
⑦达维（Tawitawi Island），塔威塔威岛。
⑧巴黎兰（Basilan），巴西兰岛。
⑨北弯（Bauang），和乐（Jolo）的别名。
⑩巴拉瓜（Paragua），西班牙殖民者曾称巴拉望为巴拉瓜。
⑪撒马岛（Samar I.），萨马岛（三描岛）。

岛①、把剌湾岛②、泥鄂巴岛③、尼末巴地岛④、西武岛⑤、马逜岛⑥、邦〔尼岛〕⑦、闵〔他那〕岛⑧、〔闵〕多罗〔岛〕⑨、来地岛⑩，天气物产与吕宋不异，大半归是班牙所辖，居民共计二百二十四万丁。

又曰：小吕宋西苏录群岛虽小，而物产甚多，出珍珠、玳瑁、苏木、豆蔻、鹦鹉、降香、藤，福建厦门船屡赴其岛互市。居民为海贼，肆行劫掠，与吕宋兵船交战获胜。人户繁多，五谷不足，必买运别处。

《外国史略》曰：小吕宋各岛在中国之东南，广袤方圆四千七百里，居民六百万丁。其岛屿洲甚多，延自北极，出五度及二十度。多雨，有火山，常地震。而土则丰盛，出米、烟、糖、加非，蓇蓇甚盛，米谷有余，皆运售中国。有大树可为桅。又出蜡蜜、糖、好马、野牛。其土人体矮，语音风俗各殊。百姓顺长敬尊，然素性谎诈，贩卖人口为奴。今多归天主教，固守礼仪。其奉回回教者，以海盗为业。山内则皆黑面人，未向化，以草果为食。明朝时，岛君入贡中国。自明以来，多福建泉州人。每年商船大集，亦多遭坏。其群岛曰闵他（邦）〔那〕岛、撒马岛、（米）

---

①马邻得岛（Marinduque I.），马林杜克岛。
②把剌湾岛（Balawan），巴拉望岛。
③泥鄂巴岛（Negros I.），内格罗斯岛。
④尼末巴地岛（Masbate I.），马斯巴特岛。
⑤西武岛（Cebu I.），宿务岛。
⑥马逜岛（Bohol I.），保和岛。
⑦邦尼岛（Panay I.），班乃岛。
⑧闵他那岛（Mindanao I.），棉兰老岛。
⑨闵多罗岛（Mindoro I.），民都洛岛。
⑩来地岛（Leyte），莱特岛。

〔来〕地岛、巴尼岛①、西布岛②、闵多罗岛，其最大者惟吕宋，为是班亚国兵所驻。于明嘉靖三十九年，是班亚船始到此岛，隆庆二年调师船往据其地。其土人多不服，及今日尚有岛不属所辖者。是班亚既与中国、日本开通商之路，贸易岁倍，唐人来不胜数，酿成巨衅，为是班亚所诱戮者几万人。乃立法律，惟准商贾居住，船回商亦回；惟入天主教，始准任意居住焉，更兼管束其贸易，禁例烦扰，惟泉州船恒时来往。乾隆二十六年，是班亚国与英人战，英人将夺其地，许以重赂，始退兵焉。然其银今日尚拖欠也。后与亚默利加通商，每年二三巨舰装十五万石，价值约千二百万员。由亚默利加所运出者多银条，或中途与他国交战而失其船，则所损重矣。嘉庆年间，亚默利加藩属地自立为国，不受是班〔亚〕管辖，广开港口，所获利渐微。乃复调兵帅以代治其岛，会同土人护守之。每年国帑所收银百五十万员，所运入之货约银五百十五万七千余员，所运出者约银百四十三万六千员。其土产每年益增，准外国任意往来，不复禁止，故通商愈兴旺。惟国帑久空，所收税务未足偿还本国欠项也。其都在吕宋岛，曰马尼腊③。内多礼拜堂，教师甚盛。台湾、吕宋之中间，尚有数岛，属是班亚国者，其居民不多。出粮食，与他国不往来，惟有遭风船到彼，尚蒙接济其难民焉。

《瀛环志略》曰：近年诸番来粤东者，多聚于马尼剌。米利坚、佛郎西遣酋来通市，其船皆会集于此。盖其地为七洲洋之东岸，转柁北行，即入长沙头门，而抵粤东。诸番倚为东道之逆旅，薪水糗粮，皆取办于此。故近来小吕宋之繁盛，为南洋诸岛之最。

又黄毅轩《吕宋纪略》云：乾隆年间，西北海之英〔圭〕黎，

①巴尼岛（Panay I.），班乃岛。
②西布岛（Cebu I.），宿务岛。
③马尼腊（Manila），马尼拉。

即英吉利。猝（造）〔遣〕甲板船十余直溯吕宋，欲踞其地。化人巴礼纳币请解，英〔圭〕黎乃返。余按：化人巴礼，即天主教之师。泰西人皆奉天主教，每用其人以解纷。然英人之遽肯收兵，亦非信巴礼之说也。西班牙之有吕宋已二三百年，不特市舶流通，资为外府，而国势之所托，俨然东西两境。若为英人所夺，则干丝腊亡其半矣。彼即中衰，究系西洋大国，命脉所关，势且背城借一。英国虽强，岂遽能灭此朝食？割土于重译之外，延敌于门阃之间，非计也。故吕宋之不可夺，英人亦明知之。特胁之以威力，待其哀请而罢兵，使之畏我德我，不敢抗我颜行，然后我之市舶东来，即以彼土为东道主，而彼不敢靳。噶罗巴①之已夺而复还，亦同此意，皆形势之显然可见者。

吕宋群岛之西南，婆罗洲②之东北，有小国曰苏禄，接连三岛，岛俱渺小，而户口颇繁。本巫来由番族，悍勇善斗，民多习为海盗。西班牙既据吕宋，欲以苏禄为属国，苏禄不从。西人以兵攻之，反为所败。其海产明珠、玳瑁，山产苏木、豆蔻、降香、藤条，又产鹦鹉。户口繁多，地硗瘠，食不足，籴于别岛。厦门商船时由吕宋往贸易，由厦至苏禄，水程一百一十更。《海国闻见录》谓苏禄与吉里问、文莱共一土，系属错误，今更正之③。

———————————

①噶罗巴，马来语椰子（Kalapa，kělapa）的音译，指今印度尼西亚雅加达（Jakarta）市，亦泛指爪哇（Java）等岛。

②婆罗洲（Borneo, Kalimantan），加里曼丹岛。

③《海国闻见录》的记述不误。当时的苏禄国治地不止苏禄群岛的那三个小岛群，苏禄西王的治地就在今马来西亚沙巴地区的基纳巴坦甘河（S. Kinabatangan）一带，直至1888年才被英属北婆罗洲临时有限公司割占。《闻见录》所说的这个吉里问，按吕宋到文莱港的更数计算，应在沙巴的哥打基纳巴卢（Keto Kinabalu）至今文莱湾外纳闽（Labuan）岛的航路中间，即克里亚斯半岛（Klias Semenanjong）东侧的金曼尼斯湾（TK. Kimanis）一带。说苏禄西王治地与克里亚斯半岛及文莱（Brunei）的斯里巴加湾港（Badar Seri Begawan）同在一个大岛上当无不可。

海国图志卷十二 邵阳魏源辑

东南洋 海岛之国。原无，今补。

荷兰所属 婆罗、浡泥、瓜哇大岛
相近之地问岛、唵门岛①附载此内。原本无，今补。

《万国地理全图集》曰：婆罗岛北极出地自五度半至南极四度半，偏东自一百零九度至一百十八度，广袤方圆七十八万七千方里。内有广湖林树，产金沙、锡、红铅、金钢石、沙藤、胡椒、苏木。沿海居民乃芜来由、芜吉等族类，搭草寮。土蛮食人之肉，若要娶女，预先埋伏，私杀邻乡人等，将首献新妇而后行房。各乡里常互相抱恨报仇，虽此等狠心，却与外国交接温良也。汉人自古以来与此洲交易，嘉应州人进山开矿，穿山开道，自立国家，择其长老者称为公司，限一年二年办国政。每年广州、潮州船数只到港，开行贸易。其西边，则荷兰国人开港口在三（入）〔八〕②、本田③、万执马生④等处。但因岛之大半旷野，并无田亩，海贼劫掠，生意微矣。

---

①唵门岛，在今印度尼西亚马鲁古群岛，即斯兰（Ceram）岛西南之安汶岛的首府安汶城（Amboin）。
②三八，又作三巴斯、三巴、三瓦，即三发（Sambas）。
③本田（Pontianak），又作崩的亚那、本地亚纳、毗甸、阿妠，即坤甸。
④万执马生（Banjarmasim），又作马神、班热马星，即马辰。

西里百岛①在婆罗东，沿海港汊形势古怪，北极出地自一度四十分至南极五度三十分，偏东自一百十九度至一百二十五度，广袤方圆二十二万五千方里。产珈琲、苏木、燕窝、海参、玳瑁等货。其居民勤劳织布，驶船四方。其名称曰芜吉，曰芜来由，常带短刀，猛心报仇。内地惟务耕田，不肯出外。此地国君不自主，待居民集会，公举为王。荷兰国南北开港口，南曰马甲撒②，北称马拿多③，筑炮台，调防兵。

巴布亚④在西〔里百〕东，囚内地土蛮无交通之理，尚未识此岛。居民异类不同，尚有黑面之人，带有骆卷头发，亦有如芜来由之族，狡戾巧诈。树高林丛，物产不多。其地虽广，未知其形势。道光十三年，荷兰开港而调兵守地。自此以后，商船来往不绝。

陈伦炯《海国闻见录》曰：由吕宋正南而视，有一大山名息（利）〔力〕大山⑤。山之东为苏禄，西邻吉里（门）〔问〕⑥；又沿西文莱，即古婆罗国；再绕西，朱葛礁喇大山⑦之正南，为马神。其山之广大长短，莫能度测。山中人迹不到，产野兽亦莫能名〔其状〕。苏禄、吉里（门）〔问〕、文莱三国，皆从吕宋之南

---

①西里百岛（Celebes），即苏拉威西（Sulawesi）岛。

②马甲撒（Macassar），又作芒佳瑟、马加撒、茫加萨、马甲飒，即今印度尼西亚苏拉威西岛的乌戎潘当（Ujung Pandang），又译望加锡。

③马拿多（Manado），又作默那多、马那土，即万鸦老。

④巴布亚（Papua），即伊里安岛（Irian），或称新几内亚岛（New Guinea）。

⑤息力大山，即 Seribu Saratus 的省译，马来语意为一千一百山，在今加里曼丹岛西部。

⑥吉里问，指今马来西亚沙巴地区的克里亚斯半岛东侧一带。

⑦朱葛礁喇大山，又作息力山，指加里曼丹的斯赫瓦内（Sehwaner）山脉。

分筹，而朱葛礁喇①，必从粤南之七洲洋，过昆仑②、茶盘③，向东而至朱葛礁喇，一百八十八更，马神亦从七洲洋、茶盘、葛刺巴而往，水程三百四十更。厦门由吕宋至苏禄，水程不过一百一十更。共在一山，南北远近相去悬殊矣。又隔东海一带，为芒佳瑟大山④。由马神至芒佳瑟，水程二十七更。复绕而之东，即系丁机宜⑤，东北系万老高⑥。而苏禄、吉里（门）〔问〕、文莱、朱葛礁喇，总名〔皆为〕芜来由、绕阿番，性喜铜钲，器皿皆铜。沿溪箬屋为居，俗甚陋。身不离刃，精于标枪，见血即毙。以采色布帛成幅衣身。经商其地，往来乘小舟，夥众持利器相随。产珍珠、冰片、玳瑁、海参、燕窝、乌木、降香、海菜、藤等类。而马神番尤狡狯。红毛人曾据其港口，欲踞其地。番畏火炮，避入山，用毒草浸上流，红毛被毒，皆弃去。产钢钻、胡椒、檀香、降香、料藤、豆蔻、冰片、铅、锡、燕窝、翠羽、海参等类。钻有五色，金、黑、红者为贵，置之暮夜密室，光能透彻；投之烂泥污中，上幔青布，其光透出者，每棋子大，值价十万余两，西洋人购为至宝。吕宋至吉里（门）〔问〕三十九更，至文莱四十二更，此皆东南洋番国。而朱葛礁喇、马神，皆非吕宋水程，应入南洋各国。因同苏禄、文莱南北大山，是以汇载东南洋，俾览者识其形势焉。

---

①朱葛礁喇，指加里曼丹西南部的苏加丹那（Sukadana）。
②昆仑，越南南部的昆仑岛（Condore）。
③茶盘，马来半岛东面的潮满岛（Palau Tioman）。
④芒佳瑟大山，苏拉威西岛的莫冷格腊夫（Molengraff）山脉。
⑤丁机宜，或为马鲁古群岛北部提多雷（Tidore）岛上的Tongaoi。
⑥万老高，又作美洛居、米六合等，即今印度尼西亚马鲁古群岛。

谢清高《海录》：古达国①，疑即古志所称瓜哇也。在尖笔兰山②东南海中，迤逦东南，长数千里，十数国环据之，或谓之息利大山，此其西北一国也。由尖笔兰东南行，顺风约二三日可到。王居埠头，有荷兰番镇守。由埠头买小舟，沿西北海顺风约一日到山狗湾③，为粤人贸易耕种之所。由此登陆东南行一日，入山，其山皆产金，而息（利）〔邦〕山④金为佳，皆古达所辖地。

又曰：巴萨国⑤，一名南巴哇，在古达东南，沿海顺风约日余可到。地不产金，中国人居此者，唯以耕种为生。所辖地有名松柏港⑥者，产沙藤极佳，亦有荷兰镇守。

又曰：昆甸国在巴萨东南，沿海顺风约日余可到。海口有荷兰番镇守，洋船俱湾泊于此。由此买小舟入内港，行五里许，分为南北二河，国王都其中。由北河东北行，约一日至万喇⑦港口，万喇水⑧自东南来会之。又行一日至东万力⑨，其东北数十里为沙喇蛮⑩，皆华人淘金之所。乾隆中，有粤人罗芳伯者贸易于此，豪侠善技击，颇得众心。时土番窃发，商贾不安，芳伯屡率众平之。又鳄鱼为害，芳伯为坛于海旁，陈列牺牲，取韩昌黎祭文宣读而

———————

①古达国，在今加里曼丹西岸山口洋（Singawang）和曼帕瓦（Manpawa）之间，或指蒙特拉多（Montrado）及其附近一带。一说指山口洋西南的勒木库坦岛（Lemukutan）。
②尖笔兰山，即淡美兰（Tambelan）群岛。
③山狗湾，即山口洋（Singkawang）。
④息邦山，在今加里曼丹岛西部尼乌山（Niut）一带，今名不详。
⑤巴萨国，又作南巴哇，即曼帕瓦（Manpawah）。
⑥松柏港，在曼帕瓦一带，今名不详。
⑦万喇，其地在加里曼丹岛卡普阿斯（Kapuas）河上游的默拉威（Melawi）一带。
⑧万喇水（Sungai Melawi），即卡普阿斯河（Sungai Kapuas）。
⑨东万力，在今加里曼丹西部的兰达（Langdak）河畔，位于恩加邦（Ngabang）东北，今名不详。
⑩沙喇蛮，在今加里曼丹西部的兰达河一带。

焚之，鳄鱼遁去。华人敬畏，尊为客长，死而祀之，至今血食不衰。

又曰：万喇国在昆甸东山中，由昆甸北河入万喇港口，舟行八九日可至。山多钻石，亦有荷兰番镇守。

又曰：戴燕①国在昆甸东南，由昆甸南河向东南溯洄而上，约七八日至双文肚②，即戴燕所辖地。又行数日至国都。乾隆末，国王暴乱，粤人吴元盛因民怨而杀之，国人奉以为主，华、夷皆取决焉。元盛死，子幼，妻袭其位，至今犹存。

又曰：卸敖③国在戴燕东南，由戴燕内河逆流而上，约七八日可至。

又曰：新当国④在卸敖东南，由卸敖至此，亦由内河行，约五六日程。闻由此再上，将至息力山顶，有野人，皆乌首人身云。自戴燕至山顶，皆产金；山愈高，金亦愈佳。特道远罕至，故其金岁不多得。自古达至万喇，连山相属，陆路通行。闽、粤人流寓，淘金沙、钻石及贸易耕种者常有数万，戴燕、卸敖、新当各国亦有数百人，皆任意往来，不分疆域；唯视本年所居何处，则将应纳丁口税饷交该处客长转输荷兰而已。其洋船凳头金，亦荷兰征收，本国王只听荷兰给发，不敢私征客商也。华人居此，多娶妻生子，传至数世。妇女不知廉耻，唯衣服饮食稍学中国云。土番皆无来由种类，奉回教，礼拜诵经，约束女子极严。〔男子〕出海贸易，必尽载资财而行。妻妾子女在家，止少留粮食而已。船回则使人告知其家，必其妻亲到船接引然后回，否则以为妻妾

---

①戴燕，即塔延（Tayan），在加里曼丹岛西部、杜连河北岸。
②双文肚，在塔延的西南面，今名不详。
③卸敖，即桑高（Sanggau），在杜连河北岸。
④新当国，即今新当（Sintang），在加里曼丹岛西部。

弃之，即复张帆而去，终身不归矣。所穿沙（即）〔郎〕水幔，贫者以布，富者则用中国丝绸，织为文彩，以精细单薄为贵。王女不下嫁臣庶，唯同族相为婚。其民尚利好杀，虽国王亦尝南塘一出。王薨则以布束尸棺，择地为园陵，以得水为吉，不封不树。山中獠子①极盛，唯各据一方，不敢逾越；稍有迁徙，辄相残灭。故虽强盛，而见无来由、荷兰及中华人，皆畏惧，不敢与争，恐大兵动，无所逃遁也。中华人初到彼，所娶妻妾皆獠子女。其后生齿日繁，始自相婚配，鲜有妻獠女者矣。獠性尤凶暴，喜杀，得首级，则归悬诸门，以多为能。各国俱产冰片、燕窝、沙藤、香木、胡椒、椰子、藤席。

　　又曰：马神在昆甸南少东，由昆甸沿海顺风东南行约二日，经戴燕国境，又行二三日到此。疆域风俗与上略同。土产钻石、金、藤席、香木、豆蔻、冰片、海参、佳纹席、猩猩，藤席极佳。钻石即金刚沙，产此山者色多白；产亚咩里隔②者，色具五采。大者虽黑夜置之密室，光能透彻。诸番皆宝之，一颗有值白金十余万两者，西洋人得极大者奉为至宝，虽竭资购之不惜也。小者则以为钻，用治玉石玻璃，坚无不破，独畏羚羊角云。山中有异兽，不知其名，状似猴，见人则自掩其面，或以沙土自壅。

　　又曰：蒋里闷③，读去声。在马神东南④，沿海顺风约二日可到。疆域稍狭，风俗土产与邻国同。案：此即吉利门也。

　　又曰：三巴郎国⑤在蒋里闷南少东，海道顺风约二三日可到。

————————

①獠子，或称他押族，指达雅克人（Dayak）。
②亚咩里隔（America），泛指美洲。
③蒋里闷，又作吉利门、吉理门，即卡里摩爪哇（Karimunjawa）群岛。
④"东南"，应作"西南"。
⑤三巴郎国，即三宝垄（Samarang），在爪哇岛上。

疆域颇大，闽、粤人至此者亦多。土产沉香、海参、沙藤、燕窝、蜜腊、冰片、烟。以上三国皆无来由种类，为荷兰所辖，即在葛剌巴东北。

又曰：麻黎①国，在三巴郎东南，疆域同三巴郎，沿海顺风约四五日可到。土番名耀亚，人多贫穷，而甚勤俭。风俗淳厚，异于无来由。男女俱穿彩衣，无钮，以绳束之。下体不穿裤，围以长幅布。男戴帽平顶，女人髻盘于左。喜采各花，以线穿系于颈，如挂珠状。死则葬于土，无棺椁。每岁迎神赛会，举国若狂。剪纸为仪仗，送至水边尽弃之，急趋而散，不知其何为也。娶妻亦童养，夫死不再嫁。年少者居夫丧亦穿吉服，至二十五岁然后髹发而居。二十五岁而后寡者，当时即髹发。既髹发，出必以布蒙其头，衣不加彩。有犯奸者，事觉则众人带至庙中戒饬之，以水洒其面，谓之洗罪。与明呀里②俗略同。国王居山中。土产珍珠、海参、燕窝、鱼翅、沙藤、胡椒、沉香、冰片。

又曰：茫加萨在麻黎东南③，沿海约四五日可到，亦耀亚种类，疆域、风俗、土产均与麻黎略同。二国俱用中国钱，历代制钱俱有存者。

又曰：细利洼④在茫加萨东南，由海道约行二三日可到。沿海土番为无来由种类，内山土番，为耀亚种类。耀亚王所居山名伯数奇⑤，风俗各从其类，皆归荷兰管辖。三国亦与噶喇巴邻近，其货物多归葛剌巴售卖。自古达至此，同据息力大山西南半面，而

①麻黎，指今印度尼西亚的巴厘（Bali）岛。
②明呀里（Bengali），指孟加拉人。
③"东南"，应作"东北"。
④细利洼，即 Celebes 的音译，其地在今印度尼西亚苏拉威西岛。
⑤伯数奇，指今印度尼西亚苏拉威西岛东南一带。

各分港门。其港（皆口）〔口皆〕西向。

又曰：文来国①在细利洼西北，由细利洼东南入小港，向西北行，顺风约五六日可至。由地问北行，顺风七八日可至。幅员甚长，中多乱山，绝无人居。奇禽野兽，莫能名状。土番亦无来由种类，喜中国布帛。土产燕窝、冰片、沙藤、胡椒。

又曰：苏禄国在文来北少西，舟由文来小港顺东南风约七八日可至。风俗土产与文来同，货物多运往昆甸马神售卖。二国同据息利大山东北半面，山中绝巇崇岩，荆榛充塞，重以野番占据，不容假道，故与西南诸国陆路不通。船由广东往者，出万山后向东南行，经东沙，过小吕宋，又南行即至苏禄海口，由古达往则须向东南行，至细利洼入小港，转西北沿山行，经文来，然后可至其国。西北大海多乱石，洪涛澎湃，故虽与古达比邻，舟楫亦不通也。

《海岛逸志》曰：海上之虹，远者只见其半，如常也；近者竟如环，无端矣。余初闻之巴人②云，吉理门之电青而不红，余未之信。及往马辰，道经吉理门，是晚有电，果不红而深青，其光散漫无条绪。东坡云：天下奇观到海尽。信哉是言也！

源案：往马辰道经吉理门，即《海录》所谓蒋里闷，在马神东南也。《海国闻见录》言苏禄、吉利门等国相连，确凿可证。吉理门在

---

①文来国，即今文莱（Brunei）。
②巴人，巴达维亚（Batavia），即今雅加达。《海岛逸志》的"巴城"指当时的巴达维亚，"巴国"指当时的印度尼西亚，"巴人"指当时的印度尼西亚人。

婆罗岛，而元兵往瓜哇师次吉理门者，必非葛留巴之小瓜哇矣①。

　　《地理备考》曰：婆罗岛，又名文莱，在南洋之西，纬度自北七度起至南四度二十分止，经度自东一百零六度四十分起至一百十六度四十三分止，长约二千九百里，宽约二千五百里，地面积方四十万里。烟户约三兆余口。重冈叠岭，迤逦延袤，火山不一，地震时作。地气各殊，谷果丰登，禽兽蕃衍。土产金、铜、铁、锡、铅、盐、钻石、珍珠、檀香、甘蔗、胡椒、鲜姜、豆蔻、丁香、棉花、樟脑、木料等物。岛中外人罕到，迄今尚未详悉。海滨地势广阔，人烟纷繁，通岛分而为三：一属贺兰国兼摄，一归苏禄王兼摄，一不受别国管辖。其属贺兰国兼摄者，分为二大部：一名西部，内地曰三巴斯，曰蒙巴瓦②，曰崩的亚那，曰兰达，曰（叠）〔桑〕古，曰星邦，曰马丹③，曰冈达瓦安；一名东部，内地曰哥麻厄，曰邦不安，曰忙达瓦，曰大达亚哥，曰小达亚哥，曰邦日尔，曰达那劳。此外内地尚有数名，曰达打斯，曰马尔达不拉④，曰加郎音当，曰都古加囊，曰都古齐利，曰都逊。至东北一带地方，仍归苏录王兼摄。其通商冲繁之地曰马卢都，曰巴义丹，曰阿白⑤，曰达拉般。其不受别国管辖者数国，大者曰婆罗，曰巴昔尔⑥，曰哥的，曰苏录，曰比亚如。

---

①魏源在《海国图志》卷十一中否定《闻见录》的"苏禄与吉里问共一土"的说法，在本卷中却又肯定此一说法，并把"吉里问"改为"吉利门"，以证《元史》之讹。其实《元史·爪哇传》的"吉利门"即卡里摩爪哇群岛，在爪哇北面海上约150公里，距加里曼丹岛西南部约280公里。说"吉利门"不在爪哇岛上是可以的，说"吉利门"即加里曼丹东北的"吉里问"则误。

②蒙巴瓦，即曼帕瓦（Mampawah）。

③马丹，即马坦（Matan）。

④马尔达不拉（Martapura），即马塔普拉。

⑤阿白（Abay），今马来西亚沙巴洲的哥打基纳巴卢（Kota Kinabalu）。

⑥巴昔尔，今菲律宾的帕西（Passir）。

岛之四面，小岛胪列，大者曰那都纳①，曰阿难巴②，曰加里马达③，皆在西方。曰索伦波④，曰不鲁劳⑤，皆在南方。曰马拉都拉⑥，在东方。曰加加言⑦，又名若罗⑧，曰巴郎般⑨，皆在北方。

《每月统纪传》曰：波罗⑩为诸岛之至大，长二千二百五十里，阔一千八百六十里。其山内有大湖，并多江沟渠。沆茫山林，其木可造船建屋，产物又繁盛：胡椒、檀香、安息香、冰片、燕窝、海参、乌木、藤、金沙、铅、锡、窝宅、金刚、宝石。除山内之土蛮食人肉、饮人血、不守五伦，其海滨居民是武吉兼马莱酉，则渐知教化矣。武吉者遍往各国，觅利勤劳。其马莱酉良者懒惰，恶者为海贼，各族、各党、各州有其头目，头目各遵土君之命，时相斗战，九死一生。荷兰已久开新蕃地，建炮台城池，南方是马神，西方是阿呐、三瓦城等，但只管海边，不及山内。广东几万人往此（湖）〔洲〕之阿呐地方开金山，探金沙。因恐土番之狠，设族党头目，如土酋管治其民。每年有广东一二船只往其洲贸易发财。唐人若肯开此大洲之荒地而总统之，其利益甚大。盖波罗洲比台湾山十分更贵，不但出白糖、米谷等货甚足，且具各

①那都纳，即纳土纳群岛（Natuna Is.）。
②阿难巴，即亚南巴斯群岛（Kepulauan Anambas）。
③加里马达，即卡里马塔群岛（Kepulauan Karimata）。
④索伦波，即大萨伦布岛（Gram-Solombo）。
⑤不鲁劳，即 Pulo Laut 的音译，Pulo 马来语意为岛，故其地指今加里曼丹岛南面的拉乌特岛。
⑥马拉都拉，即马拉图拉岛（Maratura）。
⑦加加言，即卡加延岛（Cagayan I.），在和乐岛西北约 300 公里。
⑧若罗，即 Sulu，与加加言合称为卡加延苏禄岛。
⑨巴郎般，即巴兰巴岸（Balambangan）岛。
⑩波罗（Borneo），又作潘尼阿，即加里曼丹（Kalimatan），又称婆罗洲。

等宝贝。如许大地方，可养几百万饥民，运出货物，利及国家。

《每月统纪传》曰：近吕宋之苏录峤，小有巉岩之岭。其极南为石崎山①、犀角峤②、珠池。其土产为珍珠、玳瑁、荜茇、苏木、豆蔻、鹦鹉、降香类。因岛峤绕环，海内有珍珠，商船至彼，其土番探珠获小者不计外，获巨珠则赆十倍。福建人多住生理。土番为回回，与婆罗洲、芒佳瑟民结友为海贼。除非吕宋兵船，无人管束之。永乐十五年间，其国王率妻子朝贡中国。雍正六年间，公使至闽贡献。吕宋兵帅攻伐其峤二次，不能服之。此与婆罗洲中之苏禄地，皆苏禄国王所辖，虽不同岛，而非二国也。

554

《每月统纪传》曰：芒佳瑟洲之形势，岖嵚巉崄，环去绕来，一带远视若锯齿无数。海港内地之山岭，不胜数也。其山之广大长短，莫能测度。亦有火山，亦有金山，亦有硫磺山。其产物玳瑁、海参、燕窝、乌木、苏木、降香、海菜、藤类、丁香、豆蔻、绵花、金等货。山内有树名乌杷叶，枝包甚毒，故土番浸矢致害死敌。天气比广东更热。其土番有回王管之，皆回回之教。惟在山内有拜太阳之人。南方有五坭国③，在海滨，是土番所管。并荷兰属辖之地方，向北名马那土，向南名马甲飒，无甚土产。

《外国史略》曰：婆罗岛，最广之岛也。北极出地五度及南极四度半，原名曰古曼坦，长二千五百里，阔千有百六十里。其内地未及深入，故未能知其底里。惟海滨之埠，荷兰人所开者，在西北两海边，芜莱由民迁此地搭棚，藏匿海盗者在东边，于布吉④开埠贸易。其奴卷发黑面，皆未向化之族类也。古今唐人萃焉。

①石崎山，即锡亚西岛（Siasi I.），在和乐岛西南。
②犀角峤，或指桑格贝岛（Sangbay I.），在巴西兰岛（Basilan I.）西南。
③五坭国，即波尼（Bone）。
④布吉，泛指布吉人（Bugis）居地，即今加里曼丹东南部的拉乌特（Laut）岛。

广东嘉应州人最多，或开肆，或采金沙，或贩锡、藤、胡椒、乌木，别有一族专以渔为业。居民甚罕，共计不过四百万而已。内地多高山，每年掘金沙者二十万人，所掘金沙约十万两有余，每月一人出金一两有余。其中汉人自立长领，不服他国。亦有大富建广屋者，亦有务农者。内河产金刚钻石及他宝玉，一块价值三十万两，为列西国所贵。亦产红铅、珍珠、海参。兽则有象、兕、豹、野猪、牛，其居民养水牛、猪等畜。山中有冰片、桂皮。土蛮之中，多芜莱由族代之耕作，颇安分，但激其性，则猛如虎，常杀人取首挂之颈上以为号，否则无与婚焉。各族互为仇敌，惟他押族力于耕，朴实不诈。芜莱由土君驻邑曰埔尼①，前数年以其所属地撒拉圪②给英人，英国封之为君，教设律例，弹遏海盗，释放他押奴，可谓贤君矣。后嗣无道，私杀其善臣，英人怒讨之，且尽力殄灭海盗。荷兰国之埠共三所，南曰班热马星，西曰三巴，曰本地亚纳，贸易皆不甚大。昔时英国人亦于此间开埠，后复失之，旋复开埠于西北边拉布安岛③，与中国火轮船往来贸易。虽产石炭，其屿尚荒芜。近婆罗岛，最著名者曰苏禄洲，共六十里，北极出六度，偏东百二十度，以婆罗为东北向，与中国通商，亦入贡。所居多汉人，广开垦。出蜡、玳瑁、谷、云母壳、珍珠，每年值银二万五千两；海菜、桂皮、冰片、乌木、胡椒、沙藤、香料等货。其土民各异，与芜来由悉崇回回教，与附近各岛通商。此时绝西洋甲板船之贸易。居民悉海盗，为商船害，尤与吕宋是班牙国为仇，二国调兵船以讨之。

---

①埔尼，即今文莱（Brunei）。
②撒拉圪（Sarawak），即今马来西亚的沙捞越。
③拉布安岛（Labuan），指今马来西亚沙巴西面的纳闽岛。

《外国史略》曰：西里白岛①形势千曲万环。北极出自二度及南极出六度，偏东自百一十九度及百二十五度，广袤方圆二千五百五十万里，居民三百万口。多支港，内地溪河四流，多湾泊处。米谷罕而珈琲丰盛，有金沙，亦产燕窝、海参、海菜、玳瑁、鱼翅等货，卖于中国。族类不一，言语、风俗、教门亦俱不同。最向化者居南方破尼海隅②，名曰布吉，航驶南洋，开市贸易，设公会。其土君各有五爵襄治，亦有以妃及女为君者。与欧罗巴不通往来，亦不遵他国之命，皆崇回回教，不畏死。内外之民称曰马加撒，多奉耶稣之教。荷兰国在极南开马加撒埠，广袤方圆三百七十五里，居民约五万四千口；在东北地开默（邦）〔那〕多口，二百五十里，运出珈琲，每年约数五万石。居民善经营，但不敢航海。

《瀛环志略》曰：由吕宋西南视之有大岛，居于午位，曰婆罗洲。一作浡泥，又作蟠尼阿。其岛周回数千里，大山亘其中，曰息力，由东北而西南。山之西畔极北曰文莱，一作文来。极南曰吉里问。一作吉里门，又作吉里地闷，又作蒋里闷③。山之东畔极南曰马神，一作马辰。与吉里问接壤；马神之北曰新当，再北曰卸敖，再北曰戴燕，再北曰万喇，一作万澜，又作万郎，又称万老高④。再北曰昆甸，再北曰巴萨，极北曰古达，由古达逾山而西北⑤，即文莱界矣。自古达至新

---

①西里白岛，即苏拉威西岛。
②破尼海隅，即波尼湾（Teluk Bone）。
③吉里问不在加里曼丹岛南部，也不作吉里门、蒋里闷、吉里地闷（Pulau Timor，帝汶岛），也不与马辰接壤。
④万喇、万澜、万老高并非同一地，万喇指加里曼丹岛坤甸东北的默拉威河一带；万澜则指巴达维亚极东的班达群岛；而万老高指的是马鲁古群岛。魏源在此将之混为一谈，殆误。
⑤"西北"，应作"东北"。

当，旧皆马神所属，故诸书统称马神，而诸部之名不著。山之西广莫荒凉，其海涛泷壮猛，多礁石，舟楫不能近岸，故土番南惟吉里问，北惟文莱，余皆人迹不到之秽墟。即两国亦甚贫，多驶船海中为盗。山之东，物产坟盈，海道通利，又产黄金、铨石，攻矿之工所萃，故丁户殷盛，部落较多。诸番〔皆〕巫来由（皆）种类，沿溪箬屋为居，身不离刃，精于标枪，见血即毙。性喜铜钲，器皿皆用铜。上衣曰沙郎，下衣曰水幔，贫者以布，富者用中国杂色丝绸裂条缝集，为文采。俗从回教，七日礼拜，不食猪肉。巫莱由皆从回教，回教兴于小西洋之亚剌伯，故传染于南洋。山中别有獠人，性凶顽，喜杀，然不敢出山肆扰。诸部旧多噶罗巴属国，荷兰船初到此洲，入马神内港，欲据其地。番畏炮火，避入深山，以毒草渍水上流，荷兰受毒，狼狈去。后卒于海滨立埔头四：曰（八三）〔三八〕，即巴萨[1]。曰本田，即昆甸。曰万郎，即万喇。曰马生。即马神。繁盛远逊噶罗巴，又海盗时时钞掠，贸易益微。息力大山金矿极旺，别有铨山，产铨石。铨石即金刚石，俗名金刚钻，有五色，金、黑、红者为贵。欧罗巴人以为至宝，大如棋子者值数万金，细碎者钉磁之工用之。近年粤之嘉应州人入内山开矿，屯聚日多，遂成土著。初娶獠女为妇，巫来由女不嫁唐人。生齿渐繁，乃自相婚配。近已逾数万人，择长老为公司理事，谓之客长，或一年或二年更易。丁口税银，由客长输荷兰。洋船凳头金船税也亦荷兰征收，番酋听荷兰给发，不敢私征。每岁广、潮二府有数船入港贸易，获利甚厚。诸国土产金与铨石之外，铅、锡、冰片、豆蔻、胡椒、海参、燕窝、玳瑁、翠羽、乌木、檀香、藤条。由厦门往文莱，取道吕宋；往吉里问、马神者，取道七洲洋，由茶

[1]巴萨在三发西南，编者误将“三八”倒置，作为巴萨。

盘转而东向。

余按：婆罗洲为南洋第一大岛，西洋人称为蟠尼阿，即淳泥之转音。唐高宗总章二年入贡，谓之婆罗国；宋太宗太平兴国年间入贡，谓之淳泥国；明初入贡，又分吉里地闷、文莱、淳泥等国。盖淳泥为此岛总名，宋、明之称淳泥者乃马神，疆域较大，力能驾诸部之上，故以全岛之名为国名，犹大亚齐之独称苏门答腊耳。陈资斋《海国（见闻）〔闻见〕录》谓息力大山踞其中，外吉里问、文莱、朱葛焦喇、马神、苏禄五国环而居之。今考苏禄在马神东方，乃海中三小岛，与此土不连①。朱葛焦喇，别书不见其名。惟王柳谷《海岛逸志》云荷兰所推甲必丹，见《噶罗巴说》。有大雷珍兰、武直迷、朱葛焦诸称呼，似陈《录》所云，误以官名为国名矣②。又陈《录》谓吉里问在文莱之北，与诸书皆不合，自是舛误，《海岛逸志》云由噶罗巴往马神，道经吉里门，目睹电光青而不成条。噶罗巴在马神之西南。往马神而路经吉里门，其在马神之西可知。谢清高《海录》纪此洲最详，惟历数诸国，俱云某国在某国东南，揆之西洋图地形，方向尚有舛误，今据图稍更正之。荷兰人于南洋各岛遍设埠头，诸番皆奉命惟谨。马神独能毒流退师，可云铮佼，然卒为西人所制，番族固无远谋也。息力大山夙称金穴，近年粤东流寓，几于成邑成都。倘有虬髯其人者，创定而垦拓之，亦海外之一奇欤。

又按：由厦门放海，首小吕宋，次琉球，西则苏禄，又南文莱、马辰等，又西南则婆罗大洲，又西南则大、小瓜哇，又西南则苏门答腊、亚齐等，已绕出西人新嘉坡之西，而近印度之锡兰

①徐继畬不清楚苏禄西王治地在加里曼丹岛东北。
②徐继畬误把地名 Sukdana 当作官名 Secretaries，反责陈资斋《闻见录》以官名为国名。

山矣。倘因诸华人流寓岛上者，举其雄桀，任以干城，沉思密谋，取丑夷聚而歼旃；因以漳、泉、惠、潮、嘉人为流官，雄长其土，破除陈例，归于简要，自辟僚属，略等藩镇。庶足为南服锁钥与！

婆罗瓜哇大岛各国沿革考

婆罗国：《新唐书》：赤土西南入海得婆罗。总章二年，其王遣使者与环王使来朝。《明史》：婆罗又名文莱，东洋尽处，南洋所自起也。唐时有婆罗国，高宗时常入贡。永乐三年，遣使者赍玺书、彩币抚谕其王。四年，其国东西二王入贡。其地负山〔面〕海，崇释教，恶杀喜施，禁食豕肉。王剃发，裹金绣巾，佩双剑，出入徒步，从者二百余人。有礼拜寺，每祭用牺。厥贡玳瑁、玛瑙、车渠、珠、白焦（花）布、〔花〕焦布、降真香、黄蜡、黑小厮。万历时，为王者闽人也。或言郑和使婆罗，有闽人从之，因留居其地，其后人竟据其（地）〔国〕而王之。邸旁有中国碑。王有金印一，篆文，上作兽形，言永乐朝所赐。民间嫁娶，必请此印印背上，以为荣。后佛郎机①横，举兵来击。王率国人走入山谷中，放药水流出，毒杀其人无算，王得返国。佛郎机遂犯吕宋②。

浡泥国：《宋史》：浡泥在西南大海中，去阇婆四十五日程，去三佛齐四十日程，去占城三十日程。所统十四州。前代不通中国。宋太平兴国中，始遣使入贡。其国以板为城，王所居屋覆以贝多叶，民舍覆以草。王坐绳床，出即大布单坐其上，众舁之，名曰阮囊。战斗者则持刀披甲，甲以铜铸，状若大筒，穿之于身，护其腹背。其国邻底门国③，有药树，取其根煎为膏服之及涂其

①佛郎机，在此疑为荷兰之讹。
②西班牙侵占吕宋在隆庆年间，非万历之后。
③底门国，即潮满岛（Pulau Tioman），在马来半岛东岸外。

体，兵刃所伤，皆不死。丧葬亦有棺敛，以竹为舆车，载弃山中。二月始耕，则祀之，逾七年，则不复祀。婚聘之礼，先以椰子酒，槟榔次之，指环又次之，然后以吉贝布，或量出金银，成其礼。国人以十二月七日为岁节。凡宴会，鸣鼓吹笛，击板歌舞为乐。无器皿，以竹编贝多叶为器盛食，食讫弃之。

《明史》：浡泥于古无所考，宋太宗时始通中国。太祖洪武三年，遣使自泉州航海，阅半年抵阇婆，又逾月至其国。王傲慢不为礼，责之始下坐拜受诏。时其国为苏禄所侵，颇衰耗，又素属阇婆，阇婆人间之，王意中阻。使者折之曰："阇婆久称臣奉贡，尔畏阇婆，反不畏天朝耶？"乃遣使奉表笺，贡鹤顶、生玳瑁、孔雀、（海参水）〔梅花大〕片龙脑、〔米龙脑〕、西洋布、降真诸香。洪武八年，命其国山川附祀福建山川之次。永乐三年冬，使使入贡，〔乃〕遣官封为国王，赐印诰、敕符。王大悦，率妃及弟妹子女陪臣泛海来朝。〔六年〕十月，王卒于馆。帝哀悼，辍朝三日，遣官致祭，赙〔以缯帛〕。东宫亲王皆遣祭，有司（官）〔具〕棺椁、冥器，葬之安德门外石子冈，树碑建祠。有司春秋祀以少牢，谥曰恭顺。其子袭封国王，上言："臣国岁贡瓜哇片脑四十斤，乞敕瓜哇罢供，岁进天朝。臣今归国，乞命官护送，就留镇一年，慰国人之望。"并乞定朝贡期及傔从人数。帝悉从之，命三年一贡。又乞封国之后山为一方镇，乃封为长宁镇国之山①，御制碑文勒其上。洪熙后，贡使渐稀。正德间，佛郎机阑入为寇，诸番通贡，概行屏绝。嘉靖九年，给事中王希文言："暹罗、占城、琉球、瓜哇、浡泥五国来贡，并道东莞。后因私携贾客，多绝其贡。"万历中，其王卒，无嗣，族人争立。国中杀戮几尽，乃

①长宁镇国之山，今加里曼丹岛的伊兰（Iran）山脉。

立其女为王，统十四洲。在旧港之西，自占城四十日可至。初属瓜哇，后属暹罗，改名大泥。华人多流寓其地。时红毛番强商其境，筑土库以居。其入彭湖互市者，所携乃大泥国文也。案：此传中阇婆当作婆罗，又与暹罗所属之大泥无涉。

瓜哇国：《元史》：瓜哇在海外，视占城益远。自泉南登舟海行者，先至占城，而后至其国。其风俗土产不可考，大率海外诸番国多出奇宝，取贵于中国，而其人则丑怪，情性语言与中国不能相通。世祖抚有四夷，其出师海外诸蕃者，惟瓜哇之役为大。至元二十九年，以瓜哇刺敕使孟右丞之面，声罪致讨。诏福建行省除史弼、亦黑弥失、高兴平章政事，会福建、江西、湖广三行省兵共二万，发舟（十）〔千〕艘，给粮一年。十一月，福建、江西、湖广三省军会泉州。十二月，自后渚启行。三十年正月，至勾栏山①，议方略。二月，亦黑弥失、孙参政先领本省幕官五百余人，船十艘，先往招谕之。大军继进于吉利门。弼、兴进至瓜哇之杜并足②，与亦黑弥失等议分军下岸，水陆并进。水军自杜并足由戎牙路③港口至八节涧④，马步军自杜并足陆行，以万户申元为前锋，遣副元帅等乘钻锋船，由戎牙路于麻喏巴（社）〔歇〕⑤浮梁前进，赴八节涧期会。招谕瓜哇宣抚司官言：瓜哇主婿土罕必阇耶举国纳降，土罕必阇耶不能离军，先令其宰相昔刺难答吒耶

---

①勾栏山，今印度尼西亚加里曼丹岛西南的格兰（Gelam）岛。

②杜并足（Tuban），即今爪哇东北岸的厨闽。

③戎牙路，十二至十五世纪爪哇岛上 Jangala 王国的音译，在今爪哇岛东部的苏腊巴亚（Surabaya）一带。

④八节涧，其地在苏腊巴亚南面的 Bakachak 河口。

⑤麻喏巴歇，指十三世纪末至十六世纪初爪哇岛上 Madjipahit 王国的首都，故址在今苏腊巴亚西南的惹班（Modjokerto）。

等五十余人来迎。三月一日，会军八节涧。涧上接杜马班①王府，下通莆奔大海②，乃瓜哇咽喉必争之地。又其谋臣希宁官沿河泊（边）〔舟〕观望成败，再三招谕不降。行省于涧边设偃月营，留万户王天祥守河津，令水军马步军水陆并进。希宁官惧，弃船宵遁，获鬼头大船百余艘。令都元帅那海等镇八节涧海口。大军方进，土罕必阇邪遣使来告，葛郎③王追杀至麻喏巴（社）〔歇〕，请官军救之。亦黑弥失、张参政先往安慰土罕必阇邪，郑镇国引军赴章孤④接援。七日，葛郎兵三路攻土罕必阇邪。八日黎明，〔兴〕与脱欢军由东南路（遇）〔与〕贼战，杀数百人，余奔溃（出）〔山〕谷。日中，西南路贼又至，兴再战至晡，又败之。十五日，分军为三道伐葛郎，期十九日会答哈⑤，听炮声接战。水军溯流而上，亦黑迷失等由西道，兴等由东道进，土罕必阇邪军继其后。十九日，至答哈。葛郎国主以兵十余万交战，自卯至未，连三战，贼败奔溃，拥入河死者数万〔人〕，杀五千余人。国主入内城拒守，官军围之，且招其降。是夕，国主哈只葛当出降，抚谕令还。四月二日，遣土罕必阇邪还其地，具入贡礼，以兵二百护送。十九日，土罕必阇邪背叛逃去，留军拒战。二十四日，我军引还，得哈只葛当妻子官属百余人及地图户籍、所上金字表以还。

《元史·史弼传》：世祖欲征瓜哇，授弼尚书省左丞，行浙东

---

①杜马班（Tumapel），十三世纪爪哇岛上新柯沙里（Singhasari）王国的首都，故址在今玛琅（Malang）地区。

②莆奔大海，指东爪哇海，或指马都拉海峡。

③葛郎，或即 Kalang 的对音，故地在今爪哇岛的谏义里（Kediri）。

④章孤，即 Changgu 之音译，故地在今爪哇岛北岸之锦石（Gresik）西南布兰塔斯河（Brantas R.）下游附近。

⑤答哈，疑即 Daha 的音译，位今爪哇岛谏义里北面。

宣慰使，旋拜福建等处行中书省平章政事，往征瓜哇，以亦黑弥失、高兴副之。十二月，弼以五千人合诸军发泉州，风急涛涌，舟掀簸，士卒皆数日不能食。过七洲洋、万里石塘，历交趾、占城界，明年正月，至东董①、西董②，由牛崎屿③入混沌大洋④、橄榄屿⑤、假里马答⑥、勾栏山等，驻兵伐木，造小舟以入。时瓜哇与邻国葛郎构怨，瓜哇主已为葛郎主所杀，其婿土罕必阇邪攻葛郎不胜，退保麻喏巴（社）〔歇〕。闻弼等至，遣使以其国山川、户口及葛郎国地图迎降求救。弼与诸将进击葛郎兵，大破之，葛郎酋走归国。高兴言："瓜哇虽降，倘中变，与葛郎合，则孤军悬绝，事不可测。"弼遂分兵三道，与兴及亦黑弥失各将一道，攻葛郎。至答哈城，葛郎兵十余万迎敌，自旦至午，葛郎兵败，入城自守，遂围之。葛酋出降，并取其妻子官属以归。土罕必阇邪乞归，易降表及所藏珍宝入朝，弼与亦黑弥失许之，遣万户二人以兵二百护之还国。土罕必阇邪于道杀二人以叛，乘军还，夹路攘夺。弼自断后，且战且行，行三百里，得登舟，行六十八日夜，达泉州，士卒死者三千余人。有司数其俘获金宝香布等，直五十余万，又以没理国⑦所上金字表及金银犀象等物进，于是朝廷以其亡失多，杖（七十）〔十七〕，没家资三之一。元贞元年，起同知枢密院事，月（兜）〔儿〕鲁奏："弼等以五千人渡海二十数万里，入近代未尝至之国，俘其王及谕降傍近小国，宜加矜怜。"遂

①东董，今越南中圻海面的萨巴图（Sapatu）岛。
②西董，今越南中圻海面的大卡特威克（Great Catwick）岛。
③牛崎屿，今越南中圻海面的小卡特威克岛。
④混沌大洋，今越南南部昆仑（Condore）岛一带的海域。
⑤橄榄屿，疑即今印度尼西亚的纳土纳群岛（Natuna）一带，待考。
⑥假里马答，即今印度尼西亚的卡里马塔群岛（Karimata Is.），或专指卡里马塔岛。
⑦没理国，指今印度尼西亚的巴厘岛。

诏以所籍还之，拜荣禄大夫、江西等处行中书省右丞。

《明史》：瓜哇国在占城西南。洪武二年，遣使以即位诏谕其国。其使臣先奉贡于元，还至福建而元亡，因入居京师。是年二月，太祖复遣使送之还，且赐以《大统历》。三年六月，以平定沙漠颁诏。洪武十年，其国王及东、西二王各遣使朝贡。洪武十三年，遣使赐三佛齐王印绶。瓜哇怒其以属国抗己，诱而杀之。天子怒，留其使，将加罪。已，遣还，赐敕责之。洪武十四年，遣使贡黑奴三百人及方物。明年，又贡黑奴男女百人、大珠八颗、胡椒七万五千斤。永乐元年，东、西二王并贡。三年，遣中官郑和使其国。永乐四年，西王与东王构兵，东王战败，国被灭。适朝使经东王地，部卒入市，西王国人杀之，凡百七十人。西王惧，遣使谢罪。帝赐敕切责之，命输黄金六万两以赎。永乐六年，再遣郑和使其国。西王献黄金万两，礼官以输数不足，请下其使于狱。帝曰："朕于远人，欲其畏罪而已，宁利其金耶。"悉捐之。自后，比年入贡，或间岁一贡，或一岁数贡。中官吴（滨）〔宾〕、郑和复先后使其国。时旧港①地有为瓜哇侵据者，满剌加国王矫诏命索之。帝乃赐敕，令毋信满剌加之言。永乐十六年，送还朝使，遭风诸卒。自是贡使岁一至。正统元年闰六月，遣古里②、苏门答剌、锡兰山、柯枝、天方、加异勒③、阿丹、忽鲁谟斯、祖法儿④、甘巴里⑤、真腊使臣偕瓜哇使臣郭信等同往，赐瓜哇敕，令其护送。其国近占城，二十昼夜可至。元时遣帅西征，以至元二十九

①旧港，在今印度尼西亚苏门答腊岛东南部，即今巨港（Palembang）。
②古里，今印度南部西海岸的卡利卡特（Calicut），又译科泽科德。
③加异勒，即 Kayal 的音译，指今印度南端土提科临（Tuticorin）以南的卡亚帕塔纳姆（Kayalpatanam）。
④祖法儿，今阿拉伯半岛阿曼的佐法尔（Zufal）。
⑤甘巴里，指今印度南端的科摩林（Comorin）角。

年十二月发泉州。明年正月即抵其国，相去止月余。宣德七年入贡，表书"一千（二）〔三〕百七十六年"，盖汉宣帝元康元年，乃其建国之始也。地广人稠，性凶悍，男子无少长贵贱皆佩刀，稍忤辄相贼杀，其甲兵为诸番最。字类琐里，无纸笔，刻于茭章叶。气候常似夏，稻岁二稔。无几榻匕箸。人有三种：华人流寓者，服食鲜华；他国贾人居久者，亦尚雅洁；其本国人最污秽，状黑黝，猱头赤脚。崇信鬼道。杀人者避之三日即免罪。父母死，舁至野，纵犬食之；不尽，则大戚，燔其余。妻妾多燔以殉。其国一名蒲家龙①，又曰下港，曰顺塔。万历时，红毛番筑土库于大涧东，佛郎机筑于大涧西，岁岁互市。中国商旅亦往来不绝。其国有新村②，最号饶富。中华及诸番商舶，辐辏其地，宝货填溢。其村主即广东人，永乐九年自遣使表贡方物。案：此传下港、顺塔、莆家龙皆与此瓜哇无涉③。

南怀仁《坤舆图说》：瓜哇大小有二，俱在苏门答剌东南海岛，各有主。多象，无马骡。产香料、苏木、象牙。不用钱，以胡椒及布为货币。人奸宄凶急，好作魔魅妖术，诸国每治兵争白象。白象所在，即为盟主。

魏源曰：中国东南海洋诸洲，以是洲为最大。其疆域再倍日本，四倍台湾、吕宋，十倍琉球。计环息利大山十余国。何国最强，则诸小国皆役属之。故唐曰婆罗，宋曰浡泥，元曰瓜哇，明曰苏禄④，皆洲中雄长迭兴之国，而是洲反无一定之总名。考息利

565

---

①蒲家龙（Pekalongan），今印度尼西亚爪哇岛的北加浪岸。
②新村，即今爪哇岛的锦石。
③此按语误。其实万丹、北加浪岸等地均在《明史》所说的爪哇岛上。魏源误此"爪哇"为加里曼丹岛，反说《明史》有误。
④《元史》所称之爪哇，即今之爪哇岛，而非婆罗洲（加里曼丹）。明代只苏禄西王治地在婆罗洲的东北部，而非明代之苏禄即是婆罗洲。

大山为一洲之主，则宜名"息利岛"，而各国环错，听其自为沿革。自史传不知此法，傅会蜂起，重纸驰缪，不可究诘。或以浡泥为大泥，则移海岛于海岸；或以婆罗为阇婆，则移全洲于下港；或以大瓜哇为小瓜哇，则移是洲于葛留巴。误始明张（奕）〔燮〕、王圻之书，而《明史》袭之，诸志乘又袭之，三人市虎，积非胜是，惟两瓜哇之误尤甚。夫《元史》征瓜哇之军，先至吉利门，正此洲东岸冲要①，而葛郎邻国来拒，即此洲之朱葛焦喇国也②。元世祖用兵海夷，惟日本与瓜哇之役最巨。苟弹丸小屿，曷足远怒戈船？明太祖封三佛齐为国王，瓜哇怒其以属国抗己，杀使阻封，而渤泥亦有岁供瓜哇片脑之奏。若葛留巴，尚不及浡泥、三佛齐之大，安能胁臣二国，上抗天朝？今此洲各国已皆服于西洋，号新荷兰洲，而以葛留巴为小新荷兰。是大小瓜哇之又一变。

英荷布路三夷分属地问等岛

《海录》曰：由细利洼东南行，海中多乱山，周围或数百里，或数十里，各有山番占据，多无来由、耀亚二种。别有一种名舞吉子，富者携眷经商，所至即安，无故土之思，亦无一定之寓；贫者则多为盗劫，其国名未能悉数也。

又曰：唵闷国即细利洼东南海中乱山之一也。万丹南火焰山在国之西北，亦无来由种类，而性稍善良。土产丁香、豆蔻，有荷兰番镇守。

又曰：唵门国③亦乱山之一，风俗土名与唵闷同。原归荷兰管辖，近为英吉利所夺。

---

①此处有误，卡里摩爪哇群岛不在加里曼丹的东岸。
②此处误甚，爪哇岛上的谏义里一带并非加里曼丹的苏加丹那。
③此"唵门国"指今安汶岛的首府安汶（Amboin）城。

又曰：地问岛，一作地盆，亦名茶盘①，在唵门东南海中，（则）〔别〕起一大岛，周围数千里。岛之西南为地问②，归布路亚管辖。岛之东北③为故邦④，归荷兰管辖。山中别分六国，不知其名。天气炎热，男女俱裸体，围水幔，而风俗淳厚。不种稻粱，多食包谷。闽、粤人亦有于此贸易者。土产檀香、蜡、蜂蜜，货物亦运往葛剌巴售卖。案：此三岛皆不与息利大洲相连，且一为英夷夺据，一为布路亚分据，亦与大洲专属荷兰者有别。盖逼近大洲之附庸，故附载于此。

《地理备考》：松巴瓦岛⑤在南洋之西，隆波克岛⑥之东，纬度自南八度十分起至九度七分止，经度自东一百十四度二十二分起至一百十六度五十分止，长约七百里，宽约一百五十里。田土肥饶，谷果丰登。土产金砂、燕窝、珍珠、油木等物。岛中火山名当波罗，火焰猛烈，昼夜不熄。通岛分为十数小国，其略大者六：曰比麻⑦，曰当波⑧，曰松巴瓦，曰当波罗，曰阜加⑨，曰桑加尔，各有酋长统摄，其雄强者推比麻为首。

佛罗利斯岛⑩在南洋之西，松巴瓦岛之东，纬度自南七度五十三分起至九度三分止，经度自东一百十七度三十七分起至一百二十度四十五分止，长约七百里，宽约二百里。火山众多，大者名

---

① 据所见《海录》，无此"一作地盆，亦名茶盘"八字，疑为魏源误加。地盆、茶盘均为潮满（Tioman）岛，不是地问岛（Timor）的别名。
② "西南"应作"东北"。"地问"二字特指东帝汶（East Timor）。
③ "东北"，应作"西南"。
④ 故邦（Kupang），古邦，在帝汶岛西南岸。
⑤ 松巴瓦岛，即松巴哇（Sumbawa）岛。
⑥ 隆波克岛（Palau Lombok），即龙目岛。
⑦ 比麻，即比马（Bima）。
⑧ 当波，即栋波（Dompo）。
⑨ 阜加，即卡皮卡特（Papekat）。
⑩ 佛罗利斯岛，即佛罗勒斯岛（Pulau Flores）。

曰罗瓦的各，昼夜吐火不熄。土产谷、果、桂皮、檀香、绵花、红木等物。岛之西境属比麻酋长兼摄，余俱各酋分摄，不相统属。

苏录岛在南洋之西，佛罗利斯岛之东，非婆罗洲之苏录也。长约一百里，宽约五十里。田土肶腴，谷果丰茂。土产与佛罗利斯岛相同。各酋分理，俱属布路亚国兼摄。

萨波劳岛①在南洋之西，苏录岛之北，长约一百四十里，宽约六十里。（田）土产亦与前岛相等。

松巴岛②又名桑巴，在南洋州之西，佛罗利斯岛之南，长约三百四十里，宽约一百里。田土肥饶，谷果丰稔。岛中土产，檀香为最，余乃白蜡、燕窝、绵花等物。各酋分摄，不相统属。

地门岛在南洋之西，萨波劳岛之东，纬度自南八度三十分起至十度三十分止，经度自东一百二十一度起至一百五十五度止，长约八百里，宽约一百五十里。山陵绵亘，川河纷繁，土膏产饶，丛林稠密，木多上品。地气不驯，有碍居栖。土产金、银、檀香、木料等物。阖岛共六十三酋分理，东偏属布路亚国兼摄，南偏属贺兰国兼摄。邻近地门，小岛不一，曰西毛③，曰罗的④，曰道⑤，曰萨乌⑥，各有酋长统摄。

余按：诸番通中国自汉始，岭南榷番税自唐始。其前求珍异，唐后则榷货税，益国用。然明中叶闽、广犹不过南洋、小西洋⑦诸国，无欧罗巴，亦无所谓鸦片也。南宋已忧钱币漏泄，明时亦有

---

①萨波劳岛，即萨巴劳岛（Pulau Sabaru）。
②松巴岛，又作桑巴岛，即今松巴岛（Pulau Sumba）。
③西毛，即塞穆岛（Pulau Semon）。
④罗的，即罗地岛（Pulau Roti）。
⑤道，即今道岛（Pulau Dáo）。
⑥萨乌，即萨武岛（Pulau Sawu）。
⑦小西洋，在此指印度洋，与魏源所说的"小西洋"有别。

奸民假冒之币，势有必至，理有固然。圣人不宝远物之意深矣。

《海录》又曰：大西洋海舶来中国，皆南行过峡，转东南，经地问、葛剌巴置买杂货，北入葛剌巴峡，过茶盘，即地盆，经红毛浅而来。若不泊葛剌巴，则由地问北经马神、昆甸，西至茶盘，北经红毛浅而来。九月以后北风急，则由地问借风向文来、苏禄、小吕宋、东沙而来。其往小西洋贸易者，则由葛〔剌〕巴西北行，经苏（禄）〔苏〕①之西，尼是②之东，又西北经尼古巴腊③而往。出小西洋复来中国，则东南行经亚齐东北，麻六甲西南，入白石口④，转茶盘而来。遇北风，则由白石口东南行，至细利洼入小港，经苏禄、小吕宋、东沙而来。内港船来往则必乘南北风。其苏禄、吕宋一道，从未有能借风而行者。

---

①苏苏，指苏门答腊岛西岸巴东（Padang）北面的沙沙（Sasak）。
②尼是，指苏门答腊岛西面的尼亚斯岛（Pulau Nias）。
③尼古巴腊，今印度洋东北部的尼科巴群岛（Nicobar Is.）。
④白石口，指新加坡海峡（Strait of Singapore）。